本成果系 2013 年北京市科技平台成果

北京文化形态研究

BEI JING WEN HUA XING TAI YAN JIU

朱佩芬 裴登峰 主 编
李洪波 李瑞卿 副主编

中国社会科学出版社

图书在版编目（CIP）数据

北京文化形态研究／朱佩芬，裴登峰主编 . —北京：中国社会
科学出版社，2015.5

ISBN 978 – 7 – 5161 – 6331 – 3

Ⅰ.①北…　Ⅱ.①朱…②裴…　Ⅲ.①地方文化 – 研究 – 北京市　Ⅳ.①G127.1

中国版本图书馆 CIP 数据核字（2015）第 124859 号

出 版 人	赵剑英
责任编辑	任　明
特约编辑	乔继堂
责任校对	王　斐
责任印制	何　艳

出　　版	中国社会科学出版社
社　　址	北京鼓楼西大街甲 158 号
邮　　编	100720
网　　址	http：//www. csspw. cn
发 行 部	010 – 84083685
门 市 部	010 – 84029450
经　　销	新华书店及其他书店

印刷装订	北京市兴怀印刷厂
版　　次	2015 年 5 月第 1 版
印　　次	2015 年 5 月第 1 次印刷

开　　本	710 × 1000　1/16
印　　张	26
插　　页	2
字　　数	426 千字
定　　价	75.00 元

目　　录

北京艺术

北京文学

北京艺术

北京书法概论

常耀华　王子衿

　　摘　要：书法之于中国正如雕塑、建筑之于西方，有着非常重要的地位和作用。北京地区历史悠久，书法艺术一脉相承，技艺精湛，然将北京作为专题探讨者不多，本文拟从载体、内容、区域分布等方面对北京地区书法作品加以分类梳理，并就北京地区书法作品艺术价值略陈薄见。

　　关键词：北京　书法　分类　作品

　　北京地区历史悠久，艺术繁荣。北京有距今 50 万—70 万年的"北京猿人"，有距今 20 万—10 万年的"新洞人"，有距今 18000 年的"山顶洞人"。到新石器时期，又有东胡林人遗址、上宅文化和雪山文化遗址。这些不同阶段的文化连绵不断，反映了人类在北京地区发源、成长、演进的连续过程。此后，又有以张营遗址为代表的夏商文化遗存，以刘家河遗址、镇江营遗址、琉璃河遗址为代表的商周文化遗存，北京由邦国中心到北方重镇，最后逐渐上升为陪都、北半个中国的都城，一直到全国的政治中心。正如有学者所指出的那样，这种既久远又连贯，而且持续递升的历史特点，在我国其他古都的历史上是少有的。[①] 自先秦的商周而至两汉，而至隋唐、辽金，而至元明清，北京地区的书法一脉相承，顺势发展，其历史之悠久、数量之丰富、种类之繁多、技艺之精绝，可谓举世罕有可与其匹者。

　　关于北京书法，前人论述涉及的著作之多不知凡几，然以北京为专题，对北京地区的书法作全面探讨的论作尚不多见，我们不揣浅陋，试对

---

　　① 王玲：《北京古代历史发展的基本特点和〈北京通史〉前五卷内容构架》，《北京社会科学》1993 年第 3 期。

北京地区的书法作品加以梳理，以期为北京文化研究作出点滴贡献。

一　按载体分类

书法作品必须要有相应载体方能流传于世。《说文解字序》云："著于书帛谓之书。"[①] 朱骏声《说文通训定声》云："上古以刀录于竹若木，中古以漆画于帛，后世以墨写于纸。"[②] 目前可见北京书法资料，就其材质而言，可大致分为甲骨、青铜、石质、木质、纸质五类，甲骨、青铜较少，纸质、石质、木质较多。究其原因，有历史政治的原因，也有物产风化的原因。从历史政治层面讲，西周甲骨在北京有三地出土，一是昌平区的白浮村，二是房山区的琉璃河，三是房山区的镇江营。青铜器铭文也主要出在房山琉璃河，此外还有东周货币、玺印文字。这些都与燕国的历史文化有关。随着公元前 222 年秦灭燕，北京地区的政治文化渐趋衰落，直到元代北京地区的文化才又复振，以至于鼎盛。从物产风化层面讲，北京的书法作品以石质、木质、纸质为多，这与北京地区多山，取材方便，原料丰富不无关系。尤其是明清以降，北京地区作为皇家禁地，宫殿陵寝多，寺庙道观亦多，再加上北京地区多产石材，且石材与木和纸相比更易保存，更符合"流芳百代"的心理诉求，以此之故，北京书法的石刻作品格外多。

北京书法，除少量的西周甲骨文和青铜铭文、燕国货币、玺印文字之外，秦汉以下的书法作品大致可分为石刻、匾联、书帖三大类。

石刻，即刻在石质材料上的文字，石刻类作品按体裁分类，主要有碑刻、墓志、经幢等。刻碑之石各部位有不同名称，碑的上端称"碑首"，"碑首"中间部分为"碑额"，"碑首"下面部分为"碑身"，与"碑额"在同一面者为"碑阳"，其反面为"碑阴"。就碑文字体论，端庄典雅的正楷居多，碑额则以高古的篆书居多，故题写碑额人称"篆额"，间或也有以行书、草书题额者。北京是多民族交错杂居的地区，少数民族政权在相当长的历史时期占据着统治地位，因此，北京地区也有不少其他民族文字的碑刻，如居庸关云台券门内壁的《元如来心经石刻》，上有梵文、藏

---

① 许慎：《说文解字》，中华书局 1963 年版，第 314 页。

② 朱骏声：《说文通训定声》，武汉市古籍书店影印，1983 年，第 436 页下。

文、八思巴文、回鹘文、西夏文及汉文六种文字。再如密云县"番字牌"摩崖石刻（图1）中既有梵文、蒙古文，也有藏文。

图1 "番字牌"摩崖石刻

图片来源：《会说话的石头——北京的石刻艺术》，第36页。

墓志，即置于墓中载有墓主身前事迹的石刻，大多在墓室的墓门前、墓主头前或甬道中。用以起标志辨识，明吴讷《文章辨体序说·墓碑、墓碣、墓表、墓志、墓记、埋铭》载："墓志，则直述世系、岁月、名字、爵里，用防陵谷迁改。埋铭、墓记，则墓志异名。""墓志这种形式最早出现于东汉（25—220）。到南北朝时，以南朝宋大明三年（459）《刘怀民墓志》为标志，墓志的名称才正式出现，其形制、文体等也才逐步走向稳定成型。"①

墓志分志和盖两部分，志篇幅较大，用以记述墓主人生平，多以工整浑厚的楷书书写。唐代国力强盛，墓志用材讲究，刻工精良，字体随意洒脱，功力精湛、技巧纯熟。如1991年出土于海淀区八里庄的唐大中二年（848）的王公淑墓志（图2、图3）。

此墓志盖文两行，四字篆书，古意盎然，志文28行，楷书书写，字体清秀。辽金时期墓志存世作品多出名家之手，史料价值较高，对于了解北京地区历史有很重要的作用。自明永乐十八年（1420）迁都北京起，北京作为都城见证了历代王朝的兴衰，出土墓志皇家色彩较重。墓志形式趋于简洁，字体更显端方。宦官当政是明王朝一大重要现象，因而出土宦官墓志较多。及至清代，则呈现汉、满等多语言共存现象，同时，由于康熙、乾隆、雍正时期国力强盛，文化影响力强，来华传教士增多，耶稣会

---

① 北京石刻艺术博物馆编：《会说话的石头——北京的石刻艺术》，学苑出版社2007年版，第88页。

图 2　王公淑墓志盖

图片来源：《文物》1995 年第 11 期，第 51 页。

士墓碑也是一个很特殊的现象。

　　幢原系佛教的一种柱状标志，饰以杂彩，建于佛前，表示麾导群生、制伏魔众之意。后来渐次演变成在一根木柱顶端安八角形伞盖形状，每一边垂丝带写上佛经，丝带最早用布帛制成，再后又有石质者，故称"石幢"；因其所刻多为经文，又称"经幢"。"石幢是用多块石刻堆建而成。大者逾丈，小的不过径尺。上有盖，下有座，中多为八棱或六棱的石柱，迄今只见过隋朝的王具造幢是十面。幢顶大于幢身的直径，上面刻有垂幔、飘带等图案，各面都有造像，称为'八佛头'，所以石幢俗称'八楞碑'，远远望去，俨如幡幢。幢座和幢身空缺处经常是刻满花纹，唐人称其为'花幢'。"①"经幢文字，额多用篆书题写，多八面横列。每面一个字、两字或三字不等。幢身经文多为楷书，间有行书。以隶书书额或书经

---

①　赵海明：《碑帖鉴藏》上卷，天津古籍出版社 2010 年版，第 109 页。

图3　王公淑墓志铭

图片来源：《文物》1995 年第 11 期，第 52 页。

文者不多见，以篆书书经文者尤为难得。"① 文物工作者在昌平区黑山寨乡南庄村南的山顶发现过一座佛教经幢，上面所刻为女真文。

匾联，即匾额楹联。匾额就是悬挂于门屏上的牌匾。"匾"，古字"扁"，《说文解字》："扁，署也，从户册。户册者，署门户之文也。"由是知，匾是由户口册题署门户发展而来的，它具有旌表之功用。《书经·周书·毕命》云："旌别淑慝，表厥宅里，彰表瘅恶，树之风声。"人谓"以匾研史，可以佐旺；以匾研涛，可得涛眼；以匾学书，可得笔髓"。

楹联，又称对联，对仗工整。"若大景致，若干亭榭，无字标题，任是花柳出水，也断不能生色。"《红楼梦》上的一段文字，道出了匾联的妙处。匾额与楹联一般一起使用，不只起到"正名"的作用，同时也是建筑艺术的必不可少的组成部分。题写在匾额上的书法成为"榜书"，最

① 赵海明：《碑帖鉴藏》上卷，天津古籍出版社 2010 年版，第 110 页。

早称"署书"，明代费瀛《大书长语》云："秦废古文，书存八体，其曰署书者，以大字题署宫殿匾额也。"就字体而言，匾联书法以端庄大方的楷书居多，行云流水的行书次之，古朴典雅的隶书再次，后经发展又有行楷、行草等相对活泼灵活的字体。匾联就其使用地点而言，一般在门楣、厅堂等重要位置，以楷书居多，取端庄雅致之意；另有使用于亭台、楼榭等的匾联则相对自由，文学色彩明显，字体多变。北京地区的匾联主要集中于明清两代，其中以清代最盛，前期以朴实的长方形木匾居多，中期开始随着国力强盛逐渐呈现多样化的特点。其大致可分为官方和民间两个体系，官方多为皇帝、太后赏赐，彰表性质明显，以端方的楷书居多，庄重有余，灵动不足，少了些许诗情画意。

北京地区匾额主要分木质和石质两类。石质牌匾中，城门石匾最早为"平则门"石匾（图4）。"平则门"即阜成门，元时名"平则门"，明正统四年（1439）重修，改名"阜成门"，取"阜成兆民"之意，为通往京西之门户。"平则门"三字用双钩手法，端庄圆润。其下款题："洪武六年五月日立"，款题略显草率，和"平则门"三字风格迥异，疑为后来所加。

图4　"平则门"石匾

图片来源：《会说话的石头——北京的石刻艺术》，第105页。

木质匾联则以清代最盛，故宫、颐和园等地较为集中，主要以"馆阁体"书写，其特点为"乌、方、光"，即乌黑、方正、光洁、大小一律，与清代平和中正的宗旨一致。民间体系则相比更加灵活自由，有商业牌匾，也有为民间宅院所用者，其中以商业牌匾居多。商业牌匾多请当时有名望之人题写，而琉璃厂作为当时的"文化一条街"自是牌匾云集，具体琉璃厂名家墨迹情况详见附录一。琉璃厂众多名家墨迹中，翁同龢的书法当是最为出彩。

孙殿起《琉璃厂小志》收录了一篇金台稚川居士所作的《琉璃厂匾额》，专门记载琉璃厂匾额名家墨迹。"旧都琉璃厂各商店之匾额，皆系名家所书，字体不一，极尽琳琅壮观之致；尤以茹古斋、松华斋、清秘阁、松古斋等匾额为精彩。按茹古为翁叔平所写，浑脱潇洒，老气横秋。松华为徐颂阁所写，圆润紧凑，超然绝俗，循其笔迹，系宗多宝塔，而运笔浑脱过之。清秘为阿克敦布所写，神气十足，结构精密，似脱胎于九成宫，然运笔潇洒过之。松古为胡浚所写，胡为近代写家，天津人，书法宗颜之麻姑，笔力雄伟。他如徐东海之静文斋，华璧臣之虹光阁，朱益藩之信远斋，或祖欧黄，或宗颜赵，堪称北平匾额精华之集萃。至于恽薇苏之写苏，唐驼之写欧赵，冯公度之写颜柳，张海若之写北魏，尤足珍贵绝伦。"①

纸质书帖是北京书法另一大宗。书帖散见奏章、扇面等，石刻法帖亦为数不少。石刻法帖，顾名思义就是将法帖刻于石上，多为历代帝王、名人的墨迹，用以供人临摹、观赏。将书法家作品真迹印在石板上镌刻出来，制成拓片后装裱成册便是"法帖"。法帖不一定有史料价值，但却是书法艺术的重要载体。

我国目前现存最早的法帖是北宋的《淳化秘阁法帖》，简称《淳化阁帖》。清代帝王重视学习中原文化，上行下效，刻帖之风盛行。目前所知较著名者有乾隆摹刻的《淳化阁帖》、《三希堂法帖》，乾隆朝进士邵瑛《楷书间架结构九十二法》，成亲王永瑆《诒晋斋法帖》等。

二　按内容分类

如前所述，北京地区由于特殊的地理、人文以及政治环境，商周青铜器铭文或物勒工名，或铭功纪颂；货币、玺印文字，功用清楚，不劳烦辞。石刻类书法作品是北京书法作品的大宗，所以本文的讨论就以石刻为主，并参考《北京图书馆藏北京石刻拓片目录》，对其进行分类概述。

按书法作品内容分类，北京地区石刻书法作品大致可分为墓葬、宗

---

① 孙殿起：《琉璃厂小志》，上海书店出版社 2010 年版，第 33 页。

教、艺文、教育、杂刻五类。其中墓葬、宗教类数量最多，这与北京地区自定都起皇家寝陵众多、宗教色彩浓厚有很大的关系。据《北京图书馆藏北京石刻拓片目录》资料统计，北京地区共有墓葬类石刻2563方，宗教类2277方，杂刻类570方，艺文类529方，教育类367方。

　　墓葬类大致可细分为墓碑、墓志、砖志、杂刻四类，其中墓碑、墓志最多。据《北京图书馆藏北京石刻拓片目录》资料统计，北京地区墓葬类以清代最盛，中华人民共和国次之，民国及明代再次。就具体分类而言，墓碑类清代最盛，中华人民共和国次之，且墓碑除一方坐落于宣武外，新中国成立后墓碑均坐落于石景山。墓志类则以明代最多，民国次之，清代唐代再次。砖志杂刻类较少，均以清代最盛。具体数据详见表1。

表1　　　　　　　　　　墓葬类数据　　　　　　　　单位：方

朝代	墓碑	墓志	砖志	杂刻	总计
汉	4				4
西晋		1			1
北齐		1	1		2
隋			1		1
唐	4	26			30
辽	17	8		2	27
金	15				15
元	29			4	33
明	134	126		4	264
清	1343	31	4	9	1387
民国	215	66		2	283
中华人民共和国	513	1			514
无年月		2			2
					2563

　　从字体来看，墓葬类碑额以篆书为主，取其古拙雅致之意，另有清代碑额隶书五方、行书一方。自明代起，由于民族融合增强、外国传教士来华等原因，碑额还出现多种语言现象，其中明代有阿拉伯文碑额2方；清代碑额阿拉伯文2方，维吾尔文1方，梵文1方，满文、梵文1方，阿拉伯文、篆书1方。

就碑文书体论，石碑碑身多正书，隶书次之，行书再次，其中隶书主要以中华人民共和国石景山革命公墓墓碑为最（见表2）。

表2　　　　　　　　　　碑文书体数据　　　　　　单位：方

	汉	西晋	北齐	隋	唐	辽	金	元	明	清	民国	中华人民共和国	无年月
正书	1		2	1	25	25	15	39	251	1228	242	364	1
隶书	3	1								2	20	112	
行书					3	1		1	8	24	14	31	
篆书					2	2			5	3	2		
草书										1	1		
行草										1			
篆、隶										2			
阿拉伯文								2					1
满文										2			
俄文										17			
法文										5	1		
英文										1		1	
拉丁文										1		1	
正、隶												1	1

宗教类主要可细分为庙宇、经幢、经文、杂刻四类，其中以庙宇类最盛，经文类次之，杂刻类再次。细分来看，庙宇类和经文类以清代最盛，明代次之，民国再次。经幢类以辽代最盛，金代次之。杂刻类则以清代最盛，明代次之。具体数据见表3。

表3　　　　　　　　　　宗教类数据　　　　　　单位：方

	庙宇	经幢	经文	杂刻	总计
唐	2	2	6	1	11
辽	9	22		1	32
金	3	3		2	8
元	21		3	1	25
明	606	2	14	17	639
清	1328	2	38	18	1386
民国	135		9	2	146
中华人民共和国			1		1
无年月	25	2	2		29
					2277

就字体而言，宗教类碑额以篆书为主，庙宇类碑额则呈现出更加多样化的特色，其中金代碑额隶书 1 方；元代隶书 2 方；明代隶书 2 方，正书 9 方，篆书、梵文 1 方；清代正书 36 方，正书、篆书 2 方，隶书、篆书 3 方，隶书 9 方，行书 3 方，阿拉伯文 1 方，满文 2 方，回文 1 方，汉文、阿拉伯文 1 方，蒙文、藏文 1 方。民国正书 4 方，正书、篆书 1 方，隶书 2 方，阿拉伯文 4 方。从碑身字体来看，庄重典雅的正书最多，行云流水的行书次之，古拙质朴的隶书再次。碑身字体具体数据见表 4。

表 4　　　　　　　　　　　　　碑身字体数据　　　　　　　　单位：方

	唐	辽	金	元	明	清	民国	中华人民共和国	无年月
正书	9	25	6	23	572	1267	118	1	21
隶书						5	12		1
行书	2	5	1	2	26	79	8		1
草书							1		
篆书				1					
正、行						1			
正、隶							1		
梵文			1		8				
满文						2			
藏文					2	1			
阿拉伯文							6		6
汉、梵		1							

艺文类，顾名思义即与文艺相关的作品，这一类作品兼具书法美学价值和文学价值，观赏性较高。艺文类可细分为题词、文艺、杂刻三类，其中艺文类最多，以清代为最，民国次之，明代再次。题词类则以中华人民共和国毛泽东等人题词最盛，民国次之，清代再次。艺文类主要为历代帝王或知识分子所作，元、明以降，尤其是明代之后，北京成为政治文化中心、人文荟萃之地，故而明代以及以后所存作品数倍于前。具体数据详见表 5。

表 5　　　　　　　　　　　　　　艺文类数据　　　　　　　　　　　单位：方

	题词	艺文	杂刻	总计
战国		2		2
东晋		1		1
魏		1		1
隋		1		1
唐	12	1		13
宋		2		2
辽	2			2
金		4		4
元	1			1
明	18	47	2	67
清	25	188		213
民国	26	129		155
中华人民共和国	37	10		47
无年月	20			20

　　艺文类字体以正书居多，行书次之，草书再次。艺文类兼具书法和文学的多重特点，作品个人特色明显，但仍以方整的正书居多，运笔流畅、符合文人潇洒特色的行书次之，个性张扬的草书再次。具体数据见表6。

表 6　　　　　　　　　　　　　艺文类字体数据　　　　　　　　　　单位：方

	战国	东晋	魏	隋	唐	宋	辽	金	元	明	清	民国	中华人民共和国	无年月
正书		1	1		13		2	2	1	51	64	115		5
行书					1					12	132	27	42	1
篆书	2										2	1		1
隶书				1						1	3	3		
草书						1				3	10	5		5
梵文						1								
藏文						1								1
阿拉伯文														1

　　教育类书法作品相对较少，主要集中在明清两朝，以东城区国子监为主要集中区。教育类可细分为题名碑、教育纪事、杂刻三类，其中以题名

碑最盛。清代特别是清代前期君主均注重文化教育，自身认真学习汉族文化，自上而下带动了整个朝代的学习风气，这一时期教育类书法作品也存世最多。科举废除，题名碑制度不复存在，故而目前尚未有清代以后的教育类作品。具体数据详见表7。

表7　　　　　　　　　　　　　教育类书法数据　　　　　　　　　单位：方

	题名碑	教育纪事	杂刻	总计
金	1	20	1	22
元	5			5
明	93	20	1	114
清	184	34	8	226
				367

教育类碑额仍以篆书为主，只清代有碑额隶书5方，汉文、满文1方。由于教育类多为题名碑，庄重正式，故而碑身以正书为主。行书次之，但总体不多。具体数据见表8。

表8　　　　　　　　　　　　　教育类碑额字体　　　　　　　　　单位：方

	金	元	明	清
正书	20	5	111	216
行书	2		3	5
隶书				3
篆书				1
正、行				1

杂刻类收录墓葬、宗教、艺文、教育类之外的所有石刻书法作品，由于会馆碑是个较为特殊的存在，也暂将其列入杂刻类。杂刻类可大致细分为纪事、谕旨、会馆碑三类，其中谕旨、会馆碑两类皆与政治相关。

会馆是古代的"驻京办事处"，分为同乡会馆和同业会馆。"会馆碑刻是记述各种会馆的创建、沿革及其作用的石刻。同乡会馆碑专门记述其创建和接待进京官员、应试人员及其他活动的石刻。同业会馆碑则是记述同行工商业者聚会、订立行规、捐款等内容的石刻"，"这一类石刻虽然也叫做'××碑'，但不一定都是石碑的形式，有相当一部分是用'条石'即高约0.5米、宽约0.9米的石板刻成。这种条石，在会馆中是被镶嵌在厅堂、走廊等处墙壁上的。但人们习惯上把这两种形式不同的石刻都叫做'会馆碑'"。①

　　谕旨类自废除封建君主制后不复存在，故而自清代后无谕旨类相关书法作品。具体杂刻类作品数量详见表9。

表9　　　　　　　　　　　谕旨类数据　　　　　　　　单位：方

	纪事	谕旨	会馆碑	总计
唐	1			1
辽	3			3
金	2			2
元	4	2		6
明	59	7	1	67
清	243	8	131	382
民国	60		36	96
中华人民共和国	2		5	7
无年月	5	1		6
				570

　　杂刻类以清代最盛，民国次之，明代再次。从其书法字体来看，端庄易辨认的正书为最，线条流畅的行书次之，古朴典雅的隶书再次。清代一个较为普遍的现象即是多语言并存，这也同样反映了当时的民族融合现象和国力之强盛。具体字体数据见表10。

表10　　　　　　　　　　　杂刻类数据　　　　　　　　单位：方

	唐	辽	金	元	明	清	民国	中华人民共和国	无年月
正书	1	3	1	6	59	379	54	1	5
行书			1		6	24	1	1	
草书					1	1			
隶书						9	3		1
篆书						1			
正、行						1			
满文						2			
汉、满						17			
汉、满、蒙						1			
汉、满、蒙、藏						2			

---

　　①　北京石刻艺术博物馆编：《会说话的石头——北京的石刻文化》，学苑出版社2007年版，第80页。

三　北京碑刻的区域分布

北京共 16 区 2 县，分别是东城区、西城区、崇文区、宣武区、朝阳区、海淀区、丰台区、石景山区、门头沟区、房山区、昌平区、顺义区、通州区、大兴区、平谷区、怀柔区、密云县以及延庆县。从所存石刻书法作品总量来看，以海淀区为最，西城次之，石景山再次，平谷、大兴及延庆作品较少。作品总量数据见表 11。

表 11　　　　　　　　　　**作品总量统计**　　　　　　　单位：方

	墓葬	宗教	艺文	教育	杂刻	总计
海淀	654	261	48		24	987
西城	246	382	128	56	47	859
石景山	627	67	13		17	724
东城	45	176	113	278	38	650
房山	165	300	77	4	87	633
朝阳	281	229	4		11	525
宣武	59	208	44	2	153	466
丰台	139	82	5		25	251
昌平	46	156	15	13	19	249
门头沟	40	151	9		34	234
崇文	19	114	30	1	60	224
怀柔	26	35	3		4	68
密云	11	21	17	3	1	53
通州	14	21	3	1	7	46
顺义	8	22			13	43
延庆	2	12	1	8	1	24
大兴	7	4	1		4	16
平谷	5					5
西郊	2					2
南郊	1					1
不详	1					1

就具体分类而言，墓葬类以海淀、石景山为最，朝阳、西城次之，房山、丰台再次。其中，海淀区以清代、民国为最，墓志以明代海淀区为最。清代海淀区坟茔众多，墓碑较多，石景山则以八宝山革命公墓为重点，特别是新中国成立后，除西城区2方、宣武1方外，墓碑均集中在石景山区八宝山。清代朝阳区王爷公主园寝众多，朝阳区墓葬类仍以清代为最，主要集中于朝阳区十八里店、小红门等地。西城区仍以清代最盛，主要是集中于西城区马尾沟教堂的传教士墓碑。

宗教类以西城、房山为最，海淀、朝阳次之，宣武、东城再次。西城区历史悠久，文化底蕴较浓，寺庙较多，书法作品以明清两代庙宇类为最。房山以明清两代最盛，以云居寺为典型代表，石经居多。朝阳、宣武、东城仍以明清两代庙宇类最盛。

西城、东城区名人故居较多，文化底蕴深厚，故而与文艺关系最密切的艺文类仍以西城、东城为最，且主要集中于清代及以后，特别是西城区，名人雅客云集，艺文类作品较多，主要集中于民国，而东城则题词更多。房山、海淀次之，宣武、崇文再次。

教育类总体不多，主要集中于东城区国子监，西城、昌平次之。东城区金代以教育纪事类作品为主，明清两代则以题名碑为主且占多数。西城区也以清代题名碑为主，昌平区则以教育纪事类作品为主，另有金、明教育杂刻类碑刻共2通。

杂刻类除宣武区相对较多外，其他各区分布较均匀。宣武区主要以清代会馆碑为最，这是因为清军入关后汉人不得居于内城，会馆主要集中于崇文门、正阳门、宣武门外一带，以宣武门外最多。

四　北京书法历史概观

北京书法依其载体、内容、区域分述虽有便利之处，然其书风递嬗之迹则显得不够清晰，故下面依朝代为序，对北京书法风格作概略性介绍。

1. 商周时代：高古雄浑

北京地区所见商代书法资料不多，刘家河商代墓葬所出土的圆鼎阴文铭文"鳖"字，该字线条流畅，像鳖之形，此大概是北京地区仅存的商

图5　刘家河商代墓葬圆鼎铭文

代文字硕果了（图5）。① 《史记·燕召公世家》云："召公奭与周同姓，姓姬氏。周武王之灭纣，封召公于北燕。"② 北燕即燕，殷在今河南延津县有南燕，故《史记》又称燕为北燕。召公被封北燕之燕在何处，自汉代以来就众说纷纭。直到 20 世纪 70 年代初，在北京市西南 43 公里处的琉璃河地区发掘出了西周遗址，发掘出居住址、古城址、墓葬区，出土文物上万件，尤其是以董鼎、圉方鼎、复鼎等一批带有"匽侯"铭文的青铜器出土，为北燕地点和古城性质的确定提供了直接可靠的物证，同时也把北京建城的历史提前到 3000 多年前。③ 琉璃河出土的西周青铜器铭文是北京繁荣历史的一个标志，同时也是北京发达的书法艺术的一个标志。这批铭文雄浑高古，饱满的线条中还有磔尾，与商代铭文风格十分接近，沉雄大雅，气度恢宏（图6）。

　　琉璃河遗址不仅出土了西周青铜铭文，并于 1995—1996 年出土了西

---

① 详见北京市平谷区文化委员会编《平谷文物志》，民族出版社 2005 年版。
② （汉）司马迁：《史记》，中华书局 1959 年版，第 1549 页。
③ 北京市文物研究所：《琉璃河西周燕国墓地》，文物出版社 1995 年版，第三章。

图 6　琉璃河西周堇鼎铭文

周甲骨文（图7、图8）。① 前此，在昌平白浮也出土过西周甲骨文，这为认识北京地区西周书法艺术面貌提供了可贵的资料。

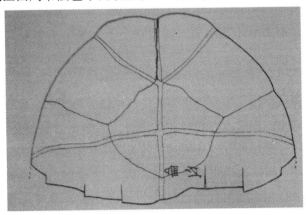

图 7　北京出土西周甲骨文 1

　　春秋战国时代北京的书法资料保存下来的不多，以刀币文字和玺印文字为主。战国时代北京属燕国，要认识战国时代的北京书法必须从燕国文

---

① 中国社会科学院历史研究所：《甲骨文合集补编》，语文出版社 1999 年版。

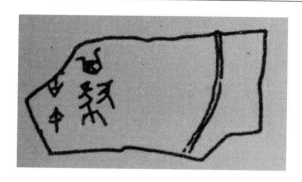

图8 北京出土西周甲骨文2

字谈起。燕国文字在战国文字中风格独特，文字学家在战国文字中把燕国别为一类，称为燕系文字。燕系文字可分为青铜礼器文字、兵器文字、刀币文字、玺印文字四类。燕国青铜礼器铭文以郾侯库簋为代表，其字体势呈方形，与西周初年的匽侯铭文有很大的不同，线条收笔锋利，显示出独特的个性。① 燕国兵器铭文之丰富，堪称列国之冠。燕国兵器文字整饬精美。燕国货币是刀币，所以我们称其为刀币文字。值得一提的是燕国玺印文字的书法。燕国玺印文字的印面多呈条形，有细长的柄，自名为鍴。② 有长条形的朱文玺，也有方形白文小玺。印台与坡形纽座之间有明显的过渡台阶，为其他国玺所无。铭文有边框围绕，布局严整精美，与郾王兵器风格相似。还有方形朱文小玺。印面略小于方形白文小玺。更有"方形朱文大玺，印面甚大，镌刻苍劲古茂，很有气势"③。

2. 两汉隶书：朴茂古拙

汉代无论从中国文字发展史抑或中国书法发展史的角度看，都是一个具有里程碑意义的朝代。商周时代的甲骨文、金文的书写必须从容结篆，这一特点与风云激荡的春秋战国时代的天下大势有点儿不协调，所以，至迟在战国中期，汉字就历史性地发生了隶变。④ 秦时的小篆虽然在统一文字方面有积极作用，然时代前进的步伐最终让古篆的书写者感到力不从

① 郭沫若：《两周金文辞大系图录考释》，上海书店出版社1999年版，第266页。

② 李学勤：《战国题铭概述》，见《李学勤早期文集》，河北教育出版社2008年版，第308—311页。

③ 何琳仪：《战国文字通论》，中华书局1989年版，第99—101页。

④ 详见常耀华《开隶变端绪的东周盟书》，见《中日书法史论研讨会论文集》，文物出版社1994年版。另见《20世纪书法研究丛书·历史文脉篇》，上海书画出版社2008年版。

心，篆书日渐式微，隶变文字取代古篆成为历史的必然选择。有汉一代隶书的体势写得更为活泼张扬，应和了大汉天朝的历史雄风。隶书至汉达到了书法艺术的顶峰。因此，书法上常把隶书艳称为"汉隶"。

由于汉代经营的重点在西北，北京地区尚不在开发之列，所以，北京地区出土的汉代书迹很少。石景山区八宝山侧出土的"秦君神道左阙"和"秦君神道右阙"及"秦君墓刻辞"，是北京地区为数不多的汉隶作品。

秦君石墓阙建于东汉和帝元兴元年（105）十月，隶书题"汉故幽州书佐秦君之神道"，有一石柱左侧题"鸟还哺母"（《北京图书馆藏北京石刻拓片目录》中记为"鸟还哺母"）（图9）。

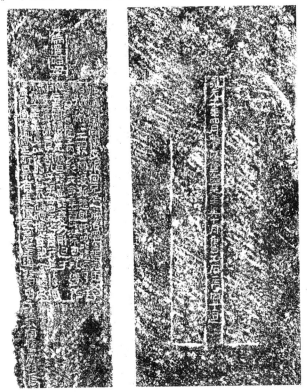

图9　秦君墓刻辞

图片来源：《北京图书馆藏中国历代石刻拓本汇编·战国秦汉卷》，第34页。

东汉后期约公元150年之后碑刻大量使用汉隶，而此石阙是在公元105年，此时的书法处于篆书与隶书的转型期。篆书象形化，相对刻板；

隶书符号化，变化多端。而成熟的汉隶装饰性较强，且到东汉后期渐趋规范。8 号方石柱正面竖刻文字一行，为"永元十七年四月，板令改为元兴元年。其十月，鲁工石巨宜造"；碑额镌"乌还哺母"四字，碑内文共 7 行。"秦君神道左阙"和"秦君神道右阙"规格相同，题字也相同，汉隶竖刻三行，均为"汉故幽州书佐秦君神道"。此石刻文字清晰，字体个体差异明显，规范性不强，与成熟的汉隶有一定差异。

隶书具有蚕头雁尾的特点。所谓蚕头，即写横波时先向左藏锋逆入，后提笔向右，状如蚕头。写挑脚时笔锋下按，慢慢提起，右上挑出，状如雁尾。这一特点在汉代碑刻特别是东汉后期的碑刻中比较常见。纵观秦君神道石刻，此刻石上的书法，"与成熟的汉隶比较发现，没有那么规范的装饰性，尤其是没有汉隶碑刻中那种蚕头雁尾的特点。整体来看，十一个字大小不一，没有太多的拘束，古拙劲挺。单个字来讲，并不出色，它们组合在一起后，彼此呼应，体现了作者独特的个性。它的优秀还在于，让观者感觉其独具匠心的同时，又能体会随意而为的神采，在没有章法中求得了极佳的章法之美"。①

3. 北海遗宝：李邕与青春盛唐时代的北京书法

隋朝运祚不长，书法亦不多见。唐高祖李渊太原起兵反隋，建唐朝，后太宗李世民即位，中国封建社会发展到顶峰，书法艺术也发展到高潮。唐太宗李世民本人酷爱书法，工隶书、飞白，书学王羲之，所撰之《温泉铭》首开以行书入碑的先河。皇帝推崇加之国力强盛，使得"书至初唐而极盛"，草书、行书、楷书等在这一时期都有了很大的发展。

从目前所知书法作品来看，唐代北京地区书法作品主要以碑刻和墓志的形式流传。其中，墓志多在字间打有界格，书法多以继承魏晋风骨为主，淡薄俊逸，但同时又有俊秀内刚，而碑刻书法则多是雄健创新，多有盛世之象。

北京地区出土的墓志中，墓主人先祖多为太原人，且地位较高，其先祖多是在太原追随李渊起兵，立下战功，称为"从龙军"。唐玄宗时，边塞战事较多，而当时北京亦即幽州是与东北契丹交战的主战场，因此有欲立战功的禁军举家迁至幽州，后成当地的大户望族，生活富裕，家资丰

---

① 滕艳玲：《关于秦君神道石柱及秦君石墓阙残件考释浅析》，《北京文博》2005 年第 2 期。

饶，其后代不用出仕也可过上宝马香车的优裕生活。

苏轼尝云："古人论书，兼论其人生平；苟非其人，虽工不贵。"这些唐代墓志书法正体现了这点，安逸的生活带来的淡薄俊逸书风在这里得到体现。但幽州为北方军事重镇，自与魏晋不同，故而作品中又同时有雄健的一面。如1981年出土于海淀区钓鱼台东门北侧的唐开元二十一年（733）郭君墓志（图10）。此墓志书法初看俊逸挺拔，挥洒自如，有褚遂良之风，细看则锋棱健在，柔中带刚，又有幽州兵士雄健的一面。看似柔弱淡薄，实则雄奇内秀。志盖书法古拙，不失风骨。

图10　郭君墓志盖

图片来源：《隋唐五代墓志汇编·北京卷附辽宁卷》第3册，第79页。

这一时期最有名的书法家当数李邕，而北京地区书法作品中最典型的当是成书于天宝元年（742）正月的《李秀碑》。

李邕，字泰和，扬州江都人，其父李善曾为《文选》作注，少年成名，后召为左拾遗，尝为北海守，世称"李北海"，70岁时为李林甫所忌，含冤杖杀。书法初学王右军，后加以创新，笔力雄姿英发，有"书中仙手"之称。《宣和书谱》云："邕精于翰墨，行草之名尤著。初学右将军行法，既得其妙，乃复摆脱旧习，笔力一新。"清代包世臣在《艺舟双楫》中说："降及唐贤，自知才力不及古人，故行书碑版皆有横格就中。九宫之学，徐会稽、李北海、张郎中三家为尤密，传书俱在，潜精按验，信其不谬也"，"北海如熊肥而更捷"。宋代朱长文在《续书断》中评价李邕书"邕书如宽大长者，逶迤自肆而终归于法度"。传世作品主要有《岳麓山寺碑》、《李秀碑》、《东林寺碑》等。

《李秀碑》，全称《云麾将军李秀碑》，亦称《云麾将军碑》，原在良乡，石断后被弃，今仅存二石。首题"云麾将军辽西郡开国公上柱国李秀碑"，李邕撰并行书，碑额为篆书"唐故云麾将军李秀碑"（图11）。

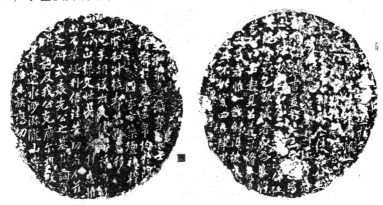

图11　李秀残碑

图片来源：《北京图书馆藏中国历代石刻拓本汇编》第25册，第1页。

《李秀碑》是李邕书法的代表作，窃以为其作品中"丿"画最能体现其书法之精髓。明董其昌所谓"右军如龙，北海如象"，清冯班《钝吟书要》云："董宗伯云王右军如龙，李北海如象；不如云王右军如凤，李北海如俊鹰。"右军之书，当得上翩若游龙，北海之书，以行笔入楷，则从"鹰"更当。

观图11"大"、"碑"、"公"三字"丿"画，一笔贯通，气势凌然，丰腴古朴，有碑学特色，舒朗豁然，然风骨犹存，雄奇俊秀。其字方阔，个性鲜明。北海之书亦如其人，直率坦荡，有王右军的俊朗风骨，又显丰腴，注重创新，尝言："似我者俗，学我者死"，从右军书而能跳出右军书法之约束，颇为难得。纵观其字，丰腴为表，雄秀为质，言其为"**象**"不若为"**鹰**"。

4. 佛光普照：云居寺石经与辽金时代的北京书风

辽代书法墨迹相对较少，但当时举国上下崇尚佛法，遗留了很多佛家墨迹，僧人书作较多，北京地区以云居寺刻经最为集中。辽代佛法大兴，盛况可与唐代比肩，书法作品也多有唐楷特色，端庄浑厚。

云居寺刻经始于隋代，至唐大盛，五代衰败，辽金复兴，共有大小经版 15000 余块，佛经约 1000 部，3000 多卷，书法艺术光彩夺目，艺术价值较高。据伊葆力《辽金书法艺术概览》，辽代续刻始于南京（又称燕京，今北京，辽王朝陪都）韩氏家族后代韩绍芳，"自太平至清宁三年（1027—1057）间，续刻了大般若经 80 卷，大宝积经一部 120 卷，合计经石 2730 条，接续唐刻完成了《四大部经》全套"。

"金代续刻石经始于天会十年（1132），此期间天会十四年（1136）有燕京圆福寺僧见嵩续刻《大都王经》1 帙 10 卷。天眷元年至皇统九年（1138—1149）间，有奉圣州（今河北涿鹿）保宁寺僧玄英暨弟子史君庆、刘庆余等续刻密宗经典 39 帙；皇统九年至明昌（1149—1190）初年，有金章宗的皇伯汉王、刘丞相夫人、张宗仁等续刻阿含等 20 帙。此外还有不知名者所刻的《金刚摧碎陀罗尼经》、《大藏教诸佛菩萨名号集》、《释教最上乘秘密藏陀罗尼集》等。金刻石经，除《大教王经》藏于东峰第三洞外，余均埋于压经塔下地穴中。"[1]

1970 年 3 月出土于西城区阜成门外的"董庠灭罪真言刻石"即是辽代笃尚佛法的证明。此刻石镌刻时间为辽寿昌三年（1097）六月十四日，题目为"故保静军节度使金紫崇禄大夫检校太傅兼御史中丞董庠"，文字内容为"灭罪真言"（佛教咒语）。董庠位高权重，然墓中却埋有佛教石刻，足可见佛教之盛况。

金代书法第一人，当属"独步金代"的党怀英。

党怀英，字世杰，号竹溪，"少颖悟，日诵千余言"。大定十年（1170）中进士，后累除汝阴县令、国子监祭酒、翰林学士等职，诗文、书法俱佳，尤以篆籀为最，"当时称为第一，学者宗之"。

《金史》载：党怀英"性乐山水，诗文碑记不尚虚饰，因事遣词，通达流畅，平易自然，格调冲淡"。"怀英工书法，世称'独步金代'，尤爱玉箸篆书。泰和四年，书'泰和重宝'，铸于钱币之上，是为'金泰

① 伊葆力：《辽金书法艺术概览》二，http：//xuyu1950915. blog. tianya. cn。

和'。"赵秉文为党怀英所作墓志云："公之文似欧阳公，不为尖新奇险之语；诗似陶谢，奄有魏晋；篆籀入神，李阳冰之后，一人而已。古人各一艺，公独兼之，可谓全矣。"玉箸篆书，即笔画圆如玉箸的小篆，字体多为长方形，左右对称，挺拔俊秀。清陈沣《摹印述》云："篆书笔画两头肥瘦均匀，末不出锋者，名曰'玉箸'，篆书正宗也。"玉箸篆书集大成者，当属秦李斯和唐李阳冰，而党怀英的玉箸也可与之比肩。

党怀英早年居住在山东，死后亦葬于山东，故而目前山东所存其作品较多。北京地区党怀英作品较为著名者，当属于 1980 年 5 月出土于丰台区王佐乡米粮屯村的乌古论家族墓志盖（图 12）。

乌古论氏为金代女真重要部族，辅佐完颜氏建立金政权，为当时一代权贵。乌古论家族墓志共出土三方，其中墓志盖为党怀英所书。字体圆润修长，规整对称，"有规矩成方圆"。然党怀英的字俊美有余，略显呆板，个性不明显，所书篆书线条流畅，然不能恣意而为，风骨略缺。

图 12　（金）乌古论家族墓志盖拓片

图片来源：《会说话的石头——北京的石刻艺术》，第
93 页。

5. 赵孟頫：北京元代书法之骄傲

元代自 1279 年元世祖忽必烈灭南宋定都北京到元顺帝北走塞外，历

91 年。这个马背上的民族以武力征服中原，实行敕令政治和君主独裁制，民不聊生，造成一定程度的文化荒芜。同时，元代将人分为不同等级，第一等蒙古人任官，第二等色目人任吏，第三等为北宋元统治下的臣民，最低等南宋遗民。这些政策必然导致民族矛盾激化，起义不断。为了缓和民族矛盾，为自己的统治正名，元代开始重视书法等艺术，此举虽然意在维护其统治，但对书法而言则是一大幸事。

国家不幸，中原文人士子亦多笼罩于压抑情绪之中，历史上政治失意埋头故纸堆者比比皆是，这一时期的书法也是以复古为主，各种书法字帖全面复兴，魏晋后少有人使用的章草大量出现，赵孟頫还首开诗、书、画结合的先河。

由于元定都北京，这一时期北京地区所藏书法作品增多，特别是碑刻、墓志、书帖类文物，较著名书法家在北京的活动时间也增多，目前所知最有名者，当属赵孟頫。

《元史》载："赵孟頫，字子昂，湖州归安人。宋太祖裔孙秀王子称五世孙也。幼聪慧，读书目成诵。"世祖笼络人才，"吏部尚书夹谷之奇荐为翰林编修，不就。侍御史陈钜夫奉诏搜江南遗逸，又荐之"，"帝眷孟頫甚厚，字而不名，尝以孟頫比唐李白、宋苏轼，又言孟頫过人者数事：一帝胄，二美姿仪，三博学，四操履纯正，五文词高古，六书画绝伦，七旁通佛老之学"。元鲜于枢《困学斋集》称："子昂篆、隶、真、行、颠草为当代第一，小楷又为子昂诸书第一。"

赵孟頫书法楷、行最高，与欧阳询、颜真卿、柳公权并称楷书四大家，有"颜筋柳骨，铁画银钩"之称。书碑学李北海，篆书学石鼓文，隶书学梁鹄、钟繇，行书学羲献。赵孟頫认为："学书有二，一曰笔法，二曰字形。笔法弗精，虽善犹恶；字形弗妙，虽熟犹生。学书能解此，犹可以语书也。"

据单国强《赵孟頫信札系年初编》，历史上赵孟頫有两个时期是在北京度过，分别是：至元二十四年（1287）到至元二十九年（1292）初次到北京任职、至大三年（1310）到延祐五年（1318）再次赴京任职，累迁翰林学士承旨、荣禄大夫，官至一品高位。两个时期分别代表了赵孟頫书法的两个阶段，各有特色。

单国强《赵孟頫信札系年初编》讲，第一个时期亦即赵孟頫 34—39 岁期间，其信札主要有："致野翁'兰亭考帖'"（暂名）（图 13）、"致丈人节干'除授未定帖'"（暂名）、"致希魏判簿'倏尔两岁帖'"（暂名）、"问候鲜于枢的'论古人画迹札'"。

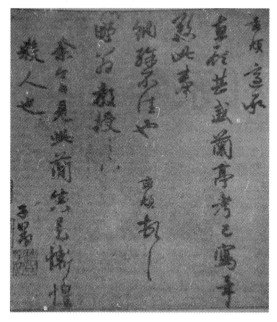

图 13　"致野翁'兰亭考帖'"（暂名）

图片来源：单国强：《赵孟頫信札系年初编》，

《故宫博物院院刊》1995 年第 2 期，第 1 页。

　　据《赵孟頫信札系年初编》考，此帖作于至元二十六年（1289）赵孟頫 36 岁时，属于其早期作品。"尚存较多魏晋古意和仿学痕迹，结体比较方阔，用笔也见圆厚，有些字还欠稳妥，不甚优美，具古拙质朴之感。"[1] 这一时期赵孟頫的书法灵动有余，沉稳略缺，但却也最见风骨。结构方阔不呆板，个人特色明显，相比后期作品来讲更尚意，是一个南宋遗民国家虽亡气节犹存的生动体现。

　　赵孟頫第二次赴京时已 57 岁，《元史》载："至大三年，召至京师，以翰林侍读学士，与他学士撰定祀南郊祝文，及拟进殿名，议不合，谒告去。仁宗在东宫，素知其名，及即为，召除集贤侍讲学士、资德大夫。三年，拜翰林学士承旨、荣禄大夫。帝眷至甚厚，以字呼之而不名。"此时的赵孟頫欲明哲保身而不得，撰祝文拟进殿名不合而请去，不过是其欲远

---

　　① 单国强：《赵孟頫信札系年初编》，《故宫博物院院刊》1995 年第 2 期。

离是非之地的托词，有人认为其出身帝胄却入元为官，"薄其人遂薄其书"，对赵孟頫实不公。一则家国不幸，个人身世如浮萍，赵孟頫欲隐而不仕亦不可得；二则虽字如其人，然字不等于其人，不能因为政治因素而忽略赵孟頫的书法成就。

据《赵孟頫信札系年初编》，这一时期赵孟頫手书信札主要有："致中峰和尚'长儿帖'"（暂名）、"致季博提举'草率帖'"（暂名）、"致次山总管'窃禄帖'"、"致中峰和尚'吴门帖'"、"致中峰和尚'堑还帖'"（暂名）、"致中峰和尚'幼女帖'"（暂名）、"致中峰和尚'佛法帖'"（暂名）、"致中峰和尚'亡女帖'"（暂名）、"致园中提举'东衡帖'"、"致进之提举'不蒙惠字帖'"、"致中峰和尚'叨位帖'"共 11 帖。帖中多次出现的中峰和尚是当时高僧，时人敬重有加，也是赵孟頫的好友。

赵孟頫书法所主张的复古在这一时期的书法作品中有明显体现，相比前期的灵动古拙，这一时期的书法作品张弛有度，注重章法，有李北海书风，同时，由于笃信佛学，赵孟頫的书法作品中禅意较浓，端庄雅致。

这一阶段属于赵孟頫书风由中年向晚年转变的阶段，"书风在保持中年姿媚圆润基调同时，用笔已见刚健挺拔，遒劲渐胜流润，结体在修长中兼具端严精谨，雍容中略显雄健"。①

赵孟頫晚期的书法作品，可见北京东岳庙中所藏的《张公碑》（图 14、图 15、图 16）。

《张公碑》，全称《大元敕赐开府仪同三司上卿辅成赞化保运玄教大法师冲玄人靖大真人知集贤院事领诸道教事张公碑》，赵孟頫撰并正书篆额，碑文两面共刻 2780 字。张公即赵孟頫至交东岳庙开山鼻祖张留孙，元至治二年（1322）张留孙羽化，此时赵孟頫也已年迈体衰，仍奉旨撰写碑文。

此碑作于赵孟頫逝世几个月前，张留孙又为其至交好友，为张公作碑亦是为自己一生做总结，故而此碑写得情真意切，书法也颇见功力。此时作品已很工整，笔力雄健，端庄婉丽。赵孟頫后期书法风格较平和，大略与其潜心佛学有关，端庄而不呆板，婉丽不失风骨，同时可以看出其深厚的个人修养，典雅平正。

---

① 单国强：《赵孟頫信札系年初编》，《故宫博物院院刊》1995 年第 2 期。

图 14　张公碑阳额

图片来源：《北京图书馆藏中国历代石刻拓本汇编》第 49 册，第
122 页。

6. 董其昌：台阁体遮不住的明代书法之光

明代自朱元璋定都北京至朱由检自缢煤山历时 277 年，这一时期北京
地区的书法受元代赵孟頫影响颇深，工整秀丽，行楷居多，帖学大盛。但
明代实行高度的中央集权，思想控制严格，明代书法在初期以"台阁体"
为主，这种做法虽然有利于书法的规范，但不利于书法艺术的发展，并导
致明代书法虽有大家然无创新，只是在延续前朝书法。

"台阁体"即明代官场书体，清代称为"馆阁体"，主要特点为"乌、
光、方"，亦即乌黑、方正、光沼，大小一律。作品追求雍容典雅，华而
不实，多为歌功颂德之作，书法工整，毫无特色，呆板无趣。沈括《笔
谈》云："三馆楷书不可不谓不精不丽，求其佳处，到死无一笔是矣。窃
以为此种楷法在书手则可，士大夫亦从而效之，何耶？"但"台阁体"在
规范书写方面确实发挥了很大的作用。

图 15　张公碑阳　　　　　　　　　　图 16　张公碑阴

图片来源:《北京图书馆藏中国历代石刻　　　　图片来源:《北京图书馆藏中国历代石刻
拓本汇编》第 49 册，第 122 页。　　　　　　拓本汇编》第 49 册，第 125 页。

以明沈度《敬斋箴》（图 17）为例，字体工整、严谨、规范，易于辨识，适合于公文写作、科举应考等场合的使用，但是毫无个人特色，无异于书法的"八股"。

明代后期由于社会矛盾激化，农民起义不断，书法也承社会之象表现出诡谲奇绝的一面。

北京地区明代书法资料墓志、碑刻居多，一方面，就其性质而言以宗教类和题诗题字类较多，这一时期碑刻中除汉文外，还有梵文、拉丁文、阿拉伯文等出现；从另一方面体现出当时民族融合以及中外交流的情况。

据《北京图书馆藏北京石刻拓片目录》，明代北京地区出现多语言的石刻主要有：

昌平县南邵何家营的《伯哈智墓碑》，万历六年（1578）下月书，正书汉、阿拉伯文。

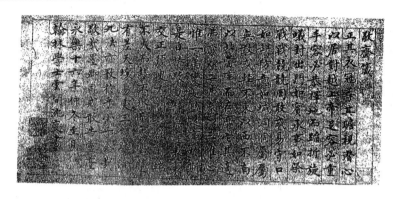

图 17　明沈度《敬斋箴》

图片来源：张金梁明：《沈度〈敬斋箴〉考》，《中国历史文物》2005 年第
6 期。

海淀区青龙桥的《哥里亚墓碑》，天启四年（1624），正书汉、拉
丁文。

西城区北营房北街的《罗雅谷墓碑》，崇祯十一年（1638），正书汉、
拉丁文。

宣武区牛街清真寺的《礼拜寺碑》，弘治九年（1496）六月中旬，正
书汉、阿拉伯文。

西城区锦什坊街的《清真寺残刻石》，崇祯元年（1628）四月，正书
汉、阿拉伯文。

石景山区蟠龙山法海寺内的《李福善等造佛顶尊胜陀罗尼经幢》，正
统四年（1439）九月二十六日，正书汉、梵文。

昌平县居庸关过街塔东壁《明仁孝皇后梦感佛说第一希有功德经之
尊胜咒云栖施食仪本》，正统十年（1445）五月十五日，正书汉、梵、
藏、八思巴、畏吾儿、蒙文、西夏文。昌平县居庸关过街塔《云台券门
浮雕一之二》，至正五年前（附 1345 年），正书汉、梵、藏、西夏文。昌
平县居庸关过街塔《云台券门浮雕二之二》，至正五年前（附 1345 年），
正书汉、梵、藏、蒙、西夏文。海淀区大钟寺乡五塔寺的《真觉寺三世
佛座下咒文》，无年月，梵文。

海淀区大钟寺乡五塔寺的《真觉寺金刚宝座下咒文》，无年月，梵文
（16×3270、15×3235）。海淀区大钟寺乡五塔寺的《真觉寺金刚宝座下
咒文》，无年月，梵文（8×3210）。

海淀区大钟寺乡五塔寺的《真觉寺金刚宝座上中塔咒文》，无年月，

梵文。海淀区大钟寺乡五塔寺的《真觉寺金刚宝座上东北塔咒文》，无年月，梵文。海淀区大钟寺乡五塔寺的《真觉寺金刚宝座上东南塔咒文》，无年月，梵文。海淀区大钟寺乡五塔寺的《真觉寺金刚宝座上西北塔咒文》，无年月，梵文。海淀区大钟寺乡五塔寺的《真觉寺金刚宝座上西南塔咒文》，无年月，梵文。西城区三里河的《金氏宗图碑》，天启五年（1625）五月，正书汉、阿拉伯文。

明代北京地区虽没有比较集中的大家作品，但也不乏珍品，其中最著名的当数董其昌和程南云。

董其昌，字玄宰，号香白、香光居士，是明代书法大家。《明史》载："其昌天才俊逸，少负重名。初，华亭自沈度、沈粲以后，南安知府张弼、詹事陆深、布政莫如忠及子是龙皆以善书称。其昌后出，超越诸家，始以宋米芾为宗。后自成一家，名闻外国。其画集宋、元诸家之长，行以己意，洒洒生动，非人力所及也。四方金石之刻，得其制作手书，以为二绝。造请无虚日，尺素短札，流布人间，争购宝之。精于品题，收藏家得片语只字以为重。性和易，通禅理，萧闲吐纳，终日无俗语。人儗之米芾、赵孟頫云。同时以善书名者，临邑刑侗、顺天米万钟、晋江张瑞图，时人谓刑、张、米、董，又曰南董、北米。然三人者，不逮其昌远甚。"

他之所以有如此成就，与自己的勤奋学习也是分不开的，其在《画禅室随笔·评书法自叙答》中说："吾学书在十七岁时。先是吾家仲子名传绪，与余同试于郡，郡守江西袁洪溪以余书拙置第二，自是始发愤临池矣。初师颜平原（多宝塔）碑，又改学虞永兴，以为唐书不如晋、魏，遂专仿《黄庭经》及钟元常《宣示表》、《力命表》、《还示帖》、《丙舍帖》。凡三年，自谓逼古，不复以文征仲、祝希哲置之眼角比，乃于书家之神理，实未有入处，徒守格辙耳。以游嘉兴，得尽睹项子京家藏真迹，又见右军（官奴帖）于金陵，方悟从前妄自标评，譬如香岩和尚，一经洞山问倒，愿一生做粥饭僧，余亦愿焚笔研矣。然自此渐有小得，今将二十七年，犹作随波逐浪书家。翰墨小道，其难如是，况学道乎？"

对于董其昌的评价之所以如此之高，一方面是因为其艺术成就，另一方面也是因为其位高权重。对于董其昌书法的评价历代褒贬不一，褒者如康熙，他曾言："华亭董其昌书法，天姿迥异。其高秀圆润之致，流行于褚墨间，非诸家所能及也。每于若不经意处，丰神独绝，如清风飘拂，微云卷舒，颇得天然之趣。尝观其结构字体，皆源于晋人。盖其生平多临《阁帖》，于《兰亭》、《圣教》，能得其运腕之法，而转笔处古劲藏锋，似拙实巧。……颜真卿、苏轼、米芾以雄奇峭拔擅能，而要底皆出于晋人。赵孟頫尤规模二王。其昌渊源合一，故摹诸子辄得其意，而秀润之气，独时见本色。草书亦纵横排宕有致，朕甚心赏。其用墨之妙，浓淡相间，更为绝。临摹最多，每谓天姿功力俱优，良不易也。"

贬者如康有为《广艺舟双楫》："香光（董其昌）虽负盛名，然如休粮道士，神气寒俭。若遇大将整军历武，壁垒摩天，旌旗变色者，必裹足不敢下山矣！"

据《北京图书馆藏北京石刻拓片目录》，北京地区目前可见的董其昌书迹有：《关侯庙碑》（图 18），董其昌行书，崇文区正阳门，万历十九年（1591）冬日；《达观说韦李柏偈》，董其昌行书，永定门外圆通寺，万历二十七年（1599）九月（刻于万历二十七年九月《圆通寺碑》之阴）；《释迦如来成道记》，唐王勃撰，董其昌行书，崇文区清华街，天启四年（1624）十一月十一日；《金刚般若波罗蜜经》，董其昌正书，宣武门龙泉胡同龙泉寺，天启六年（1626）；《吕纯阳祠碑》，董其昌撰并行书，昌平县城内小学，崇祯七年（1634）。

董其昌作此碑之时年 38 岁，碑后自识一段则是其 68 岁时所作，此碑"行中带楷，字形端稳规整。38 岁的董其昌正处于研习历代诸体书法的阶段，其书表现为用笔重实涩拙，锋棱外露峭拔，颜、米诸体笔意明显。而碑文后自识一段纯用行书，体现了 68 岁的董氏行书趋于完美时期的特点，字势精巧明快，爽朗秀媚，姿致平和，形成了自抒胸臆的独特风格。从此卷上可以看出董氏书法风格前后期发展变化的特点"。① 此碑书法锋芒外露，字形较方正，有古拙之美，但缺气度，沉稳不足。

除了董其昌，在书法特别是篆隶发展史上，还有一位不得不提的书法家：程南云。

程南云，字清轩，号远斋，江西南城人。永乐初以能书征中书舍人，累官为通议大夫、太常寺卿。精篆隶，得陈思孝之传，在当时备受推崇。据《北京图书馆藏北京石刻拓片目录》统计，明代北京地区程南云书迹有：

---

① 见 http://news.xinhuanet.com/shuhua/2006 – 01/28/content_ 4110089.htm。

图 18　关侯庙碑

图片来源:《北京图书馆藏中国历代石刻拓本汇编》第
58 册, 第 15 页。

智光塔铭　程南云篆额

卢育墓碑　程南云篆额

底哇答思塔铭　程南云撰并正书篆额

钱安衣冠圹志　程南云篆盖

法华寺碑　程南云篆额

净明寺碑　程南云正书

崇化寺碑　程南云正书

太清观碑　程南云篆额

弘庆寺碑　程南云正书

妙缘观碑　程南云篆额

清虚观碑　程南云篆额

顺天府庙学记　程南云正书并篆额

宣德二年进士题名记　程南云正书并篆额（图19）

正统七年进士题名记　程南云正书并篆额

道孚大师行实碑　程南云正书

程南云的篆隶颇有古韵，工整典雅，明代祝允明曾赞："程氏父子，篆隶擅名，其业斯鲜，不得不兴。"除了这些，程南云墨迹较著名者还有《长陵神圣功德碑》和现藏荣宝斋的书法真迹《五体书唐韦应物诗》，被誉为明代"三稀"，五体俱工，古韵十足。以《宣德二年进士题名记》为例，此碑作为宣德二年（1427），藏于东城区国子监，程南云正书并篆额。篆书字体圆转，有汉隶之风，典雅端方。正书字体规整不乏灵动，锋芒藏而不露，相较之下，其篆书艺术较之正书更胜一筹。

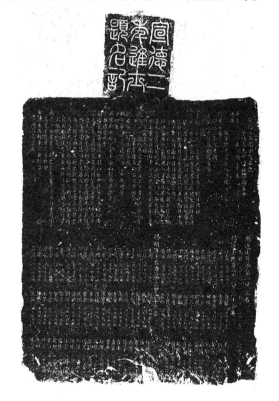

图19　宣德二年进士题名记

图片来源：《北京图书馆藏中国历代石刻拓本
汇编》第51册，第56页。

除了董其昌和程南云，明世宗朱厚熜或可代表明代皇帝书法之水准，据《北京图书馆藏北京石刻拓片目录》，朱厚熜书迹主要有：

显灵宫碑　世宗朱厚熜撰　正书

敬一箴　世宗朱厚熜撰并正书（图20）

敬一箴碑　世宗朱厚熜撰并正书

程子四箴碑　宋程颐撰，世宗朱厚熜注并正书

程子听箴刻石　宋程颐撰，世宗朱厚熜注并正书

图20　敬一箴

图片来源：《北京图书馆藏中国历代石刻拓本汇

编》第54册，第129页。

　　"敬一箴"为明世宗朱厚熜为宣扬儒学而作，藏东城区国子监。通高
174厘米，宽118厘米，额篆"御制"二字，书法工整，大小规整，字间
距、行间距基本相同，典雅端庄，或可代表明代皇帝书法最高水准。

　　7. 大放异彩：清代北京的书法艺术

　　清代是中国封建社会盛极而衰的时代，也是书法艺术风采大盛的时
代，这一时期北京人才济济，加上有明代遗老降清出仕，书法艺术大放光
彩，石刻、匾联等皆多有问世。碑学、帖学交织，书法理论有了很大发

展，出现了康有为《广艺舟双楫》等的集大成之作。这一时期汉、魏、南北朝碑刻多有出土，帖学大盛，汉隶复兴，匾联多用馆阁体书写。

康乾书法在清代书法史上是一个很重要的存在，二者各有特色。

康熙，即清圣祖爱新觉罗·玄烨。他的书法推崇董其昌，曾将"海内真迹，搜访殆尽"。康熙自幼接受汉文教育，在位期间亦重视文化推广，曾以专学董其昌的沈荃为师。然康熙书学董其昌，只得其形，风骨略失。以《巴海御赐诗碑》（图21）为例。此碑成书于康熙十七年（1678）四月，高213厘米，宽74厘米，左满文、右汉文，康熙撰并正书。虽书学董其昌，但更有颜氏风范，字体端庄淳厚，锋芒尽藏，中规中矩，英气不足，略显运笔不畅。

图21　巴海御赐诗碑

图片来源：《北京图书馆藏中国历代石刻拓本汇编》第63册，第120页。

乾隆，即清高宗爱新觉罗·弘历，年号寓意"天道昌隆"，25岁登基，在位60年，一生显赫，晚年自号十全老人。人说乾隆书法推崇赵孟颇行楷书，各体兼能，喜好行书，楷书多见经文题词等。大学士梁诗正等赞："皇上性契爻，学贯仓史，每于万机之暇，深探八法之微。宝涵所垂，云章霞采，凤翥龙腾。综百氏而集其成，追二王而得其粹。又复品鉴精严，研究周悉，于诸家工拙真赝，如明镜之照，纤毫莫遁其形。仰识圣天子好古勤求，嘉惠来学，甄陶万世之心，有加无已。"此番言论多为奉承之作，然也可从另一个侧面看出乾隆对于书法之痴迷。

　　乾隆书法艺术成就不及康熙，其字体更多地保留了稚拙的特色，倒也难能可贵。其书法作品虽师从赵孟頫，然形神俱欠佳，字体绵柔，章法性不强，不被书法写作惯例所束缚，更显"稚子"之气。缺了赵孟頫的圆润平和，风骨不及二王，略显浮躁却也雍容大气。

　　在北京朝阳区定福庄有一通"重修朝阳门石道碑文"（图22），其上

图22　重修朝阳门石道碑文　常轲拓

赫然题着"乾隆二十有六年岁在辛巳夏六月御笔"的字样。从碑文楷书中几乎寻不到赵孟𫖯书法的影子，看起来却是写颜的高手，此碑是可谓有清一代颜体楷书之翘楚，其书法成就与乾隆行书相比不知要高多少倍。

8. 铺张扬厉：北京书法的现代个性

清末碑学大盛，而民国文人多为接受过旧式科举教育的知识分子，加之金石学大兴，隶书大盛。钢笔引入，书写工具出现变革，白话文运动开始兴起，给旧式文言文以极大的冲击，这些都为书法作品的发展带来新的难题，也促使书法呈现出既古朴典雅又个性凸显的特点。

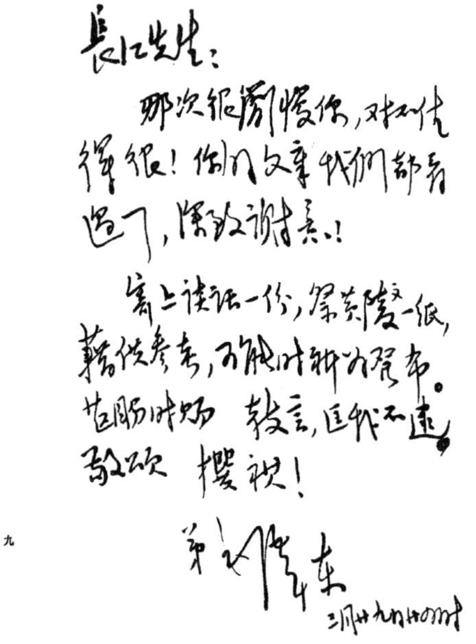

图 23　毛泽东致范长江信

图片来源：《毛泽东书信手札选》，第 9 页。

这种个性突出的特点在新中国成立后表现得更为突出，而在墓葬类特别是墓碑的书法作品中，则出现隶书复兴现象。老一辈优秀的革命家大多接受过旧式教育，青年时关心家国奋起革命，因而其书法功底也较为深厚，且由于当时书法经过革新已逐渐脱离碑学桎梏，个人色彩明显，更加凸显"字如其人"的特点。以毛泽东和周恩来的书法为例。

毛泽东诗作较多，且多为毛笔所作，书法作品草书居多，且越到后期草书特色越凸显，技术更加纯熟精湛。其书法受唐楷魏碑影响，既潇洒浑

厚，又质朴自然。毛泽东书法早期为适应发电报等要求，以相对工整的行
书居多，1949 年进北京后，则逐渐以草书为主，但对知识水平较低者或
较为尊敬者的回信仍然以行书居多。

图 24   为建设强大的人民炮兵而奋斗

图片来源：《毛泽东题词墨迹选》，第 132 页。

图 23 所示的信件写于 1937 年，范长江历尽艰苦成书《中国西北
角》，客观反映红军情况，毛泽东因以致谢，字迹相对较工整。毛泽东字
体多自右向左略有倾斜，运笔由重到轻，酣畅淋漓，字形较大，而这也正
是毛泽东作为著名的革命家和军事谋略家朗朗风骨的体现。这些特点在新
中国成立后表现得越来越明显，其字体有逐渐变大的趋势，笔画较粗，不
讲究谋篇布局，肆意而为，较多书法作品都会写出界外，锋芒外露。其
1951 年 4 月为中国人民解放军炮兵学校所题的"为建设强大的人民炮兵
而奋斗"（图 24）就是很好的例证。

周恩来书法青年时期刚健俊逸，及至中晚年则锋芒渐藏，浑厚内敛，
藏而不露，字如其人。其 1917 年 8 月 30 日为郭思宁所题《愿相会于中华

图 25　为郭思宁题《愿相会于中华腾飞世界时》

图片来源：《周恩来手迹选》，第 3 页。

腾飞世界时》（图 25）字形从上往下由大变小，字体横平竖直略有锋芒，多"中正之音"，楷书之端方与行书之流畅融合，稚气未脱然壮志满怀。及至 1975 年 7 月 3 日《致公摩万·那拉底·蓬巴攀》（图 26），则变化颇大。这是周恩来生前亲笔所写的最后一幅作品，用钢笔写在名片上。此时的字体自左至右倾斜，写作工具之故表现不明显，但仍可以看出其运笔由重转轻，圆转方正，锋芒不露，醇厚温润。

　　书法艺术是中国文化史上非常重要的部分，正如清刘熙载所说："贤哲之书温醇，骏雄之书沉毅，畸士之书历落，才子之书秀颖。"书法艺术的形成与作者及其所处的时代和地区有很大的关系，北京处于北方草原文化和中原农业文化的交界地带，本身即充满着极大的斗争性和多样性，这也使北京地区书法艺术内容丰富，多姿多彩。对北京地区书法艺术的进一步探讨，对于了解北京地区的文化、历史都很有必要。

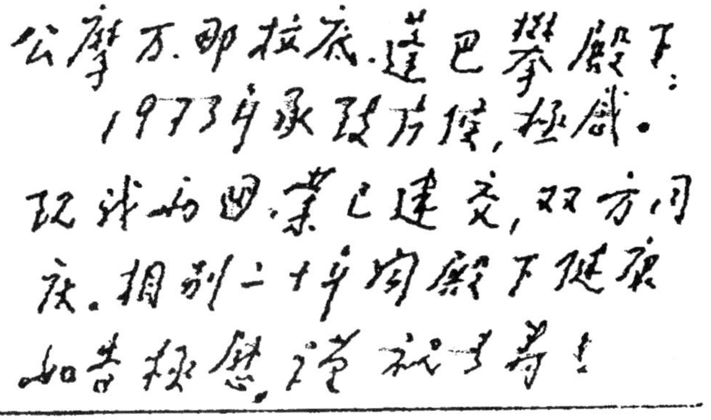
公摩万·那拉底·蓬巴攀殿下：
1973年承致芳候，极感。
现我两国业已建交，双方同
庆。相别二十年闻殿下健康
如昔极慰。谨祝长寿！

图 26 《致公摩万·那拉底·蓬巴攀》

图片来源：《周恩来手迹选》，第 197 页。

参考文献

1. （汉）司马迁：《史记》，中华书局 1959 年版。

2. 孙殿起：《琉璃厂小志》，上海书店出版社 2010 年版。

3. 北京石刻艺术博物馆编：《会说话的石头——北京的石刻艺术》，学苑出版社 2007 年版。

4. 赵海明：《碑帖鉴藏》上卷，天津古籍出版社 2010 年版。

5. 北京市平谷区文化委员会编：《平谷文物志》，民族出版社 2005 年版。

6. 北京市文物研究所：《琉璃河西周燕国墓地》，文物出版社 1995 年版。

7. 郭沫若：《两周金文辞大系图录考释》，上海书店出版社 1999 年版。

8. 李学勤：《李学勤早期文集》，河北教育出版社 2008 年版。

9. 何琳仪：《战国文字通论》，江苏教育出版社 2003 年版。

10. 董晓萍、吕敏：《北京内城寺庙碑刻志》，国家图书馆出版社 2011 年版。

11. 徐自强：《北京图书馆藏北京石刻拓片目录》，北京图书馆出版社 1994 年版。

12. 北京图书馆金石组编：《北京图书馆藏中国历代石刻拓本汇编》，中州古籍出版社 1989 年版。

13. 张宁、傅洋、赵超、吴樹平主编：《隋唐五代墓志汇编》，天津古籍出版社 1991 年版。

14. 中共中央文献研究室、中央档案馆编：《毛泽东书信手迹选》，文物出版社 1983 年版。

15. 中央档案馆：《毛泽东题词墨迹选》，人民美术出版社、档案出版社 1984 年版。

16. 中共中央文献研究室、中央档案馆编:《周恩来手迹选》,文物出版社 1988 年版。

17.（汉）许慎:《说文解字》,中华书局 1963 年版。

18. 朱骏声:《说文通训定声》,武汉市古籍书店影印 1983 年版。

19. 中国社会科学院历史研究所:《甲骨文合集补编》,语文出版社 1999 年版。

附录：琉璃厂坊肆匾额录

琉璃厂坊肆匾额录

富文堂藏书处	何绍基书
文贵堂藏书处	徐乃普书
龙威阁藏书处	曾国藩书
蔚文堂书铺	王淮珍书
论古斋藏画处	刘湘年书
萃元斋刻字铺	吕锦文书
荣禄堂缙绅局藏书处	孙诒经书
蕴光阁书林	王祖光书
文光楼书坊	戴恩溥书
蔚文堂书肆	冯文蔚书
宝文斋书铺	贾祯书
宝善堂书店	鲁琪光书
修文堂书坊	伦五常书
宝森堂书铺	潘祖荫书
同文书局	刘宗标书
长兴书局	康有为书
藻玉堂书店	梁启超书
翰文斋书店	李文田书
邃雅斋藏书处	姚华书，藏书处三字为郑家溉书
来薰阁书店	成多禄书
中华书局	范源濂书
富晋书社	张伯英书
荣宝斋南纸店	陆润庠书
清秘阁南纸店	阿克敦布书
茹古斋	翁同龢书
松华斋	徐颂阁书
松古斋	胡浚书
伦池斋	郑夜起书
宜古斋字画铺	陈孚恩书
富润轩画室	赵光书

续表

隶古斋法帖铺	祁寯藻书
德古斋法帖铺	温忠翰书
聚古堂法帖铺	李文田书
尊汉阁法帖铺	翁同龢书
敦古谊帖铺	姜筠书
博古堂古玩铺	那彦成书
永宝斋文玩铺	周寿昌书
余古斋文玩铺	翁斌孙书
宝珍斋文玩铺	贺寿慈书
韵古斋文玩铺	潘祖荫书
文珍斋文玩铺	于式枚书
宝古斋文玩铺	翁同龢书
寄观阁古玩铺	曹登庸书
悦古斋文玩铺	宝熙书
两宜斋裱画铺	胡仁颐书
英华斋印书局	杨能格书
聚元斋刻字铺	袁思韠书
宝丰斋图章铺	阿克敦布书
翰藻斋刻字铺	全庆书
魁元斋刻字铺	孙诒经书
来薰阁琴室	袁希祖书
启元斋眼镜铺	戴彬元书
宝润斋眼镜铺	蒋乃勋书
信远斋食品店	朱益藩书
戴月轩笔铺	徐世昌书
贺莲青笔铺	佛尺音布书
胡魁章笔庄	柯璜书
通学斋藏书处	广东胡芝贤书
通学斋藏书处（屋内）	固始秦树声书 又钱询书
崇文斋藏书处	绍兴周肇祥书
吉珍阁书店	歙县黄宾虹书
会文斋藏书处	徐郙书

会文斋藏书处	满洲盛昱书 又王懿荣书
荣华堂藏书处	范振绪书
翰文斋书店	孙诒经书
宏京堂书店	黄绍箕书
勤有堂藏书处	李文田书
宏道堂　、	戴彬元书
宝华堂	李鸿逵书
文友堂	刘廷琛书 傅增湘书
保古斋藏书处	朱益藩书
朴书斋藏书处	傅增湘书
德友堂书籍铺	李盛铎书
赏奇斋古玩铺	翁同龢书
秀文斋南纸店	翁同龢书
懿文斋南纸店	祁寯藻书
集古斋	何绍基书
静文斋南纸店	徐世昌书
博韫斋	郑孝胥书
穆斋鬻书处	樊增祥书
松筠阁挹芬楼	张海若书
松竹斋南纸店	梁诗正书
德宝斋古玩店	克勤郡王书
荣升堂搢绅铺	王维珍书
云藻舫字画处	李象寅书
鉴真斋钱店	张岳崧书
瀛文斋书店	姚华书

资料来源：孙殿起：《琉璃厂小志》，上海书店出版社 2010 年版，第 31—33 页。

（常耀华　北京第二外国语学院国际传播学院　北京　100024；
王子衿　中国社会科学院研究生院　北京　102488）

北京的碑刻及其文化内涵

李洪波

　　摘　要： 北京地区的碑刻资源极为丰富，体现出古都文化的鲜明特征。本文梳理了北京地区碑刻的遗存情况、空间分布，分析了不同类型碑刻在史实考订、语言文化研究等方面的历史价值及其文化内涵，对于丰富对北京碑刻的认识，拓展相关领域的研究，促进首都文化建设，具有一定的现实意义。

　　关键词： 北京　碑刻　文化

一　碑与碑刻

　　石碑有着悠久的历史，是古代文明的记忆与传承。在今天，我们看到的石碑，以寺院、祠堂、园林与陵墓建筑群中为最多。碑的起源，最早要追溯到先秦时期。从实用到纪念，石碑经过了一个长期发展演变的过程。

　　早期的石碑是有实用价值与实际功能的。所树立的场所不同，功能与作用也有区别。立于庙堂宫室中的石碑，主要的功能是通过太阳照射石碑形成的影子的位置来辨明阴阳，以定时刻。《说文解字·石部》"碑"字下段玉裁注云："《聘礼》郑（玄）注曰：'宫必有碑，所以识日影，引阴阳也。'"这种石碑还可用来拴祭祀的牲畜，《礼记·祭义》说："君牵牲……既入庙门，丽于碑。"孔颖达疏曰："丽，系也，君牵牲入庙门系著中庭碑也。"以石碑拴牲畜准备做祭品的做法，后来一直延续，到明清时代尚存，今天我们看到北京的天坛、太庙等处，神厨附近都设有碑亭，此碑即用来拴做祭品的牲畜的。而立于庙堂门前的石碑则主要是用来拴马，类似后来的拴马桩。立于坟墓旁边的石碑则主要用来拴绳索下棺。《礼记·丧大记》郑玄注："树碑于圹之前后，以绋绕碑间之鹿卢，挽棺而下之。"刘熙《释名·释典艺》："碑，被也。此本王葬时所设也。施其辒辌以绳被其上，以引棺也。"最初的时候，墓旁石碑下棺后也一起埋入土中，后来慢慢有所改变，留在地面，并将墓主人姓名事迹刻于石上，成为墓碑。碑石刻写文字以表示纪念，相信是由此而发展扩大开来的。如刘熙所说："臣子追述君父之功美以书其上，后人因焉，故建于道陌之头，显见之处，名其文谓之碑也。"李约瑟等学者认为，中国古代在木质建筑之外，也有与西方相媲美的石质建筑，只不过中国的石质建筑有着截然不同的宗教功能，多为"丧葬建筑、碑碣和其他类型的纪念碑"。① 这跟石质给人耐久、坚硬的属性感觉有关。"镂之金石，传之久远"，"人生非金石，岂能长寿考？"说明古人普遍的共识认为，金石是有限的生命无法企及的长久永固的物质，因此石质建筑在实用之外，逐渐具有了永恒长久的象征与寓意。建造石质纪念性建筑从东汉时期开始普遍盛行，碑碣是其中重要的形式。"汉代的石造纪念碑是其创造者社会生活与宗教生活的一部分。它们为人们的礼仪和政治活动提供了焦点，存储了人们共同的信仰以及特殊的关怀、抱负、愿望与记忆。"② 公开的立碑，意味着对碑主人事迹德行的正式认可，并意图使之获得公众的关注，为其带来身后的声誉与荣耀。《荀子》说："其铭谍系世，敬传其名也。"碑文基于传名的目的而作，希望去世的亲友同道声名恒久传颂。从为文风格来看，基本上借鉴史传文体，忠于事实，先介绍逝者名号、世系学业、才德、履官、事功，最后往往以特定文辞风格的赞词结尾。碑文遵循严格的既定规则，虽面向特定的用途，但却是一种正式、公开、具有社会性的文本。在古代社会中，丧葬之礼是社会生活的中心，这一类碑石就逐渐成为表达私己感情与寄托政治期望的重要媒介，一直延续下来。随着社会的发展，石碑的纪念性质被发扬光大，以至于后来在碑石上刻文纪事成为其主要功能。

二 古代碑刻的精神属性与文化内涵

自先秦以来，碑的可视可触的外在特性，比如形制、结构、质地、纹饰、碑文乃至树立地点等，都在不断变化之中。但碑的精神特质是一以贯

① 巫鸿：《中国古代艺术与建筑中的"纪念碑性"》，上海人民出版社 2009 年版，第154 页。

② 同上书，177 页。

之的，其永恒性与持久性，宏伟感与庄严感，静止的形态与肃穆的气质，不仅历数千年而不变，更因历史的积淀而愈加深厚。

不同形制的碑，有着相同的精神属性。传之后世，行之久远，突破时空的有限性，体现无限无穷的文化蕴涵。纪功碑、神道碑等宏伟高大、复杂繁饰，普通墓碑方正质朴、纹饰简洁，形制虽有不同，但都传达出庄严、肃穆、典重、悠远的气质。碑石既具现实的功能，更有面向未来的象征意义。巫鸿认为："一座有功能的纪念碑，不管它的形状和质地如何，总要承担保存记忆、构造历史的功能，总力图使某位人物、某个事件或某种制度不朽，总要巩固某种社会关系或某个共同体的纽带，总要成为界定某个政治活动或礼制行为的中心，总要实现生者与死者的交通，或是现在和未来的联系。"① 确实如此，碑石的形制固然重要，但更值得关注的是碑的精神属性。碑刻的精神实质即是体现对永恒长久的追寻与崇拜，自古而皆然。秦始皇统一六国后，巡行天下，所到之处，往往刻石立碑，如琅琊台刻石、泰山刻石、峄山石刻等，其意即在于宣扬其统一天下的功劳业绩。东汉永元元年（89），窦宪大破匈奴军，命中护军班固作《封燕然山铭》，其辞曰："铄王师兮征荒裔，剿凶虐兮截海外，夐其邈兮亘地界，封神丘兮建隆竭，熙帝载兮振万世。"颂扬王师征伐蛮夷、翦灭外侮的伟大功业，目的即是刻石记功，将彪炳武功传之后世。而《晋书·杜预传》中记载西晋大将军杜预，将平生功业刻于两石碑之上，"一沉万山之下，一立岘山之上，曰：'焉知此后不为陵谷乎？'"其对功名不朽的追求可见一斑，而他的做法也是立碑刻石。

古人讲"碑重如山"，碑体矗立本身就有山岳的象征意义，结合石碑台基及周边设置，整体突出于平地之上，更形成一种高大厚重、令人崇敬的感觉。比如明十三陵的圣德神功碑，高约 10 米，耸立如山，气势不凡，远望即有与帝王陵寝相合的高大宏伟之感。再如乾隆御制《帝都篇》、《皇都篇》碑，立于永定门外燕墩之上，据文献记载："燕墩在永定门外半里许，官道西，恭立御碑台。恭勒御制《帝都篇》、《皇都篇》。其制，甃砖为方台，高二丈许。北面西偏门一，以石为之。由门历阶而上数十级，至台顶，缭以周垣。碑立正中，形方而长，下刻诸神像，顶刻龙纹，

---

① 巫鸿：《中国古代艺术与建筑中的"纪念碑性"》，上海人民出版社 2009 年版，第 5 页。

面北恭镌御制《帝都篇》，面南恭镌御制《皇都篇》，均清、汉书。"① 高
大的碑体建于燕墩之上，形成一种宏伟轩昂的气势。总体来看，碑石挺拔
屹立、高耸伟岸的刚正之气，历经风霜、剥落斑驳的沧桑历史痕迹，苍茫
古朴、雄浑敦厚的书法艺术之美，螭龙碑首、灵龟负重的神圣与神秘，都
会给人以视觉与心理上的壮美与崇高之感。

　　历史的沧桑过后，碑刻再不仅仅是简单的冰冷的物体，碑刻对名胜古
迹整体环境形成渲染与烘托，突出了古迹的特质与魅力，增添了古迹的文
化内涵，给观览者以历史文化的熏陶与精神享受。在其发挥物质、精神作
用的悠远广大的时空之内，它们作为一种文化符号与意识载体，其背后的
政治内涵、文化意义、社会背景更加值得我们重视，值得我们去加以
探寻。

　　古人对废墟的特殊感喟，渊源已久。商有麦秀之叹，周有黍离之悲，
废墟残垣带给文人的是穿越历史的孤独、悲慨体验，同样的体验在面对古
碑时也会油然而生。碑，作为立石，不仅是物质的存在，更是民族文化情
感的传承。古人声训曰：碑，悲也。时人、后人立于碑前，其形制即给人
情感、精神的触动。加之以流传自古昔的文字纹饰，社会文化意味即更加
形象凸显。即使残碑断片，残石断瓦，亦可给人以历史沧桑之感，触发人
心中的感动。

　　在古代的诗、画等艺术形式中，古碑是一个经常出现的意象。从中可
见历代的文人对古碑兴趣浓厚，体现出丰富的文化内涵与历史传承。五代
著名画家李成有《读碑窠石图》，画面上冬日田野，一位骑骡老人停驻在
一座古碑前识读碑文，古碑矗立，枯树劲拔，令人油然而生对逝去历史的
追忆和时代变迁的感慨，于苍凉零落中蕴含深远的人文情怀。需要特别注
意的是，画家在画面上呈现了两个完全不同的人物，读碑者与旁观者，李
成的画中读碑者骑于骡背之上，凝视残碑，随行者则面朝老者而立，似乎
与之无关。同样的情形也出现在明代画家张风的《读碑图》扇页中，一
书生立于山野之中，古碑之前，背手而立，读碑怀古，而他的随从则牵马
等候。画中主角的沉浸凝思与随从的漠然处之，形成强烈的对比，颇有
意味。

　　实际上，画家的处理体现出古代文人对传统与历史的体味视角，是非

---

① （清）于敏中等：《钦定日下旧闻考》卷九十，北京古籍出版社 2001 年版，第 1520 页。

常独特的，文人往往并不通过知音共赏的方式，而是通过独自品味来体现对历史的追忆与审视，体现自己的独特的感悟与感受，也更有助于借助历史的消逝来表现人生的孤独感。

在古代的文字表达中，此种文人读碑的主题也屡见不鲜。孟浩然《与诸子登岘山》曰："人事有代谢，山川无古今。往来成胜迹，我辈复登临。水落鱼梁浅，天寒梦泽深。羊公碑尚在，读罢泪沾襟。"孟浩然当时隐居襄阳，秋日与诸子登岘山，观览胜迹，意兴盎然，但最后情感表达的高潮之处是孤独的，读罢泪沾襟的只有孟浩然自己，由此而兴起的山川永固、人生有限、世无知音、孤独寂寞之感叹，令人动容深叹。

南宋文人刘克庄有《题读碑图》一诗，诗曰："二人共读道旁碑，一敏一钝天赋之。敏者过目跃骑去，钝者停鞭方凝思。哀哉德祖丹颈祸，伏于柏喈黄绢辞。古人服善有公是，回也知十赐知二。圣师笑曰女弗如，未闻端木慁颜氏。呜呼，向使颜氏逢若人，未知何地堪容身。"刘克庄特别强调了共读道旁古碑的二人，对于古碑的态度、认识有所不同，敏者一览而过，钝者凝神思索，似乎天赋一聪敏、一拙钝，实际上停鞭方凝思的钝者才是真正能够体会碑中深意、历史内涵的。

古碑是历史的遗存，也是千秋功业的体现与见证，赋予山川胜迹以更丰富的文化内涵，王朝更迭，繁华不再，文人风流，犹有竟时，唯有古碑旧刻，虽残不废，后来者通过对碑刻的释读、体味，感悟历史之变迁，精神之传递，千载而下，却有惺惺相惜之感，一脉相通之叹。前朝与后代，先贤与后辈，经由古碑旧刻而命运绾合、神交冥会。后人理解古碑的前提之一是文化传承与积累，其二是凝思冥会，后人体会涵咏的过程也是将自己的人生感悟打入其中的过程，是一个艺术再创造的过程。经由这样的再创造，古代碑刻的历史价值与精神意义就凸显了出来。

三　北京的碑刻及其空间分布

北京是一座具有悠久历史和灿烂文化的世界名城，有三千余年的建城史，是辽、金、元、明、清五朝古都，有着无数珍贵的名胜古迹，积淀了丰富的文化遗产。在这些名胜古迹中，存留着大量的名人题咏、题字等文献材料，比如碑刻、楹联、诗词文章等，不仅传递着历史的信息，显露出文人雅士的文才风流，而且丰富了古都北京的文化底蕴，成为北京传统文化中一道亮丽的风景。

北京地区的石刻文化源远流长，从原始社会到商周，已有石雕制品不断出土；汉代以后，石刻勃兴，连绵不绝；到元、明、清时代，由于作为政治中心的独特地位，逐渐形成自身鲜明的特色。北京地区的石刻带有明显的帝都痕迹，规制较大，年代区分明显，等级分明。特别是明清时期的刻石，造型高大、用材讲究、刻工精细，篆额、书丹、撰文、立石多为皇亲国戚、权贵名人。碑石气势恢宏、具有皇家气派，碑文也多为规制宏大、内容丰富的鸿篇巨制。

从数量来看，徐自强主编《北京图书馆藏北京石刻拓片目录》，收录石刻 6340 种，以清代石刻最多，有 3540 种，主要有墓碑、墓志、庙宇碑、题名和题字碑、杂刻等，极为庞大。[①] 当然这并不是北京地区碑刻的全部，大量散落以及新近出土、发现的碑刻尚未著录在内，需要做进一步的补充著录。

北京地区碑刻文献的种类和内容极其广泛，从诰封、敕建、御笔、赞辞等铭刻各种典章制度的刻石，到大量佛寺道观、会馆庙宇的碑铭刻石，乃至房山云居寺大藏经、孔庙十三经等大规模刻石，比比皆是。从形式到内容，无不显示着北京作为文化古都的时代与地域特点。

具体来看，有体现封建王朝与帝王文治武功的政治性的纪念碑刻。比如国子监中平定朔漠告成太学碑、平定青海告成太学碑、平定大小金川告成太学碑、平定准噶尔告成太学碑、平定回部告成太学碑等巨幅碑文，记录了清代康雍乾道历代帝王文治武功的所谓丰功伟业。京城人文汇聚，巍巍上庠内有大量劝学教化的碑刻，比如国子监内有康熙、乾隆御制训饬士子文碑，乾隆六十年（1795）刻立十三经碑碣，乾隆年间刻制周秦石鼓等。立碑有旌扬、推崇之目的，尤其是帝王御笔亲题者，往往系于国家社稷之大体，代表皇帝朝廷的统治意志，故今日所见山水胜迹之碑刻，许多最初并不纯为表达文人墨客的文化情怀与清雅情致，而是有着切近现实的政治意味。比如万寿山昆明湖碑碑阴所刻《万寿山昆明湖记》："岁己巳，考通惠河之源而勒碑于麦庄桥。元史所载，引白浮、瓮山诸泉云者，时皆淹没不可详。夫河渠，国家之人事也，浮漕利涉灌田，使涨有受而旱无虞，其在导泄有万而潴蓄不匮乎！是不宜听其淤阏泛滥而不治。因命就瓮

① 徐自强主编：《北京图书馆藏北京石刻拓片目录》，书目文献出版社 1994 年版。

山前，芟苇荄之丛杂，浚沙泥之隘塞，汇西湖之水都为一区。经始之时，司事者咸以为新湖之廓与深两倍于旧，踟蹰虑水之不足。及湖成而水通，则汪洋瀰沆，较旧倍盛，于是又虑夏秋汛涨或有疏虞。甚哉集事之难，可与乐成者以因循为得计，而古人良法美意，利足及民而中止不究者，皆是也。今之为闸为坝为涵洞，非所以待汛涨乎？非所以济沟塍乎？非所以启闭以时使东南顺轨以浮漕而利涉乎？昔之城河水不盈尺，今则三尺矣。昔之海甸无水田，今则水田日辟矣。顾予不以此矜其能而滋以惧。盖天下事必待一人积思劳虑，亲细务有弗辞，致众议有弗恤，而为之以侥幸有成焉，则其所得者必少而所失者亦多矣。此予所重慨夫集事之难也。湖既成，因赐名万寿山昆明湖，景仰放勋之迹，兼寓习武之意。得泉瓮山而易之曰万寿云者，则以今年恭逢皇太后六旬大庆，建延寿寺于山之阳故尔。寺别有记，兹特记湖之成，并元史所载泉源始末废兴所由云。"碑文关注河渠之利，强调成事之艰难，体现心系民生、心怀天下的天子圣德。

　　北京历史悠久，人杰地灵，因此有大量记录一时人杰、风物的碑刻。包括历代帝王将相在内的著名人物的墓碑、神道碑、纪念碑，呈现恢宏帝京古都风貌的燕京八景碑、帝京碑，展现历代文人墨客文采风流的诗文碑刻，等等。现存最早的古代墓碑是 1964 年石景山永定河故道出土的"秦君神道柱"，柱额镌刻"汉故幽州书佐秦君神道"隶书，形制古朴厚重。而明清以来帝王陵寝附近的石碑，无论是明十三陵，还是清东、西陵，规模气势非同一般，石质精良、刻工考究，更是古碑中的精品。除了皇家陵寝碑刻外，官吏、名人、太监、僧道、传教士等也在墓前立碑，比如明代著名思想家李卓吾墓碑，知名传教士利玛窦、汤若望、南怀仁、郎世宁墓碑，等等，形成北京墓碑数量多、内容广泛的特点。

　　帝京古都，伽蓝林立，体现佛法庄严，弘道传教的宗教碑刻也极多。由于帝王的喜好提倡，僧众、信徒也往往热衷建修寺观精舍，历代重建、增建不绝，往往叙文刻石，以存永久，从而使寺观碑刻成为北京地区碑刻的一大门类，创建碑、重修碑、添建碑、宗派碑、捐资重建碑、香火碑、庙产四至碑、塔幢，等等，种类繁多，不一而足。从立石位置来看，寺庙石碑多立于殿堂之前，中轴线两侧。碑刻内容多记寺庙修建因缘，叙述历代兴废毁立，宣扬佛法广大，劝人广结善缘。并多刻结缘人名，斗米升谷，细大不弃，能从中见出古都宗教氛围之浓郁，亦可探知历代风俗民心之淳厚。

　　古代城市一直有着清晰的功能分区，北京作为古都，明清以来城市建设日趋完善，逐渐形成内城、南城、西山等不同的功能中心。北京地区现存的古代碑刻，从内容类型来看与其空间分布颇为吻合。

　　（1）海淀地区明清以来是皇室园林汇聚之地，亦广布佛寺庙观，因此多见吟赏山水的石刻与佛寺碑刻。

　　西山为清代风景名胜之地，更是帝王皇室主要的游赏之地。西山地区的帝王石刻比比皆是，一碑一石，皆可见其文采风流，清雅之志。比如乾隆题璎珞岩石刻，刻于清音亭西水池上端石壁上，文曰："横云馆之东，有泉侧出岩穴中，叠石如宸，泉漫流其间，倾者如注，散者如滴，如连珠、如缀旒，泛洒如雨，飞溅如雹。萦委翠壁，溇溇众响，如奏水乐。颜其亭曰清音，岩曰璎珞。亭之胜以耳受，岩之胜与目谋，澡濯神明，斯为最矣。滴滴更潺潺，琴音大地间。东阳原有乐，月面却无山。忘耳听云梵，栖心揖黛鬟。饮光如悟化，不复破微颜。"文笔细腻清丽，既有吟赏其中的闲情逸致，又表达体味物我之间的忘我情怀。另外嘉庆御题山行诗刻，刻于重翠崦西侧山石上，曰："石浅新修辟，坦平榛莽嵘。山高云出回，径复马行徐。缓荫龙青嶂，清流汇碧渠。据鞍舒旷览，不觉口岩居。"道光御笔对瀑诗刻，刻于松坞云庄内"双清"石刻东南侧石壁上，曰："何来匹练下云峰，洗出芙蓉拨黛浓。落日衔山晚风静，牖牕对处涤心胸。"皆清新可喜。可见，以乾隆为代表的帝王将相、文人墨客固然喜欢附庸风雅、漫题山水，后人多有亵渎风景之讥刺，但其学养识见和文人情怀也为山水名胜之地留下丰富的可资体味的文化印记，成为今天解读北京名胜文化不可忽略的一部分。

　　此外，明清以来留存的《永安寺记》、《碧云寺碑》、《宝相寺碑》、《实胜寺碑》、《梵香寺碑》、《十方普觉寺碑》等佛寺碑记，反映各佛寺沿革以及历代兴建情形，见证了海淀西山地区佛寺繁盛的历史，虽然许多佛寺殿宇今已毁败凋零，香火不盛，但是这些碑记可以帮助我们了解当时的具体情形，尤其清代碑记多为康熙、乾隆等皇帝御制，可以看出清代以来西山地区佛寺庙观在当时社会政治生活中的重要地位与影响。比如实胜寺本是香山地区的重要寺庙，同时又与清代特殊的军营建置健锐营颇有关联，现存的《敕建实胜寺碑记》、《实胜寺后记》等，记录了健锐营在第一次大小金川战争以及平定大小和卓之战中的战功，实胜寺诗刻则记载了健锐营剿灭台湾林爽文起义的战功，这些碑文刻石已成为研究健锐营历史和清朝军制的珍贵史料，也反映出本来超脱世事的寺庙与现实政治特殊的密切关系。

（2）东城区是明清以来北京城政治文化的中心，有孔庙、国子监、雍和宫、天坛等著名古迹，留存了大量的有关国家政治、军事、教育、宗教等领域的文献资料。尤其是孔庙、国子监所存碑文为内城之冠，规制宏大，又有突出的历史价值。其中历代进士题名碑较完整记录了元明清三代科举考试题名进士以及科举考试的相关资料，康熙、乾隆御制训饬士子文碑保存了历代太学制度的相关资料，平定朔漠告成太学碑、平定青海告成太学碑、平定大小金川告成太学碑、平定准噶尔告成太学碑、平定回部告成太学碑等巨幅碑文记录了清代以来康雍乾道历代帝王的文治武功，而十三经石刻、石鼓文石刻、乾隆御制说经文石刻等则是古代儒家主要经典的汇集与经学研究的重要文献资料。孔庙和国子监的石刻碑文对于研究古代科举制度、古代学制、清代疆域开拓史、民族交往史、经学史等各领域，都有重要的文献价值。雍和宫是北京目前规模最大的藏传佛教寺院，有乾隆御制碑文《喇嘛说》，以汉、藏、满、蒙四种文字书写，分刻于左右碑，讲述雍和宫宫改庙的历史渊源以及清朝的宗教政策，对于今天研究清代政治史、宗教史有着重要的参考价值，此碑文还见于《清实录》、《乾隆御制文集》和《卫藏通志》等史籍，但据有关研究者考察，这些史籍所录碑文大多都有遗漏和讹舛之处，因此利用现存碑文对传世文献进行校核、考订就具有非常重要的价值。

（3）西城区的碑刻主要分布于北海、白云观、白塔寺、广济寺、历代帝王庙、陶然亭等处，既有记录殿宇庙观兴废重建的碑文石刻，又有描述景物风俗的诗文作品。比如北海碑刻文献中有大量的诗刻，主要是乾隆与群臣对玉瓮的酬唱吟咏之作，现存于北海团城玉瓮亭，亭内东、西、南、北四面横额刻有乾隆所作御制诗四首，亭柱上刻有 48 位内廷翰林大臣所作《应制咏玉瓮诗》，另外烟云尽态亭共刻乾隆御制七言律诗 24 首，承光殿内悬乾隆御作五七言诗匾额 13 方，这些诗刻诗匾为研究乾隆时代的诗歌创作特点尤其是乾隆本人的诗歌特色，提供了一个非常集中、典型的样本。此外陶然亭的香冢铭文、江藻《陶然吟》引并跋、江皋《陶然亭记》、谭嗣同《城南思旧铭并序》等，都是情深词丽的文章佳作，在文学价值上尤胜前者。

寺庙碑刻中，白云观是北京地区影响最大、香火最盛的道观，现存大量碑记、石刻，如明胡滢《白云观重修记》、明正德赵士贤《白云观重修碑》、刘郊祖《白云观重修碑》、顾颐寿《白云观重修碑》以及清康熙王常月《重修白云观碑记》、清乾隆御制《重修白云观碑记》、民国徐世昌《白云观碑记》、当代李养正《重修白云观碑》等，记录了自唐代始建白云观以来经金、元、明、清以至当代，历代对白云观的兴修营建，史料价值极高。白塔寺现存碑文中最早的是元初高僧如意祥迈于元世祖至元年间所撰的《圣旨特建释迦舍利灵通之塔碑文》，此文经宿白先生发现于《至元辨伪录》，记载了白塔兴建的缘起、时间、形制、塔内藏物及装藏人等丰富的内容，揭开了白塔寺的兴建之谜，由此可见历代碑文石刻材料对于历史文化研究之重要价值。历代帝王庙作为国内唯一祭祀历代帝王的庙宇，现存四大碑亭，碑文有雍正《御制历代帝王庙碑》、乾隆《御制重修历代帝王庙碑》、乾隆《祭历代帝王庙礼成恭记》、《历代瞻礼诗》等，阐述崇祀历代帝王的本质意义，介绍历代帝王庙祭祀礼仪的变革过程，反映了封建帝王对于前代历史的理解与认识，体现了我国统一多民族国家一脉相承的历史特点，这些碑文对于研究明清以来祭祀历代帝王的历史及祭祀体系都具有独特而重要的价值。

（4）北京其他地区重要的碑刻，还有昌平地区明十三陵、居庸关等处，房山的上方山兜率寺、云居寺等处，石景山地区的八大处、北惠济庙等处，以及丰台地区的卢沟桥、南惠济庙等处。

明十三陵现存主要碑文中，《大明长陵神功圣德碑》是明成祖长子朱高炽所立，表彰其父之丰功伟业。值得重视的是清顺治时命明降清大学士金之俊所撰之《皇清敕建明崇祯帝碑记》以及顺治御制之《王承恩墓碑文》、《明司礼监太监王承恩碑》，在明清易代之际，显出独特的历史意蕴。为亡国之君营建陵寝，已属旷世之典，开国之君又为前朝末代之主立碑，从历史的角度肯定崇祯的政绩及历史地位，并亲撰墓碑文表彰前朝忠勇之臣，既有收拢民心、稳定统治的现实考虑，也已体现出清王朝积极进入正统的意识与策略。清代君臣在明十三陵的碑文诗作中体现出的这种特殊的历史情愫，值得后人作进一步的体会与思考。

居庸关是长城雄关，军事重地，从《皇明敕修居庸关碑记》到《居庸关重建真武庙碑记》、《修建居庸玉皇庙记》等碑文，记载了居庸关修建的渊源与历史，反映了其在北地边境防御中的重要地位。《建罗公表忠祠记》用以表彰纪念都御史罗通于正统十四年（1449）十月，在也先、脱脱不花、阿剌知院进犯居庸关时，守关有功，所记翔实，可补正史之缺漏。

房山上方山《百咏南禅师塔记》撰于北齐年间，是此地最早的一篇僧人传记，百咏南禅师赵广度是北魏末年至北齐末年禅宗高僧，是研究上方山佛教文化的最早最珍贵的史料。《拙崖篮和尚塔记》是唐代塔记，《六聘山忏悔上人坟塔记》则是辽代塔记，另外还有许多近代的塔记、经幢等。这些文献反映了自东魏、隋唐以来到辽金时代上方山地区的佛教文化传承沿革，时代较早，史料价值极大。而云居寺以其规模庞大、影响极大的佛教石经，更是在中国古代石刻史上占据着极为重要的历史地位。

八大处现存石刻文献，以佛寺庙宇的兴建、重建碑文为主。比如大悲寺有明世宗嘉靖二十九年（1550）一块碑记，上刻建寺经过曰："今隐寂寺者，在都城之西，其地直圆，通翠微之界，山势至此，冈陇盘回，风气郁积，有树木泉源之胜，四方云水缁流，多集其间，寺后有余地，遂起为大悲阁。"另外香界寺现存乾隆十四年（1749）重修该寺碑，碑阳刻康熙十七年（1678）《御制圣感寺碑文》，碑阴刻乾隆《御制香界寺碑文》，也是后人研究、了解佛寺缘起、兴建重修过程的重要文献资料。南北惠济庙与卢沟桥地区的碑刻则主要提供了古代水利史的重要文献资料。从现存的《雍正御制北惠济庙碑文》、《乾隆十五年御制阅永定河堤因示直隶总督方观承诗》、《乾隆二十年御制阅永定河诗》、《康熙御制南惠济庙碑文》、《乾隆御制安流广惠永定河神庙碑文》等可以看出，清代历朝皇帝对于永定河水患治理之重视，正如康熙所言："朕劳心万民，于农田水利诸务常切讲求。"

四　北京碑刻的历史文化价值

石碑刻文记事、记人，纪念是其基本属性，内容即有记载历史之价值。宋人赵明诚《金石录序》云："史牒出于后人之手，不能无失；而刻辞当时所立，可信不疑。"从宋代以来，金石学在我国已有悠久的发展历史，著录宏富，蔚为大观。北京地区碑刻丰富，亦有裨于明清政治、社会生活史的研究，纠史书之谬误，补载籍之缺佚。

因为材质的原因，石碑能存之久远，保留了一些为正史所无的文献材料。今天看来，这些碑刻材料内容丰富，确有极高的历史价值。

1. 有补史书之阙

留存的北京历代碑刻，内容丰富，可补充北京历史文献之不足，足以考订史事，证明史实。

北京法源寺，古称悯忠寺，是古都名刹，寺内有沙门南《重藏舍利记》碑，刻于唐昭宗景福元年（892）十二月八日，碑文叙述悯忠寺重藏舍利前后缘由与过程，自隋仁寿二年（602）幽州节制窦抗造五层大木塔，藏舍利于其下，后历经唐代文宗、宣宗、僖宗等佛塔之废兴，至唐昭宗景福元年重藏舍利一事的前后经过，反映出悯忠寺的兴落盛衰，以及与历代统治者崇佛、斥佛及一时治乱的关系，其中一段记载，"大燕城内，地东南隅，有悯忠寺，门临康衢"，也是考证唐代幽州蓟城城址方位的重要依据。对于研究北京建城历史、北京佛教史，乃至具体到法源寺的历史，都有突出的史料价值。

元人姚燧有《大元朝列大夫骑都尉弘农伯杨公神道碑》，所记杨公名琼，石工出身，因技艺绝伦，为忽必烈所赞赏，命其"管领燕南诸路石匠"，"建两都宫殿及城郭诸营造"，后又"领大都等处山场石局总管"。在元大都城的建造过程中作出巨大贡献，被封为弘农伯。杨琼之事迹不见于正史，此篇碑文能够补史书之阙。对于今人研究北京城的建城历史，颇有史料参考价值。

清朝以来，北京地区产生了大量的满族碑刻，包括刻石、碑碣、墓碑、摩崖，内容涉及八旗制度与满汉旗民的诸多方面，其中宗室王公的诰封碑、墓志量很多，集中反映贵族、官员的身世与政绩。有许多可补史书文献记载之阙失。比如顺治八年（1651）肃亲王和格（豪格）诰封碑、康熙十一年（1672）礼亲王代善墓碑、豫郡王多铎墓碑等，在研究清朝宗室王公历史时，都有重要的参考价值。因为有些碑文，虽收入了《清实录》等官修史书，但撰修者基于种种考虑，大多都对碑文加以修改或剪裁。今天的研究者对照碑刻原文，有助于恢复历史原貌。研究者发现，皇太极长子肃亲王豪格为争夺皇位与睿亲王多尔衮结怨甚深，顺治五年（1648）被摄政的多尔衮捏造罪名幽系而卒于狱中。顺治八年福临亲政后，为豪格昭雪，恢复王爵，立碑表彰。碑刻原文曰："值墨儿根王（即睿王）专政，诬捏事端而拘禁之，遂而自终。"明确记载豪格是自尽而死的，而《世祖实录》卷五九录碑文则曰："值睿王专政启衅，逮加以罪名，辄行拘系，抑勒致死。"官修史书的说法模棱两可。这些记载，对于后人了解清代历史是大有帮助的。①

此外，国子监所存明清以来进士题名碑，对于古代科举文化、社会阶层流动等方面的研究，也极具历史价值。

2. 反映民族融合

北京为辽、金、元、明、清五朝建都之地，对各民族文化采取包容兼蓄的态度，北京文化的这一特点在碑刻中也有直接的反映。既有许多的多民族文字碑刻，也有丰富的满文等单一民族文字碑刻，与数量庞大的汉文碑刻共存，形成北京碑刻的多元文化特色。

北京现存的多民族文字碑刻主要是满、汉、蒙、藏四体文字合璧碑刻。著名的有资福院碑、雍和宫碑、实胜寺碑、实胜寺后记碑、香山碧云寺金刚宝座塔碑、万寿寺碑、白塔山总记碑、喇嘛说碑、重修正觉寺碑等。这些碑刻之所以采取四体文字，有的是立碑缘由及碑刻内容确实与各民族有关，有的是事关重大需要彰显其重要性，还有的是要着意体现皇帝和合各族的圣德。

比如实胜寺碑，是清高宗乾隆为征金川而亲撰的碑文。从碑文内容来看，主要记述了实胜寺修建缘由，并记述了健锐营的设立。乾隆十二年（1747）清廷为征金川，在京郊香山设石碉以练兵，在石碉旁"就旧有寺新之，易其名曰'实胜'，夫己司之艺不可废，己奏之绩不可忘，于是合成功之旅立为健锐云梯营，并于寺之左右建居之"。而实胜寺后记碑，是乾隆在平定准噶尔回部后亲撰的碑文，主要记述在平定准噶尔回部之战役中"（实胜）寺左右健锐云梯营实居之营之兵是役效力为尤多，故不可不族其前劳以劝后进"，对健锐营的功绩褒扬有加。前者为征金川，后者为平定准噶尔，都是乾隆自诩的十全武功之一，故两碑皆以四体合璧形式镌刻立碑，主旨在于宣扬乾隆平定叛乱、统一国家的彪炳功业，以期为各族民众所谨记颂扬。

雍和宫《喇嘛说》碑，立于乾隆五十七年（1792），为方形石碑，四面分别刻满、汉、蒙、藏四种文字。碑文为乾隆御制，而汉字碑文更是乾隆御笔工整楷书。此为清高宗亲撰之宣示对喇嘛教政策的碑记。主要记述了清廷为治理蒙、藏问题，实施"兴黄教，安众蒙古"和"安藏辑藩，定国家清平之基于永久"的政治方略，尤其针对藏传佛教活佛转世中的

---

①　参见刘小萌《北京地区碑刻中的旗人史料》，《文献》2001 年第 3 期。

诸多弊端所带来的严重危害，进而确立革新之法——"金瓶掣签"制度。

这些碑刻资料，体现出清代多民族文化的融合与交流，不仅对研究历史上藏、蒙、满族等与内地的文化交流和民族文化关系问题有重要资料价值，对于探讨这些民族文化发展传播以及对内地的影响也有重要的学术价值。

3. 体现中外文化交流

北京长期处于国家统治的中心，也是中外文化交流融会之地。现存碑刻中有大量的中外文化交流、交融的史料。

比如牛街礼拜寺的阿拉伯文石刻。礼拜寺礼拜殿大殿外，有南北碑亭两座，南碑亭碑是明弘治九年（1496）重修礼拜寺后所建《敕赐礼拜寺碑记》。碑文原用汉、阿两种文字刻成，现已剥落不清。北碑亭建于明弘治九年，内立有明万历四年（1576 年）所刻"名垂青史"碑，碑文为《敕赐清真寺重建记》。礼拜寺东南跨院内有两座筛海坟，是元朝初年从阿拉伯国家前来讲学的伊斯兰长老之墓。墓碑镌刻古体阿拉伯文字，苍劲有力，年代久远，为国内少有的文物。学者根据墓石译文及换算年代，考订两座筛海坟中西首的阿哈默德·布尔塔尼，葬于至元十七年（1280）八月，推断礼拜寺应早在至元十七年以前即已落成，很可能是在阿合马掌权时期兴建起来的。而两位筛海，有可能是礼拜寺落成后的两位掌教，先后逝世于此，而葬于寺之东南跨院的。这两块阿拉伯文墓碑，以及用汉文、阿拉伯文两种文字所刻的《敕赐礼拜寺记》碑，是研究伊斯兰教历史以及中国与阿拉伯世界文化交流的重要实物资料。

明清以来，传教士进入中国，一方面弘扬教义，另一方面也带来先进的科学知识，中西文化开始交流碰撞，北京作为都城，自然也是传教士开展传教活动的重心所在，许多传教士也终老于斯。北京石刻艺术博物馆现存传教士墓碑 40 通，从清初来华的张诚、白晋一直到清朝末年的罗亚历山，这些墓碑可以说是中西文化交流的生动体现。墓碑制式一方面入乡随俗，采取中国传统的石碑形式，碑首多在正面雕双龙戏珠，碑身、碑座也加入了丰富的中国元素与中国文化印记，比如神甫巴德尼的墓碑碑座，四面均为花卉，分别为牡丹、荷花、菊花和梅花，并采用高浮雕的技巧，使其富有极强的立体感，对花朵、叶面雕刻非常精细，有一种富于生命的表现力，而侧面的梅花雕刻得更是栩栩如生，几枝疏密相间、极富质感的枝干上，精心排列着数朵盛开的梅花，显得清新高雅，生动俏丽，构成一幅精美的中国画。同时，这些墓碑仍然保留了部分欧洲文化传统。比如从形制上来看，传教士碑的造型与工艺都不同于中国传统墓碑的精良细致，显得简单朴实，碑身纹饰以云纹和植物花草纹居多，这一点显然与其信仰和文化背景有关。另外，中国传统碑文多用楷书或隶书书丹，撰写格式，首先是碑题，其次是撰碑者的官职、姓氏、书丹者的官职、姓氏，之后是碑之正文。碑文中除写明逝者的官职、籍贯、生卒年月之外，多有歌功颂德之词。传教士碑则有不同，多数碑文都用仿宋体和拉丁文印刷体刻写，可能是源于欧洲镌刻碑文的习惯。碑文内容也只写了墓主人的姓氏、国籍、入会年龄、来华时间和生卒年等，非常简单。如著名神甫张诚的碑文："耶稣会士张先生讳诚，号实斋，泰西拂郎济亚国人，缘慕精修，弃家遗世。于康熙二十六年丁卯东来中华传天主圣教，至康熙四十六年丁亥二月二十二日卒于顺天府，年五十三岁。在会三十七年，葬于阜成门外。雍正十三年三月初五日迁于正福寺阡。"① 从遗存的传教士墓碑，可以看出传教士碑刻与中国传统碑刻的联系与区别，既体现出中西文化的交流、融合，也显示出中西文化及其信仰的差异。这些碑刻材料记录了清朝以来中西文化交流与文化冲突的历史，见证了中西两种文化交流的艰难过程，有着非常重要的文化内涵。

4. 有助于语言、文化研究

20 世纪 70 年代，在元大都遗址的考古发掘中发现了元代福寿兴元观遗址，出土了大量琉璃建筑构件和雕刻精致的栏板、柱础、丹陛等，反映出其当时的建筑规模。更为重要的是，发现了"圣旨白话碑"和"福寿兴元观碑记"等石刻文字材料。福寿兴元观，并未见于史书记载，遗址内发现的两件碑刻，可以明确遗址的性质，使我们对遗址的历史有了比较全面的了解。

碑文以当时白话的形式刻写，与书面语差别甚大，比如："皇帝圣旨里，军官每根底、军人每根底、管城子达鲁花赤官人每根底、往来的使臣每根底宣谕的圣旨，成吉思皇帝、月古台皇帝、薛禅皇帝、完笃者皇帝、曲律皇帝圣旨里，和尚、也里可温、先生，每不拣甚么差发休当告。天祝寿么道有来如今依着先的圣旨体例里不拣甚么差发休当告，天祝寿者么道。"

---

① 见王宏辉《正福寺传教士墓碑形制浅析》，《北京文博》2006 年第 4 期。

这段碑文，根据研究者的释读考订，其意思是说：列位军官、军人，管城的达鲁花赤官员、往来的使臣听旨。奉太祖成吉思汗、太宗窝阔台、世祖忽必烈、成宗铁木耳、武宗海山圣旨："对和尚、也里可温、道士，无论何种课税徭役，都勿要征发。祷告上天我朝万寿。"①

元代圣旨白话碑文是将元代统治者颁发给寺院、道观、庙学的圣旨镌刻在石碑上的白话文牍。圣旨为皇帝的命令，则圣旨白话碑应是当时镌刻的等级最高的、最具权威性的碑刻。北京地区现存的元代道教圣旨白话碑数量极少，此碑文涉及元代政治、经济、宗教、典章、社会生活等多方面内容，在语言学与历史文化方面都有独特的价值，可以看到当时蒙元统治者对宗教的态度，寺庙经济状况，是了解、研究蒙元政权宗教政策、文化的宝贵史料。

从碑文来看，蒙元统治者从成吉思汗到元仁宗，对宗教采取宽大的、兼容并包的政策。宗教人员在政治上得到政府的保护和支持，并享有各种特权，如蠲免各种课税徭役，晓谕地方军政官员、过往使臣、平民百姓不得侵害承旨者的土地、财产等权益。如兴元观白话碑所言："如今依先帝之旨，无论何种课税徭役，均勿要征发，向上天祷告祝寿。大都的识列门兴建福寿兴元观，其住持提点复明善应通微大师阎道文，持护赐与的圣旨执行，此处观宇房舍，使臣不可住宿，不可向之索派驿马，不可征收税银，凡属观内田产、人口、头匹、园林、水磨、店舍、铺席、解典库、浴堂，无论何物，任何人不可逼索，不可倚势欺之，阎道文持圣旨在此。凡有违反圣旨体例之事，不可做，违旨者须惧国法。"《元典章》等历史文献记载元代的寺庙有大量的田产、园林、湖泊等，可以开设酒馆，还有各种店铺、磨坊、浴堂、铺席、解典库等产业，这些在白话圣旨碑文中都有所体现，可与史料文献互证。此外，兴元观白话圣旨碑的落款是"蛇儿年二月十三日大都有时分写来，金玉局张子玉镌"，采用生肖纪年，而不是采取传统的干支纪年，这也是很有意思的文化现象。

白话碑文在语言学上的价值，主要体现在有助于对元代口语的研究，为近代的汉语史研究提供了宝贵的语料。因为元代的白话圣旨碑，是从蒙古文的公牍翻译过来的，基本体现了当时的口语状况。这一点蔡美彪《元代白话碑集录》中已经有所说明，比如此书著录至元二十一年

---

① 觉真《法源寺贞石录》元碑补录，《北京文物与考古》2004 年第 6 辑。

（1284）大都崇国寺圣旨碑中："见无主人，您总统每将那院子便分付与大都崇国寺家，教做下院者。"此处"您"字，即用作人称代词"你"的复数，与现在做敬语的用法是不一样的。① 查元代戏曲中的使用情况，《汉宫秋》："【驾云】您众文武商量。有策献来。可退番兵。免教昭君和番。""【云】您文武百官。计议怎生退了番兵。免明妃和番者。"《争报恩三虎下山》："【调笑令】是谁将我来救活。原来是您三个。"这几处的"您"，也是更近于复数的用法。说明这在元代是比较普遍的用法，而不仅仅像《中原音韵》中说的，"与'你'同义，今填词家多用此字"。

从兴元观白话圣旨碑来看，碑文反映当时口语状况，其中有"没体例句当"的句子，意思是不合旨意的行为，此处"句（勾）当"的用法就很有汉语史价值，说明当时此词的语义还是中性的，并不像现代汉语中是个贬义词。此碑文中，"里"字做句尾的语气词，相当于"哩"、"呢"，也是当时口语状况的真实体现。

五　一个个案——从碑刻看北京的寺庙文化

宗教是人类社会发展中的一种文化现象，是历史文化的重要载体，寺庙宫观作为宗教文化的载体，是宗教文化的物化呈现。中国传统的宗教文化，既受到政治文化的深刻影响与制约，也融入了丰富的世俗文化因素，因此中国古代的寺庙宫观，成为各种文化的重要交汇之地，皇室成员、达官贵人、文人墨客、行商坐贾、市井平民，纷纷参与其中，呈现出独特的面貌。

北京是历史悠远的古都，社会生活丰富多样。寺庙众多，香火旺盛。根据韩书瑞（Susan Naquin）《北京：庙宇与城市生活，1400—1900》一书保守统计，1403—1911 年间，北京及其近郊前后存在的寺庙有 2564 座。而乾隆年间僧录司编制的《八城庙宇僧尼清册》，仅汉传佛教僧尼的统计，就涉及寺庙 2240 座。到民国时期，政府曾就北京城内及近郊的寺庙做过三次登记普查，在《北京寺庙历史资料》中有记载的庙宇，1928 年登记 1631 座，1936 年登记 1037 座，1947 年登记 728 座，当然这并不

---

① 见蔡美彪《元代白话碑集录》序言，中国社会科学出版社 1955 年版。

是最完整的数字，还有很多漏登的。① 从北京地区丰富的寺庙碑刻中，我们可以探知北京古代寺庙文化的丰富性与包容性。

寺庙，是信徒与神祇进行交流的场所，是古代社会民众愿望的集中寄托之处，寺庙的功能，主要是祈神，敬拜神灵，祈求保佑，祝祷祛病消灾，祈愿生财得子，希望金榜题名，等等。事前祈愿，事后还愿，普通民众燃香奉烛、书写布幔，势力煊赫、家资丰厚者则会出资刻写匾额、修庙立碑，以示虔诚。

北京地区最早的寺庙碑刻始于唐肃宗至德二载（757），是 7 世纪时唐太宗敕建的法源寺内石碑。晚近的则一直到 20 世纪四五十年代，如通教寺石碑等。寺庙碑文的内容通常是记载寺庙历史，叙述初建、重建过程，宣扬历史的悠久及捐资者的情况等，对于研究寺庙历史、信徒群体以及围绕寺庙的宗教活动，颇有价值。董晓萍、吕敏主编《北京内城寺庙碑刻志》统计了北京内城寺庙存留的碑文 541 通，有一半碑文有撰者署名，署名者主要是皇室人物与著名文人，以及僧道大德。其中皇帝撰文的碑刻大约占四分之一，多记建庙始末，皇室宗教活动，捐地捐经或向高僧大德敀诏赐衔等，宣扬宗教对于政治、教化之意义。比如康熙御制《弘慈广济寺碑文》，嘉许广济寺大德高僧之潜心佛典，能利益群生，"僧湛佑心通释典，志励虔修。葺陈构以维新，率群衲以遵礼。住持僧然丛，克襄厥事，庭宇秩然。盖其教以利益群生为本，其事以修持戒律为归"。故而特别表彰之，"朕嘉其同善之心，挹彼广慈之意，俯俞敦请，爰锡斯文，振宝筏之宗风，弘金绳之觉路，用垂贞石，以示来兹"。又比如乾隆二十三年（1758）御撰《重修柏林寺碑文》：

> 京师名刹不胜纪，而柏林寺以傅近雍和宫特著。雍和宫者，我皇考兴庆潜邸也。皇考祝釐皇祖，故于康熙癸巳施檀贡修，且请于皇祖，特赐万古柏林之额。若禅堂，若经阁，则皆皇考宝翰。后先辉映，至自今又四十余年矣。涂之丹者日以剥，构之耸者日以落。爰以乾隆丁丑仲冬敕所司葺而新之，逮戊寅长至讫工。宝界庄严，人天增胜。考寺之始创也，不著于图志，惟明正统间所存故碣称元至正七年

---

① 此两处统计数字，皆引自董晓萍、吕敏主编《北京内城寺庙碑刻志》前言，国家图书馆出版社 2011 年版。

肇建，乃其所援据，仅出屋梁题字。近时孙承泽《春明梦余录》阙而不详，朱彝尊《日下旧闻》亦第载夏昶、金湜、包琪辈故尝联咏于此，将谓希风莲社。则可若艺林兴起之缘，不足引以为重也。夫史策所传天池跃龙之篇，一名一物，犹必郑重爱惜，被诸乐府，垂示无穷。兹也精蓝翼然，依光圣迹，所以肯构而崇饰之者，匪直表章缃素而已。夫人之情虽善忘，而孩提时事或不忘者，以其见闻久而孺慕切也。兹寺之葺其不可已者。以此将作以砻石请。故不征象教言，诠而书之，重纪实也。

碑文考述柏林寺之沿革，记述重修经过缘起，并特别说明了皇室与柏林寺的深厚渊源关系。帝王所撰寺庙碑刻数量较多，传播较广，成为北京寺庙碑刻中颇具特色的内容。

北京为首善之区，王朝的中心，也是文人名士云集之处，寺庙碑刻中有许多都是文人名士所撰。文人名士为寺庙撰写碑文，有的出于信仰，有的应邀作文，大多与寺庙有较深的因缘。比如沈德潜为妙缘观撰《重修妙缘观碑记》：

金台为皇都，即帝乡之琼楼玉宇，仙境之瑶台璇宫也。无缘到此者，徒得诸传闻想象间，企望而莫可即耳。潜以吴下书迁，困于诸生者六十有六岁，己未公车北赴春闱，始得观光京国，受知于圣天子，登金门，侍玉堂，充香案吏，从游纪胜于瀛台蓬岛，何缘而得此。且数年间荷蒙持恩不改，迁擢为春卿，京畿道录，隶籍本部。妙正真人娄君近垣，实摄乃箓，各务厥职，无缘与妙正一谈清净无为奥旨，亦阙典也。嗣于大比之年，吾乡旧同学有借寓于都城西北隅妙缘观者。过访好友，连至观中，询知为妙正真人之下院，丰碑岿立，安南宗室陈监创建于有明景泰间，敕赐观额曰妙缘。夫以外藩流裔，遇知于华夏主，岂非缘乎？潜自予告回籍，日寻方然缘，不复续缘都下矣。壬申春为牛马齿八十，妙正寄书寿予，并乞余一言以纪。是观于乾隆丙寅和硕庄亲王查其废坠，交垣掌管，和亲王倡捐修葺之由。谓非观之妙缘乎？吕祖《窑头坯歌》有云：妙中妙兮缘中缘。斯即妙正重新妙缘之谓也。因为之记。

详细记载了自己与妙缘观之因缘关系以及撰文缘起，具有这类碑文的典型特征。

也有部分碑文为寺观僧道所撰，撰文书写者多为寺庙住持，或是其他寺庙的大德高僧。碑文内容多以弘教传道为主，如今西城区妙缘观及白云观戒台左侧回廊皆有《虚靖真君大道歌》石刻，即是道教教义的体现："道不远，在身中，物即皆空性不空。性若不空神气住，气归元海寿无穷。欲得身中神不出，莫向灵台留一物。物在身中神不清，耗散真精损筋骨。神驭气，气留形，不须杂术自长生。术则易知道难悟，纵然悟得不专行。所以千人万人学，毕竟终无一二成。神若出，便收来，神反身中气自回，如此朝朝还暮暮，自然赤子产真胎。"但也处处注意体现与国家政治的紧密联系，比如西城白塔寺元如意长老奉敕所撰《圣旨特建释迦舍利灵通之塔碑文》，既弘扬佛祖教化之义，详述建释迦舍利灵通塔之渊源，亦不忘歌功颂德，褒扬大元据有天下定鼎北京的武功、威加万国九服来宾的盛业，颂扬今上天子笃信佛理、恒存外护之意。可以看出，古代佛道宗教文化与王朝政治之间复杂而紧密的关系。

霍姆斯·维兹说："寺庙提供的三种公益功能：公园、旅舍和休养所，在西方是由世俗机构提供的。"[①] 中国古代的寺庙，能够提供这些公益功能，因此也就成为民众生活中非常重要的公共空间。荣新江有对长安寺庙公共空间功能的考察，勾勒出中古时代寺庙在社会生活中的基本面貌。[②] 到明清时代，北京寺庙的公共空间功能，既有延续，又有所变化。

北京的寺庙数量极多，有些是皇家寺庙，专供宫廷及贵族人员使用，不向公众开放。有些处于禁地，如喇嘛教之弘仁寺和道教之光明殿，普通公众也无缘进入。这些寺庙，早期大多不负载公共功能，这从所存留碑刻的撰述者多为帝王高官、碑文多属纯粹弘扬宗教内容等情形可以看得出来。

除此以外，北京的大多数寺庙，都在社会公共生活中发挥着重要作用。比如道教的白云观、佛教的广济寺、喇嘛教的雍和宫，等等，寺院规模宏大，每逢重大节日都向公众开放，在信徒与普通公众中有着极大的影响力。东城隆福寺与西城护国寺，定期举办庙会，更是士庶百姓频繁光顾

①　转引自董晓萍、吕敏主编《北京内城寺庙碑刻志》前言，国家图书馆出版社 2011 年版。
②　荣新江：《隋唐长安：性别、记忆及其他》，复旦大学出版社 2010 年版，第 68—88 页。

的场所。另外一些普通寺庙，处于街坊居民区之中，是附近居民敬神祈福的主要场所，有时也会成为特定群体的集会之地。尤其是一些香会和会馆所属的寺庙，更是如此。会众既在寺庙集会敬神，也会在庙内设置库房与客房，供会众及他人使用。①

寺庙类似的社会功能，前朝史料及虚构文学作品中多有提及。穷书生寓居寺庙，是各种才子佳人小说戏曲中普遍的故事发生场所。比如著名的《西厢记》故事，普救寺即是"南来北往，三教九流，过者无不瞻仰"的热闹之地，张生说："有僧房借半间，早晚温习经史，胜如旅邸内冗杂，房金依例拜纳。"可见当时缴纳房费借居寺庙已是通例。到明清时期的北京寺庙，这种聚会游览、提供寄寓的功能自然也充分呈现。《天咫偶闻》中有关于法源寺海棠、丁香花事的记载，可见寺庙观览早已成为士庶民众重要的日常活动。乾隆二十一年（1756）刻《妙缘观碑》记载了一位赴京赶考的举子寄住大石桥胡同妙缘观的事情，也是寺庙接待举子士人临时借住的真实事例。② 可见宗教活动之外，寺庙已经充分介入公众的世俗生活，使这些寺庙的世俗性体现得更为明显，这些是晚近北京寺庙公共职能的新体现。

从所存留的北京寺庙碑刻来看，香会所立数量很多，比如原立于西城区鼓楼大街大觉寺的《传膳音乐圣会碑》，立于清乾隆三十二年（1767），碑文曰："稽古三皇，厥名伶伦，虞廷击附，爕赞厥功。其后历代相传，或执事于朝，或散处于野，精通律吕以成圣成仙者，不可屈指而计。然是道也，上通天地，幽达鬼神，和人物之情，宣阴阳之气。设非有总摄之权使之归于一致，保无散乱披靡不可经纪者乎？而至今八音粲然，六律昭然，无一毫之零乱。后之从事于斯者，不啻有灵焉。助其心思，引其才力，启其聪明。万里有同音之美，百代无殊韵之疵。一道同风，与世俱永。比奉为音乐祖师，其灵感所佑，至孚至广。允矣其功，讵不伟哉？虽与伦爕并隆享祀，宁或有议之者欤？"

同样立于大觉寺的《药王圣前公议传膳老会感恩报德众善诚碣谢记》碑，乾隆四十四年（1779）立，碑文为内阁尚书于敏中所撰，其碑文曰：

---

① 参见董晓萍、吕敏主编《北京内城寺庙碑刻志》前言，国家图书馆出版社 2011 年版。

② 《北京图书馆藏历代石刻拓本》卷七十一。转引自董晓萍、吕敏主编《北京内城寺庙碑刻志》前言，国家图书馆出版社 2011 年版。

"自炎帝昧草木之性，作方书以疗民疾，而医道立焉。继此则岐伯内经、巫咸鸿术。其书既传，使天下后世得药物之效而人多寿考者，圣人之功也。厥后饮上池之水，抄肘后之方，代有传人未可更。仆以数考周礼，医师所属有疾病医，而其等分上中下。信哉！医之道良不易，而活人之功当知所自也。方今圣人御宇，民物滋丰，登一世于春台，跻群生于寿域，系古圣时，海内平康，民无疾病夭札，兹何幸！仰承覆育，食德饮和，寒暑不为灾，阴阳不为害。夫非帝力之普存，而即神功之默相耶。爰兴嘉会，敬献香花，众心罔斁，用修故事，勒石镌名，并俾踵事者知所遵循云尔。"

这些碑刻大多追溯本行本会之源流，树立碑石，是为弘扬传统，以张大其行、其会之影响力、地位及价值。故前者颂音乐之功，后者溯医药之源，用意即在于此。越来越多的寺庙树立香会、行会碑刻，确实可以看出明清以来寺庙与世俗社会的关系之紧密，寺庙在世俗生活中居于越来越重要的地位。

不仅如此，从现存碑刻资料来看，到清代、民国时期，有的寺庙成为赡养年迈的僧道、太监的养老之处，体现出社会功能的进一步扩大。据董晓萍、吕敏主编《北京内城寺庙碑刻志》的统计，北京内城有 55 座寺庙的 93 通石碑上刻写着太监的名字。明内官监太监陈谨，别号松谷道人，素好黄老之学，能通玄范科仪，常与当时道士交往，一生修建多所道观。宣德初，在香山之阳创建真武祠，赐名灵应观。正统年间，陈谨升为左少监，又在城东创建玄妙观。景泰二年（1451），陈谨把获赐的宅第舍为道观，蒙赐额为妙缘观，并获赐道经一藏。另据大兴西红门发现嘉靖三年（1524）《敕赐昭应观重修勒石记》碑文，此昭应观为明成化年间掌印太监黄顺出资修建，后来金书太监蔡松和海子官刘商又加重修。太监捐宅、捐资建寺修庙，除了弘扬佛道教义之外，以备终老之用应是其现实的目的。

明清以来，北京城的发展日新月异，其间因战乱与灾难，许多建筑、胜迹已经不复存在，但古都昔日的荣光、过往的繁华，仍可通过历史记载、遗迹存留得窥一二，而散落京城的古碑与碑刻，大多是历史上北京城中重要的政治、文化遗迹，记录着重要的历史事件、历史人物、典章制度与文化活动，不仅是历史存在的见证者，更是探绎历史、想象过去的重要载体。这些丰厚的历史文化遗产可以整合为巨大的文化发展资源，为首都

的国家文化中心建设奠定一个坚实的基础，有助于促进首都文化事业的大
发展与大繁荣。

参考文献

1. 巫鸿：《中国古代艺术与建筑中的"纪念碑性"》，上海人民出版社 2009 年版。

2. （清）于敏中等：《钦定日下旧闻考》，北京古籍出版社 2001 年版。

3. 徐自强：《北京图书馆藏北京石刻拓片目录》，书目文献出版社 1994 年版。

4. 《北京图书馆藏中国历代石刻拓本汇编》，中州古籍出版社 1990 年版。

5. 董晓萍、吕敏：《北京内城寺庙碑刻志》，国家图书馆出版社 2011 年版。

6. 蔡美彪：《元代白话碑集录》，社会科学出版社 1955 年版。

7. 荣新江：《隋唐长安：性别、记忆及其他》，复旦大学出版社 2010 年版。

8. 李华：《明清以来北京工商会馆碑刻选编》，文物出版社 1980 年版。

9. 金其桢：《中国碑文化》，重庆出版社 2002 年版。

10. 刘小萌：《北京地区碑刻中的旗人史料》，《文献》2001 年第 3 期。

11. 王宏辉：《正福寺传教士墓碑形制浅析》，《北京文博》2006 年第 4 期。

12. 觉真：《〈法源寺贞石录〉元碑补录》，《北京文物与考古》2004 年第 6 辑。

13. 孙勐：《北京地区道教考古发现与初步研究》，《中国道教》2009 年第 4 期。

14. 阿华·阿旺华丹：《北京地区的藏文碑刻文献》，《中国藏学》2011 年第
S2 期。

15. 王和平：《明清来华天主教传教士北京墓地考略》（上），《历史档案》2004
年第 2 期。

16. 王和平：《明清来华天主教传教士北京墓地考略》（下），《历史档案》2004
年第 3 期。

17. 曾毅公：《北京石刻中所保存的重要史料》，《文物》1959 年第 9 期。

（李洪波　北京第二外国语学院国际传播学院　北京　100024）

关于清宫廷画中的透视与笔法的反思

李瑞卿

摘　要： 清代宫廷画在技术和理念上可谓中西合璧。清宫廷画在数理的层面上接受和融合西方"线画法"（也可称焦点透视、勾股法），而后人所谓"散点透视"也符合数理。熊秉贞将观天象、测七政的方法运用于绘画，即秉承了从吴道子到苏轼的理性精神和科学态度，同时汲取西法，精妙变通。清宫廷画家在服膺于西法之精确图写的同时，坚守所谓古格与神似，并在笔法方面显得自信与自觉。中国笔法所构筑的"神似"、"古格"是否更能触及艺术本质，值得反思。

关键词： 宫廷画　数理　线画法　笔法　神似

绘画如同其他艺术门类一样是对自然的模仿，这就意味着绘画合于自然又不混同于自然——它无法离开自然，从而呈现出具体的形式；却又有飘然轻举的姿态或是空灵飞动的精神。这精神可以说是色彩、线条、构图在二维空间内找到某种理性结构或必然性联系而释放出的光泽，但也与人的心灵有关。也即是说，将自然物挪移于画布既要忠于其形态，又需抽绎出事理，将偶然转化为必然，由片刻而永恒，同时，画家的赋予艺术形式的某种姿态，如笔法、构图方式、观照方式，也将渗透于画面之中。我们不妨将绘画作品分为形式、事理、形式的形式这三个层面。绘画形式离不开事理，属于有理的形式，否则，形式不具有合理性与普遍性；画面二维空间不同于实物，画面之物肖似实物的根据是它摄取了实物之理，或者说在成形过程中是脱胎于理的照耀的。以诗学来类比，悲剧中的情节是从现实偶然现象中提炼为必然的，正如亚里士多德《诗学》说："诗人的职责不在于描述已经发生的事情，而在于描述可能发生的事，然后根据可然或必然的原则发生的事情……诗倾向于表现带有普遍性的事，而历史倾向于记载具体事情。"诗人对自然的事情做出了因果的、理性的解释，于是悲剧中的"事情"拥有了自身的、具有普遍意义的存在逻辑。画家如何提炼主题与内容在此不论，单是如何刻画形貌、赋色铺彩，就是探赜索隐、体物情理的过程，而不单纯是经验性的技术。如何模仿自然，中西方绘画各擅其美。文艺复兴时期意大利画家以科学方法，即借助光学、解剖学、几何学等来摹写空间关系，表现形色光影与结构形态，也就是我们通常所说的数学透视法或焦点透视法。中国绘画方法常被冠以"散点透视"，以为观照轨迹是随性而至、自由无法，但事实并非如此，中国古人的摹写同样遵循一定之"理"以保证对自然的真实刻画，苏轼论画中所谓"自然之数"就是杰出的例子之一。而大多数的画家在写照人物形神、勾勒自然情势时，依然遵循着一定的理想原则，比如写真中可能渗透相法，于山水画中贯穿风水思想，等等。这也堪称一种"理"的介入。

另一方面，绘画中"形式的形式"是指在形式化的过程中浸染着的文化韵味，涉及笔法问题，以及与之相关的门派、师法问题。中国绘画中对笔法尤其重视，再加上笔法有其井然有序的历史传承，透过笔法，传统自然而然进入到了作品中，绘画的一维空间就成了个性与古法、自然与古义、外物与人心交汇的场域，于是，首先进入画面的笔法显得尤其重要。绘画笔法与书法笔法同源而异脉，书法中的笔法就是笔锋的运动形式。复杂的笔画运动形式，其中更容易渗透作者的生命情感，更容易表达作者对外部世界的理解和体验，起伏顿挫、迟速行留、转笔调锋，尽一身之力而送之，到魏晋时代丰富的笔法更能有效地传达书法家的审美情趣。抽象的笔画无法造就形似之图形，却能流露某种笔意。魏晋南北朝书家都"尚意"，王羲之《书论》："每作一字，须用数种意，或横画似八分，而发如篆籀，或竖牵如深林之乔木，而屈折如钢钩；或上尖如枯秆，或下细若针芒；或转侧之势似飞鸟空坠，或棱侧之形如流水激来。"[1] 一个字中有数种意，那就是在"侧"、"勒"、"努"、"趯"、"掠"、"啄"、"磔"等基本笔画的运行流程中展示创作者的意态情思，在一点一画的过程和结果中都蕴涵着复杂的心理内容。中国绘画中的笔法与书法中的笔法，是不可截

---

① 上海书画出版社、华东师范大学古籍整理研究室：《历代书法论文选》，上海书画出版社1979年版，第28页。

然分开的，使用与书法家相同的、特殊的书写工具去运行点、画形式，必然需要画者进入到共同的文化系统中，绘画中的笔画也可蕴藉意味，流露感情，也与书法中的笔画一样可能被笼罩在润燥、急徐、轻重等的阴阳逻辑中。不过，中国绘画的笔法也有其独特的形式，且样式繁多。中国绘画笔法之内容大概可以包含变化之理、笔墨关系、笔法程式等层面，因而可以一定程度地表达情感和伦理，可以通过形式本身体现相对完整的生命形式。但中国绘画中对于笔法的过分关注可能产生积弊陋习，因为其自足性的存在可以形成某种典范，进而形成传统或流派，如果拘于因循古法而疏于新创，则会落入到泥古不化的窠臼或者沉湎于唯形式中。如何处理笔法问题，则是中国传统绘画理论中的难题。

清代宫廷画在实践和理论上直面了西洋绘画思潮的浸透，中西方美学理论与实践彼此间的交相融合、政治与艺术的微妙互渗，构成了清代宫廷画丰富的文化景观。目前研究者对宫廷画作出诸多论述，如基本文献（包括画作、画工、画制）的整理与考辨、对宫廷画艺术中的中西方文化因子的探赜、对宫廷画写实题材的产生及其内涵的反思，等等。① 不过，宫廷画在审美改良中所触及的中西画论的龃龉与共振，依然是值得深刻反思的话题，我们不妨聚焦于透视法及笔法这两大问题。

一

清宫廷画大致可分为纪实、历史、道释、花鸟、山水等几类，花鸟画中有一部分是描绘海外或周边各部族进献的动植物，实录其形，也可归入纪实画②。纪实画在清宫廷画中成就突出，因为几乎全是围绕皇帝活动进行描绘，如描绘皇帝出巡、狩猎、宴饮、外交活动，等等，所以，这类绘画具有很强的现实性，与随性自得的文人画大异其趣。在技术上，也要求画工忠实赋形，精当写神，因而画家们重视对外在现象的描摹、概括。有

---

① 聂崇正对清代宫廷绘画发表了一系列讨论，涉及清代宫廷画院机构制度、绘画作品价值的发掘和评估、清代宫廷绘画所特有的中西合璧画风的介绍，以及对以郎世宁为代表的传教士画家之生平及艺术影响的研究。见袁宝林、秦晓磊《清代美术史研究的重要收获——聂崇正的清代宫廷绘画研究》，《美术观察》2004年第4期。

② 聂崇正：《清代宫廷绘画及其真伪鉴定》，见《清宫绘画与西画东渐》，紫禁城出版社2008年版。

的作品又是集体奉命而作，个人性的表达就退居其次了，而过分的个性化表达是中国绘画背离"六法"走向衰微的主因。《康熙南巡图》卷，由都察院左副都御史宋骏业主持，内务府曹荃任"监画"，由王翚、杨晋以及宫廷画家历时六年合作完成。该画共分 12 卷，总长 200 米，描绘康熙皇帝第二次南巡的过程，虽然有几卷下落不明，但从现存画卷依然可以体会到其磅礴雄浑之气势。康熙皇帝一行从永定门出城，巡游江南地区后，又经永定门进入紫禁城，沿途山川胜景、城镇繁华都给予表现，高山之巍峨，丘壑之深幽，乡野之淡泊，山寺之云烟，帆船之波涛，毕现于绢帛，江南独有的地理特征、风土人情被高度概括出来。这一切都笼罩在秩序和伦理之中，透露着一种理性观察的气息。尤其值得注意的是，那些"中西合璧"的纪实作品，由于传教士画家在宫中供职，西方的绘画方法，特别是焦点透视技术被引入宫廷画的创作中。他们力求在二维空间中表现三维的效果，也力求以数学和解剖学为依据对自然进行模仿，同时又能参以中法。康、雍、乾三朝，意大利人郎世宁、法兰西人王致诚、波希米亚人艾启蒙、法兰西人贺清泰、意大利人安德义、潘廷章等是供职清宫的欧洲画家中名气较大者。他们在宫中创作了许多以重大事件为题材的纪实画，也写照了大量的皇帝肖像画、后妃像、功臣像。《马术图》（北京故宫博物院藏）及《万树园赐宴图》（北京故宫博物院藏）即由欧洲画家郎世宁、王致诚、艾启蒙等中外画家绘制，完成于乾隆二十年（1755）。两者均注重肖像与写实，场面宏大，人物生动，以记录事件为主，《马术图》再现乾隆朝与新疆蒙古贵族交往的历史，乾隆皇帝率领文武百官与来归的蒙古族首领观看八旗兵的骑术表演；《万树园赐宴图》旨在记录蒙古族杜尔伯特部在首领"三车凌"（即车凌、车凌乌巴什、车凌孟克）率领下来归乾隆朝的历史场景。乾隆皇帝不处于正中央，而是以乾隆帝为焦点捕捉一个瞬间来反映人物彼此之间的关系，记录下历史的一刻。画家仿佛站立在皇帝斜侧方的摄影师，不以写照圣容为主要目的，而是反映皇帝步入会场时周围人物的恭敬、肃穆、期待，以写出历史事件在刹那间的大幕开启。这两幅画的主体部分体现西方绘画之特点，背景中的林木丘壑则尽显中土风流，焦点透视不仅作为技术被运用，而且成为一种叙事修辞，内嵌入画面的思想中。

　　郎世宁于康熙五十四年，也即 1715 年，以耶稣会传教士身份到达澳门，然后北上京师，因擅长绘画进入宫廷，直到乾隆三十一年（1766）

在北京病逝。郎世宁画艺出色，为皇帝、后妃绘制肖像。《平安春信图》（北京故宫博物院藏）描绘身着汉装的雍正皇帝和尚未即位的弘历。弘历即位后，应召画全身朝服像（北京故宫博物院藏），此外，《乾隆皇帝与后妃像》（美国克利夫兰美术馆藏）、《木兰图》卷（法国巴黎吉美博物馆藏）、《哨鹿图》（北京故宫博物院藏）、《乾隆岁朝行乐图》轴（北京故宫博物院藏）等作品，都出自郎世宁之手。郎世宁人物肖像画忠实于写照对象，极其准确地写形绘神，重视面部与身体解剖结构，克制画者的自我情感，理性呈现对象典雅高贵的气质，同时，借用了中国传统写真画技法，力求清晰地表现人物容貌风神，而抛弃了西画常见的在一定太阳光照下体现人物面部的立体感的明暗法，明暗法易于表达世俗情感，一律的正面受光则让人物神采超离形体与凡俗，后一种画法更符合表达庄严的圣容。《平安春信图》写照准确，笔法细腻，对于数杆翠竹摹写如真，立体效果非常好，但又不完全是写实的，弥漫着理想的气质，形神兼备，文质彬彬；画中雍正与弘历也姿态优雅，神情淡泊，成为自然的一部分。郎世宁绘画中的科学精神融合了中国绘画中的自然理性，在这一点上是切近于谢赫"六法"的。《乾隆岁朝行乐图轴》是郎世宁与中国画家孙祜、丁观鹏等人合作完成的，描写乾隆皇帝和诸皇子在宫中欢度春节的场面，人物神情怡然，气氛雍容，前庭中儿童放爆竹，后院则有人在堆雪山，冬日里的树木删繁就简，蜡梅开放释放出点点春意，画中重视节日里的典型化场景和细节，写实效果突出。人物活动的背景中殿宇重重，江山绵延，形成了家国一体的隐喻，但这画面中，除了对远山是形式化的写意外，近景遵循透视法则，从乾隆目光投向的对面高处俯瞰院落，人物瞬间动作毕现，院落层次井然，然后由实景渐次过渡到浑朴无边的虚景。堪称完美的衔接基于中西之理的彼此相通，从而令人信服地完成了家国一体的隐喻。焦点透视下完成的近景是真实的人间烟火，亲切而令人信服地成为隐喻的坚实根基。因而，郎世宁技法得到了清朝皇帝的肯定是必然的，且不完全是取悦东方的审美风尚，而是自觉地根据绘画题材在思想和技术理念上发生的新变。

　　传教士画家也将欧洲绘画技术教授给本土宫廷画家，本土画家受西风习染，清代档案中多有记载，内务府"各作成做活计清档"："雍正元年'斑达里沙、八十、孙威凤、王玠、葛曙、永泰六人仍归在郎世宁处学画'"；乾隆三年皇帝传旨："双鹤跟着王幼学等画油画"，同年档案中还记有"着郎世宁徒弟丁观鹏等将海色初霞画完时，往韶景轩画去"①。其中代表人物有焦秉贞、张为邦、王幼学、金廷标等，他们熔铸中西画风，给宫廷画带来些许新色。金廷标（？—1767），字士揆，乌程（今属浙江）人，乾隆二十二年（1757）皇帝南巡，进献画册得到赏识，同年供职于宫廷。身为宫廷画家，写照宫中人物、亭台楼阁是其职责，其画风也深受局限，唯华贵雍容为尚。但金廷标有效地吸收了西画技法，在局促的宫廷题材中再生了中国画之传统。以物理学、解剖学、光学等自然科学为依托的西方画法，可以将审美对象的日常情态与真实处境再现于尺幅之上，与传统画法相比，足以再现世俗的真实，利于刻画宫廷中不可忽略的礼仪、尊贵、幽深、繁华，树木、亭台、动物的毕肖呈现也加强了画面的真实性和现场性，在此基石上抽象之情思、幽远之遗韵不落空玄，而有源可寻。《乾隆行乐图》是中西画法与理念融通的代表作品，设色绢本，纵167.4 厘米，横 320 厘米，落款"臣金廷标奉敕敬绘"，上有乾隆御题诗，有乾隆款"癸未新春御题"字样，癸未年当是乾隆二十八年（1763）。

> 高桥重峦石迳纤，前行廻顾后行呼。松年粉本东山趣，摹作宫中行乐图。
> 小坐溪亭清且纤，侍臣莫谩杂传呼，阅氏束备九嫔列，较胜明妃出塞图。
> 几闲壶里小游纤，凭槛何须清归呼。讵是衣冠希汉代？丹青寓意写为图。
> 瀑水当轩落泊纤，岩边驯鹿可招呼，林泉寄傲非吾事，保泰思艰怀永图。

画面中高桥重峦，妃嫔曼妙婉转，瀑水回流纤转，娴雅清高，与乾隆诗意相仿佛。水流之波纹描写细腻有致，体现出汪洋、廻曲、蕴藉的姿态，符合理想的风水观念，更与乾隆帝之心志呼应。该画名曰"行乐"，但绝非林泉寄傲，而是有"保泰思艰"、永固江山之意味。在这一点上与欧阳修写《醉翁亭记》有类似寓意，即饮食以养其体，燕乐以和其志，

---

① 参阅聂崇正《康雍乾盛世宫廷绘画纵横谈》，见《清宫绘画与西画东渐》，紫禁城出版社 2008 年版，第 40 页。

通过和乐以蓄德，以期成就一番事业。乾隆帝行乐同样不流于感官之乐、个人之乐，而是借以稳固德基，调和天下。画面的构图遵循了透视原理，空间感很强，但在艺术概括中灌注了中国哲学与艺术的文化意味。如乾隆高坐，神态恬静，目视前方而以重峦为靠；高桥卧波衔接两岸，妃嫔往来，虽然伊人犹在水中央，囊中锦琴犹未发，但依然可以感到君子美人的情思交流，不昵不狎合乎礼仪，画面很好地将君王和妃嫔的私人关系蔓延成为国家与政治的某种象征，好像他们的伦理关系通过悠远之山脉和绵长之水，延伸向神州大地。画面中松树遒劲如龙，从山中伸出俯临流水而庇荫众妃，欣欣然与乾隆呼应，岩边驯鹿近在手边，也好像领受了教化可以随时招呼，可谓林泉高致中寓托了君临天下的主旨。耐人寻味的是"阏氏束备九嫔列，较胜明妃出塞图"句，表达了入主中原的自得和对昔日荣光的回忆。乾隆的这一微旨，画家是无法表现的，但在整体主旨上是理性地阿谀和赞美，风水观念、阴阳哲学有机地渗入到画面中，不过，在此没有任何西方现代绘画之人文精神。技法上，中西法的兼采也是自觉的，驯鹿可以实写，动物只要重视情态即可，对于皇帝与妃子的摹写是中国式的——写照风神，既可突出人物之高洁也便于寓意，也即他们在另一方面是男女、君臣、夫妻的象征。作为近景的松树是西式的，它带我们回到真实的现场，但群山和水流则是虚写，于是，成为了抽象的"江山"的局部。

冷枚（约 1670—1742），字吉臣，号金门画史，胶州人，是焦秉贞的弟子。焦秉贞生卒年不详，"工人物，其位置之法，自近而远，由大及小，纯用西洋画法"①，胡敬也说："工人物，山水楼观，参用海西法。"冷枚也工人物，颇得师传，其受西洋画风影响。他的《梧桐双兔图轴》（北京故宫博物院藏），绢本，设色，纵 175.9 厘米，横 95 厘米，是一幅中西合璧的佳作。画面上双兔造型精准，皮毛的质感表现得极其完美，细节刻画也颇为真实，比如，耸起的耳朵边上的褐色边际也被描摹出来；眼睛晶莹有神，用西法点出了瞳仁的物理性光泽，而不是缥缈的"眼神"或"神态"；身体形态的塑造也遵循了解剖学原则；透视方法的运用使在一定景深中再现了两者的位置关系，突出了双兔的个别性、具象性。不过，冷枚又内蕴着中国的哲学精神与技法，双兔也有一定的抽象性，如右

---

① 郑午昌：《中国画学全史》，上海古籍出版社 2001 年版，第 359 页。

面兔子是浑圆造型，不完全遵循透视原则，兔子似乎是被画家完全看见，双兔要成为独立于焦距的自在物，这样，它们彼此间的微妙的情感交流、它们各自瞬间的警觉神色，成为了画面中的主要内容。也就是说，它们自在地在那里，而不是笼罩在画家眼光中的，从而将欣赏者引向抽象的境界。而它们之间警觉中的淡然、姿态呼应而眼色错位，虽具备一定的写实性，但却是画家布设的理想的诗意境界。

郑午昌《中国画学全史》中说："清代绘画，受西风者，不外三派：或取其一节以陶熔于国画，如吴渔山画间有之；或取国画法之一节以陶熔于西画中，如郎世宁画常有之；或竟别国画西洋画为二派，对垒相峙，则在清季有所谓新旧画派之纷起是也。"① 此论诚然，从清代宫廷画中我们看到了中西画法的融会，在技术和理念上都结合得天衣无缝。宫廷画家是在中西对话中完成作品的，比如，一幅画由中西画家分工完成，各擅其技但需彼此协调；独立完成时也中西绘法各行其妙，总之，自觉地、有分别地运用中西技法亦可以抵达完美之境。

二

中西画法的融合是复杂的文化事件或历史过程，可以从具体细节切入窥见历史洪流中意识形态、审美趣味在具体境遇下的交锋，比如，实证地研究西方画家是如何适应清季之文化水土的？他们的文化思想和政治情感上发生了哪些相应的改变？可以考证清朝皇帝审美观念之后的政治蕴含，以至于返回到历史现场。但我们发现清朝皇帝和其臣子们在面对西洋画法时进行了深入而自觉的思考，他们在绘画理念的云端，居高临下地审视择取，于是，直击中西绘画理念的交际应当成为本文的要务。清宫廷画个性情感是掩藏在国家利益和皇帝趣味之下的，理念性很强，当创作为理念服务时，在理念上吸收中西就变得容易多了，画家足可以绕开私人的情感和思考，攀升到中西绘画理念交汇的前沿，作为后来的批评者则更容易看清其中理路。

清宫廷画在数理的层面上接受和融合西方"线画法"（也可称焦点透视、勾股法），而后人所谓"散点透视"也符合数理。胡敬在《国朝院画

---

① 郑午昌：《中国画学全史》，上海古籍出版社 2001 年版，第 384 页。

录》中考辨宫廷画师称谓之沿革，也论及职责与地位的变化，有清一代画臣图写时事，赞耀文治武功，画家及画的地位超前代。他说："汉及唐虽无院画名，而实与院画等，惟是唐以前流传多释道图像，与政体无关，不足纪。唐画史颇涉时事，而韦无忝之图开元十八学士，赞美止于文学侍从，岂若乾隆中平定准部，赐宴紫光阁，丹毫亲御，为五十功臣像赞之声教赫濯也。陈闳之图上党十九瑞，见张说《潞州祥瑞颂》末，述'大人迹'、'神人传庆'事属附会，岂若乾隆中日月五星之同度同道，虽圣德谦冲不允宣付史馆，而贞符炳焕，垂象在天，形诸图缋之占候足信也。"这段文字不是纯粹的谀词，其主旨有二：其一，绘画进入对国家时事的记录领域；其二，绘画是祥瑞神迹的展现，而这两者是彼此关联的。胡敬不仅指明绘画在清廷的重要功能，更重要的是，在他看来绘画是指向"真"的，这个"真"至少有两个层次，一是可记录历史，二是有其真理性，后者是前者的形而上的依据——在中国哲学，特别是易学中，这种形而上之理又能落实到具体的数理中①。那么，在数理原则下的写实即可触及真谛，天然地具备合法性。《国朝院画录》中记载：

康熙己巳春，偶临董其昌《池上篇》，命钦天监五官焦秉贞取其诗中画意。古人尝赞画者，曰落笔成蝇，曰寸人豆马，曰画家四圣，曰虎头三绝，往往不已。焦秉贞素按七政之躔度五形之远近，所以危峰叠嶂中，分咫尺之万里，岂止于手握双笔，故书而记之。臣敬谨

---

① 《周易》以数理和卦象创造性地刻画易道规律，描述自然之天和天命之天。张载在解释《说卦》"参天两地而依数，观变于阴阳而立卦"时说："地所以两，分刚柔、男女，而效之法也。天所以参，一太极两仪，而象之性也。一物两体，气也。一故神，两故化，此天所以参也，两不立则一不可见，不可见则两之用息。两体者，虚实也，动静也，聚散也，清浊也，其究一而已。有两则有一，是太极也。若一则有两，有两亦一在，无两亦一在。然无两则安用一？不以太极空虚而已非天参也？"（《横渠易说·说卦》）这段文字推原了象数根源，卦象来于阴阳变化，有其必然的规律，也有其必然之数。在演化之前，若用数来衡量，天地之数是五十有五，阳数有五，阴数有五，都由一而来。演化以后，则有大衍之数五十，因为天地设位，易行乎其中，若从数的角度来看，就要从五十五中去掉天数三与地数二，表示易变是在天地框架内进行，五十则成天地衍生之数。《系辞》有"天地之数"和"大衍之数"的区分，当代学者混淆这两个概念几十年，认为大衍之数即天地之数，《系辞》原文"大衍之数五十"后脱"有五"二字。其实，大衍之数与天地之数存在严格区分，《易传》试图以严密的数学逻辑来描述宇宙变化。《河图》、《洛书》是北宋时刘牧、阮逸根据五行生成数与方位构成的数理模型而画成。易道之理并非虚玄幽渺之理，而是可以被数学描述之理，易道可以与数学模型同构，易道即是数理。

按：海西法善于绘影，剖析分寸，以量度阴阳向背，斜正长短，就其影之所著，而设色分浓淡明暗焉。故远视人畜、花木、屋宇皆植立而形圆，以至照有天光，蒸为云气，穷深极远，均灿布于寸缣尺褚之中。秉贞职守灵台，深明测算，会悟有得，取西法而变通之。圣祖之奖其丹青，正以奖其数理也。

供职钦天监的焦秉贞以天文历法中的数理入画，同时又取西法而变通，以数理为中西会同点，康熙奖其丹青，也是奖其数理。毕竟，天文历法中的测算与数学、几何、光学不尽相同，"职守灵台，深明测算"是对焦秉贞本职的准确概括。钦天监官员一方面观察天象，另一方面进行测算，不仅计算天象运动的轨迹，测量季节、时令等时间，而且占验上天通过天象显示的吉凶。天文即是天象，属于占验之学，历法即是推步，是对日月星辰的运行进行计算，天文和历法是密切不分的。历法计算的基础就是星象的运动轨迹，星象的运动又与人文有关。焦氏所谓"以七政之躔度五形之远近"就是以天文推步方法来确立事物间距、本身大小，以及其象征意义，因为推步与星象的测算关乎自然物理，也与人文有关。画像是实录，也是象征，既忠实于实物，也渗透意蕴，那么，天文与推步引入画学也是可能的。

古人将五大行星与日月合称七政或七曜，五星是指木、火、水、金、土星，金星被称为明星、太白，黎明前见于东方叫启明，黄昏见于西方叫长庚。木星就是岁星，火星又名荧惑星，土星叫镇星、填星，水星可称为辰星。战国时五行学说流行，金木水火土冠于其首，五星之运动被赋予吉凶意义。

《汉书·天文志》：岁星，曰东方春木，于人五常，仁也；五事，貌也，仁亏，貌失，逆春令伤木气，罚见岁星。岁星所在国不可伐，可以伐人。超舍而前为赢，退舍为缩。赢，其国有兵不复；缩，其国有忧，其将死，国倾败。所去失地，所得地。

《汉书·天文志》：辰星，杀伐之气，战斗之象也，与太白俱出东方，皆赤而角，夷狄败，中国胜；与太白俱出西方，皆赤而角，中国败，夷狄胜。五星分天之中，积于东方，中国大利，积于西方，夷狄用兵者利。辰星不出，太白为客，辰星出，太白为主人，辰星与太白不相从，虽有军不战；辰星出东方，太白出西方，若辰星出西方，太白出东方为格，野虽有兵不战。

五星本身具有伦理意义，其独自运行或彼此的运动关系关乎人事，而非纯粹的物理现象。古代天文学家观察行星的空间位置时，与时令联系在一起，也特意留心彼此间互动的关系。而这关系中不仅包含空间、时间等内容，还需考量五行中的生克等因素。如辰星出西方，属金，太白出东方，属于金，丽水生金，如同母子，若母子不相从，野有军不战；母子各出一方，关系不和，也就是"格"，野虽有兵，也不战。从现代天文学角度来看，五星的运行又有顺、逆、留等特性。行星绕日公转的方向由西向东叫顺行，反之叫逆行；"留"就是不动。行星运动时顺行由快到慢，然后留而逆行，逆行也由快而慢、而留，然后顺行，周而复始。《五星占》中有关于金星的详细描述。所以，天文学家对星象的观察和推算中既要遵循自然科学中的数理，也须全方位地观测记录其具体的轨迹与相互关系，以及它们预示神秘征兆。这样的观察在空间上是全方位的，在时机上是极其微妙的，往来错综不同于任何的物理观察，也不同于现代的天文测算，但贯穿着数理的精神。1974 年出土的《五星占》对五星会合周期的认识已经颇为准确，记载金星会合周期的误差小于 0.5 日。宫廷画家焦秉贞的审美观照方法完全可以在天文推步中找到数理支撑，这就是说，焦秉贞对外物的模仿是在一定的法则之下进行的，其观察方法具有一定的合法性，他绘画中刻画的物象形态与时空关系是在一定数理原则下的投射。

推步之学旨在测算对象实际的时空关系，如果将测定的对象显现于纸面，于尺幅之上浓缩万里之势，必然体现自然之规律，这就与苏轼画论中所谓"自然之数"有异曲同工之妙。苏轼在《书吴道子画后》中直接引入"自然之数"、"逆来顺往"的观念：

诗至于杜子美，文至于韩退之，书至于颜鲁公，画至于吴道子，而古今之变，天下之能事毕矣。道子画人物，如以灯取影，逆来顺往，旁见侧出，横斜平直，各相乘除，得自然之数，不差毫末，出新意于法度之中，寄妙理于豪放之外，所谓游刃余地，运斤成风，盖古今一人而已。

　　吴道子所遵循的法度是对"成法"的扬弃,用笔不再以钩研为能,也不以细润为工,而是于观物取象中追求八面生动、四面得神。吴道子采取了新的观照方式,研理摹形不拘旧法,于生动豪放的笔触中得自然之理。苏轼发现了这一点,并给予深刻的理论概括,苏轼所说的"以灯取影"、"旁见侧出",就是指对物象进行立体的观察和表现——深得物理且能精妙入神。苏轼认为,道子画人物"以灯取影",区别于原原本本的模拟,是"旁见侧出"的,而之所以有此艺术效果的原因就在于"逆来顺往",这是对画家视角变化、勘测光影过程的哲理性概括。吴道子画法中的透视既不是西方绘画中的定点透视,也不是用"散点透视"一词可以笼统而言的。画家先"逆"求寻求到情理本质、物理本质,然后又"顺"势交错变化,任情自由地挥洒笔墨,而那些笔画如横、斜、平、直,错综变化,不出阴阳之道,总得自然之数,在自然之数中超越到入神的艺术境界。这一过程中,笔法纵横与画家的勘测物理、至于性命是统一在一起的,用笔的自然法度与画家的情性自由是统一在一起的。

　　苏轼所揭示和概括的吴道子式的观察方式具有极其丰富的理论蕴含,他所回答的问题是如何模拟是真实的? 如果说触及世界真相的模拟是真实的,那么,世界的真相是什么? 如果以自然之数为世界的真相,模拟的过程就不仅是复写感觉的过程,而是要进入到世界之理。而欲进入到世界之理,就是要将视线和体察融入世界的运动过程中,即将世界看做立体的生命——在感知上不黏着于日常之感觉。这样,易学中数理概念和方法就被苏轼引入到绘画理论的建构之中①。从吴道子的绘画实践到苏轼之绘画理论,中国绘画史上的理性精神和科学态度是非常明显的,焦秉贞将观天象、测七政的方法运用于绘画同样是秉承了上述精神——全方位地在运动中观照世界并获得自然之理,而且易学与推步具有同源性。康熙帝对焦秉贞的理解或者说对中国绘画的认识是深刻且准确的,他看到了中国画与西方画在数理层面上的可通约性。借"数理"来沟通中西绘画有径可循,清代宫廷画正是在数理的前提下自觉地吸收西方透视与解剖之学的。

　　文艺复兴时期的意大利人以科学的方法来探讨空间关系,表现光、色、形、影。客观存在的自然物如何投射到有限的画面中,并能保证此种模拟的真实性,无疑是这些杰出的艺术家思考的问题。不过,有一点可以

---

① 李瑞卿:《苏轼易学与诗学》,《文学评论》2013 年第 3 期。

肯定，纵然落于画布、形诸笔端者为虚假，但其中只要贯穿了数学或物理的依据且承认这科学方式的合理性，那么，这样的模拟即是忠实于自然或具有真实性的。文艺复兴时期的意大利艺术家把目光转向描绘现实世界，不再像中世纪那样把绘画目的局限于颂扬上帝。他们钻研物理、几何，把三维的现实世界真实地呈现于一维画布之上，由此产生了透视法。布鲁内勒斯基（Filippo Brunelleschi，1377—1446）15 世纪初做了一个著名的实验，以了解三维空间场景在平面上的显现模式。"他以佛罗伦萨主教堂前的广场为场景，在大教堂大门内三英尺处地方竖立一木板，约半埃尔（量布单位）面积大，正中的位置钻一人眼大小的洞，再在后面不远的地方平行竖立一木板，上面铺上油浸过的纸（创造镜面）。当广场上的场景光影通过前面木板的小洞，映射到后面木板的油纸上时，他用笔将之描摹下来。这样，布鲁内勒斯基经过仔细观察便把握了自然场景在一维平面上的空间关系的表现方法。"[①] 达·芬奇探索了人体解剖和光学现象，用实验和观察来研究人的视力机制。通过解剖眼睛，他发现被割开的眼睛是一堆胶质，他又把眼睛放在水里煮，他知道晶体具有透视作用，试图解释人的眼睛透视外界场景的产生机制。达·芬奇也做了光学实验，他了解到眼睛里存在一个接收面，从物体反射到眼睛中的光线以颠倒的形式投入，物体呈现的色彩必然受到周边其他物体的影响。

达·芬奇同样承认"自然规律"（the law of nature），他认为自然表象是被自然规律支配的，画家就是要去揭示这些法则，与中国古人所说的在绘画中遵循"物理"或"自然之数"是类同的，在此层面上，中西画论具备了融通的前提。邹一桂在其《小山画谱》中肯定了西洋透视技术，他说："西洋人善勾股法，故其绘画于阴阳远近不差锱黍，所画人物屋树，皆有日影。其所用颜色与笔与中华绝异，布影由阔而狭，以三角量之，画宫室于墙壁，令人几欲走进，学者能参用一一，亦具醒法，但笔法全无，虽工亦匠，故不入画品。"[②] 邹一桂（1688—1772）号小山，无锡人。雍正丁未进士，入翰林，改侍御，累官内阁学士兼礼部侍郎。工花卉，分枝布叶，调畅自如。《小山画谱》中提出"八法四知"，八法者，

① 何平：《意大利文艺复兴艺术家与近代科学革命——以达·芬奇和布鲁内勒斯基为中心》，《历史研究》2011 年第 1 期。

② 邹一桂：《小山画谱》，四库全书本。

一曰章法，二曰笔法，三曰墨法，四曰设色法，五曰点染法，六曰烘晕法，七曰树石法，八曰苔衬法；四知者，一曰知天，二曰知地，三曰知人，四曰知物。《四库全书提要》说，"四知"属"前人所未及也"，在此可见四库馆臣对中国画论中的理性精神颇为隔膜，不过，邹一桂确实强调了绘画中知天察地、精研物理的重要性，实属难能可贵。对于能精确表达感觉世界而不差分毫的西洋画法，邹一桂是十分推崇的，但从笔法角度来看，又有"不入画品"的论断。可以说，基于数理精神，邹一桂如大多数宫廷画家一样对勾股画法欣然接受，希图利用几何与光学知识感觉到准确的现象世界，因为这现象世界与他们触及的数理精神并不矛盾。刊刻于雍正年间的年希尧的《视学》是最早研究和介绍西方透视学的，初版于 1729 年（雍正七年），1735 年又再版。在书的《弁言》中说：

余曩岁即留心视学，率常任智殚思，究未得其端绪。怠后获与泰西郎学士数相晤对，即能以西法作中土绘事，始以定点引线之法贻余，能尽物类之变态。一得定位则蝉联而生，虽毫忽分秒不能互置，然后物之尖斜平直，规圆矩方，行笔不离乎纸，而四周全体一若空悬中央，面面可见。至于天光遥临，日色傍射，以及灯烛之辉映，远近大小，随形成影，曲折隐显，莫不如意。盖一本乎物之自然，而以目力受之，犁然有当于人心，余然后知视之为学如是也。今一室之中而位置一物，不得其所，则触目之倾有不适之意生焉，矧笔墨之事可以舍是哉？然古人论绘事者有矣，曰"仰画飞檐"，又曰"深见溪谷"，中事则其目力已上下无定所矣，乌足以语学耶？而其言之近似者，则曰："透空一望，百斜都见"，终未若此册之切要著明也。余故悉次为图，公诸同好勤敏之士，得其理而通之，大而山川之高广，细而虫鱼花鸟之动植飞潜，无一不可穷神尽秘，而得其真者。毋徒漫语人曰："真而不妙"，夫不真又安所得妙哉？己酉二月之朔偶斋年希尧书。

年希尧的《视学》求教于郎世宁，希望用于中土绘事之上。他认为，定点引线之法可以尽物类情态而毫微不差，可以立体地图写事物，面面可见。至于远近大小、形色光影，都能逼真显现。不仅在技术层面上肯定了勾股法（线画法、焦点透视），而且指出，这一技术是因为"一本乎物之自然，而以目力受之，犁然有当于人心"，年希尧从"物之自然"和"目力受之"两方面来谈透视技术可谓深得西哲之旨。西方透视方法建立在几何学、光学、解剖学之上，揭示了自然规律，同时，他们重视感觉对自然现象的接受。关于后一点恰好是中土画家们所忽视的。所以，他丰富了"真"的内涵，"真"与"穷神尽秘"有关，与"理"有关——中国人所谓"理"与西方自然科学之"理"在此已兼容为一，"真"在绘画中更体现为对形、色、光、影的准确揭示。

焦点透视法进入到清朝宫廷的遭遇大略如上所论，并不像我们想象的那样有多么龃龉曲折，而是在理性主义河道上中西汇流——尽管两种数理是解释世界的两种不同模式。清朝人的世俗的感官世界也在苏醒，他们折服于西人对现象的毕肖呈现，从而"笔法论"成为引以为豪的理论利器了。

三

清朝皇帝和清宫廷画家在笔法方面的自信、自觉甚至自豪是显而易见的，服膺于西法精确图写的同时，还坚守着所谓古格、画品、神似。那么，中国古人的这些审美理想是否真的有道理？其本身的合法性又在哪里呢？而其合法性是否真的与笔法不无关系呢？清代人没有系统的思考，但也绝非盲目的坚守，对中西画法之别有着会心之见。其中，乾隆皇帝有不少题画诗可当作文艺批评来看，涉及中西绘画理念的基本问题，《国朝院画录》中节录了相关的文献：

《圣制诗二集》题准噶尔所进大苑马，名之曰"如意骢"，命郎世宁为图而系之以诗，有"凹凸丹青法，流传自海西"句，注：唐尉迟乙僧擅凸凹花画法，乙僧亦外国人也。《龙马歌》题有"我知其理不能写，爱命世宁神笔传"句。《三集》《命金廷标模李公麟五马图法画爱乌罕四骏》有："泰西绘具别传法，没骨曾命写枭蹄。著色精细入毫末，宛然四骏腾沙堤。似则似也逊古格，盛事可使方前低。廷标南人擅南笔，模旧令貌锐耳披。骢骝骐骏各曲肖，卓立意已超云霓。副以于思出本色，执朻按队牵驮骎。以郎之似合李格，爱成绝艺称全提。"注：前歌曾命郎世宁为图，世宁所画有马而无人，兹各写执杓人，一如伯时卷中法。四集题画诗有："写真世宁擅，缋我少年时"句，注：郎世宁西洋人，写真无过其右者。臣敬谨按：世宁之画本西法，而能以中法参之，其绘花卉具生动之姿，非若彼中庸之手詹詹于绳尺者比，然大致不离故习，观爱乌罕四骏，高庙仍命金廷标仿李公麟笔补图于世宁，未许其神全，而第许其形似，亦如数理之须合中西二法，义蕴方备。大圣人之衡鉴，虽小道，必审察而善择两端焉。

　　乾隆皇帝认为，"凸凹丹青法，流传自海西"，"泰西绘具别传法"，郎世宁精通西法，绘画能精细入毫，但又有"似则似也逊古格"之论，于是，命金廷标仿李公麟笔补图于世宁，即所谓"以郎之似合李格，爰成绝艺称全提"。乾隆让郎世宁和金廷标各擅其长，郎世宁的取西法而得形似之至，金廷标用中法而得神全，可谓兼容中西之精华。这就是说，郎世宁之西法不见得不入神，如乾隆有"神笔"之誉；金廷标之中不见得不能求形似，乾隆同样有"曲肖"之赞，但他需要的是给郎世宁的画注入"卓立意已超云霓"的古格。单纯的"入神"是一方面，进入传统的"入神"（立意超云霓）更为本质，也即对"法"本身的遵循成为问题的重点。但康熙和乾隆又深知作为绘画本身又有其"数理"，所以，绘画问题不单纯是"法"的问题，而是要处理数理与绘画法则的关系问题。胡敬的评价是深契圣意的，他说："（郎世宁）大致不离故习，观爱乌罕四骏，高庙仍命金廷标仿李公麟笔补图于世宁，未许其神全，而第许其形似，亦如数理之须合中西二法，义蕴方备。大圣人之衡鉴，虽小道，必审察而善择两端焉。"皇帝及宫廷画家是在"数理"和"法"之间来考量中西绘画问题。"数理"在此可解为绘画自身的规定性，与艺术家对规律的探究有关，因而也与通常所说的"数理"有关；所谓"中西二法"则是指绘画法则，且与绘画的历史传统和民族性有关。清代宫廷画家如果说在"数理"的层面上欣然吸收西方透视方法，那么他们却在"法"的层面上看到了西方透视法的不足，而"法"似乎是更根本的。几何、物理的数理与推步、易学的数理存在一定的通约性，以自然科学为理论基础的透视法与以易学数理为理论基础的中国画的往来顺逆并不矛盾，或者说在曲肖其貌方面更有优势，所以，透视法在清宫廷画家看来是有其合法性的；但是在清人看来，透视法通过自然科学的认知模型可以酷似其形却无法精妙入神，引入中国传统笔法以补西法之缺失，是他们在艺术上求真求美的自然逻辑。

透视法真的不能入神吗？乾隆帝并未完全否定，那么，重视中国传统笔法的原因一定是认为这种笔法若结合透视法更能趋近艺术境界。中国笔法是否可以与西方透视法和平共处，中国笔法所构筑"神似"、"古格"是否触及艺术更深刻的本质，这是当时的画家们需要回答的问题。谢赫《古画品录》提到"六法"，是古人尊崇的绘画法则，涉及技法与道两个层面。谢赫说："六法者何？一气韵生动是也，二骨法用笔是也，三应物象形是也，四随类赋彩是也，五经营位置是也，六传移模写是也，唯陆探微、卫协备该之矣！"应物象形、随类赋彩、经营位置、传移模写四法则，侧重于模拟物象的法则，足见对"形似"的强调。但在技术上与西方透视法是不同的，如"应物象形"就不是要孤立地获取对象的形态与样貌，而是在主客之间写真写实，与西方透视法一样都属于冷静的观照、模写，却又关乎"穷理尽性"，如谢赫评陆探微："穷理尽性，事绝言象，包前孕后，古今独立。"可以说，谢赫建构了模写物象与穷理尽性合而为一的绘画哲学，求得"形似"的过程与妙然入神可以是同一过程——妙然入神不是主观感受，而是合道的境界。西方透视法在心物关系上受制于数学或物理模式，虽然合乎数理但制约着心物的全面交流，特别是在穷理尽性方面。谢赫画论中，穷自然之理和尽性是同构的，达·芬奇的艺术之路与求真之途并行不悖，二者的重要区别是，谢赫以天人合一为境界，达·芬奇以求得真理为指引；前者的结果是留意于情性、格调，后者的结果是指向对自然与意识的真切感受，这两种哲学孰高孰低难分轩轾。

人应当如何？此乃永恒的难题，但中国古代的画论家们为人们在画中设置了精神的乐土。宗炳《画山水序》中说："宗炳高士，以山水为乐，乐之不疲，乃以入于画。其画固以自娱者也，故曰：'畅神而已。'"[①] 王微《叙画》说："专论画之情致，其论画致，以灵动为用。曰横变纵化而动生焉，前短后长而灵出焉，盖言经者，非独依形为本，尤须心运其变耳。其论画情，则以运诸指掌，降之明神为法，以扬神荡思为的。"[②] 宗炳的畅神论与王微"扬神荡思"论，都是在倡导着一种入神超逸之作，

---

① 郑午昌：《中国画学全史》，上海古籍出版社 2001 年版，第 85 页。

② 同上。

类似于谢赫所谓"穷理尽性"之作。画作与绘画本身成为畅神的活动，人的精神在这一活动中自由开阖，似乎又回到太古的原初状态，亲近着世界与人的本体，感到生命的节奏与自然协同，道德上则有一种从未有的完满感，在这个意义上，中国画的境界是更为根本的心灵的归宿地。清代宫廷画不放弃这种审美理想不无道理，这一理想并非人为设置，在独特的心物审美关系与纵横有致的笔法中确实可以体验到秩序感与自由，并且存在着内化为现实的秩序感与自由感之可能。

如何利用笔法抵达这一境界呢？《古画品录》有"气韵生动"和"骨法用笔"的说法。绘画是模仿世界化生而生成的，其神韵必然落实在过程中，最初的过程就是气和骨的生成，而气和骨的生成又必然落在具体的笔法上，也就是说，描写气与骨的最理想方法是基本笔法就包含了气与骨。以"骨法用笔"为例，就是将点画结构生命化、拟物化、心灵化、历史化，使结字成为一个曲折多变、意味深长的过程。骨法用笔与作者的心灵、气骨、修养相关，与字画表现的力度相关，与图写物貌的生动性有关。谢赫《古画品录》将"骨法用笔"作为绘画六法之一，即也同样讲求字画的表现力度，以及线条之中的生气勃勃又意味隽永的情状。谢赫在对画家的品评中，强调了用笔的重要性，他主张"颇得壮气，凌跨群雄"的"旷代绝笔"，称赞陆绥"体韵遒举，风采飘然。一点一拂，动笔皆奇"的遵守一定格式又出于法度的奇笔；称赞顾恺之"格体精微，笔无妄下"的一丝不苟之笔；称赞毛惠远"画体周赡，无适不该，出入穷奇"的"纵横逸笔"；称赞江僧宝"用笔骨梗，甚有师法"，以及张则"意思横逸，动笔新奇"；称赞陆杲"体致不凡，跨迈流俗，时有合作，往往出人，点画之间，动流恢服"，称赞晋明帝"笔迹超越，亦有奇观"；也称赞刘绍祖"善于传写，不闲其思，至于雀鼠，笔迹历落，往往出群"。以上这些奇笔、逸笔、超越之笔、出群之笔，都可谓骨法用笔。与之相对，谢赫反对笔迹轻浮软弱之作，他认为丁光"虽擅名蝉雀，而笔迹轻羸，非不精谨，乏于生气"，认为刘顼"用意绵密，画体纤细。而笔迹困弱，形制单省"。"骨法用笔"关乎伦理性，格调可生于笔下，但这种伦理建立在生命与自然一起律动的基础上，笔法是技术也是"道"。

中国画论史上讨论笔法深受谢赫影响，"骨法用笔"不是孤立的，它与以气用笔、勘察物理以及笔墨形式的顿挫婉转、肌理气韵是不可分开的。五代荆浩《笔法记》说："凡笔有四势：谓筋、肉、骨、气。笔绝而断谓之筋，起伏成实谓之肉，生死刚正谓之骨，迹画不败谓之气。故知墨大质者失其体，色微者败正气，筋死者无肉，迹断者无筋，苟媚者无骨。"① 将笔法形式与人的生命肌体相比类，笔画的流动即成为生命与情感的流动。郭若虚《图画见闻志叙论·论用笔三病》则指出用笔三病："又画有三病，皆系用笔。所谓三者：一曰板，二曰刻，三曰结。"② 主张摹写物象需浑圆而不扁平，心手相应，运笔果敢，在行于所当行的笔触流动中获得生气。笔法与墨法常联系在一起，墨法也是笔法的一部分，明代顾凝远《画引·论笔墨》专论笔墨辩证关系，"先理筋骨而积渐敷腴，运腕深厚而意在轻松，则有墨而有笔"。③ 墨法论的引入是对笔法层次的进一步分解，笔法和墨法如何表达丰富的世界，古人也有所探索，入清代原济《苦瓜和尚画语录》中首先强调"蒙养"、"生活"与笔墨的关系，他说："墨之溅笔也以灵，笔之运墨也以神。墨非蒙养不灵，笔非生活不神，能受蒙养之灵，而不解生活之神，是有墨无笔也。能受生活之神，而不变蒙养之灵，是有笔无墨也。"④ 笔墨属于技法，但"生活"与"蒙养"可以使笔墨灵妙入神，从而去表达"有反有正，有偏有侧，有聚有散，有近有远，有内有外，有虚有实。有断有连，有层次，有剥落，有丰致，有缥缈"的"生活之大端"⑤。换句话说，笔墨一定是循着正反、偏正、远近、内外等变化规律进入到生活世界的。因为中国哲学中世界的本体即是阴阳变化，阴阳变化使宇宙得以化生，生生不息，而笔墨的阴阳变化即是画家进入心与物应的门径，黏着停滞的用笔是违背宇宙与人的真正的本质性关系的。画家也正是在心与物应的阴阳变化中进入到入神境界，心与物的变化最直接的表现方式就是笔墨变化，从笔墨之痕迹中可见到生命精神。画的"入神"与人的心灵修养有关，但"神"则生于心与物的感应变化过程。在这个意义上，笔法就至为重要了。由于纵横变化之笔法是"入神"的理想门径，它本身的点画轨迹也是具有意味的，乃至形成历史传统，成为人们仿效的范本，笔墨本身的形式感也为画家们追逐。清王昱《东庄论画》有这样一段文字："作画先定位置，次讲笔墨。何谓位

---

① 俞剑华：《中国古代画论类编》（上），人民美术出版社 2004 年版，第 606 页。

② 同上书，第 60 页。

③ 同上书，第 118 页。

④ 同上书，第 150 页。

⑤ 同上。

置？阴阳向背，纵横起伏，开合锁结，回抱勾托，过接映带，须跌宕欹侧，舒卷自如。何谓笔墨？轻重疾徐，浓淡燥湿，浅深疏密，流利活泼，眼光到处，触手成趣。学者深明乎此，下笔时自然无美不臻。"① 这种论点在古代画论和绘画实践中是颇具代表性的，中国绘画的哲学化、形式化倾向非常明显，进而形成绵绵不绝的传统，并自得于其所具有的形式感和文化意蕴中。

清宫廷画中所要求的"入神"、"古格"，就是通过独特的体物方式和笔法达到的，有其深厚的文化传统，绘画是人的心灵栖息之地，故必须有神韵，笔法变幻莫测，故可以入神，所以，传统的笔法是不能断然舍弃的。绘画何以成为人的心灵栖息地呢？中国哲学家和画家似乎找到了理想的模式，那就是阴阳变化之理，人的性情也要如此，所以，在绘画中大多怡情遣兴，并不敢去触碰人心灵现实。绘画笔法常常进入到阴阳的逻辑中，阴阳无所不包，自然物理、人性人情均可被包罗无遗，但逻辑本身毕竟有其局限。

参考文献

1. （清）胡敬：《国朝院画录》，嘉庆刻本。

2. （清）年希尧：《视学》，清钞本。

3. 郑午昌：《中国画学全史》，上海古籍出版社 2001 年版。

4. 张闻玉：《古代天文历法讲座》，广西师范大学出版社 2008 年版。

5. 苏轼：《东坡易传》，四库全书本。

6. ［意］达·芬奇：《达·芬奇笔记》，杜莉译，金城出版社 2011 年版。

7. 聂崇正：《清代宫廷绘画》，上海科学技术出版社、商务印书馆（香港）2010 年版。

8. 聂崇正：《清宫绘画与西画东渐》，紫禁城出版社 2008 年版。

9. 何平：《意大利文艺复兴艺术家与近代科学革命——以达·芬奇和布鲁内勒斯基为中心》，《历史研究》2011 年第 1 期。

（李瑞卿　北京第二外国语学院国际传播学院　北京　100024）

---

① 俞剑华：《中国古代画论类编》（上），人民美术出版社 2004 年版，第 188 页。

景泰蓝艺术的传承与发展

郝京清

　　摘　要：本文简要阐述了景泰蓝艺术的起源以及在我国的传入与发展，介绍了景泰蓝艺术品的分类情况，总结了景泰蓝艺术发展目前面临的困境与致其于困境的缘由，提出了目前拯救景泰蓝传统工艺的几项措施。

　　关键词：景泰蓝　铜胎掐丝珐琅　燕京八绝　大食窑　制胎　掐丝　点蓝　镀金

一　景泰蓝艺术的起源、传入与发展

（一）景泰蓝称谓的由来

　　景泰蓝，工艺上称为"铜胎掐丝珐琅"。它是用铜丝作线条，捏出各种花纹图案，或焊，或贴在铜制的胎上，再将各色珐琅釉料点填在花纹内，经烧制、磨平、镀金等多道工序而成。在明朝的景泰年间（1450—1457），这项工艺已经十分成熟，尤其是蓝釉料有了新的突破，像蓝宝石般浓郁的宝蓝，高贵华美，所以被称为"景泰蓝"。到现代，虽然景泰蓝的工艺品已是各种色彩具备，但仍然沿用着"景泰蓝"的习惯称谓。

　　"景泰蓝"这个称谓最先见于清宫造办处档案。清雍正六年（1728）《各作成做活计清档》记载："五月初五日，据圆明园来帖内称，本月四日，怡亲王郎中海望呈进活计内，奉旨：今年珐琅海棠式盆再小，孔雀翎不好，另做。其仿景泰蓝珐琅瓶花不好。钦此。"这是目前所见"景泰蓝"称谓的最早文字记录。

　　景泰蓝的制作既运用了青铜和瓷器工艺，又融入了传统手工绘画和雕刻的技法，制作而成的工艺品具有浑厚凝重、富丽典雅的艺术特色，堪称中国传统工艺的集大成。作为景泰蓝工艺主要的发祥地和最为重要的产地，明代的御用监和清代的造办处均在北京设有为皇家服务的珐琅作坊。经过历代的发展，景泰蓝成为北京闻名遐迩的传统特种工艺品，与玉雕、牙雕等并称"燕京八绝"，被赋予国宝"京"粹的美称，民间就有"一件景泰蓝，十箱官窑器"的说法。

（二）景泰蓝工艺的起源

景泰蓝这种工艺的起源，由于历史文献记载不足，缺少早期有可靠年款的制成品作为断代依据，所以专家学者的看法多有不同，尚难以定论。目前最集中的说法有两种：

其一，景泰蓝的工艺起源于我国。早在春秋时期，越王勾践剑的剑柄上就已经嵌有珐琅釉料；河北满城出土的汉代铜壶，壶体上也用珐琅作为装饰；日本正仓院所藏的唐代铜镜，镜背面的花纹上就涂饰着各色珐琅。中国金属工艺中，珐琅的运用历史悠久，只是由于种种原因，这种工艺制作没有得到继续发展，直到明代，才迎来了它的繁荣时期。

其二，景泰蓝工艺在我国的出现始于元朝。忽必烈西征时，这种工艺从西亚的阿拉伯一带传入中国，首先在云南一代流行，以后受到京城人的喜爱，得以传入中原。据《新增格古要论·古窑器论·大食窑》记载："大食窑出于大食国，以铜作身，用药烧成五色花者，与佛郎嵌相似。尝见香炉、花瓶、盒子、盏子之类，但在妇人闺阁之中用，非士大夫文房清玩。世又谓之鬼国窑，今云南人在京多作酒盏，俗称曰鬼国嵌，内府作者，温润可爱。"我国古代的工匠们很快掌握了"大食窑"的制作技艺，并结合我国本土的传统工艺技法，几经改良，制作出了具有民族特色的崭新的金属胎掐丝珐琅器——景泰蓝。这种以金属为胎填敷珐琅釉料烧制而成的作品虽是舶来之物，但在中华民族博大精深的艺术土壤上，也很快就融会了中华民族的传统风格。

以上两种看法对于景泰蓝工艺的起源虽有很大的分歧，但其中有一点则是相同的：这种工艺并非始于明朝的景泰年间，其历史渊源可追溯到元朝甚至更久远。另外，学界也公认：景泰蓝能在短期内有极高的艺术成就，主要原因是元末明初，中国已经具备了成熟的铸铜等冶金技术以及玻璃、琉璃的制作技艺，且掌握了控制煅烧的温度，为景泰蓝工艺的发展创造了良好的条件。明清两代，景泰蓝工艺得到了极大的发展，成为中国传统工艺美术领域中的一枝奇葩。北京数百年的国都历史，从来都是集中全国优秀人才与各种技艺并使之相融之地，可谓"物华天宝，人杰地灵"，北京的文化艺术成就也正是来源于这种得天独厚的优势。

（三）景泰蓝艺术在中国的发展

北京景泰蓝工艺最初的兴盛是在元末明初。至明代，北京的景泰蓝工艺已经趋于成熟。目前有年款可考的始于宣德年间，现在收藏于故宫的掐丝珐琅器中有不少款识为"景泰年制"和"大明景泰年制"。据专家研究，其中多数是景泰朝利用早期遗存的珐琅旧器重新改制而成，也有后世慕名仿造改款的。虽然明代中后期景泰蓝均有制作，但都没有超过宣德、景泰时期的水平。明代景泰蓝胎的铜质较好，多为紫铜胎，铜体略显厚重，造型仿古青铜器较多，所用的彩釉均为天然矿物颜料，色彩深沉而逼真，红像宝石红，绿像松石绿。掐丝较粗，镀金部分金水厚，彩釉上多有砂眼。

清代是北京景泰蓝工艺发展的又一高峰期。清代宫廷的造办处，有专门设计制作景泰蓝的作坊，其工艺水平更上一层楼。清代景泰蓝制品胎薄，掐丝较细，彩釉比明代鲜艳，无砂眼，花纹图案繁复多样，纹饰虽不及明代生动，但镀金部分金水较薄，金色很漂亮。特别是清乾隆年间（1736—1796），景泰蓝工艺得到了空前的发展。无论是造型还是色彩，皆达到新的高度，景泰蓝也成为宫廷艺术品的代表性品种。在风格上，此时的景泰蓝工艺品不仅继承了明代景泰蓝的豪华、古典、雅致，而且也开始呈现出纤巧而绮丽的风格特征。此时镀金的技术已经远胜于明代，镀金越厚重，越现"圆润结实，金光灿烂"。至嘉庆初期，景泰蓝生产开始衰落，一直到道光年间（1821—1850），存留下来的作品数量不多。

在中国的古代工艺中，绝大部分是官民共享的。比如瓷器，有官窑也有民窑；玉器，宫廷和民间都有制作。而景泰蓝，由于其原材料贵重、制造工艺复杂、釉料配制和烧造技术难度大、生产成本高，故而这种珍贵的珐琅制品很长时期主要在宫廷中制作，专供皇室享用。只有少量珐琅器作为贵重礼物由皇帝赏赐给王公大臣，民间则很少流传。清末至民国初年，由于整个国家处于动荡和转型时期，景泰蓝制作行业也开始了由宫廷御作向自产自销、自负盈亏的民间作坊的转化。20世纪初，景泰蓝工艺的生产方式经历了官办和私营并存的模式。然而，官办形式的景泰蓝作坊正走向衰落。与之形成鲜明对比的是，以生产出口商品为主的私人经营的民间作坊纷纷发展起来。比如老天利、宝华生、静远堂、志远堂等，在此时已经具备一定的规模，呈现出方兴未艾的局面。伴随着清朝封建统治的没落，景泰蓝工艺也完成了从宫廷走向了民间的历程，逐渐发展成为北京颇具代表性的传统工艺品种。

清末民初，景泰蓝制作往往是以烧蓝作坊为中心，组织制胎、掐丝、点蓝、镀金等作坊一起合作来完成的。这一方面说明了景泰蓝工艺的复杂性，另一方面也体现出当时的民间作坊大都规模小、资金少、生产能力十分有限。由于当时铜料昂贵，出于节约成本、追求盈利的需要，景泰蓝制品大都胎体轻薄、做工粗糙，色彩鲜艳有浮感。只有像老天利、德兴成这样的大型作坊，才能独立完成全部制作工序。这些老字号制作的景泰蓝做工细、质量好，很受市场欢迎。1904年，老天利生产的"宝鼎炉"获美国芝加哥世界博览会一等奖；1915年，在巴拿马万国博览会上再获一等奖。自此，北京景泰蓝在国际上声誉大振，各国客商纷纷前来订购。20世纪30年代，景泰蓝一度发展较为繁荣，北平的专业作坊就达100余家，从业人员达2000余人。但伴随着近代商业的兴衰，民间景泰蓝的制作开始粗糙化。到1949年新中国成立前夕，铜价上涨使景泰蓝制作成本不断提高，出口的海运费用昂贵，依赖出口的景泰蓝行业奄奄一息，步入低迷，从业人员只剩下60余人。

新中国成立后，国家对于传统工艺实行了抢救、保护和扶持的政策，景泰蓝工艺也得到了恢复和发展。到1958年，北京已先后成立了北京景泰蓝厂和国营北京市珐琅厂。1958年成立的北京市工艺美术学校还开设了金属工艺专业，专门培养景泰蓝设计人员。这一时期，景泰蓝行业获得了快速的发展，工艺大有提高，造型多样，纹饰品种繁多，数十年间景泰蓝成为我国对外交往中的重要礼品之一。但是，由于景泰蓝制品有着良好的经济效益，国内景泰蓝市场的发展曾一度出现过热过火的势头，使景泰蓝制品在质量和工艺上都大打折扣。管理上的缺失、政策上的误导再加上市场经济的客观影响，景泰蓝艺术盛极而衰，再度面临着滑坡的危险。

2006年5月，景泰蓝制作技艺被列为首批国家级非物质文化遗产保护项目，景泰蓝艺术的传承与发展成为亟待解决的重要课题。

二 景泰蓝艺术品的分类

传统的景泰蓝艺术品,其形制多效仿古代或同时期的青铜器、瓷器、玉器、漆器等造型。按其用途不同,可以分为宫廷陈设器、生活实用器、宫廷典章用品、宗教祭祀用器、文房用具和现代作品等类。

(一)宫廷陈设器

历代皇宫中的陈设品可谓精品荟萃,景泰蓝就是其中重要的一类。在不同的宫殿中,陈设有不同类别的珐琅器。根据造型特征及使用场所的不同,可以将宫廷陈设器分为以下几个小类。

1. 常规陈设器

指宫殿中案几架上常摆设的瓶、罐一类的陈设器。此类陈设器遍布宫廷,随处可见。常规陈设器大致分为以下几种:

(1)瓶:如长颈瓶、方瓶、天球瓶、双联瓶、鹅型瓶、葫芦瓶、宝月瓶、贯耳瓶、直颈瓶、梅瓶、琼式瓶、镂空转心瓶等。

(2)罐:如将军罐、小盖罐、璃耳无盖罐、无盖罐、双鱼耳罐等。

(3)尊:如石榴尊、马蹄尊、凤尾尊等。

(4)壶:如扁壶(抱月壶)、图文扁壶等。

(5)其他摆设类景泰蓝:如盆景、如意等。

2. 仿古陈设器

仿古陈设器是掐丝珐琅器中独具特色的一类。这类陈设器主要是仿夏商周三代青铜器的造型和纹饰而造,其造型古朴、制作精美。从器物外形、附属装饰到纹饰图案,均以古器为蓝本。依据古青铜器而创制的景泰蓝,有不少与原器十分相似,如收藏于台北故宫博物院的乾隆掐丝珐琅兽面纹鼎,其形制除了多设一盖外,其余均与《重修宣和博古图》中的周文王鼎相同,大小也相近。仿古陈设器按造型可分为以下几种:

(1)鼎:如夔龙足出戟方鼎、圆柱形足兽面纹方鼎等。

(2)觚:如敞口芭蕉纹圆觚、兽面纹圆觚、兽面纹出戟方觚等。

(3)尊:如出戟兽面纹尊、双耳蹲、兽面纹圆尊等。

(4)豆:如凤耳豆、动物纹豆等。

(5)牲尊:如牛尊、天鸡尊、卷云纹牲尊等。

（6）扁壶：如圆口长方足扁壶、蒜头口椭圆足扁壶等。

（7）卣（古代一种盛酒的器具）：如仿古青铜酒器提梁卣。

此外还有爵、觯（古时饮酒用的器具）、觥、钟等。

3. 仿生造型陈设器

仿生造型是指用各种动物形象做器形的景泰蓝制品，这是清代乾隆朝的一个创举，可谓独树一帜，颇有新意。这些动物造型的景泰蓝使珐琅工艺的表现范围更加丰富，其造型生动，工艺高超，惟妙惟肖。这些动物造型有些是自然存在的，有的是传说中的形象，其不仅仅作为陈设器，大部分动物的背部都有可以转动或打开的盖，可以用作香薰，兼具观赏性和实用性。其设计之巧妙，工艺之精湛，令人印象深刻。其动物造型有仙鹤（如掐丝珐琅彩鹤）、翼瑞兽（如掐丝珐琅勾莲纹瑞兽）、公鸡（如掐丝珐琅彩公鸡）、独角兽（如掐丝珐琅独角兽）、狮子（如掐丝珐琅蓝地狮形香薰）、鸟（如掐丝珐琅鸟形香薰）、鹌鹑（如掐丝珐琅鹌鹑）、大象（如掐丝珐琅骑番人大象）、羊（如掐丝珐琅牧羊人笔架）、麒麟（如掐丝珐琅麒麟香薰）等。

4. 屏联陈设器

皇宫陈设、悬挂的各类立屏、插屏、挂屏等，是宫中常见的艺术陈设品，它们以精湛的工艺、精美的画面和大量的御制诗文而跻身皇宫艺术品之列。在这些文化内涵丰富的屏联器中，以掐丝珐琅制成的屏联器占有相当大的比例。其图案有山水、花鸟、博古、人物等，有些器物上还配有皇帝御制诗文或近臣书写的联句诗文等。按其形制的不同，屏联陈设器分为以下几种：

（1）挂屏：如山水人物挂屏、花卉图挂屏、御制诗山水人物挂屏、御制诗花卉挂屏、"卍"字框花卉挂屏、诗词字联挂屏等。

（2）插屏：如漆雕嵌掐丝珐琅山水插屏、漆地掐丝珐琅花卉插屏、水人物插屏、花鸟图、花蝶图插屏等。

（3）屏风：如山水图屏风、花鸟图屏风等。

（4）壁瓶（轿瓶）：壁瓶、轿瓶是宋以后特别是明清两代皇室及王公贵族府邸常用的高档艺术品，通常悬挂于室内墙壁、廊柱或帝王车辇、乘轿的内壁之上，大多以精美的瓷器或珐琅器制成，少数以漆器制成。

（二）生活实用器

宫中生活用品，单就质地而言，各种材质颇为丰富，金、银、玉、瓷、漆、玻璃、珐琅等无所不备，应有尽有。而景泰蓝因其制作工艺繁复、成本高昂、艺术风格华贵灿烂、具备典型的奢华宫廷风格而受到帝王后妃的青睐，成为御用器皿，其地位与其他材质的日用品有所不同。在皇帝日常膳食用器中，掐丝珐琅器的地位远比金银器、瓷器尊贵。如乾隆四十八年（1783）正月十五《膳底档》记载当天的早膳和午宴中用器情况，早膳中采用"五福珐琅碗"、"五谷丰登珐琅碗"、"珐琅葵花盒"等，而午宴皇帝御桌上的膳具是用掐丝珐琅碗、碟、盘，陪宴则用各色瓷器。由此可见，掐丝珐琅饮食用具，在内廷也只有如帝王之尊，在正式膳宴和特殊场合中，方能使用。据乾隆二十年（1755）《各作成承办活计底档注销底档·记事录》载，"于本年四月二十九日员外郎白世秀、副催总殊文将粤海关烧得珐琅盅、碗、盘、碟等四百七十件……""八月初一日珐琅器皿五百件……送往热河"。乾隆四十五年（1780），制作了大量的掐丝珐琅万寿无疆盘、碗，其底部均有"子孙永保"篆书款，这批万寿无疆宴盘、宴碗是为乾隆皇帝七十万寿节特制的。该一记载与存世珐琅器藏品中颇多碗、碟类饮食用具是相吻合的。

掐丝珐琅生活实用器，按其用途不同可以分为以下两小类。

1. 饮食用具

按其形制可分为以下几种：

（1）碗：如"万寿无疆"碗、梵文碗、梵文高足碗、夔龙纹碗等。

（2）盘：如大盘、高足盘等。

（3）壶：如多穆壶（掐丝珐琅多穆壶、掐丝嵌画珐琅开光仕女花蝶湖石图多穆壶）、执壶（掐丝嵌画珐琅开光仕女图执壶、掐丝嵌画珐琅开光课子图葫芦式执壶）、圆壶、奶壶、军持（佛教和伊斯兰教徒的饮水、洗手用具）、提梁壶等。

此外还有果盒、盏及盏托、酥油茶罐、碟、火锅、冰箱等。

2. 日常用器

此类用器种类丰富，品目繁多，涉及内廷后宫日常生活的方方面面。其造型美观、制作典雅、寓意吉祥，充分体现了宫廷日常生活的意趣和审美追求，表现了皇族的尊贵和工匠的巧思。这些用器大体可分为如下几种：

（1）花盆：如掐丝珐琅开光铜鎏金农耕图花盆、掐丝珐琅暗八仙双桃形大花盆等。

（2）烛台：如动物造型烛台、常规造型烛台等。

（3）小型香薰、香炉：如动物型香熏炉、常规造型香炉等。

此外，还有手炉、锁具、花插、鼻烟壶、铜镜、盒、唾盂、灯具、渣斗、炭盆、马鞍、家具、冠架、带钩、带扣、钟表等用品。

（三）宫廷典章用品

紫禁城中的太和殿、中和殿、保和殿及养心殿是皇帝举行大典、筵宴、处理日常政务的场所，是皇宫政治生活中至关重要的场所。为提高大殿的庄严及神圣，往往在殿内安置有象征至高皇权的高大地坪和金漆宝座屏风，另外还放置一些特定的陈设用品，用来施放轻烟和香气，以此增加帝王尊仪。这些与宝座相配套的固定陈设品，称之为典章用品，以区别于一般陈设品。典章用品就质地而言，有玉、铜镀金、纯金和掐丝珐琅，其中掐丝珐琅器以大器为主，仅为皇帝在大殿中专用，可谓国之宝器，任何人不得僭越。

此类宫廷典章用品，可分为以下几类。

1. 大型香炉、熏炉

其体量较大，通常放置于大殿内两侧堂陛之上，用以焚香和美化殿堂。如四季花鸟大熏炉、象耳三足香炉等。

2. 成对甪端

"甪端"是中国古代传说中的一种神异之兽。其形怪异，熊爪、鱼鳞、牛尾。通常在皇宫大殿内两侧堂陛之上成对摆放甪端，用以焚香和威慑殿堂，象征光明正大、秉公执法，以此彰示皇帝为有道明君，身在宝座而晓天下事，体恤民情，除恶惩暴。

3. 成对鹤式烛台

仙鹤是一种祥瑞之物，被称为"一品鸟"，主功名，又寓意益寿延年。鹤式烛台通常放置在大殿内两侧堂陛之上，用以插燃蜡烛和美化殿堂。

4. 成对盘龙香亭

通常放置在大殿内两侧堂陛之上，寓意江山稳固。

5. 成对太平有象

通常放置在大殿内两侧堂陛之上，用以美化殿堂，寓意吉祥。象驮宝瓶，寓"太平有象"之义，器身一般嵌有"大"、"吉"等文字，挂有

"磬"、"鱼"等装饰物，象征五谷丰登，吉庆有余，天下太平。太平有象是所有殿上典章陈设品中唯一不具焚香实用性，仅以其象征意义而陈列的器物，故为清代宫殿上最重要的陈设品。

（四）宗教祭祀用器

宗教祭祀活动是皇家生活极为重要的组成部分，封建统治者无不重视祭祀，以此表示对上天、祖先和万物的敬畏以及对江山永固的虔诚祈祷。朝廷为祭祀活动制作了各种材质的祭祀用器，其中景泰蓝也是一个重要组成部分。

清朝皇宫中设有多处佛堂，乾隆朝曾专为佛堂制作了大量的八宝、五供、玛尼、佛塔、坛城等。其中著名的有乾隆花园梵华楼、慈宁花园宝相楼内十二座高与楼齐的大型掐丝珐琅喇嘛塔。该塔分两批，第一批共造六座，建于乾隆甲午年（1774），完工后即陈设于梵华楼内。以其中一座为例，高度超两米，造型巨大宏伟，是珐琅器中空前绝后的大型器物。此塔制作之用工用料均有明确记载，多个工种配合而成，有大器匠、挫刮匠、合对匠、搜镂匠、凿錾匠、錾花匠、攒花匠、掐丝匠、填蓝匠、镀金匠、磨夫等多种工匠。其耗资巨大，据统计，工匠银六十三万三百余两，物料银五万八千九百余两，共计约折合白银六十八万九千三百余两。乾隆壬寅年（1782），按此塔之规格样式，再次烧造珐琅塔六座，陈设于宝相楼内。

这批体量巨大的佛教用器，标志着烧制大型掐丝珐琅器技术的迅速提高。大型珐琅制品的烧造，要求有大型窑炉，需要控制大面积的铜胎经高温以后不会变形的技术，还需掌握釉色通体一致。较之小型器物的烧造，要求技术高，难度大，设备特殊。乾隆时期，对于此类技术的掌握与控制已达到炉火纯青的地步。

宗教祭祀用器可分为以下几种：

（1）佛塔：如掐丝珐琅宝相花纹金佛喇嘛塔。

（2）坛城：坛城为密宗建筑，梵语为"曼陀罗"，内供奉密宗诸佛、菩萨，修持密法作礼仪之用。掐丝珐琅制坛城，制造工艺精巧，气势雄伟，为乾隆时期金属工艺和珐琅工艺相结合的精品。如掐丝珐琅坛城。

（3）五供：五供为佛堂供器，也为祭祀用器。由炉一件、烛台一对、瓿或瓶一对组成，通称"五供"。五供由佛教礼仪制度逐渐演化而来，是用香炉、烛台和鲜花来敬佛、礼佛的一种礼仪形式。如掐丝珐琅缠枝莲纹五供。

（4）佛像：如掐丝珐琅七佛屏风、掐丝珐琅坐佛等。

（5）玛尼：指手摇转经筒，是藏传佛教徒诵经所用之法器。如掐丝珐琅勾莲梵文玛尼。

（6）七珍：七珍又称"七宝"，为佛堂供器，是印度神话中转轮王拥有的七件宝物，后佛教沿用这七件宝物制成器物作为佛前供器。分别为：金轮宝、主藏宝、玉女宝、大臣宝、白象宝、胜马宝、将军宝。如掐丝珐琅七珍之胜马宝。

（7）八宝：八宝即八吉祥，为藏传佛教中象征吉祥的器物，通常作为法器陈设于佛堂，并做祭祀用器。八宝分别为：宝伞、金鱼、宝瓶、妙莲、右旋白螺、吉祥结、胜利幢、金轮，各有其佛教特定含义。如掐丝珐琅八宝。

（五）文房用具

文房用具是书斋里的主角，与书画、诗文创作等息息相关，这些器物绝大多数兼具实用性与艺术观赏性。其材质丰富，金石、漆木、牙角、陶瓷并举，从一个侧面反映了工艺美术的发展水平，更直接与文人的雅好密切相关，是文人情趣的反映。作为御用器的景泰蓝文房用具，其装饰手法多样，制作精巧，充分体现了雍容的皇家气势，具有富贵逼人的艳丽风格。其主要分为以下几类：

（1）文具座：如掐丝珐琅文具座。

（2）水盂：如掐丝珐琅夔龙纹水盂。

（3）笔架：如掐丝珐琅龙纹笔架。

（4）水丞：掐丝珐琅夔龙纹水丞。

（5）墨床及暖砚：暖砚为当时一种最具实用价值的冬季用砚，为便于寒冬濡毫、防止笔墨冻结而设计，一般由石砚、炭火炉、砚匣三部分组成，其中砚匣作为炭火的通风口。如掐丝珐琅夔龙纹暖砚。

（6）笔筒：掐丝珐琅花鸟葵瓣式笔筒。

（7）印盒：掐丝珐琅印盒。

（8）纸镇：掐丝珐琅夔龙纹纸镇。

（六）现代作品

民国至 20 世纪六七十年代的景泰蓝制品，主要承袭了明清的风格，大都是瓶、盘、碗、罐、炉、鼎等之类的仿古造型。至 90 年代以后，景泰蓝在继承传统的基础上，有了一个飞跃的发展，形成了新一代景泰蓝。除传统的陈设品、实用品之外，还广泛应用于日常生活用品（如水杯、钟表、首饰等）、室内外装饰（如北京昆泰广场喷水池、首都机场专机楼贵宾接待室、华西新农村大楼等）、壁画（如北京地铁大兴线站台壁画）、雕塑（哈尔滨生肖牛雕像）、家具（2012 年英女王登基 60 周年珐琅御座）等方面。

三 景泰蓝艺术发展目前面临的困境及其缘由

（一）景泰蓝艺术发展目前面临的困境

明清时期的景泰蓝艺术已经达到了登峰造极的程度，留下了无数的传世精品。20 世纪七八十年代，北京景泰蓝艺术也曾再度辉煌。然而改革开放后，我国开始由单一的计划经济体制向市场经济体制转变，国家外贸开始有选择性地接收景泰蓝产品，景泰蓝开始供过于求。到 90 年代后期，曾经担当出口创汇大户的景泰蓝制品海外订单骤减，销售量急剧滑坡，整个景泰蓝生产企业开始面临自寻市场的阵痛。到了 1998 年，最大的景泰蓝生产基地——北京工艺美术厂已经由鼎盛时期的 4000 人下降到不足300 人。至 2004 年 12 月，北京工艺美术厂终因资不抵债，被北京西城区法院裁定破产。北京工艺美术厂聚集了掌握景泰蓝制作工艺的一流大师，当代最优秀的景泰蓝作品都诞生在这里。北京工艺美术厂的破产，意味着生产景泰蓝的基地被摧毁，也就预示着被称作"国宝京粹"的景泰蓝将濒于绝境。

北京工艺美术厂破产后，一些不甘心任由景泰蓝销声匿迹的工美大师们，纷纷自筹资金创办了一些景泰蓝艺术工作室、景泰蓝制作企业。一些有识之士独具慧眼也倾囊相助，给予财力支持。这些企业采取种种手段，通过扩大人才队伍，传承优秀技法；拓宽景泰蓝应用领域，开发精品新品；树立非遗品牌，加大宣传普及力度等多种途径，全方位提升景泰蓝民族工艺在现代社会中的生命力。在大师们的不懈努力下，随着政府对工美行业投入的逐年增加，近些年的景泰蓝艺术在经历了一段低迷期之后，市场需求量有所增加，生存状况有所好转。但从民族艺术传承的角度看，景泰蓝艺术的发展还是面临着以下几大困境。

1. 由"皇家"流落"民间"的景泰蓝艺术，还难以完全适应市场化的环境

由于景泰蓝制造工艺复杂，材质昂贵，成本很高，封建时代长期在宫廷中为皇室专用，没有面向民间市场的问题。新中国成立到80年代末，是景泰蓝行业的又一个辉煌时期。但那个时期是计划经济时代，黄金、白银、铜材这些贵金属都由国家统一划拨，产品也由外贸公司全部收购，企业不用考虑销路问题。90年代以后，国家经济体制改革的大潮将景泰蓝生产企业推向了市场。企业从原材料采购到产品营销，从经营管理模式到人力资源成本，都要适应市场规律。适者生存，优胜劣汰。贵为皇胄，养尊处优惯了的景泰蓝艺术还难以完全适应惨烈的市场竞争环境。

2. 技师们的待遇得不到保障，从业人员逐渐减少，人力资源补充不上

同整个工美行业一样，景泰蓝艺术也存在着技艺传承的问题。据统计，现在北京的工艺美术大师大多是60岁以上年纪，工美界真正具有传统工艺美术技艺创作能力的骨干不足千人。北京工艺美术第一线的生产人员，30岁以下的不足10%。掌握传统工艺精髓的大师们正在逐渐离我们而去，景泰蓝制作技艺也面临着后继乏人的景象。

景泰蓝的工艺技术很复杂，完成一件作品需要上百道工序。要想熟练掌握这些工序，必须经过若干年经验积累的过程。同时，它还需要从业者有较深厚的艺术修养和几十年如一日的毅力。而现如今，年轻一代越来越追求现代时尚的快节奏生活，少有人愿意投身于传统手工艺行业。另外，工资待遇微薄、社会地位低下，也使景泰蓝制作行业缺乏足够的吸引力。技术人才断档，成为景泰蓝艺术发展的致命瓶颈。

3. 作品鱼龙混杂，销售市场混乱，管理亟待规范

景泰蓝艺术品之所以弥足珍贵，能在工艺美术史上成就数百年风光，一方面是因为它材质昂贵、用料考究；另一方面与它的制作工艺极度奢靡、极尽精致有关。

20世纪80年代初期，由于景泰蓝的需求量大幅上升，技术力量雄

厚、传统经验丰富的大企业接下来的订单做不过来，在当时国家对乡镇企业的扶持政策引导下，他们将大量的订单转给郊区乡镇设立的加工点来完成。为了保证质量，大企业会派出技术人员到加工点进行指导监督，这些加工点也就逐步掌握了景泰蓝的基本制作工艺。由于当时对外出口贸易的权限还没有放开，这些加工点和大企业是合作关系，加工点生产的景泰蓝全部上缴给进出口公司统一销售。但是，随着对外贸易渠道的放开，这些加工点与大企业之间变成了竞争关系。相比较国企大厂，这些加工点虽然在工艺水平上存在着很大差距，比如釉料颗粒很粗，铜丝掐不到位等。但低廉的成本、诱人的价格对正规厂家生产的景泰蓝制品造成了很大冲击。这些价廉质次的产品在市场上大行其道，严重影响了景泰蓝的声誉。那些选料精良、制作精巧的艺术精品，也就湮没在了粗制滥造的旅游商品、纪念品之中。景泰蓝销售市场亟待加以规范。

4. 工艺缺乏创新，应用范围有待进一步拓展

传统的优秀民族工艺需要传承，但是传承并不意味着一成不变，事物总是在不断发展寻求自我完善。中国工匠如果没有在"大食窑"的基础上加入中国元素，也就没有中国珐琅器的诞生；明朝的工匠如果没有创新地采用蓝色为主基调，也就不会有景泰蓝这一举世闻名的珐琅精品。500年来深藏宫中的千篇一律的盘盘罐罐，早已脱离现代人的生活和审美需要，缺乏市场认同。创新与变革是传统景泰蓝艺术焕发生命力的前提和必要条件。

历经千百年的传统手工艺，为世人留下了无数瑰宝级的艺术精品。然而，在经过20世纪以来工业发展的当代，很多手工艺品的生产或某些生产环节已由机械生产所取代。景泰蓝制作也不例外，在不影响其艺术品质的前提下，其工艺、材料也需要做一些尝试性的变革。以此降低成本，适应市场的需要。

（二）致使景泰蓝艺术发展陷入困境的原因

传统手工艺的衰落，早已不是新鲜的话题。在不经意间，这些老行当正悄悄地以每天数种的速度淡出我们的视线。包括景泰蓝在内的整个民族工艺都在走向衰落。分析导致景泰蓝艺术发展陷入困境的原因，大概有以下几个方面。

（1）企业自身缺乏创新精神，工艺方法因循守旧，作品缺少新的思

想和形式，难以适应现代消费市场的需要。

首先，现代景泰蓝生产企业基本延续着传统景泰蓝制作的方法，工艺复杂，损耗率高。像凤凰涅槃一样，经过烈火洗礼的景泰蓝，成功率仅有80％左右。这就造成了景泰蓝制作的材料成本和人力成本都很高。居高不下的成本，严重限制了景泰蓝制品的市场竞争力。

其次，工艺好不等于创意好。要想占据现代市场，必须得有适应现代生活需要和审美需要的作品。封建时代的景泰蓝一直是皇家工艺，足不出宫，与现代社会普罗大众的生活相距甚远，难以被人们所广泛接受。现代景泰蓝制作企业往往孤芳自赏，缺乏适应当下消费市场的意识和能力。

（2）行业管理的失误和销售市场的混乱，使景泰蓝的生产和销售陷入萎靡和无序状态。

改革开放后，曾经一度提倡"船小好掉头"。于是，景泰蓝的主要生产企业——北京工艺美术厂被一分为六；后来又提倡"船大抗风浪"，六个小厂又被合六为一。这样一来二去，企业元气大伤，陷入萎靡。另外，在"让民间艺术回到民间去"的提法下，北京大大小小的工艺美术厂纷纷划拨至各区进行属地管理。在北京如火如荼的房地产业大发展时期，位于二、三环之内黄金地段、经营又不景气的工艺美术厂们便纷纷破产，厂址地皮被卖掉，用来开发房地产了。

此外，面对普及化的超常发展，销售市场没有管理到位。市场缺乏统一的质量标准、价格标准。那些为了扩大产量而建立起来的乡镇企业加工点，没艺术、没品位、没章法地粗制滥造。食品卫生出了问题，消费者都可以投诉到工商、卫生部门，而品质低劣的景泰蓝却无人问津。于是，廉价的"景太滥"挤垮了正规军。

（3）政策扶持力度严重欠缺。

景泰蓝在封建社会生于皇宫，在计划经济时代又受到政府的特殊保护。在市场经济形势下，传统的民族工艺走向市场，在市场中求发展、求创新，这是必然。然而，国家也应该采取适当的扶持政策，在知识产权保护、财政投入、税收优惠、专业教育设置、从业人员待遇、销售市场管理、消费市场培育等方面采取相应的配套保护措施，而不是任由它们在市场的洪流中随波逐流、自生自灭。将一向养尊处优的景泰蓝制作行业一下子置于市场化的环境中，政策的扶持、保护力度又不够，是导致景泰蓝艺术陷入衰退的又一个主要原因。

四　拯救景泰蓝传统工艺的几项措施

（一）企业要增强创新意识、提高创新能力，在工艺材料、作品风格、生产经营模式等方面大胆创新，寻求一条现代景泰蓝艺术的发展之路。

（1）改进的工艺方法、新发掘的原材料不仅是优秀作品制作的基础，更是开发作品造型、丰富作品风格、拓展景泰蓝工艺应用领域的保障。

比如，现代科学技术的发展，让大件景泰蓝爆琅的概率有效地降低，甚至可以完全避免，这从根本上决定了现代珐琅器体量放大的可能性，所以近几年才产生了景泰蓝家具、景泰蓝建筑装饰等一系列新生类别；有专业大师研制出一种新的景泰蓝产品——珐琅珀晶，它突破了传统景泰蓝只能附着于铜胎的限制，可以在木质、其他金属等原料上进行绘制，于是景泰蓝技术便拓展到了屏风、壁画等平面作品上；在无铅釉料研发成功后，景泰蓝工艺又用在了产品的外包装上，与此同时还研制开发了茶叶罐、果盘、保温杯、纸巾盒等日常生活用品。在北京地铁大兴线的枣园站，有一幅"史无前例的平面景泰蓝壁画"。这幅画的设计者是全国工艺美术大师周道生，他的最初构想，是将麋鹿这种大兴特有的动物和麋鹿回家的故事表现于作品中。景泰蓝历经千年而不褪色，正是展现这个故事的最好载体。但传统景泰蓝掐丝的铜丝大多仅有 0.3 毫米宽，只适于室内小型器物。如何突破这一局限？有 50 多年制作经验的景泰蓝制作大师米振雄出山，组织一流专家团队对传统景泰蓝制作工艺两度改良，最终决定用铜条替代铜丝。最粗的铜条宽度为 4 毫米，是传统铜丝宽度的十几倍，这在中国珐琅工艺史上可谓前所未有。这次突破常规，不仅让景泰蓝工艺能够运用在公共空间中，更使这项传统工艺有了现代风格。《田园奏鸣曲》是目前世界地铁艺术中唯一的一幅景泰蓝艺术品。

另外，原本珐琅胎是手工敲制而成，对技师的要求极高而且效率极其低下。技师们将敲制铜胚改成浇铸铜胚。由敲改浇，简单的一道工序，解放了大量的手工。模型制成后，可一次性制作一批铜胎，减少了制胎时间，品质也有所保障。浇铸出来的铜胚，器形更为规整，壁厚，制作成成品后整体更加牢固。然后再根据作品的需要，对造型、花饰、镶嵌等所有细节做不同的调整。

　　还有，由于传统紫铜丝色泽较深，与现代审美有些出入，有些景泰蓝作品就改紫铜丝为白铜丝，使作品的色泽更为轻快。

　　（2）利用现代手工艺技术制作现代景泰蓝艺术品，是让传统的景泰蓝工艺延续生命、焕发青春的唯一途径。

　　现代手工艺是现代材料、现代艺术观念、现代审美要求和传统手工制作技术相结合的产物。现代手工艺相对于传统手工艺而言，在内容、形态、品质上都有不同之处，它是对旧有生活方式的超越。现代景泰蓝作品要和现代人的审美观念结合，要改善旧的产品结构，调整产品设计，使产品对消费者有吸引力。要通过市场调查，从现代人喜欢的角度进行设计。在这个兼容并蓄的时代，找到工艺与现代时尚的对接点，也就找到了市场。大师技艺和市场的对接，古典风格与现代时尚的融合，是现代景泰蓝艺术发展的必由之路。

　　现代景泰蓝企业和艺术大师们已经开始了这样的尝试与探索，他们创作的新品已经走出了传统的瓶瓶罐罐的限制，走下了古玩架，一批既有新时代艺术特色又有较高文化内涵的高档艺术品正在陆续问世。如景泰蓝新品华夏文化系列、江南水乡系列、四合院系列等，都表现出了丰富的现代生活情趣。在西方文化系列作品中，景泰蓝作品上出现了类似西方抽象画的图案，很有新意。景泰蓝是中国传统文化的精粹，如果中西元素融合不好，顾客是不埋单的。用景泰蓝工艺做的圣诞球，中西结合，很精致，有不少欧美国家的顾客买来装饰圣诞树，别有意蕴。

　　此外，景泰蓝工艺还可广泛地应用于建筑装饰、家具制造、生活用品、首饰饰品、产品包装等领域。目前国内最大的景泰蓝生产企业——北京市珐琅厂，经过研发创新设计，开拓市场领域，已经在高端商务礼品、定向设计制作、建筑装饰工程、民用品等领域打开了局面。北京朝外昆泰广场上造价上百万元的《花开富贵》景泰蓝喷水池、中华民族艺术珍品博物馆前《生命的旋律》景泰蓝喷水池、首都机场专机楼用景泰蓝装饰的贵宾接待室等，还有新加坡一座直径2米多、高3米多的超大型景泰蓝《转经轮藏》，这些都是景泰蓝应用于新领域的成功的例子。2011年10月8日，北京珐琅厂承接的江苏省江阴市华西村新农村大楼总统套房装饰工程交付使用，同时完成的还有两件名曰"集宝盆"和"福禄万代"的大型景泰蓝精品。同年，珐琅厂还为大庆市某高档会所设计了单幅面积最大、色彩最丰富的中式风格装饰画——《红楼十二钗》、《太白醉酒图》，这在景泰蓝工艺史上具有里程碑意义。除此之外，珐琅厂还尝试涉足产品包装、民居装饰、日用饰品等行业，如精美的景泰蓝洗手盆，与传统陶瓷制品相比，更富于中国风情；用景泰蓝工艺做外壳的室内空气净化器，除实用功能外，还颇具观赏价值。另外，景泰蓝首饰、文具、电话、灯具、钟表甚至是扎啤机等日常用品，也越来越多地出现在现实生活中，景泰蓝作品的市场空间在逐步扩大。

（3）企业和大师们要广开融资渠道，吸引社会资金；开拓思路，大胆尝试全新的生产经营模式。

进入市场经济后，景泰蓝行业只等着国家政策扶持是不行的。企业和大师们不能坐等"皇粮"，而是应该主动走出去，广泛寻求投资与合作。要加大景泰蓝文化的宣传力度，让历经几百年历史的民族艺术瑰宝——景泰蓝为广大民众所了解、所喜爱，从而吸引社会上的有识之士投资景泰蓝艺术。真真正正地使生于皇宫的景泰蓝洗脱娇贵之气，在民间这块肥沃的土壤中生根、发芽、结果、壮大。

在美术界，已经有很多大师和财团合作成功经营的例子。双方各取所长，大师们只负责高端设计和创作，他们可以专心于艺术，不用再为生计和经营奔波；而出资方则有专业的经营管理人员负责企业的资金运转、生产管理与产品销售。这种独特的生产经营模式值得景泰蓝制作行业效仿和借鉴。

另外，还可以改变中国传统工艺的师徒传承方式，比如学习西方的艺术工作室的方式，师徒之间可以是合作人的关系。这样双方的经济利益一旦紧密结合，就能激发彼此的创作热情，从而为企业注入更大的活力。同时，还可以为青年人开辟创业渠道，吸引更多的年轻人投身其中。

（二）政府要加大政策扶持力度，通过增加财政投入、降低企业税收、奖励出口补贴等政策给予扶持；通过建立健全法律体系来加强知识产权的保护，为传统民族工艺的发展保驾护航。此外，还要努力提高从业人员的工资待遇和社会地位，力争在各级各类学校建立起层次分明、配套完善的专业教育体系，为景泰蓝民族工艺的传承与发展提供人力资源保障。同时，建立规范的、有层次的销售市场，积极培育成熟的消费市场，夯实产业链条上的每一个环节。

（1）政府应加强对工美行业的重视与投入，为类似景泰蓝这样的传统民族工艺的发展提供一系列优惠的政策。

景泰蓝艺术的传承与发展，固然需要艺术大师们对制作工艺、作品风格的创新，需要生产企业在现代市场经济形势下对新的生产经营模式的探索，但它更需要政府的保护和扶持。传统的工艺美术，无论是宫廷艺术，还是民间技艺，它们都是特定历史时期的产物。随着时间的推移，社会环境和人们的生活方式、审美情趣都发生了巨大的变化。古老的艺术难以适应现代市场，政府作为非物质文化遗产给予适当的保护，是人类文明历史发展的需要。

景泰蓝艺术作为我们传统文化的一个重要组成部分，国家也应该采取保护措施，而不是任其在市场的洪流中自生自灭。政府应该加大对景泰蓝制作企业资金上的投入，提高它们研发创新的能力；应该在税费和房租等方面给予适当的减免，使它们减轻负担，全力发展。此外，国家财政政策应该将文化产业与工业区别对待，为文化产业发展注入活力，比如低息贷款、贴息等。各地政府大都从宏观上制定了本地区文化产业发展规划，也设立了很多文化产业园区。随着一个个文化产业园区的开建、开园，我国工艺美术产业化规模化进一步加强。在"十一五"时期，有些地方政府注重对产业集聚区的引导、培育，出台政策和扶持措施，延长产业链，完善公共服务平台的建设，以中小企业为主要生产单位的工艺美术行业的产业集聚发展迅速。比如，苏州出台的《苏州市传统工艺美术产业优化发展规划》表示，到"十二五"末，全市工艺美术产业产值要达到250亿元，力争将苏州打造成全国最大的工艺刺绣城市、全国最大的工艺雕塑制作中心、全国最具影响力的苏式硬木家具产销集聚区，以及能最完整反映和保存苏州传统工艺美术门类的专业或综合博物馆群。北京市政府也应该效仿苏州，在完善文化产业发展规划的基础上，全方位落实保护扶持措施，使景泰蓝也能够像苏州的刺绣、景德镇的瓷器、惠安的石雕、泉州的木雕一样，形成产业规模，带动一方经济，成为地方的名片。

（2）政府还应该通过建立健全法律体系，来加强知识产权的保护，为类似景泰蓝这样的传统民族工艺的发展保驾护航。

景泰蓝销售市场之所以鱼龙混杂、良莠难辨，归根结底是知识产权保护没有到位。工艺大师辛辛苦苦设计、制作出来的精品造型，轻而易举就被非法作坊盗版，做成了粗制滥造的地摊儿货，在市场上泛滥。

近些年，由工艺美术作品的知识产权纠纷提起诉讼的案子时有发生。比如，2003 年春节，东岳庙庙会没有征得剪纸大师徐阳的同意，就把其代表作品"踩高跷"、"赛龙舟"、"舞狮"等用在庙会的灯箱广告上，徐阳愤然提起诉讼。北京市朝阳区人民法院最后判决东岳庙赔偿徐阳人民币6500 元，徐阳告诉记者，除去诉讼费和律师费用，自己最终得到的赔偿仅有 2000 元。曾经打响北京工艺美术行业维护知识产权第一枪的景泰蓝制作大师张同禄先生，谈起景泰蓝工艺的知识产权保护问题时，依然充满愤懑与无奈。大师花费三四年时间和几十万元的试制费用，最终换来的只不过是 6000 元的赔偿金。虽然赢了官司，但由于法律处罚太轻，最终致使违法者的违法行为得不到应有的惩戒，受害者的合法利益也得不到该得的补偿；虽然有法可依，但由于法律的保护力度不够，对传统工艺的保护也就失去了实际意义。

侵权，这个"顽疾"对工美行业的破坏力是巨大的。政府应加快完善知识产权保护法律体系，制定合理可行的法律规范。相关部门应加强知识产权法律知识的宣传，指导工艺美术生产企业遵守法律并利用法律维护自己的合法权益。企业以及艺术大师们对于传统工艺中的"绝活儿"和特殊造型设计，能注册的都应该进行专利注册，以免后患无穷。

（3）政府应制定相应政策，提高工艺技师的工资待遇和社会地位，保障特级大师的特殊待遇；与此同时，还要在各级各类学校建立起层次分明、配套完善的专业教育体系。为景泰蓝民族工艺的传承与发展提供人力资源保障。

从业人员匮乏，熟练技术工人不足，越来越成为制约景泰蓝艺术发展的重要瓶颈。政府应设立专门的津贴，以保障特殊工艺行业从业人员的工资待遇；同时，还要提高传统工艺技术人员的社会地位，让人们认识到，那些身怀绝技的能工巧匠门是我们传统民族文化的载体，使职业荣誉感成为工艺技师门进行艺术创作的无限动力。

至于屈指可数的工艺大师们，政府更应该给予特殊的待遇。在日本，特级工艺大师享有"国宝"地位，他们甚至包括他们的家人都能享受政府的至高待遇；大师的作品由国家及一些民间组织来收购。艺术家们没有任何后顾之忧，他们可以全身心地投入创作。日本的做法，值得我们效仿。

此外，国家教育部门和景泰蓝制作行业应共同研究探讨，在各级各类学校建立层次分明、配套完善的专业教育体系，为景泰蓝传统民族工艺的发展培养新时代的专业人才。

由于景泰蓝作品大都是手工制作完成，传统的人才培养模式一直是师徒相承。现代生产企业也只能将师徒相承扩展成为企业内部培训的方式培养新员工，培养周期长，成本高，远不能满足产业发展的需要。而且具有创新研发能力的综合型工艺美术专业人才尤其难得。

尽管目前国内的一些高等学府也开设了工艺美术专业，但纵观中央美院、清华美院、北京工业大学设计学院等各类工艺美术院校，他们在教学中大多重设计、重意念，轻工艺、轻技法。可以说，现在工美行业根本不缺设计人才，缺少的是传承手艺的人。一般情况下，在本科高等学校接受4年的系统专业教育，就能成为初级的艺术设计人才；而培养一位熟练的景泰蓝制作技工，则需要七八年甚至更久远的时间。因此，要解决工美行业的"人才荒"，尤其是要培养具有创新研发能力的综合型工艺美术专业人才，就必须同时利用好师徒相承和院校教育这两种教育方式。这两种方式必须一起抓，缺一不可。

（4）政府应加强行业管理，严格执行景泰蓝制品的等级认证制度，建立规范的、有层次的销售市场；同时，积极引导消费，努力培育成熟的消费市场。

随着人均国民生产总值的不断增长，在政府大力倡导发展文化创意产业的今天，传统工艺美术的市场也在逐渐扩大。只有牢牢抓紧研发设计、生产、销售这一产业链条上的每个环节，才能真正把工艺美术行业打造成文化创意产业。销售市场是产业链条上的终结一环，也是刺激整个产业兴旺发展的最重要的因素，产业的活力依托于销售市场的繁荣。

政府和行业协会应加强对景泰蓝销售市场的规范与管理，应设置专业的管理机构对景泰蓝市场进行严格的监管；对于景泰蓝制品，应根据诸多因素确立评价标准，并依据评价标准对市场上的景泰蓝作品进行严格的等级验证、明确标示。比如，民国以前的制品可以称为"收藏品"；现代名家大师创作的精品可以称为"艺术品"，"艺术品"还可以分为特级、一级、二级等不同级别；工艺比较精巧、具有一定艺术性和观赏价值的现代作品可以称为"工艺品"；而那些适应低端市场需要、批量生产的旅游商品可以称为"纪念品"。具有历史文物价值的"收藏品",可以遵从文物市场的规律;现代大师亲自设计、亲手制作的少量的精品,可以通过"艺术品"拍卖的形式走向高端市场;符合消费市场大批量需求的"工艺品"、"纪念品",则可以走中低端的路线批量生产,由厂家自营自销或通过经销商等形式进行销售。

景泰蓝艺术到底是适应手工制作的作坊还是批量生产的工厂?这就好像书画市场上有人喜欢真迹而有人只负担得起复制品一样。批量生产的工艺品虽然失去了精雕细琢的大师风采,但工艺美术并不拒绝中低端消费人群的厚爱。景泰蓝,这个古代宫廷里的艺术,也理应得到普通百姓的欣赏和喜爱。

因此,无论是高端市场还是低端市场,都是工美行业不可或缺的必然选择,不可偏废。景泰蓝行业的发展同样也不例外。

与销售市场相对应的就是消费市场,政府和行业协会应积极引导消费,努力为景泰蓝制品培育成熟的消费市场。政府的扶持不只是资金的投入、政策的优惠和人员的保障,也包括对大众消费市场的培育。目前,人们在工艺美术领域的消费并不明确,对工艺精品及艺术大师的价值认知还很有限。政府应积极搭建展销平台,比如,可以在前门、花市大街等民俗特色比较浓的地方建立民间工艺一条街,类似天津的古文化街一样,为景泰蓝这样的民族工艺产品提供集中展示和销售的平台。以便普通民众从中找到自己喜欢的大师及其艺术形式,从而培养起人们对工艺美术产品的消费习惯。随着人们对生活品质的追求,那些符合现代审美情趣抑或具有实际使用价值的景泰蓝艺术作品,必将受到市场的青睐。

参考文献

1. (明) 曹昭:《格古要论》,台湾商务印书馆 1985 年版。

2. (清) 于敏中:《日下旧闻考》,北京古籍出版社 1981 年版。

3. 杨伯达:《中国美术全集·工艺美术编 10·金银玻璃珐琅器》,文物出版社 1988 年版。

4. 李久芳:《金属胎珐琅器》(故宫博物院藏文物珍品大系),上海科学技术出版社 2001 年版。

5. 刘良祐:《明清两代珐琅器之研究》,台湾中华丛书编审委员会 1983 年版。

6. 陈夏生:《明清珐琅器展览图录》,台北故宫博物院 1999 年版。

7. 路甬祥：《中国传统工艺全集——金银细金工艺和景泰蓝》，大象出版社 2004 年版。

8. 朱家溍：《故宫退食录》，北京出版社 1999 年版。

9. 杨伯达：《论景泰蓝的起源——兼考"大食窑"与"佛朗嵌"》，《故宫博物院院刊》1979 年第 4 期。

10. 杨伯达：《景泰款掐丝珐琅的真相》，《故宫博物院院刊》1981 年第 2 期。

11. 夏更起：《对故宫博物院部分掐丝珐琅器时代问题的探讨》，《故宫博物院院刊》1992 年第 3 期。

12. 祝重寿：《关于中国铜胎掐丝珐琅（景泰蓝）的起源问题》，《故宫博物院院刊》1992 年第 3 期。

13. 李久芳：《中国金属胎起线珐琅及其起源》，《故宫博物院院刊》1994 年第 4 期。

14. 李永兴：《元明时期掐丝珐琅器初探》，《故宫博物院院刊》2001 年第 4 期。

15. 苗建民：《运用科学技术方法对清代珐琅的研究》，《故宫博物院院刊》2004 年第 1 期。

16. 李福敏：《故宫博物院藏清内务府陈设档》，《历史档案》2004 年第 1 期。

17. 刘敫：《灿烂夺目 绚丽多姿——浅谈掐丝珐琅工艺》，《东南文化》2003 年第 8 期。

18. 刘万航：《中国景泰蓝的源流——兼谈制作技术》，《故宫文物月刊》1983 年第 3 期。

19. 刘良佑：《景泰蓝释器——从涂料谈起》，《故宫文物月刊》1983 年第 4 期。

20. 张临生：《中国最早的珐琅银镜》，《故宫文物月刊》1984 年第 12 期。

21. 李理：《流光溢彩景泰蓝》，《沈阳故宫博物院院藏文物精粹·珐琅卷》，沈阳万卷出版公司 2007 年版。

22. 王健华：《清代宫廷珐琅彩综述》，《故宫博物院院刊》1993 年第 3 期。

23. 李林琳：《清末民国景泰蓝兴衰之研究》，首都师范大学硕士学位论文，2006 年。

24. 张艳婕等：《浅谈掐丝珐琅工艺在首饰制作中的运用》，《宝石和宝石学杂志》2007 年第 3 期。

25. 史美香：《珐琅器艺术研究——略论清宫廷珐琅器艺术之美学特征》，西安美术学院硕士学位论文，2008 年。

26. 董波：《简论中国景泰蓝工艺传统》，《苏州大学学报》（工科版）2009 年第 5 期。

27. 唐克美：《金银细金工艺和景泰蓝》，大象出版社 2004 年版。

28. 吴南：《北京传统工艺产业人力资源发展研究》，中国艺术研究院博士学位论文，2010 年。

29. 吴岚：《景泰蓝饰品的创新性研究》，东华大学硕士学位论文，2011 年。

30. 杨轶： 《中国贵金属摆件设计的探讨》，北京服装学院硕士学位论文，
2012 年。

（郝京清　北京第二外国语学院国际传播学院　北京　100024）

影视剧中的北京城市精神与意象

宗 怡

摘 要：本文选取近年来具有北京地方特色且有一定影响力的影视剧作品，在影像叙事中寻找有北京地域风情的影像符号，作品中人物形象渗透出的北京人文精神个性，以及以影像为表达手段的北京城市意象，并进一步探讨影像中的"北京标签"的发展轨迹和现代特征。

关键词：影视剧 城市精神 城市意象

北京是一座耐人寻味的城市，过去与未来于此交汇，辉映成一幅苍茫而鲜活的人间图景。规整的中轴线上居中而建的紫禁城，是北京作为古老皇朝中心的印记，也是老北京苍茫悠远韵味的沉淀。

北京城一共有九个门，居南城的前门无人不晓，而知道它正名为正阳门的人却寥寥无几。"前门楼子九丈九，四门三桥五牌楼"；"前门楼子九丈九，九个胡同九棵柳"；"前门楼子九丈九，王口花炮响上头"。这些扑面而来的老北京民谣昭示着这座城门在百姓心中的地位，也暗含着正阳门的寓意：正阳为众阳之宗，凝聚着中国人求公正、讲信义的传统美德。"重檐三滴水歇山顶，上铺灰筒瓦，绿琉璃瓦剪边"——它就是紫禁城内城最外的一道门户，出了正阳门便通向了民间。

2013 年，由王之理、郝金明编剧，刘家成执导的一部怀旧电视剧《正阳门下》便是在将"正在晌午，如日中天"的正阳门下的生活以影像的方式展现在我们面前，还原了改革开放 30 多年北京人的生活状态。通过四合院中的人生百态，刻画了一群鲜活可爱的老百姓形象。每个人物都在自己的人生轨迹上诠释着不同个性的老北京；在时代变迁的大背景中寻求着各自的人生方向，展现了浓厚的北京风韵和北京文化，弘扬了以"爱国、创新、包容、厚德"为核心的北京精神。

影视剧的一个重要特征就是把物质形态转化为意象，把日常生活空间转化为表意性的生存空间。像《正阳门下》这类将北京城的精神意蕴寓意在前门楼下百态人生之中的方式，正契合了影视作品的表意特性。无论是文学作品的影视改编，还是以城市为原型的影视创作，都是借助影视媒介作为视听综合的艺术载体的特质，凭借其丰富的艺术表现力，将城市形象表达得更为生动而完整。影视作品既运用影像手段展示了体现本土风情和生活个性的城市景观，又在完整的叙事构建中勾勒出以城市本土文化为基础的人文精神气质。

作为以北京为特色的影视作品，一部分是给养于京味文学的改编巨作，以及京派导演和北京影视制作团队的创作。20 世纪 80 年代，根据老舍作品改编的电影《茶馆》和电视剧《四世同堂》便是京味影视作品的代表作，充分展示了传统文化背景下的老北京风貌。到了 20 世纪 90 年代，《渴望》、《编辑部的故事》、《我爱我家》等热播的室内情景剧，不仅将京腔京韵的话语方式传遍大江南北，更让人们感受到了现代北京人的生存状态和独特的个性气质。

20 世纪末 21 世纪初，随着北京城市建设的飞速发展，更涌现出了大量表现北京都市生活和城市发展的影视作品。如郑晓龙的电视剧《一年又一年》，以北京普通老百姓为载体，描绘了改革开放 20 年内，小到柴米油盐的琐事、大到方针政策的制定和实施，以编年体的方式将 20 年间的事实变迁、人情冷暖编织成了一幅生动的人间风情图。

随着影视产业的繁荣和剧作类型的不断丰富，以"80 后"代言为特色的赵宝钢的青春三部曲（《奋斗》、《我的青春谁做主》、《北京青年》）和《婚姻保卫战》，以商业运作为成功典范的冯小刚电影《非诚勿扰》系列，改编自鲍鲸鲸同名人气网络小说的电影《失恋 33 天》，以及表现北京当代青年人生活状态的电视剧及电影《北京爱情故事》，从不同侧面让观众得以窥见新千年后北京的青年人形象以及时代洪流中古都北京的现代化生长。

本文将主要选取近年来具有北京地方特色且有一定影响力的影视剧作品，在影像叙事中寻找有北京地域风情的影像符号，作品中人物形象渗透出的北京人文精神个性，以及以影像为表达手段的北京城市意象，并进一步探讨影像中的"北京标签"的发展轨迹和现代特征。

一　关于城市与城市意象

城市意象是美国环境设计理论家凯文·林奇对波士顿提出的一种城市规划设计的思想。"城市意象"的提出一反过去貌似客观的学院派构图法则，引入市民的心理因素，将城市意象引入城市研究的领域，开创了现代城市空间研究的先河。

"任何一个城市，都存在一个由许多个人意象复合而成的公众意象，或者说是一系列的公共意象，其中每一个都反映了相当一些市民的意象。"①

"城市意象是指城市形态和城市意蕴的有机结合，它作为人类文化的载体，不仅具有城市的外在形态，更具有城市的意蕴。"②

影视作品中，城市不仅是人们的生活场景和命运背景，更是城市独特的精神形式和意识形态的承载。

"目前，居统治地位的是视觉观念。声音和影像，尤其是后者，组织了美学，统率了观众。"③ 影视作品作为视听综合艺术形式。在影视作品中，城市意象既具有城市的外在形象，即城市建筑、人文景观、自然风光等，这些外在形象具有较高的辨识度和不可复制性，易于唤起观众对城市人、城市精神和城市文化等的共同感知。

这其中包含了物质形态的意象化表意空间的建构，如城市的建筑、自然风光等物化外观，同时也包含着以人文景观、生活状态及精神气质为代表的非物质形态意象。

物质性城市意象构成就是城市实体环境所构成的城市意象，包含自然环境、地理位置及其他人工属性。非物质性构成是指在城市中发生的或曾发生的有深刻城市印记和特质的各类社会文化活动和现象。每个城市都有其自身的文化背景和建构的价值观念，表面看起来城市是由建筑、街道、人口等形成的集合体，实际上是表现当地共有的习俗、情感、传统和生活方式的集成。

---

① ［美］凯文·林奇：《城市意象》，方益萍、何晓军译，华夏出版社 2001 年版。

② 王玉玮：《电视剧城市意象研究》，暨南大学出版社 2010 年版。

③ ［美］丹尼尔·贝尔：《资本主义文化矛盾》，赵一凡等译，生活·读书·新知三联书店1989 年版。

二　意象化的生存空间——物质化的城市意象

交错的街道、林立的高楼大厦、购物中心、咖啡厅和酒吧编织成一幅复杂而独特的城市物质生活布景。都市空间以其独特的张力参与到城市人物命运与城市发展的叙事中。

1. 古城风韵与繁华都市的交错之美——影像中的"北京外貌"

（1）古城风韵的传统之美

在影视作品中，城市多以提供生活及时代背景的方式呈现在观众面前，同时也起到暗示人物地域个性的作用。北京的政治文化中心的地位，以及百年古都的传统文化身份，一直承载着国人的政治理想和爱国热情。故宫、长城、颐和园等古迹景观以及天安门广场、毛主席纪念堂等具有政治寓意的城市景观，成为了传统影视剧中最常出现的标志性北京外貌。

北京具有悠久的国都文化历史。天子脚下的繁华景象早已根深蒂固地扎根于人们对于北京城市的第一感知之中。如电视剧《金太郎的幸福生活》中描写自认为是满族皇室后裔的男主角父亲，因儿子准备结婚来京时，下火车第一件事便是去了天安门和故宫，以实现自己心中的理想。这是北京作为帝都文化以及民主意识核心地位的集中表现，表达了百姓对于权力核心及爱国精神的朴素而热烈的情感。

除此之外，"胡同文化"是京味市民文化的集中写照。电视剧《贫嘴张大民的幸福生活》片头中黑白做旧的屋脊雕梁，暗示了主人公的生活形态，精准地捕捉到了古城容颜的细节特征，将观众的视线牵入市井生活的五味杂陈之中。

北京的"胡同"，既是狭长的胡同深处马扎上摇扇闲谈的淳朴人生，也是杨柳垂阴下的四合院里杨柳阴下痛快纳凉的简单生活。这些影像既是北京独特的城市风貌，也是北京人闲适乐观的生活态度。

很多影视剧都将"胡同"、"四合院"或者"大杂院"作为北京的城市标签。电视剧《双城生活》讲述了上海小伙子徐嘉惠在北京进修时，与北京姑娘郝京妮陷入热恋，两人不顾双方家长反对结婚成家，以及婚后双方在情感、事业以及双方家庭关系等方面遇到的问题。该剧将男主人公徐嘉惠的生活背景放置在老北京四合院环境之下，并在北京和上海两个城市景观切换过程中，不断以"古城垣"、"胡同"、"四合院"等影像来暗示城市特征和事件发生背景，并进一步体现因双方地域差异所带来的性格冲突所造成的种种矛盾冲突，从而展开剧情。

随着影视剧市场商业化进程的深化，古都北京的传统景观也不再以简单的地域标志的方式呈现，而是从身后的"故事发生之所"因成功的商业行为转身成为"造就故事的可能之所"。"景"不再是简单的背影，而是生活方式和态度的验证和选择，甚至是当代人对传统意识的突破与重新诠释。

长城，自古以来皆是爱国人士口中"不到长城非好汉"和"万里长城永不倒"的爱国情怀精神象征，是自然和历史和谐融合的典范。然而，这里不得不提到冯小刚导演的电影《非诚勿扰2》。在该片中，男女主人公爱情故事开始于慕田峪长城上的一场求婚。作为传统北京，甚至是中华民族标志的长城，也因葛优的懒散京味，从"不到长城非好汉"的硬朗豪迈蜕变出一种闲淡的暧昧氛围和柔媚的浪漫气味。

（2）繁华都市的现代之美

法国思想家居伊·德波在《景观社会》中指出："当代社会不再是以生产为核心的商品社会，而是进入了一个以商品的无限累积为基础的意象和幻觉为主导的社会模式。"城市实体在某种程度上正是城市中人关于城市意象的物质载体，是城市意象在物理空间的现实投射。现代都市中酒吧、咖啡厅、会所沙龙等场所，充斥着物质欲望和快节奏的都市生活底色。

在北京迈向世界大都市的现代化发展步伐中，影像作品真实地记录了其中标志性的足迹。林林总总高耸入云的摩天大楼是每个大城市的成长徽章，那些独具匠心设计超凡的建筑作品也逐渐分离出城市外貌的个性。而嘈杂喧闹的车水马龙间行走的正是都市人霓虹缭绕的柴米油盐。

沿着宽阔的长安街越过紫禁城古都核心一直延伸至国贸大厦 CBD 核心，紫禁城的威严稳健与新央视大楼的另类不拘交相辉映。这也正是北京城古典与现代的冲突与融合，是现代北京本土文化与现代文明的碰撞。由此引发的思想革命，从"80 后"的年轻人走上历史舞台后变得异常清晰。这场思想巨变所引发的首先是生活方式的转变。

影视剧作品间接成为了时代变迁的见证人之一。在北京城市景观的发展脉络中，镜头在观众眼前一遍遍重复着北京独有的建筑群落，将故事融进大都会扩张的洪流里，新北京——"国贸中心"、"后现代城"、"三里屯 village"、"水立方"、"鸟巢"等不知不觉中已烙印成北京印记，同时，也是新生代文化力量催生下的生活方式的认同。

《非诚勿扰2》、《金太郎的幸福生活》中皆大量出现了上下班高峰时，蜿蜒车海旁崛立的国贸中心那饱含压迫感的孤寂身影。

与以上两部电影相比，《失恋33天》虽然听起来似乎是个伤感的开始，却以清新而舒展的姿态向观众奉献了一道淡雅可口的美味甜点。这些包装精美，又因剧情而渲染得恰如其分的小资情调的生活方式，就此成为华丽的糖衣炮弹直捣观众单调而脆弱的内心，为似乎早已熟识的"北京情境"加了一抹华彩，自此成为最具"北京情调"的新新人类聚所，而被人们追捧为北京新城市景观的代表，同时更是消费文化催生下的时尚都市生活符号。

2. 耳畔的京腔京韵——北京之声

作为影视这种视听综合艺术的一个主要方面，声音在叙事完成和形象塑造方面向来起着不容忽视的重要作用。声音产生的独特的想象空间，增强了画面的真实感，也拓展了影视作品的时空。声音本身不依赖画面也可以独立完成"造型"的叙事功能，达到象征、隐喻、对比等艺术效果。

从《四世同堂》主题曲中的一声鼓响：

千里刀光影，仇恨燃九城，月圆之夜人不归，花香之地无和平。一腔无声血，万缕慈母情，为雪国耻身先去，重整河山待后生。

人们敲进脑中的是京味文化独到的醉人的浓郁。二胡的音色沉着厚重，时而低回婉转，时而激扬奔放，扣人心弦。既暗合了故事情节的跌宕起伏，又将京韵以音乐的方式推向观众。《贫嘴张大民的幸福生活》片头曲开始便以信鸽盘旋在灰瓦红墙上空的自然音效，营造出一股浓烈的京韵都市生活气息。

方言，作为城市文化独特的外在表征构成了城市丰富的语言及地域色彩。它不仅彰显了城市历史与文化的发展轨迹，还以其独特的魅力成为城市文化的特殊身份标签，形成了人们对于城市的归属感和身份认同。京腔的独特魅力从20世纪80年代末热播剧《编辑部的故事》开始渐为全国观众熟悉。冯小刚电影《甲方乙方》、《大腕》、《不见不散》，儿话音十足的腔调与葛优入木三分的精彩演绎已成为标志性的冯氏北京烙印，自此奠定了京味儿幽默在大银幕上的形象。甚至连京味儿英文都煞有流行的趋势。京味方言以其口语化的独特韵味和自然婉约的音韵词汇，将北京人的率真、感知、浮躁与豁达表达得淋漓尽致又妙趣横生。

声音与影像相互配合又互为补益，将北京城市意象的各个层面都加以完美诠释。既体现了影像艺术的独特魅力，又将北京形象直观而生动地展现在观众面前。

三　非物质化城市意象

如前文所述，非物质性城市意象构成是指在城市中发生的或曾发生的有深刻城市印记和特质的各类社会文化活动和现象。表面看起来城市是由建筑、街道、人口等形成的集合体，实际上是表现当地共有的习俗、情感、传统和生活方式的集成。非物质性元素包括城市活动、地方传统产业、风俗民情、历史人物和历史事件等。

1. 小人物的大精神——北京之人

影视剧中的意象包括人物意象以及事物意象。人物意象也可以说是一种典型人物，没有突出的典型性就不可能成为意象。与一般典型人物的不同之处主要体现在意象的象征性上。

京味文化（指旧式的"京味文化"）其实堪称汉文化中将多民族文化混合得尤为特出尤为淳厚的一支。它属于平民式的大众文化与儒家文化、贵族文化、皇权文化上千年来融会贯通而成的文化精髓。在此熏陶下形成的城市个性里，无论哪个阶层、什么身份都带有与生俱来的通达乐观。

《正阳门下》以跨越将近30年的故事，叙事了30年间物是人非，几乎每个时间节点的地标建筑都会有所变化，展现了北京记忆的各个细节，以及北京人对于传统理想和未来生活的追求与平衡。

主人公韩春明出生在正阳门下的胡同里，即使没钱也要面子，有种生在皇城根下的自豪感。困难面前总是报以调侃的心态，不会轻易让心里的痛楚流露出来，在旁人眼里过着极不着调的生活。表面油腔滑调不靠谱，实际上知恩图报心地好。他顽皮中透着精明，温和中有刚毅和正派，由一个收破烂的回城知青成长为一个企业家、收藏家，成功地诠释了一个地地道道的"北京爷们儿"的经典形象。

而老关大爷和走街串巷投身回收事业的破烂侯，都是深藏不露的杂学

"玩家"。他们人情练达、老于世故、智慧傲骨、眼里不揉沙子，是现实生活中老年北京人的代表。

　　同名文学作品改编的电视剧《贫嘴张大民的幸福生活》，将原著中发生在天津的故事穿堂入户到土生土长的北京胡同大杂院中。拉开的不仅仅是北京街巷中最广大人群的生活原景，更是从挣扎在生活与生存的缝隙中，却依旧以无比强大的内心和冠以"贫"字为饰的一张巧舌之口与世界对话的北京人形象。

　　　　张大民："大雨，你不就是嫉妒云芳吗？你从小儿就恨她，闹了半天现在还恨她，恨得连虎牙都快长到门牙这边儿来了。小时候，别人叫她大美妞儿，叫你丑八怪，你就哭。哭有什么用？哭得眼泡儿都大了，到现在也没消肿。她腿长点儿，你腿短儿，有什么关系？长的短的不都得骑着自行车上班吗，她骑28，你骑不了26骑24，腿再短点儿有22，你怕什么？你嘴大点儿，她嘴小点儿，这有什么要紧？她嘴小吃东西都困难，恨我了想咬我都张不开嘴，哪儿像你呀，一嘴能把我脑门儿给咬没喽，她应该嫉妒你，你说是不是？你头发比她黄，比她少，再黄再少也是头发，也没人拿它当使了八年的笤帚疙瘩……"（电视剧《贫嘴张大民的幸福生活》）

　　生在大杂院儿，长在胡同里，城墙根儿底下玩儿大的张大民是老北京市民阶层朴实无华的形象代表。几平方米数口人，街坊邻里一家人，这样的群居式生活让本从外形上就带着忠厚老实的好人缘儿的张大民，举手投足间带着与生俱来的亲切和善的热心劲儿。

　　略显拮据的生活一方面养成了张大民精打细算、斤斤计较的习惯，另一方面也造就了他寄消遣于生活，将困苦化作幽默的嘴皮子功夫。他虽计较却不吝啬，虽嘴贫却不乏智慧。两片薄唇虽不是铁齿铜牙，但简单几句或对比或暗语，将本来想不开的、看不透的，统统分析得明白通透，让你心结顿解的同时，不经意地会心一笑。

　　北京人调侃的是一种生活态度甚至是人生态度。生活的苦涩与困顿在调侃中被瓦解与解构。

　　如果说作为市井阶层代表的张大民的"贫"，是以弱敌强的充满阿Q精神的较量，那么无论是赵宝刚作品中朝九晚五穿梭在都市写字楼间的新一代城市中人，还是冯小刚的《非诚勿扰》中一夜暴富的"剩男"，血液中依然可见北京人骨子里的幽默与调侃。

秦奋：自我介绍一下，我，岁数已经不小了，日子小康，抽烟不喝酒，留学生身份出去的，在国外生活过十几年，没正经上过学，蹉跎中练就一身生存技能，现在学无所成海外归来，实话实说应该定性为一只没有公司没有股票没有学位的"三无伪海龟"。性格 OPEN，人品五五开，不算老实人，但天生胆小，杀人不犯法我也杀不了人，伤天害理了自己良心也备受摧残，命中注定想学坏都当不了大坏蛋。总体而言基本上还是属于对人群对社会有益无害的一类。

有意者电联，非诚勿扰。

（电影《非诚勿扰》）

冯氏京味幽默的精髓不在其中蕴含多少道理，而在于其放得很低的身段儿。冯小刚电影的主人公最擅长的就是自嘲式自我解构。

而一批描写当代北京青年人生存状态和人生历程的电视剧中，除了能看到北京人共性的调侃的乐观主义，更多地展现了新一代北京人的精神风貌和人生理想。

其中，赵宝刚作品青春三部曲——《奋斗》、《我的青春谁做主》和《北京青年》，从不同侧面描画出 21 世纪初十几年间，在社会转型和经济飞速发展中青年人对于生活、理想和爱情的态度。

《奋斗》讲述了一群"80 后"大学毕业生当爱的阵痛和生活的压力扑面而来，面对大都市激烈的生存竞争，如何让理想照进现实的故事。

向南：我们家有院子你们家有吗？（老北京老胡同里的四合院）

华子：我们家有私人专职理发师，洗头护发师，你们家有吗？（刚买下一间二手发廊）

向南：我们家有结婚没喝完的好几十箱私酒存在丈母娘家，你们家有吗？

华子：我们家有老式越野车，我们没事儿开出去兜风，这么浪漫你们家成吗？（600 块钱都卖不出的 N 手北京吉普）

向南：我们家有彩电冰箱洗衣机，那叫一方便你们家有吗？（四

合院公用）

　　华子：我们家有私企，我们不用出门上班，我们就跟家 SOHO，哎哟喂，这么后现代的生活你们家什么年月能赶上？

　　向南：我们家有成套没开封的现代厨房用品，用都没用就堆在床低下，小两口天天跟外面下馆子吃饭，吃香的喝辣的大鱼大肉花钱如流水，你们家敢这么奢吗？

　　（电视剧《奋斗》）

　　在都市普通白领青年的代表华子和向南的这段对话中，我们不难看出，现今的社会标准给青年一代带来的压力。"有车有房，金钱至上"的社会潜准则笼罩下，竞争愈演愈烈的大城市中，赤手空拳、自力更生为生活打拼的青年人将以怎样的态度面对生活和未来？更重要的是，当心中理想依旧嘹亮，在残酷的现实面前，他们又该如何自处？这里，华子和向南的"攀比"，这不着边际的"吹嘘"，让人忍俊不禁，而同时，内心也因这自嘲式的幽默而泛起一丝苦涩。

　　无论是底层社会的张大民，三无伪海归"剩男"秦奋，还是现代都市小白领华子和向南，面对挫折与困境时，他们并没有像他们平凡的身份那样默默无闻，而是用自己的方式，让我们看到那另类的乐观和坚韧。使我们忘却了他们背后的身份和阶层，由衷地欣赏着他们独有的幽默方式和狡黠而智慧的语言。看似信口开河，却能轻松地为我们解答许多人生的疑惑与困苦。这是北京人的智慧和个性，更是北京人坚韧和豁达精神的体现。

　　2012 年热播的电视剧《北京青年》，高喊着"重走青春路"的口号，让终日埋头于生活和工作的当代青年人忽然惊醒了。虽然在《奋斗》等描写青年一代的剧集中也涉及了许多梦想、爱情与青春的话题，可在赵宝刚青春三部曲的收官之作《北京青年》中，却第一次如此大胆地让背负着工作、父母和家庭三座大山的"80 后"年轻人，尤其是"北漂一族"，孤注一掷、不顾一切地自我一回，抛下所有与青春私奔。这些年轻的北京面孔不再单一，他们与北京的联系也许只是一个人、一个家、一份工作或是一个环境。这里不仅是"老北京"的北京，也是全国人民的北京，甚至是全世界的北京，只要心中有它，它就是你的家。

　　2012 年一部集结了李晨、杨幂、张歆艺等新一代当红小生花旦的作品《北京爱情故事》又随波而来，虽然较之《奋斗》等前作，本剧更着重于北漂一族的辛酸苦辣，但到底脱不开"《奋斗》式"类型剧的本质：京腔、现代、都市、爱情、富二代，用高富帅包装一点小现实，用看似浪漫的情感包裹的剧情。《北京爱情故事》的最大题点无疑是锁定了这个时代，这个时代的北京、这个时代的都市、这个时代的年轻人，以及他们所经历的独有的生活、奋斗和情感。

影像中的北京形象自此也完成了从"老北京人"、"新一代北京人"到"北京新一代"的跨越。北京的形象，在不断丰富的人群中更加彰显了其有容乃大的气度和海纳百川的胸怀。

2. 北京气韵——北京的城市精神气质与个性

正如电视剧《正阳门下》中被称为"九门提督"的前清贵族遗老关大爷所说，"正阳门就是北京人的魂儿……是堂堂正正地做人……正正道道做事儿"。正阳门这一意象，成为北京人对于为人处世的精神哲学，是北京传统文化根植于血液里的真理与追求。

北京城市的精神气质与个性也会随着时代的发展注入新的内涵，在更多的影视剧中获得新的诠释。《北京爱情故事》定位于这个时代的北京、这个时代的都市、这个时代的年轻人，以及他们所经历的独有的生活、奋斗和情感。故事的数位主角均生活在北京，他们是身份不同的北京富二代程峰、普通老实人吴迪、北漂凤凰男石小猛、类型化拜金女杨紫曦、追求真爱的女文青林夏、小城的清纯仙女沈冰，各种身份、性格和立场的三男三女，从朋友当起、以生活为轴、用情感做线，继而产生各种排列组合和矛盾交织。

《北京爱情故事》中的"北京"是作为年轻的"80后"需要去面对的激烈竞争和生活困境，户口、买房、工作的压力，在钱与爱之间的茫然选择的"北京"。这部剧把这个城市塑造为一个巨大的故事情境：只有这个时代、这个时代的北京才能赋予人们这种奋斗的机会和改变的机遇，追求自我的生存空间。

巴特在《符号学与城市》中曾写道："城市是一种话语"，"我们诉说着城市"。当代电视剧对城市意象的选择，在某种程度上来说，既有电视剧自身的发展需要，同时考虑到了观众对城市的记忆选择，也还包含着政府组织及商业机构的推动。可以说，当代电视剧重塑城市意象，也为城市意象的传播提供了一种有效的途径。有效的城市意象传播不仅扩大了城市的知名度，也提高了城市的产业竞争能力，增强了城市文化的竞争能力。

参考文献

1. ［美］凯文·林奇：《城市意象》，方益萍、何晓军译，华夏出版社 2001 年版。

2. ［美］凯文·林奇：《城市形态》，华夏出版社 2001 年版。

3. ［美］李欧梵：《上海摩登——一种新都市文化在中国》，毛尖译，北京大学出版社 2001 年版。

4. ［法］伊夫·格拉夫梅耶尔：《城市社会学》，徐伟民译，天津人民出版社 2005 年版。

5. ［美］刘易斯·芒福德：《城市发展史》，宋俊岭、倪文彦译，中国建筑出版社 1990 年版。

6. 陈平原、王德威：《都市想像与文化记忆》，北京大学出版社 2005 年版。

7. 赵东梅：《小城故事——中国现代文学中的小城小说》，人民文学出版社 2006 年版。

8. 陈晓兰：《城市意象——英国文学中的城市》，广西师范大学出版社 2006 年版。

9. 沈福煦：《城市意象——城市形象及其情态语义》，《同济大学学报》1999 年第 3 期。

10. 许迪声：《大"城"小"爱"：论中国当代都市爱情电影中的城市构形》，《当代电影》2007 年第 6 期。

（宗怡　北京第二外国语学院国际传播学院　北京　100024）

北京文学

燕京诗中的山魂水魄

梁晓云

摘　要：燕京山水诗，具有与燕赵之地相得益彰的风骨气概。其美学风貌的形成，既有民族人文精神传统的背景，也有古典诗学审美意识的烙印。从道德价值观照燕京山水诗，其中有模山范水与吊古咏怀融为一体的风貌，格调高远，风骨凛然。诗人们往往在作品中指点江山，寄托对国家、政治、民族、个人命运的思考。从哲理角度观照燕京山水诗，其中蕴蓄着静思而得的妙悟直觉，崇尚澄明之境、言外之意。

关键词：燕京　山水诗　家国　妙悟

一　美学观照：燕京诗精神探源

（一）人文背景

日本著名画家、作家东山魁夷在游览中国后说："谈论中国风景之美，同时也是谈论中国民族精神之美。"① 在我们的民族文化意识中，同样相信山水和人之间具有某种内在联系："天地成于元气，万物成于天地。"②"天地合气，万物自生。"③"钟灵毓秀"、"人杰地灵"说也就由此形成。山水与人具有的内在共通性，使人们感到不同的地理环境、奇山秀水对人的熏染，在一定程度上能够铸造人的气质禀赋，影响思想性格：

---

① ［日］东山魁夷：《中国风景之美》，见范阳、黄贯群主编《山水美学研究》，广西人民出版社1988年版，第426页。

② 《鹖冠子·泰录》。

③ 《论衡·自然》。

崧高维岳，骏极于天。维岳降神，生甫及申。①

东山可望，林泉生谢客之文；南国多才，江山助屈平之气。②

钟灵毓秀说试图从哲学高度解释人与自然的关系，把名山大川看做智慧之源、灵性之源，从大自然中寻找民族的优秀人物、优秀品格形成的原因，达到山川伟大之感与民族自豪之情的统一。黄河、长江、泰山、华山、昆仑等都被视作民族元气聚集较多的地方，是安身立命、开创基业的圣地，体现了民族刚健奋进的精神。描绘名山大川的作品，大多不拘泥于时空限制，也不囿于局部、细部景观，不重在赏景，而在观"气"，呈现名山大川在哺育我们民族成长过程中的作用。

燕京的山山水水，在滋养、涵育北京的人文精神方面也不例外。"自古言勇敢者，皆出幽燕。"③ 韩愈《送董邵南序》亦云："燕赵古称多感慨悲歌之士。"厚重大气的燕赵之风，孕育出雄浑正大、骨力劲健的燕京山水诗，也正如"太史公行天下，周览四海名山大川，与燕、赵间豪俊交游，故其文疏荡，颇有奇气"。④ 因北京长期作为都城的特殊地位，文人墨客在此留下了大量诗篇，不仅生动地描绘了帝里风光，汇成北国江山的艺术画卷，而且蕴蓄着山水诗人丰富的心灵世界、思想情怀。

当然，在大自然哺育精神天地、养育墨客才人的同时，灵山秀水也往往因文人骚客的题写而彰显："天子之贵，不能与匹夫争荣，而词人墨客之只词，有时为山川之九锡也。"⑤ 燕京山水诗自然也为京华风景注入了更多的人文内涵。

（二）诗学背景

司空图《二十四诗品》以"雄浑"开篇，强调了浑厚阳刚之气在传统美学中的价值：

大用外腓，真体内充。返虚入浑，积健为雄。具备万物，横绝

---

① 《诗经·大雅·崧高》。
② 王勃：《秋日宴山亭序》。
③ 《隋书·地理志》。
④ 苏辙：《上枢密韩太尉书》。
⑤ 袁宏道：《游骊山记》，《袁中郎随笔》，作家出版社1996年版，第56页。

太空。

　　荒荒油云，寥寥长风。超以象外，得其环中。持之非强，来之无穷。

阳刚说来自《易经》：

　　天行健，君子以自强不息。（《易·乾·象》）
　　大哉乾乎！刚健中正，纯粹精也。（《易·乾·文言》）
　　夫乾，天下之至健也。（《易·系辞下》）

　　雄浑被视为"二十四品中最重要的一品"①，雄浑之美具有"原道"的性质，是内在的充实与外在浩大气势的统一，在山水文学中往往体现为刚健有力的风骨，昂扬博大的胸怀，正道直行的气节。雄浑之美具有雄奇、高大、磅礴、险峻、壮阔、苍茫、浑厚等风姿，多描绘高山、大河、巨瀑、荒漠、落日、长风等阳刚之象。

　　古代美学所推崇的雄浑之美，恰应和着燕赵之地浑厚有力的底色。燕京诗人往往以奇伟之笔，写壮阔景象，透出激越精神。如燕京八景之一"西山晴雪"，在诗人的笔下，富于层次、气势和动感：

　　西山遥望起岧峣，坐看千峰积雪消。素采分林明晓日，寒光出壑映晴霄。
　　断崖稍见游麈迹，深谷仍迷野客樵。应日阳和气回早，登临未惜马蹄遥。

　　　　　　　　　　　　　　　　　　——邹缉《西山霁雪》

　　西山为北京雄伟的屏藩，邹缉描摹了这里雪后初霁的图景：登高临远，山势高峻，千峰玉列，令人平添开阔英气。也正如元代鲜于必仁的燕京八景组曲中《折桂令·西山晴雪》所描写的："玉嵯峨、高耸神京，峭壁排银，叠石飞琼。地展雄藩，天开图画，户列围屏。分曙色流云有影，冻晴光老树无声。醉眼空惊，樵子归来，蓑笠青青。"其创造出的情境与

---

　　① 张少康：《司空图及其诗论研究》，学苑出版社2005年版，第87页。

气势，令人有感情波涛亦奔腾直泻之感。

二　道德观照：燕京诗中的家国精神

在许多燕京山水诗中，作者不局限于模山范水、流连光景，而是投入了对社会现实的反映，寓作家积极用世的主观情感于客观书写之中。

（一）使命感

在"钟灵毓秀"这一基本观念下，许多作家在面对客观景物时，总是或多或少地流露山川育人、人显山川的审美意识，以及见境思人、因境怀古的民族心理。无论是寻级登山还是沿水觅踪，总是在游历中感悟灵性，体现出人与山川俱秀的审美观。尤其是北京，无论是在先秦时期作为"七雄"之一燕国的都城，还是从公元 10 世纪成为辽陪都算起，到金、元、明、清数代均作为帝都，其特殊地位和城市历史，使得无论生活在北京或游历北京山水的诗人，都尤其会在诗词中指点江山，寄托对国家、政治、民族、个人命运的思考，反映诗人的忧国忧民之心，倾注文人墨客"以天下为己任"的浓烈的使命感。

若论与燕京有关的慷慨悲歌，传颂最广、影响最大的无疑是陈子昂的《登幽州台歌》：

> 前不见古人，后不见来者。
> 念天地之悠悠，独怆然而涕下。

幽州台，即黄金台，又称蓟北楼，故址在今北京市大兴，是燕昭王为招纳天下贤士而建。杜甫到陈子昂故居，曾感叹陈子昂之死："遇害陈公殒，于今蜀道怜。君到射洪县，为我一潸然。"①其怜惜之意，当然是来自于陈子昂报国无门的身世经历。陈子昂 24 岁中进士，此后屡次上书指论时政，提出许多颇有见识的主张，但因"言多直切"而不见用，一度还因"逆党"牵连被捕入狱。公元 696 年，契丹攻陷营州，陈子昂以参谋身份随武攸宜征讨，直言急谏却被降为军曹。陈子昂满腔悲愤，登上蓟北

---

① 杜甫：《送梓州李使君之任》，《杜工部集》卷十三。

楼，这里有关燕昭王礼贤下士的故事，尤能唤起诗人对历史的回忆和对现实的无奈。

诗人将自己置于宏阔的背景之下，无边的时间、无涯的空间中，一个"独"字，凸显出一个苍凉孤独却不失坚毅的身影。中国传统文化中，对于拔群超迈之高境界，常赋予其孤独的宿命。或者也可以说，"孤"，证明着其冰雪之质。"《旧唐书》：'尘外孤标。'沈约赋：'贞操与日月俱悬，孤芳随山壑共远。'柳宗元诗：'孤赏向日暮。'孟郊诗：'孤怀吐明月。'陈傅良诗：'忽然一长啸，孤乡起空寂。'凡此之孤，皆须人立意追求。……至于孤而至极，孔子亦曰：'知我者，其天乎！'可见此孤中乃寓甚深境界。……此一孤……乃群道之大本大源。"① 陈子昂之孤独，特立独行却又有极强的感染力，风格慷慨悲凉、刚健有力。

唐代诗人祖咏在游宦期间作《望蓟门》：

> 燕台一去客心惊，笳鼓喧喧汉将营。万里寒光生积雪，三边曙色动危旌。
>
> 沙场烽火连胡月，海畔云山拥蓟城。少小虽非投笔吏，论功还欲请长缨。

蓟门，亦作"蓟邱"，在北京德胜门外西北隅。《史记》载："乐毅报遗燕惠王书曰：'……蓟丘之植，植于汶篁。'"张守节正义曰："幽州蓟地西北隅，有蓟丘。"② 全诗开篇从"望"字生发开来，对于"燕台"，既是眼望，亦是心牵，诗人的感情指向呼之欲出。北国严冬，三边寒气逼人，积雪凝然，只有高高的旗帜在曙色中飘扬，意象雄武阔大，气氛肃杀而有力，传递了边疆的战事氛围，凝聚着坚守的意志。尾联表达投军报国之壮志和建功立业的决心，壮志激奋。

（二）兴亡情

"每一个时代都念念不忘在它以前的、已经成为过去的时代，纵然是后起的时代，也渴望它的后代能记住它，给它以公正的评价，这是文化史

---

① 钱穆：《晚学盲言》，广西师范大学出版社 2004 年版，第 195—198 页。
② 《史记》卷 80《乐毅列传》。

上一种常见的现象。……这里有一条回忆的链锁，把此时的过去同彼时的、更遥远的过去连接在一起，有时链条也向臆想的将来伸展，那时将有回忆者记起我们此时正在回忆过去。"① 怀古伤逝，是中国古代山水诗的永恒母题。"人们总喜欢对往昔这个时间的维度敞开怀抱，用已经逝去的历史唤起人们的现代意识。"② 在燕京山水诗中，作者往往将模山范水与吊古咏怀融为一体，展怀古伤今之情，在咏叹中寄寓兴亡之慨。

元代张养浩善咏兴亡之感，其《游香山》即非泛泛的赏山玩水之作：

> 常恐尘纷汩寸心，好山时复一登临。长风将月出沧海，老柏与云藏太阴。
>
> 宝刹千间穷土木，残碑一片失辽金。丹崖不用题名姓，俯仰人间又古今。

"宝刹千间"，最终还不是"残碑一片"？"宝"与"残"，"千间"与"一片"，在强烈的对比中呈现巨变的现实，俯仰之间，一切已成陈迹，令人沉思，发人深省。"俺曾见金陵玉殿莺啼晓，秦淮水榭花开早，谁知道容易冰消！眼看他起朱楼，眼看他宴宾客，眼看他楼塌了。"③ 诗人有感于历代兴废，意绪苍凉。

"三山五园"也是诗人们咏叹的对象。北京园林最大的特色就是皇家气派，流连其中，既能感受到风光之美，更是直面历史痕迹的形象表达。而其中的圆明园，因其承受的战火和掠夺，使得诗人们在面对废墟时，发出尤为强烈的慨叹。王闿运所作歌行长篇《圆明园词》，是反映社会现状的鸿篇巨制：

> 宜春苑中萤火飞，建章长乐柳十围。离宫从来奉游豫，皇居那复在郊圻？旧池澄绿流燕蓟，洗马高梁游牧地。北藩本镇故元都，西山自拥兴王气。九衢尘起暗连天，辰极星移北斗边。沟洫填淤成斥卤，

---

① ［美］宇文所安：《追忆》，郑学琴译，生活·读书·新知三联书店 2004 年版，第 21 页。

② 何方形：《中国山水诗审美艺术流变》，广西师范大学出版社 2006 年版，第 249 页。

③ 孔尚任：《桃花扇·余韵》，人民文学出版社 2006 年版，第 266 页。

宫庭映带觅泉原。渟泓稍见丹棱沜，陂陀先起畅春园。畅春风光秀南苑，霓旌凤盖长游宴。地灵不惜瓮山湖，天题更创圆明殿。圆明始赐在潜龙，因回邸第作郊宫。十八篱门随曲涧，七楹正殿倚乔松。轩堂四十皆依水，山石参差尽亚风。甘泉避暑因留跸，长杨扈从且弢弓。纯皇缵业当全盛，江海无波待游幸。行所留连赏四园，画师写放开双境。谁道江南风景佳，移天缩地在君怀。当时只拟成灵囿，小费何曾数露台。殷勤毋佚箴骄念，岂意元皇失恭俭！秋狝俄闻罢木兰，妖氛暗已传离坎。吏治陵迟民困痛，长鲸跋浪海波枯。始惊计吏忧财赋，欲卖行宫助转输。沉吟五十年前事，厝火薪边然已至。揭竿敢欲犯阿房，探丸早见诛文吏。此时先帝见忧危，诏选三臣出视师。宣室无人侍前席，郊坛有恨哭遗黎。年年辇路看春草，处处伤心对花鸟。玉女投壶强笑歌，金杯掷酒连昏晓。四时景物爱郊居，玄冬入内望春初。褭褭四春随凤辇，沉沉五夜递铜鱼。内装颇学崔家髻，讽谏频除姜后珥。玉路旋悲车毂鸣，金銮莫问残灯事。鼎湖弓剑恨空还，郊垒风烟一炬间。玉泉悲咽昆明塞，惟有铜犀守荆棘。青芝岫里狐夜啼，绣漪桥下鱼空泣。何人老监福园门，曾缀朝班奉至尊。昔日暄阗厌朝贵，于今寂寞喜游人。游人朝贵殊暄寂，偶来无复金闺客。贤良门闭有残砖，光明殿毁寻颓壁。文宗新构清辉堂，为近前湖纳晓光。妖梦林神辞二品，佛城舍卫散诸方。湖中蒲稗依依长，阶前蒿艾萧萧响。枯树重抽盗作薪，游鳞暂跃惊逢网。别有开云镂月台，太平三圣昔同来。宁知乱竹侵苔落，不见春风泣露开。平湖西去轩亭在，题壁银钩连倒薤。金梯步步度莲花，绿窗处处留赢黛。当时仓卒动铃驼，守宫上直余嫔娥。芦笳短吹随秋月，豆粥长饥望热河。上东门开胡骑过，正有王公班道左。敌兵未爇雍门获，牧童已见骊山火。应怜蓬岛一孤臣，欲持高洁比灵均。丞相避兵生取节，徒人拒寇死当门。即今福海冤如海，谁信神州尚有神！百年成毁何匆促，四海荒残如在目。丹城紫禁犹可归，岂闻江燕巢林木？废宇倾基君好看，艰危始识中兴难。已惩御史言修复，休遣中官织锦纨。锦纨枉竭江南赋，鸳文龙爪新还故。总饶结彩大宫门，何如旧日西湖路。西湖地薄比郇瑕，武清暂住已倾家。惟应鱼稻资民利，莫教莺柳斗宫花。词臣讵解论都赋，挽辂难移幸雒车。相如徒有上林颂，不遇良时空自嗟。

《圆明园词》以一个半世纪的园林兴废，写出百年成毁的匆促，表达了经世致用之情。诗人感情的河流，时而是"鼎湖弓剑恨空还，郊垒风烟一炬间"，写得激荡盘旋，时而是"湖中蒲稗依依长，阶前蒿艾萧萧响"细腻清婉，时而是"年年辇路看春草，处处伤心对花鸟"的真挚情怀，时而是"应怜蓬岛一孤臣，欲持高洁比灵均"的沉痛不已，随情赋形，纵笔挥洒，意象繁密，气势苍劲，笔力劲健，风格高古。结尾"图穷匕首见"，借司马相如的"不遇良时"，直指时弊，讽谏清廷，透露政治抱负落空之情。虽然王闿运对史实的分析、评判招致很多批评，但就诗论诗，《圆明园词》自有其动人之处。

咸丰十年（1860），在英法联军入城的当天，陈寅在《庚申八月二十九日》中沉痛写到同一题材：

> 古来和有策，今日战无功。戒夜銮舆出，当关锁钥空。
> 云愁鸟啄屋，军散马嘶风。秋草金台路，斜阳黯淡红。

一"出"一"空"，描画出一幅大清帝国的命运图景。军散云亦愁，斜阳正在秋草之外，这几个体现王朝江河日下的典型意象，正如荣格所言："每一个原始意象中都有人类精神和人类命运的一块碎片，都有着在我们祖先的历史中重复了无数次的欢乐和悲哀的一点残余。"[1] 其中是诗人对于落日河山的社稷之悲。

贾树诚则有《庚申九月作》，也是肃杀暗淡的现实写照：

> 郭外貔貅十万屯，严关何事竟开门。凶锋早裂贤王胆，款议翻邀虏使恩。
> 大吏效忠争扈跸，穷民无路亦狂奔。只应一片城头月，照得书生有泪痕。

大难之下，穷民无路。不满"开门"迎敌，却无力回天。1860 年深秋的一弯明月，高寒清冽，映衬着书生之泪，显得如此空洞、无奈。

---

① 荣格：《心理学与文学》，生活·读书·新知三联书店 1987 年版，第 122 页。

（三）山河心

长城，古代北京的重要屏障，也就成为诗人表达家国情怀的盛景。八达岭在延庆县内，东门题有"居庸外镇"，西门题有"北门锁钥"，气势磅礴，雄伟壮观。有徐渭《八达岭》、沈用济《登八达岭》等诗篇。古北口位于密云县东北，地势险要。春秋战国时燕在此筑长城，五代时是古战场，金代建铁门关，明代建古北口城，有顾炎武《古北口》、曹寅《古北口中秋》等诗篇。居庸关，雄踞昌平古长城上，"居庸叠翠"为"燕京八景"之一，较著名的诗篇有高适《使青夷军入居庸三首》，陈孚《居庸叠翠》，顾炎武《居庸关》，康有为《过昌平城望居庸关》等。

顾炎武曾参加昆山的抗清斗争，在起义失败后，他十谒明陵，遍游华北，致力于边防和西北地理的研究。特殊的身份和经历，使他的诗作比起其他诗人的写景诗多了审视山河形势的角度。顾炎武笔下之山河，已不重在景致本身，而在诗人对关塞形势的考辨和沉思：

居庸突兀倚青天，一涧泉流鸟道悬。终古戍兵烦下口，本朝陵寝托雄边。

车穿褊峡鸣禽里，烽点重冈落雁前。燕代经过多感慨，不关游子思风烟。

——《居庸关》

历史上的居庸关在军事上具有极重要的作用，被称为"绝险"、"天险"、"奇险"、"山险"。顾诗首联即写居庸关的雄伟，先用"突兀"直写，接着以"倚青天"、"鸟道悬"形象地强化山路的狭窄险峻。尾联感叹历史风烟。"游子"一词，本应尽显飘零之意，却并不觉可悲，因顾炎武生平对于坚贞气节的坚持，其顽强的生命状态，使他的诗歌多了一种孤标傲世的浩然正气、人格力量，甚至使人忽略了其诗歌在艺术上韵味不足的缺陷。

光绪十四年（1888），康有为到京应乡试不第。他住在北京，游十三陵、出居庸关、上八达岭，以诗纪行。其中有《过昌平城望居庸关》一首：

　　　城堞逶迤万柳红，西山苕峣霁明红。云垂大野鹰盘势，地展平原骏走风。

　　　永夜驼铃传塞上，极天树影递关东。时平堡堠生青草，欲出军都吊鬼雄。

　　这首诗气势动荡苍茫，感情凝重深沉：低垂的云层有雄鹰振翅盘旋之力，辽阔的大地绵延似迅疾的骏马奔腾。雄关漫道，关塞驼铃，构成了阔大的视听背景，气势飞动，富于感染力，但其中蕴含着对国家民族的隐忧，所以对"鬼雄"的凭吊也只是徒增忧思而已。

　　诗人们在创作山水文学作品时，不只是咏叹胜境，同时也表现了自身对气节、人格的要求，"百行以德为首"①，强调的就是对气节、人格的重视，反映了文人们怀念前贤、走向前贤的共同愿望。阅名山大川以崇德安身、自我完善，成为山水文学作品中一个重要主题。因此，范仲淹登岳阳楼时更坚定了"先天下之忧而忧，后天下之乐而乐"，"不以物喜，不以己悲"的仁人之心；王勃面对滕王阁时表达的是"穷且益坚，不坠青云之志"的执着；王安石游褒禅山体味到的是"非有志者不能至"的仕途真谛，苏轼记沧浪亭反思的则是"向之汩汩荣辱之场，日与锱铢利害相磨戛，隔此真趣，不亦鄙哉！"燕京山水诗将山水之爱与道德境界结合起来，山水成为净化灵魂、修养人格、体现胸怀的最佳场所。千姿百态的自然景观与丰富多彩的人文内涵共同构成了燕京山水诗的生命力。

三　哲理观照：燕京诗中的妙悟直觉

　　在燕京山水诗中，除了梗概多气、志深笔长的雄浑家国之诗，也不乏对自然清音的追求。诗人们除了对山水进行道德观照外，还对山水进行哲理价值观照。"唯天下至诚，为能尽其性；能尽其性，则能尽人之性；能尽人之性，则能尽物之性；能尽物之性，则可以赞天地之化育；可以赞天地之化育，则可以与天地参矣。"② 在山水中，流动、潜藏着生命的奥秘，是否能参悟其中的神奇，是否能参与天地生命的化育，验证着人与宇宙生

---

　　① 《世说新语·贤媛》。
　　② 《中庸》第二十二章。

命的和谐与否。"山川大地是宇宙诗心的影现；画家诗人的心灵活跃，本身就是宇宙的创化，它的卷舒取舍，好似太虚片云，寒塘雁迹，空灵而自然！"① 只有诗人保持其本真的状态，才有可能应和自然的韵律节奏，与自然的创化共舞，甚至自身即消失而融入自然。

哲理价值同样是借一种同构的形式来观照山水。自然的形式系统存在着与哲学形式系统的同构关系，自然体现的规律性原则在社会人生中同样存在，自然山水成了理念、悟性的物化体现。如：

离离原上草，一岁一枯荣。野火烧不尽，春风吹又生。

　　　　　　　　　　　　——白居易《赋得古原草送别》

不识庐山真面目，只缘身在此山中。

　　　　　　　　　　　　　——苏轼《题西林壁》

山重水复疑无路，柳暗花明又一村。

　　　　　　　　　　　　　——陆游《游山西村》

泾溪石险人兢慎，终岁不闻倾覆人。却是平流无石处，时时闻说有沉沦。

　　　　　　　　　　　　　——杜荀鹤《泾溪》

莫言下岭便无难，赚得行人错喜欢。正入万山圈子里，一山放出一山拦。

　　　　　　　　　　——杨万里《过松源晨炊漆公店》

虽然哲理价值与道德价值在作品中反映了不同的山水审美视角，但它们都属于举一反三、触类旁通的比类思维方式，体现了人与自然的生命节律以及人对自然的生命共感。只不过在国家命运、历史烟尘的思考中，诗人更多呈现的是强烈的主体感怀，而在哲思领悟中，诗人更崇尚的是静思而得的思维之境。诗人由景物自然延伸到对人生、社会的认识和议论，表达诗人得之于山水的智慧，使人得到理性的启迪，增生出创意的奇崛和巧慧。这是以一种妙悟直觉的方式体现着人与自然间的相亲。此刻，山水不再负载过多的政治色彩或社会内容，而更多集中于其自身给人带来的较纯粹的审美直觉。"悠悠乎与颢气俱而莫得其涯，洋洋乎与造物者游而不知

---

① 宗白华：《美学散步》，上海人民出版社 1981 年版，第 73 页。

其所穷。……心凝形释，与万化冥合。"① 把自我彻底忘却，化入万物万象之中，才能触摸到自然本体的底蕴，把握宇宙本体的脉动。进入这种审美境界，往往能捕捉自然最具神韵的部分，达成与自然大生命的默契。诗人甚至不再满足于听到、看到、感受到的自然之美，而寻找一种比事物自然本性更深刻的内涵，追求一种更广阔的境界，即超越自然，创造出比自然更美、更具概括性、更具透视力的境界。

今中南海（原名太液池）东岸万善门旁，有一水埠，水中有亭叫"水云榭"。水云榭建于康熙年间，康熙专门写了一首《水云榭闻梵声诗》："水榭围遮集翠台，熏风扶处午后开。忽闻梵诵惊残梦，疑是金绳觉路来。"后来乾隆皇帝也和诗一首："云无心出岫，水不舍长流。云水相连处，苍茫数点鸥。坐席生烟云，石栏俯秋水。空明是我心，何如漆园吏。"庄子曾为漆园吏。看来，连君临天下的帝王之尊，至少在表面上也希望能接近觉悟之道，空明之境。

燕京八景之一"蓟门烟树"，在李东阳的笔下，助成了诗人在另一番世界的沉浸：

　　蓟门城外访遗踪，树色烟光远更重。飞雨过时青未了，落花残处绿还浓。
　　路迷南郭将三里，望断西村有数峰。坐久不知迟日暮，隔溪僧寺午时钟。

——《蓟门作》

诗人游踪所至，目为景触，心为景动，神为景思，因此在作品中必然融入作者的情绪，营造出景物与诗人情怀交融的意境。诗中生动的山川草木，愈加浓郁的绿意，正是诗人胸中气韵的寄托物。有所"不知"，才能有所"感知"。进入"无我"的状态，方能真正获得一番对于大自在的体验，重新显示出那个更本真的"我"。在心沉下来的那一刻，世事的苍茫也都随着悠扬的钟声远去了，余音袅袅，荡漾着一种韵在言外的美。

香山以暮秋红叶闻名，金代诗人周昂作《香山》却另有乾坤：

---

① 柳宗元：《始得西山宴游记》。

　　山林朝市两茫然，红叶黄花自一川。野水趁人如有约，长松阅世
不知年。

　　千篇未暇偿诗债，一饭聊从结净缘。欲问安心心已了，手书谁识
是生前。

　　红叶、黄花，却不是为了一证这个世界的斑斓，因为诗人"心已
了"，"不知年"。道家有所谓"齐物"之论，佛家有说"不生憎爱，亦
无取舍，不念利益、成坏等事，安静闲恬，虚融淡泊"。[1] 但真正"齐物"
"不念"者又有几人。世人尚在"茫然"之中，诗人却已在"野水"之
畔、"长松"之下勘悟了净缘。

　　"登览诗，涵有人与自然之间隐潜的精神联系，映现着中国山水诗人
的心灵境界。"[2] 登山，不是为了征服，而似乎意味着一次与自然之道融
合的机会。在攀登的过程中，与自然结缘的诗人，自能读懂大自然传达的
智慧之音：

　　指点风烟欲上迷，却闻钟梵得招提。青松四面云藏屋，翠壁千寻
石作梯。

　　满地落花啼鸟寂，倚栏斜日乱山低。去来不用留诗句，多少苍苔
没旧题。

　　　　　　　　　　　　　　　　　　　　——文徵明《登香山》

　　满地落花，唯闻山鸟的鸣啼，昭示着大自然的生机。此刻传来的钟磬
之声在山间萦回，传达着山间古寺的幽远之美。梵钟也唤醒了红尘中的痴
迷之梦，醒悟到在寂静的山林间，多少人间的痕迹被历史的烟尘遮蔽，又
何必牵绊多多，徒劳地用文字挽留什么呢?!《晋书》载有羊祜的登山之
感："祜乐山水，每风景，必造岘山，置酒言咏，终日不倦。尝慨然叹
息，顾谓从事中郎邹湛等曰：'自有宇宙，便有此山。由来贤达胜士，登
此远望，如我与卿者多矣，皆湮灭无闻，使人悲伤。如百岁后有知，魂魄

---

　　① 《景德传灯录·卷五·惠能传》。
　　② 胡晓明：《万川之月——中国山水诗的心灵境界》，北京大学出版社 2005 年版，第
75 页。

犹应登此也。'"① 人生有限，自然永恒，这就是生命的定数，伤感难免，却不必强求！大而化之，人生短暂，毕竟生命却永恒！

论及山间的彻悟，当然离不开寺院这一典型背景：

> 一派峰峦侵碧汉，独尊梵宇出红尘。岭松月挂上方晓，山杏花飞下界春。
> 趁淀湖泉争入望，切云陵树与为邻。我来不尽登临兴，又逐东风观紫宸。

——徐贯《游香山偶成》

碧云寺位于北京海淀区香山公园北侧，是园林式寺庙。创建于元至顺二年（1331），寺院依山势而建造，形成数百级台阶依地势而起的布局：

> 并马寻名寺，登高藉短筇。飞泉鸣古涧，落月照寒松。
> 石路经千转，云岩复几重？人间多梦寐，谁听上方钟？

——谢榛《初冬夜同李伯承过碧云寺》

寺院，既与凡尘有着令人敬畏崇拜的距离，又吸引着红尘中人向它亲近。流泉古涧、落月寒松，石路回转、云岩重叠，纯粹高远而富于审美质感的山间景色，给人带来无穷想象，吸引着诗人向上攀登的努力。"千转"、"几重、"梦寐"，无不让人玩味，生发"不知觉者何人"的联想。

清净无言的淡远之美，具有养性的意义，是清静淡泊的心情的反映，在山水诗中往往体现了超然旷达的态度，潇洒自适的情趣。冲淡之美具有清秀、淡雅、优柔、幽静的风姿，多描绘清泉、幽石、曲涧、细柳、清风、朗月等阴柔之象，看似柔弱，其实优雅淡远之美同样体现出一种情操：

> 入寺闻山雨，群峰方夕阳。流泉自成响，林壑坐生凉。
> 竹覆春前雪，花寒劫外香。汤休何处是，空望碧云长！

——王士祯《碧云寺》

---

① 《晋书》卷三十四《羊祜传》。

春前严寒，雪压竹林，却有斗寒的花朵飘香。能在严酷的考验中不污其体、不渝其贞，方显生命的力度。诗人在这一境界中体味到精神的提升和圆满。

但也并非每一位来到佛寺的诗人，都能沉醉在淡然无言的觉知中，或是坚守在自己"求仁得仁"的选择中。相比较之下，身事两朝的钱谦益，心境就五味杂陈得多了：

丹青台殿起层层，玉砌雕阑取次登。禁近恩波蒙葬地，内家香火傍禅灯。

丰碑巨刻书元宰，碧海红尘问老僧。礼罢空王三叹息，自穿萝径拄孤藤。

——钱谦益《碧云寺》

钱谦益，明万历进士，官至礼部尚书。清军攻陷南京，降清，仍做礼部侍郎。后辞归。他学识渊博，名满天下，但在人格方面也颇受"首鼠两端"之讥。诗为作者清明前受命至昌平祭陵，归途中游西山所感。诗中描绘了碧云寺依山而建的形势，"香火""禅灯"，"丰碑""巨刻"，历史和现实勾连在一起，流露出沉郁之气。碧海红尘，沧海桑田，其中的滋味，诗人也早已咀嚼再三，其中的复杂，大概只有自己的内心体会得最刻骨。礼佛之余，一切的语言都是无谓的。长满藤萝的小道上，是诗人沉吟的背影，结尾落寞、孤寂，空留感叹。对于钱谦益来说，人生斑驳的真相，应该也就是属于他的一种领悟吧。

燕京的山水诗人，通过山水与人世、人格的沟通，在山水之间寄托情怀，在大自然中安顿生命。燕京的山水形胜和文化气息赋予了燕京山水诗以崇高的内涵，体现出强烈的风骨、浓郁的色彩。同时，在对作为自然本体的独立性的展示和呼应中，燕京山水诗也表达出向觉悟之境的靠近，呈现着诗人的心灵境秘和哲理思考。

参考文献

1. 胡晓明：《万川之月——中国山水诗的心灵境界》，北京大学出版社 2005 年版。

2. 陶文鹏、韦凤娟主编：《灵境诗心——中国古代山水诗史》，凤凰出版社 2004 年版。

3. 胡晓明：《中国诗学之精神》，江西人民出版社 2001 年版。

4. 葛晓音：《山水田园诗派研究》，辽宁大学出版社 1993 年版。

5. 章尚正：《中国山水文学研究》，学林出版社 1997 年版。

6. 王慧：《荒野哲学与山水诗》，学林出版社 2010 年版。

7. 高巍、孙建华：《燕京八景》，学苑出版社 2008 年版。

（梁晓云　北京第二外国语学院国际传播学院　北京　100024）

重访与重构：北京街景中的
近现代文化遗存

李林荣

引言：北京近现代文化遗存资源亟待利用

北京作为首都，责无旁贷地承载着对内与对外双重的文化中心功能。对内，北京既是全国文化人才和文化资源的高浓度凝聚点，也是全国文化事业的枢纽和文化活动的轴心。对外，北京在世界城市格局中和国际文化舞台上，一向被视为中国整个国家文化形象的代表。这既是北京城市发展历史的客观写照，也是新时代、新形势对北京城市发展的现状和前景的实际要求。

习近平总书记 2014 年 2 月就推进北京发展和管理工作提出的五点要求中，北京的文化中心功能，从城市战略定位和城市功能协同的高度，得到了确认："坚持和强化首都全国政治中心、文化中心、国际交往中心、科技创新中心的核心功能，深入实施人文北京、科技北京、绿色北京战略，努力把北京建设成为国际一流的和谐宜居之都。"[①] 3 月初，郭金龙书记在市委十一届五中全会上，就深入学习领会、贯彻总书记重要讲话精神，提出了有关首都发展的全局性、战略性问题的十点新认识，其中，也对北京的城市现代化建设和独特历史文化底蕴及文化遗产的发掘、保护的全面协调，特别做了阐述："要在保护古都风貌上有新认识。妥善处理古都保护和现代化建设的关系，一方面不断融入现代元素，使城市设施更加符合现代生活的要求；另一方面保护和弘扬优秀传统文化，延续文脉，承

---

① 新华网北京 2014 年 2 月 26 日电：《习近平在北京考察　就建设首善之区提五点要求》，http：//news. xinhuanet. com/politics/2014 – 02/26/c_ 119519301_ 3. htm。

载乡愁。同时要处理好保护古都风貌与改善居民生活条件的关系，让广大市民能够找到记忆中的老北京。"①

　　毫无疑问，在当前和今后一个时期，北京城市发展、管理和建设的实践中，继续提升文化中心功能、不断完善文化遗产的传承和保护，既顺应新的政策形势，又符合北京以往至今的历史特色和未来发展的取向定位。对此，在笼统的理念层面，凝聚共识、达成一致，固然很重要。但更关键的是，还必须在看待和解决从我们面前的现实情境中产生的具体问题时，形成切实有效的思路和对策。自 20 世纪 80 年代起，伴随北京旧城改造和现代化建设的日渐提速和大范围拓展，有关历史古迹、文化旧址以及胡同四合院等传统街区的拆迁、改造和存留、开发等议题，一直是舆论和学界高度关注的焦点和热点。经过多年的讨论、争议，围绕城市物质遗存的去废存留，虽然在思想上还远未形成清晰明确、广泛认同的定见和定论，但在事实上，原封不动的消极保护和彻底拆光的过度开发，都显示出了偏执一端、毋庸辩驳的局限。城市物质遗存的文化承载，并非恒定的常量，自然岁月的侵蚀注定会使之趋于消减以至寂灭。城市现代功能的繁复增益和过密过快的内卷式的空间需求，也并非主观人为的偶然因素所致，而是世界城市现代进程中的一个普遍征候。

　　当前，北京无论中心城区或远郊区，也无论市容市貌或自然人文景观，总体格局和细节现象都已经和历史上的古都拉开了极大距离。这已是不可能通过扩大文物保护事业的适用范围或施加其他行政手段来逆转的一个客观状况。在此条件下，文博专业意义上的城市物质文化遗产的保护，尽管仍应予以一如既往的重视和投入，但已非当务之急。在城市文化功能的提升和历史底蕴的传续方面，现在更应该积极探索、适时破解的问题是：如何在不仅限于文博专业场所的城市日常生活的广阔空间里，全面恢复当代北京与历史古都的文化形式、文化精神、文化场域的紧密关联，从当代中国文化中心与世界文化之都的现实氛围中，全面激活北京丰厚的历史文化资源，以刷新当代北京的文化形象、充实当代北京的文化能量。

　　以下的调研报告，试就上述问题的解决之道，做两点探索、论证：一是将北京历史文化资源的发掘、保护和利用的范围，从以古代为重，转变

---

① 北京日报讯（记者汤一原、吴迪）：《市委召开十一届五次全会要求以总书记讲话精神武装头脑　奋力开创首都工作新局面》，《北京日报》2013 年 3 月 3 日第 1 版。

为古代与近现代并重，并借此为确立和阐释当代北京文化特色的形式与内涵，提供更直接的历史依据；二是将历史文化资源全面注入当代北京的宏观城市建设和微观街景设计，汲取世界其他国家和地区都市建设与街景设计的成功经验，引入文化创意产业的理念和机制，促成城市历史文化资源向当代城市公共生活的核心场域——街景空间的多形式符号化。

重访北京街景中的近现代文化遗存

综合文献检索和实地寻访所得，对北京街景中当前形迹尚在或可资利用的近现代文化遗存，按其所在城区方位和原本用途，分类列述如下。

1. 文化名人故居

（1）西城区

康有为故居

在西城区菜市口东南米市胡同43号南海会馆旧址内。1984年列为市级重点文保单位，但未进行修缮复建。会馆原由13个小院组成，康有为多次来京的住处在其中一个种有7棵古槐、名为"七树堂"的小院内，康自名为"汗漫舫"。该小院早已不存①。目前，整条米市胡同连同周边街区都已拆除，正围在大片工地内，已看不到形迹。南海会馆今后是否复建不详。

谭嗣同故居

在菜市口大街北端西南侧的浏阳会馆旧址，现为文物保护单位，未予复建，但院落整体存留，原大门封堵为一间房，旁开小门。谭嗣同于1895年来京至1898年9月被捕期间，住在此院北套间，谭称之为"莽苍苍斋"。②

蔡锷故居

在西城区棉花胡同66号。蔡锷1913—1915年间在京养病时曾居住于

---

① 参阅陈光中《风景——京城名人故居与轶事》（1），新世界出版社2002年版，第93—95页。

② 同上书，第107页。

此。整体格局是一座二进四合院，原为天津盐商何仲璟私宅。现为民宅，格局依旧。①

鲁迅故居

全市共有四处。依鲁迅入住时间的先后，第一处是绍兴会馆，原称"山邑会馆"，鲁迅入住当年改称"绍兴会馆"。鲁迅在此居住了七年半，从 1912 年 5 月 6 日自南京抵京次日起，到 1919 年 11 月 21 日由此迁往八道湾止。在这里，鲁迅最初四年，一直住在馆内西北角名为"藤花馆"的第二进院里的西屋。之后，鲁迅改住会馆南部第二进小院的西屋，鲁迅称之为"补树书屋"。1918 年春问世的鲁迅成名作《狂人日记》，就是鲁迅住在"补树书屋"时期的劳动成果。② 目前，绍兴会馆作为文物保护单位整体存留，但内部早已屡经拆建，成为大杂院，几进院落的格局依稀可辨，鲁迅原住的房屋已无迹可寻。

第二处在西直门内大街东端以南的八道湾胡同。两年前，八道湾整条胡同随其周边街区一起被彻底拆除。此前，鲁迅原住址——八道湾胡同 11 号院仍整体存在。鲁迅 1919 年 11 月 21 日入住此院，因 1923 年 7 月 14 日与同住院内的二弟周作人失和，于 8 月 2 日迁往砖塔胡同，总计在这里住了 3 年 8 个月。鲁迅在这里创作了他最负盛名的小说作品《阿 Q 正传》。

第三处在砖塔胡同，当年门牌 61 号，现门牌 84 号。鲁迅 1923 年 8 月 2 日迁至此院，住进院内三间北房，1924 年 5 月 25 日从此迁居西三条胡同，前后 9 个多月。1924 年春节期间在这里鲁迅创作了《祝福》。③ 这个小院不是文物保护单位，但目前还整体存留，院内已被小房塞满，北房还在，但显然已非旧物。院外的砖塔胡同多年前已拆去大半。

第四处是当年的西三条胡同 21 号院，位于今阜成门内宫门口二条 19 号的鲁迅博物馆院内，作为国家重点文物予以保护，常年开放。鲁迅于 1924 年 5 月 25 日迁出砖塔胡同至 1926 年 8 月 26 日离京南下在此居住，为期 2 年 3 个月。1929 年、1932 年两次从上海回此探亲。

---

① 参阅陈光中《风景——京城名人故居与轶事》(1)，第 118 页。
② 同上书，第 3—17 页。
③ 同上书，第 30—37 页。

张恨水故居

共两处。第一处在北沟沿甲 23 号一座四进四合院，这是张恨水 1946 年初从南京来北平筹办《新民报》时所购，该院后门开在砖塔胡同。第二处在砖塔胡同，当初门牌是 43 号，后改为 95 号，这是张恨水 1949 年 5 月患病后出卖北沟沿宅院后改置的一个小四合院，他在此住至 1967 年去世。① 这两处宅院都已在 2001 年拆除。②

宋庆龄故居

新中国成立后宋庆龄在北京先后有多处住址，目前存留、保护的主要有两处。一在西城区后海北沿 46 号，原做过清大学士明珠府、成王府和醇亲王府花园。1961 年改建为宋庆龄在北京的住宅，1963—1981 年宋庆龄在此居住、工作。1981 年设为国家重点文物保护单位，并常年对社会开放。③ 宋庆龄在京的另一处现有保护的住址，在今朝阳门内南小街 439 号，是宋庆龄 1949 年初至 1958 年期间在京住处，是一座坐北朝南的二层小楼，民国时期美国驻华大使司徒雷登一度在此居住，2003 年街道改造建设时曾重修。

齐白石故居

共有两处。一在西城区邻近辟才胡同西口的跨车胡同原 15 号、今 13 号院，是齐白石于 1926 年自购的住宅，之后在此常住，1957 年 9 月在此去世。二在东城区南锣鼓巷西南边的雨儿胡同 13 号院，是 1955 年政府购置分配给齐白石的住所，齐白石 1955—1956 年间曾在此居住，后搬回跨车胡同 13 号。以上两处，现均作为文物保护单位，整体保留。④

---

① 参阅邹仲之编《抚摸北京：当代作家笔下的北京》，生活・读书・新知三联书店 2005 年版，第 106—107 页。

② 参阅陈光中《风景——京城名人故居与轶事》(2)，新世界出版社 2002 年版，第 16—18 页。

③ 参阅陈光中《风景——京城名人故居与轶事》(3)，第 107—108 页。

④ 参阅陈光中《风景——京城名人故居与轶事》(2)，第 77 页。

徐悲鸿故居

曾有三处,现都已不存。一在东城区建国门立交桥西南侧的东裱褙胡同 22 号,为徐悲鸿最早在北京租住之处。二在西城区珠市口东北侧的小椿树胡同 9 号,是徐悲鸿在京的第二处租住处。三在北京火车站东边的东受禄街 16 号院,是 1946 年徐悲鸿自购的住宅,他在此居住至 1953 年去世。① 1959 年兴建北京站时,徐悲鸿这处自购宅院被拆除。目前在位于西城区新街口北大街 53 号的徐悲鸿纪念馆里,设有东受禄街徐悲鸿故居的复原内景。

梅兰芳故居

梅兰芳在北京长期居住,地点分散多处。目前留存的主要有两处,一是出生地,在西城区大栅栏地区原称李铁拐斜街 45 号、现称铁树斜街 101 号院内;二是 1950 年至 1961 年去世为止所住的西城区护国寺街 9 号院。后者原为清王府马厩,民国年间曾改建做兵营,1986 年在此设立梅兰芳纪念馆并常年开放。②

程砚秋故居

程砚秋在北京先后有十余处住址,其中,西城区西四北三条(原名报子胡同)39 号,是程砚秋 1937—1958 年去世时的住宅,现属文物保护单位,但住有居民,未予复建。③

荀慧生故居

荀慧生在北京先后有过多处住址。宣武门外、菜市口东北方向的山西街甲 13 号,原是山西一萧姓木材商人自建的一进带花园的宅院,1957 年荀慧生购为自宅,并在居此住至“文化大革命”初期被举家驱离。现已设为文物保护单位,但未复建开放,主院格局存留依旧,西花园破坏较严重。④

---

① 参阅陈光中《风景——京城名人故居与轶事》(2),第 82—83 页。
② 同上书,第 106—107 页。
③ 同上书,第 118 页。
④ 参阅刘文丰《荀慧生故居的保护难题》,《北京观察》2011 年第 1 期。

郭沫若故居

在西城区前海西街 18 号，原址最初是恭亲王府马厩，新中国成立初期改建为蒙古国驻华大使馆，后一分为三，东边曾作为宋庆龄寓所。新中国成立初期，郭沫若初来京时，先住西四大院胡同 5 号，1963 年 11 月迁住至此，直到 1978 年 6 月 12 日去世。1982 年国务院将此址确定为国家重点文物保护单位，1988 年 6 月开放。①

老舍故居

老舍在北京的故居留有两处。一处是他的出生地和早年住址，在西城区新街口以南的小杨家胡同 8 号②，现原门牌仍存有民居宅院，外观和格局已几经改建、不见旧貌。未予保护。

老舍另一处故居，在灯市口西街丰富胡同 19 号、原门牌 10 号，老舍称此院为"丹柿小院"，这是老舍新中国成立初期自购的私宅，1950 年 4 月至 1966 年 8 月 24 日辞世时老舍一直在此居住。现属文物保护单位，并复建了老舍居室的历史原貌，常年整体对外开放。③

沈家本故居

沈家本（1840—1913），浙江吴兴（今湖州）人，清末进士，曾任刑部左侍郎、大理寺正卿、法部右侍郎、资政院副总裁，是我国近代第一部刑律、商律和民律（草案）制定者。他 1900 年来京后的住所原址在今西城区宣武门东南方向的金井胡同 1 号，现属文物保护单位，但未予复建，目前是民居大杂院。④

梁漱溟故居

在西城区积水潭地铁站东南方向的西海西沿 2 号，2002 年 5 月拆除。梁宅门牌原是小铜井胡同 1 号，后因宅院西花园为总政歌舞团舞美队征

---

① 参阅陈光中《风景——京城名人故居与轶事》(2)，第 159 页。
② 参阅陈光中《风景——京城名人故居与轶事》(3)，第 13 页。
③ 同上书，第 17 页。
④ 同上书，第 55 页。

去，院门改向东开，门牌随之改为西海西沿。① 这里是梁漱溟父亲梁济1913 年购置的私宅，梁家三代人前后在此居住 55 年，1968 年迁走，后变为多户共住的中央新闻电影厂家属宿舍院。

张自忠故居

张自忠故居原在今北京自忠小学以南的西城椅子胡同，后以张宅原址为基础，在今自忠小学位置创办了私立自忠学校，新中国成立后自忠学校一度迁移、合并至宣武区，原址学校几经改名，于 1988 年重新命名为自忠小学。②

邵飘萍故居

邵飘萍（1886—1926），浙江金华人，现代著名报人，《京报》创始人，中共秘密党员，革命烈士。他在北京的故居旧址，位于西城区骡马市大街东段以北的魏染胡同 30 号（原门牌 35 号）。1918 年 10 月 5 日邵飘萍创办《京报》，并将京报馆设址于前门外三眼井胡同。1921 年京报馆迁至琉璃厂小沙土园。1925 年春，邵飘萍在魏染胡同 35 号为京报馆建楼，10 月 26 日重阳节京报馆和邵飘萍住所正式迁至此。新中国成立后此处一度作为外文印刷厂职工宿舍。③ 现以京报馆旧址名义设为文物保护单位，未予复建。目前京报馆楼房及后院格局大体依旧，内部屡经改建、较为残破，住有多户居民。

林白水故居

林白水（1874—1926），福建闽侯（今福州）人，近现代著名报人，革命烈士。林白水 1901 年在杭州创办《杭州白话报》，1916 年和 1921 年先后在北京创办《公言报》和《新社会报》。现西城区骡马市大街中段以北的棉花头条 1 号，是林白水当年在京办报和被害前常住之处，也是《新社会报》于 1922 年复刊改名为《社会日报》后的报馆旧址。④ 棉花头条 1 号原为两进四合院，属区级文物保护单位，2002 年中国联通北京公

---

① 参阅陈光中《风景——京城名人故居与轶事》(5)，新世界出版社 2002 年版，第 35 页。

② 同上书，第 68—69 页。

③ 参阅陈光中《风景——京城名人故居与轶事》(3)，第 67—69 页。

④ 同上书，第 81 页。

司大厦兴建时被拆除，后在联通大厦东侧依原状重建，但未开放。

李大钊故居

李大钊 1916 年 6 月至 1927 年 4 月就义，在京居住近 11 年，先后住处有 5 处。其中，驸马后宅 35 号、现西城区文华胡同 24 号，是他1920—1923 年初租住之处，也是他在京住的时间最长的地点。[①] 现为市级文物保护单位，常年对外开放。

徐志摩故居

在西单小石虎胡同原 7 号、现门牌 33 号，原为松坡图书馆第二馆，1923 年徐志摩在此任英文秘书时，借此地点发起新月社聚餐会。明清两代此处先后为延陵会馆、宰相周延儒府、吴三桂之子吴应熊宅、右翼宗学，民国初期归财政部官产。现属区级文物保护单位，门牌仍存，但已改建为商铺，历史风貌已不存。[②]

田间故居

位于西城区什刹海后海北沿 38 号，现为田间后人私宅，未予保护。

萧军故居

共有两处。第一处来京初期住的什刹海后海北沿鸦儿胡同 30 号、现54 号。第二处之后长期租居的鸦儿胡同 6 号（原称后海北沿 7 号）的二楼，共四间房子。"文化大革命"期间被挤占，只能把其中一个房间凹进一角的储藏室做书房，萧军自名为"蜗蜗居"。萧军自 1951 年自东北来京，直至 1988 年去世，在鸦儿胡同居住长达 37 年，新中国成立后萧军所有作品均诞生于此。[③]

① 参阅陈光中《风景——京城名人故居与轶事》(3)，第 90 页。
② 参阅庞旸《踪迹难寻——小石虎胡同的故事》（三），庞旸新浪博客，http://blog.sina.com.cn/s/blog_ 573124590100dfjl.html。
③ 参阅陈光中《风景——京城名人故居与轶事》(7)，第 141—142 页。

（2）东城区

蔡元培故居

蔡元培在北京居住时间跨越清末和民国两个时代、地点分散多处，都是临时住处而非自购宅第。其中，在北大校长任上促成五四运动爆发的那一时期，他住在东城区东堂子胡同原门牌33号院。这座宅院后来改建成门牌为75号和77号的两个院落，蔡元培原住处在75号院。2000年77号院被拆除，75号院经呼吁得以暂存至今，现为文物保护单位。①

梁启超故居

梁启超自民国初年开始在京津常住，在天津购置、兴建有较大规模的西洋式楼房宅院，居住时间较长，在北京也有自购宅院，位于现东城区北沟沿胡同23号院，为坐西朝东三进四合院。后者今存，院内格局大体依旧，大门内照壁南侧小院门口墙嵌有"梁启超书斋"石匾。现为文物保护单位，但未予复建，内住有多户居民。②

朱启钤故居

朱启钤（1871—1964），贵州开阳人，历任清末京师大学堂译学馆监督、北京内城巡警厅厅丞、外城巡警厅厅丞、东三省蒙古事务局督办、津浦路北段总办，民国初五任交通总长、三任内务总长、一任代总理，1930年创办国内第一所古建筑研究机构"中国营造学社"。他是新中国成立前北京城区改造、北戴河海滨开发的主事者。新中国成立后天安门广场改造时，周恩来曾征求其意见。现朝阳门南小街和金宝街交叉口东南的赵堂子胡同3号，是他1931年与女婿朱光沐合购并亲自设计建造的私宅，沦陷时期为日寇低价强买，抗战后政府归还，但又一度被军统特务占住。新中国成立后朱自沪来京，周恩来安排其入住东四八条现111号院。赵堂子胡同朱家故宅一度被视为敌产没收，周恩来知道后，指示付予房款，朱自愿捐给国家，后曾改建为外交部招待所和职工宿舍。目前赵堂子胡同3号院

① 参阅陈光中《风景——京城名人故居与轶事》（1），第130页。
② 同上书，第95—96页。

以朱启钤故宅名义，设为区级文物保护单位，住有多户居民，不对外
开放。①

章士钊故居

在东城区史家胡同 51 号（原门牌 24 号），是章士钊 1959—1973 年的
住处。原为三进四合院，由周恩来指示有关部门分配给章，章只愿住前两
进院，遂将前两进院改建为独立宅院，为章士钊所住。之后，章含之和乔
冠华曾在此居住。② 现为文物保护单位，未对外开放。

梁实秋故居

在东城区内务部街原 20 号、现 39 号。梁实秋 1903 年在此出生，并
于 1919 年以前、1934—1937 年、1946—1948 年在此居住。③ 现为多户共
居的大杂院，院门边墙上钉有"北京市东城区普查登记文物"铭牌。

欧阳予倩故居

在东城区张自忠路 5 号，后院的 13 间平房，曾是欧阳予倩 1949 年 11
月自港来京至 1962 年 9 月去世前的住处。现为文物保护单位，驻有单位。
这里原是铁狮子胡同的一家医院，前院的洋楼，曾住过曹禺、金山、沙可
夫等知名文艺家。④

田汉故居

在东城区东四北大街细管胡同 9 号，是 20 世纪 50 年代初周恩来指示
中国戏剧家协会为田汉购置的住所，田汉在此住至 1968 年 11 月去世。现
改建为中西合璧宅院，已是文物保护单位，但未开放。⑤

沙千里故居

沙千里（1901—1982），江苏苏州人，抗战时期爱国"七君子"之

---

① 参阅陈光中《风景——京城名人故居与轶事》(1)，第 132—133、139—140 页。

② 同上书，第 152 页。

③ 参阅陈光中《风景——京城名人故居与轶事》(2)，第 34—35 页。

④ 同上书，第 99—102 页。

⑤ 同上书，第 140—141 页。

一，新中国成立后历任贸易部副部长、地方工业部部长、轻工业部部长、粮食部部长。其故居在东城区东四六条 55 号，现为区级文物保护单位，驻有单位，不对外开放。

杨昌济故居

在东城区鼓楼后豆腐池胡同 15 号、原门牌 9 号，是一座两进四合院。这是杨昌济 1918—1920 年的住宅，也是毛泽东 1918 年 8 月 19 日首次来京时的第一处住所，现为文物保护单位，但产权属私宅，近年进行过维护修缮。

毛泽东故居

1918 年毛泽东首次来京时，先在杨昌济家借住，后迁住景山东街三眼井吉安所左巷 8 号，原称吉安东夹道 7 号。现为市级文物保护单位，2002 年做过修缮。

叶圣陶故居

在东城区东四八条 71 号，是一座三进四合院，叶圣陶 1949—1988 年去世前在此居住。现为叶家后人居住的私宅，属于受保护的四合院。

茅盾故居

在东城区后圆恩寺胡同 13 号，是茅盾 1974—1981 年的住宅。现为国家级文物保护单位，常年对外开放。

梁思成、林徽因故居

梁思成、林徽因夫妇在京住址中，最具历史文化意义的一处，是他们于 1931—1937 年期间租住的原北总布胡同 3 号院，后经改建，门牌变为 24 号、26 号。[①] 梁思成、林徽因夫妇在此居住时，这里是北平文化界名人的一处重要的聚会场所，冰心曾有小说《我们太太的客厅》指涉此宅。居此期间，梁林夫妇还完成了大量在中国建筑研究史上富有开创性的重要

---

① 参阅陈光中《风景——京城名人故居与轶事》(6)，新世界出版社 2002 年版，第 13—14 页。

工作。2012 年 1 月被拆除，后在原址重建。

陈独秀故居

在东城区东华门地区箭杆胡同原 9 号、现 20 号院，位于北河沿大街以西骑河楼南巷和智德北巷之间。陈独秀于 1917 年 1 月至 1920 年 2 月在这个院的三间北房居住，当时这里也是《新青年》杂志编辑部所在。① 此前，1916 年 12 月，陈独秀来京期间曾在前门西河沿街的中西旅馆居住，并在此接受蔡元培邀往北大任职的探访。这处旧址现已不存。

（3）海淀区

顾颉刚故居

今北大东门外蒋家胡同 3 号，2002 年 7 月至 12 月修复，在原宅基础上扩建了一倍。经侯仁之先生呼吁力主，予以保护复建。②

马寅初故居

共有两处。一处在北大燕南园西南角 63 号院，是马寅初 1951—1960 年任北大校长时的住所，现仍存留。第二处在东城区东总布胡同 32 号，是马寅初自购私宅，1960 年 3 月他辞去北大校长以后至 1982 年去世，一直在此居住，现为马家后人居住的私宅。③

曹雪芹故居

位于北京植物园西南角，原名正白旗村，现名黄叶村。植物园兴建时，全村搬迁，辟为曹雪芹纪念馆，1983 年开放。④

冰心、吴文藻故居

冰心、吴文藻夫妇 20 世纪 20 年代末至抗战爆发前在燕京大学等校任教时，居住于现属北大的燕南园 66 号楼。现存留。

① 参阅陈光中《风景——京城名人故居与轶事》(6)，第 84 页。
② 同上书，第 157 页。
③ 参阅陈光中《风景——京城名人故居与轶事》(7)，新世界出版社 2002 年版，第 38 页。
④ 同上书，第 101 页。

冯友兰故居

燕南园 57 号院，冯友兰于 1952 年院系调整时从清华转往北大之际入住此处，直至 1990 年去世。现为冯友兰之女宗璞住所。

2. 文化场所旧址

宣南会馆

明清两代的会馆留存至今的旧址，主要集中在宣武门、前门以南，至珠市口大街、骡马市大街和广安门内大街两侧一带。其中，多有近现代文化、政治名人的活动旧迹。如有记载称林则徐 1813 年携眷来京初期，曾在贾家胡同的莆阳会馆、粉房琉璃街和上斜街的会馆和宅院暂住。① 朱彝尊曾在海柏胡同的顺德邑馆古藤书屋编写《日下旧闻》。康有为、康广仁曾住过米市胡同的南海会馆。梁启超曾住过粉房琉璃街的新会会馆。② 孙中山 1912 年八九月间多次莅临位于虎坊桥西南角的湖广会馆讲话，并主持了国民党成立大会，其间还曾赴位于珠朝街的香山会馆（后改名为中山会馆）花厅会客。毛泽东 1920 年曾率湖南驱逐张敬尧代表团来到位于烂缦胡同的湖南会馆召开"驱张"大会。聂耳 1932 年 8 月自上海来北平时，曾入住宣武门外校场头条 3 号（今 7 号）云南会馆。③

南城演艺区

清末民初，自前门外大栅栏到珠市口和天桥一片地区，兴建大量舞台演出场所，如大栅栏的庆乐园、同乐园、广德楼、三庆园、中和园、广和楼，珠市口到天桥一带的织云公所、文明茶园（后改为华北戏院）、第一舞台、新明戏园、新世界舞台、开明戏院（后改为珠市口影院）、城南游艺园舞台、德胜轩（后改为中华影院）、万盛轩等。新中国成立后，在这一区域及周边，先后建立了一大批艺术院校和剧团，如中国戏曲学校（后改为中国戏曲学院）、北京艺培戏剧专科学校（后改为北京市戏曲学

---

① 参阅陈光中《风景——京城名人故居与轶事》(5)，第 88 页。

② 参阅吴哲征《北京的会馆》，见《京华古迹寻踪》，北京燕山出版社 1996 年版，第 260 页。

③ 参阅吴哲征、王克昌《聂耳在北京》，见《古都艺海撷英》，北京燕山出版社 1996 年版，第 276 页。

校)、北京京剧院、北京市实验京剧团、北京风雷京剧团、北方昆曲剧院、北京芭蕾舞团、中国歌剧舞剧院、北京市河北梆子剧团、北京杂技团、北京群声河北梆子剧团、北京皮影剧团、北京舞蹈学校（后改为北京舞蹈学院）等。① 这片区域内，还留存有三处会馆戏楼，分别在虎坊桥西南角的湖广会馆、后孙公园胡同的安徽会馆和小江胡同的平阳会馆。② 这三处会馆戏楼近年都做了修缮。

大专院校旧址

中国大学，原址在西城区大木仓胡同的郑王府旧址。民国大学，原址在醇王府南府旧址，位于闹市口大街西南方向的太平湖东里和鲍家街之间。华北大学，原址在礼王府旧址，位于西四南大酱坊胡同，华北大学第二部也设在旧华北大学所在的礼王府内。卖给协和医院后，大部分房屋已经改建，只留下一两座房子，其原貌已不复可见。协和医学院，原址和现址一直在东单三条豫王府故址。辅仁大学，原址为庆王府花园旧址，女生宿舍原为恭王府一部分。北平大学工学院，部分校舍原属官园端王府遗留房屋。③ 北京艺术专门学校，旧址在现西单京畿道胡同民族事务委员会的大院，赵太侔、余上沅、闻一多、熊佛西20世纪20年代中后期曾在此任教。④ 京师大学堂，旧址位于景山东街（原名马神庙）乾隆纯惠皇贵妃四女儿和嘉公主府，1912年改为北京大学，后又改为北京大学二院即理学院，新中国成立后为人民教育出版社所在地。⑤ 五四运动初期，北大二院为北大学生总指挥部（北大一院即文学院，系1916年兴建，俗称红楼，现在原址建有新文化运动纪念馆）。京师女子师范学堂，旧址在今新文化街（原石驸马大街）斗公府故地，后改为女子师范大学。

梨园艺人聚居区

清末民初，南城逐渐成为梨园艺人寓所和科班集中地区，如王瑶卿旧居，位于大栅栏煤市街南口内西侧的大马神庙28号，今培英胡同20号。

---

① 参阅马铁汉《京师南城——戏曲艺术的摇篮》，见《古都艺海撷英》，第128—129页。

② 参阅李畅《三座尚存的会馆戏楼》，见《古都艺海撷英》，第154页。

③ 参阅杨纤如《三十年代王府与大学校址》，见《古都艺海撷英》，第5—7页。

④ 参阅李畅《北京戏剧教育的一页》，见《古都艺海撷英》，第12—14页。

⑤ 参阅马延玉《京师大学堂沿革及掌故》，见《古都艺海撷英》，第24—25页。

程砚秋旧居，位于前门外排子胡同（后移居西城报子胡同，今西四北三条 39 号）。荀慧生早年旧居，位于今崇文区南深沟胡同西侧銮庆胡同东口内，后迁往宣武椿树上三条 11 号（后改 19 号，今已拆除）、西城白庙胡同路南 22 号（今已拆除）及山西街 6 号（今甲 13 号）。罗巧福旧居，位于宣武区羊毛胡同（今西羊茅胡同）。徐小香旧居，位于宣武小安澜营。迟月亭早年旧居，位于天桥地区迟家胡同，后扩建归为永安路。"富连成"科班，初名"喜连成"，初创于 1904 年，以社长叶春善位于宣武西南园的私宅为址。茹莱卿，本工生行，梅兰芳武工师傅、琴师，其旧居位于粉房琉璃街响鼓胡同 2 号。侯喜瑞旧居，位于崇文门外手帕胡同 14 号（后改为 56 号，今已拆除）。"荣春社"科班，初创于尚小云私宅椿树下二条 1 号（后改为 2 号），后租椿树上头条与余叔岩宅第东侧间隔一门的 13 号院（后改为 25 号）、椿树横胡同 1 号院（后改为 1 号）以及西草厂路北 45 号（后为 79 号，均早已拆除）。[①]

文化遗存密集的特色胡同

除上已述及的之外，尤值一提的还有：

东总布胡同，其老门牌 45 号，后改为 53 号，原为一座三进四合院，1953 年中国作协购买了当时作为一座大酱园的 53 号院，修整为家属宿舍，严文井、罗烽、白朗、秦兆阳、艾芜、赵树理、舒群、陈白尘、萧乾、康濯、菡子、草明、张光年等著名作家曾在此安家居住。

米粮胡同，位于地安门内大街路西，民国时期文化名人聚居之地，胡适、陈垣、丁文江、傅斯年、徐志摩、梁思成、林徽因等均在此居住过。新时期邓小平同志也曾住在这条胡同。

慈慧胡同，在北京地安门内大街，因胡同内曾有古庙"慈慧寺"得名。20 世纪 30 年代初成立的"中国左翼戏剧家联盟北平分盟"（简称"北平剧联"），其机关与排演场旧址就在慈慧寺。[②] 另外，1933—1937 年间，美学家朱光潜在慈慧胡同 3 号居住，一度使其住处成为当时北平文人雅集的中心之一，情形载于朱光潜本人的作品。

---

① 参阅刘嵩崑《梨园轶闻》，北京燕山出版社 1998 年版，第 93、111、118、129、137、152、178、203、205、219 页。

② 参阅陆敬《慈慧胡同与"北平剧联"》，见《古都艺海撷英》，第 538—539 页。

重构北京街景中的近现代文化遗存

以上列述，基于远不完全的文献检索和实地勘证，但已清楚表明：北京街景中的近现代文化遗存，一方面常年经受着无可回避的自然侵蚀和人为毁坏，另一方面也长期面临着消极的原状保护无力落实、积极利用开发相对不足的问题。文博主管部门履行文物保护的措施及力度，无疑需要加强，特别是在与城市规划和地产管理部门的协调方面，亟待完善机制，确保文博主管机构依据文物保护法及时介入城建和地产规划的前期阶段，在关乎城市历史文脉和标志性物质遗产的保护上，建立下好先手棋的常态规范。

不过，同时也应承认，历史文化遗存随时间流逝而不断损耗其物质形式上的原貌、消散其精神蕴藉上的本味，这也是客观趋势。对历史文化遗存的珍惜和保护，不能拘泥于对它们本体的消极维护，还有必要延伸到以它们作为资源和素材的形式与意义的转化或重构。在这一方向上，当前文化创意产业领域的各种现成的技术手段和产业路径，都可以借用。而从街景中的历史文化遗存转化来的创意衍生品，应该比一般文创产品更能适合于广阔、开放、耐久的空间展示。下面，谨就当前北京街景中的近现代文化遗存的创意转化和重构，提出几条实施路径，以期抛砖引玉，得到批评、指正和补充、完善。

1. 组织工艺美术品设计和制作的专业机构，精心构造一批以北京近现代文化名人的故居或代表作中的人物、景物为造型素材的创意饰品和摆件，兼具纪念性和实用性，组织定点单位批量生产，投放首都旅游景点，特别是名人纪念馆和故居出售，并定期更新其品种，以此填补北京近现代历史文化景点缺乏标志性旅游纪念品的空白，并逐渐培育形成特色化、精致化的文化衍生品市场。

2. 在名人故居、文化场所旧址密集或相对集中的街道或社区，选择适当地点，向美术专业人员和机构招标立项，设计建造规制适度、与环境协调的标志性街景浮雕或立体雕塑，集中反映所在街区历史文化遗存的独特内涵，构筑具有直观形象感受和鲜明文化承载的新街景。①

---

① 在这方面，上海等城市已有成功先例。如在街心花园建造展现附近故居或旧址的主人公生平行迹重要姿态的立体雕塑，在文化名人旧居聚集的街道构建连片的仿铜质地的墙壁浮雕。

3. 重视门牌、胡同、街道、宅院、社区等地点名称的保护、延续和利用，从保护城市历史文化的非物质遗产的高度，尽最大可能在拆迁、改造和新建的街道、社区，沿用旧的门牌、胡同、街道、宅院、社区的名称，使得即便街道布局和建筑形态完全改观，也能在地名称谓上，保存和传续乡情、乡愁。

4. 出台相关政策、制度，鼓励、扶持在历史文化遗存资源富集的街道、社区兴办各类小型的公益博物馆、纪念馆、图书馆、展览馆，以此调动区、县和街道等各级基层组织，特别是社会力量和民间文博行家，共同致力于首都历史文化资源的保护、发掘和重构。

5. 组织有关部门对历史文化资源集中的街道临街建筑，特别是商铺店面，进行常态化的监管和指导，提倡和推行街景构造表达历史蕴含、展示文化标志，力避破坏街景历史文化氛围的庸俗、粗俗和杂乱违建。

6. 由文博主管单位牵头，尽快制定全市范围落实各级文物保护单位的规范化标准，并明确责任归属，使已经受到保护的历史文化遗存避免因无章可循或有法不依所致的人为破坏。

7. 在高校旅游管理专业增设城市历史文化遗存保护和文物保护法方面的专业必修课程，从专业教育阶段加强旅游从业者队伍的文物保护意识和相关法律意识。

（李林荣　北京第二外国语学院国际传播学院　北京　100024）

《钟鼓楼》中的北京叙事

廖四平

摘　要：刘心武的《钟鼓楼》是茅盾文学奖获奖作品中纯正的北京叙事之一；该作通过北京钟鼓楼附近一座古旧四合院里薛家的一场婚礼的叙写，塑造了薛大娘、詹丽颖、路喜纯、澹台智珠、卢宝桑、荀磊等一系列，从"政治地位，经济地位，文化水平，职业特征，居住区域，生活方式，总体状况的稳定性等七个方面"① 归纳了北京小市民的特点，写出了他们的昨天、今天、生活环境、心理状态等，写出了他们之间复杂而又微妙的关系；从艺术表现的角度来看，小说的主要特点一是采用了"花瓣式"的结构，二是情节"非戏剧化"，三是人物众多而又平凡化，四是细节和人物描写传神，五是书面语、口头语、哲理化语言夹杂使用，语言风格别具一格，六是历史感和生活感强。

关键词：茅盾文学奖　北京叙事　刘心武　《钟鼓楼》

一

刘心武的《钟鼓楼》最初发表于 1984 年的《当代》第 5—6 期上，人民文学出版社于 1985 年首次出版；该部小说是茅盾文学奖获奖作品中纯正的北京叙事之一，其内容梗概为：

1982 年 12 月 12 日，住在北京钟鼓楼附近的一座古旧四合院里的薛纪跃结婚，并在住处举行婚礼。新娘潘秀雅是某照相馆的工作人员。邻居荀磊送来自己剪的两个大红的"囍"字。荀磊是某重要部门的翻译，其

---

① 何镇邦：《是独创的，但不完美——谈〈钟鼓楼〉艺术探索的得失》，《文学自由谈》1985 年第 1 期。

女友冯婉姝毕业于北京外语学院，其父荀兴旺则因冯婉姝满身洋味儿而对她不满意，希望他能与娃娃亲郭杏儿结合。清华大学水利系学生张秀藻对荀磊心仪已久。薛纪跃的大嫂孟昭英原定这天起早来帮忙，但因女儿发烧而迟迟未到。薛家所请的掌勺师傅本是同和居的何师傅，但来的却是其徒弟路喜纯。与此同时，邻居詹丽颖来了。稍后，孟昭英也来了，但薛大娘对她的晚到很生气，加上大儿子薛纪徽没来，便把她数落了一番。孟昭英觉得委屈，便顶嘴，于是两人吵了起来。薛永全一边劝太太一边劝儿媳，詹丽颖也参与劝解。孟昭英这天除干活外，还要与澹台智珠一起去迎亲。澹台智珠毕业于戏校，最初在一个剧团工作，"文化大革命"中遭到迫害，进到纽扣厂当包装工，与普通车工李铠结婚。薛大娘以为他们夫妻关系和睦，儿女双全，是"全可人"，便请她参与迎亲以图吉利。但李铠因讨厌剧团里给澹台智珠唱小生的濮阳苏而出走，澹台智珠得去寻找李铠，于是由詹丽颖取代她去迎亲；但薛大娘因詹丽颖不是"全可人"而暗自不高兴。混混卢宝桑是第一个来宾，他到后便主动承担起为婚宴买啤酒的任务。此时，郭杏儿正提着大包的东西赶往荀家，詹丽颖、孟昭英与新娘子及其七姑坐在小轿车里前往薛家。郭杏儿在得知荀磊有对象后有些难过，但很快恢复了情绪。詹丽颖在接新娘回来后回家照应两位客人——嵇志满和慕樱，他们是被詹丽颖硬拉在一起谈对象的。澹台智珠在大街上寻找丈夫时碰到了自己的"粉丝"海奶奶和胡爷爷。此时，路喜纯精湛的厨艺赢得了薛家来宾的一致赞许，卢宝桑因此醋意大发，并找路喜纯的茬；小混混姚向东则趁人多眼杂之机混进薛家大院偷走了新娘的雷达表和薛家准备酬谢厨师的酬金。荀兴旺为使薛家喜宴不受影响而赶忙自己掏钱，让荀磊火速去商店买一块和新娘的那块一模一样的雷达表，并谎称是小偷逃走时丢在门口被他们捡到的。荀磊在买表回来的路上，遇见张秀藻；两人随之边走边聊，并在不知不觉中拐进了他们所住的胡同；身后不远，是高高的钟鼓楼。

二

小说中重要的人物主要有薛大娘、詹丽颖、路喜纯、澹台智珠、卢宝桑、荀磊等。

（一）薛大娘

薛大娘是一个北京普通市民。她"绝不是一个真正迷信的人，她知道迷信归根结底都是瞎掰，遇上听人讲述哪里有个老太太信神信鬼闹出乱子，她还会真诚地拍着大腿笑着说几句嘲讽的话；但她又同许许多多同龄的老市民一样，内心还揣着个求吉利的想法"。① 于是，在小儿子办喜事的那天，她一大早就起床收拾东西，心里还惦记着各种各样的琐事，害怕婚礼上会遇到什么料想不到的事；谁说错了话，她便立即以吉利的话来更正，谁做错了事，她就用吉利的说法来打圆场；大儿媳来晚了，她便训斥大儿媳；儿子结婚一定要挑个阴历阳历都是双数的日子，怕逢上单数会惹出丧偶之类不吉利的后果来；迎接新娘的人是要夫妻和睦、家庭美满、事业有成的"全可人"；当得知自己所选定的"全可人"澹台智珠不能去迎亲时，她惊吓得砸坏了杯子；当不讨人喜欢的詹丽颖毛遂自荐地代替澹台智珠时，她颇感不快；在得知主厨厨师路喜纯是"小茶壶"时，她愈是感到不快。她情感外露，几乎完全按自己的好恶来待人——对自己喜欢的人客客气气，对自己不喜欢的人尖酸刻薄，如喜欢澹台智珠，就对她客客气气，不喜欢詹丽颖，对她不但不友好，而且揭其老底。爱面子——为把婚礼弄得风风光光，她违心迁就许多新近流行的习俗。家长作风严重——大儿媳来迟了，她不仅生气，还发脾气；在大儿媳辩解时，她又觉得大儿媳忤逆。心胸狭窄——她对自己当年简单的结婚仪式耿耿于怀，动不动就发火。慈心重——为了让小儿子多睡会儿，她即使自己再忙也舍不得把他叫起来，看到他就对他"心生怜惜"；大儿子在婚宴快结束时才来，她也不愿向他倒苦水以防引起他的不快，还认可了他为工作而误了自家大事的做法。善良——她虽爱发火，但实际上又是"刀子嘴豆腐心"，在心底里希望周围的人都过得顺顺当当，而且讨厌一个人也不是永远讨厌，特别是当她所讨厌的人真诚地帮助她时，她也会真诚地感激那人，如当詹丽颖给她送炒米粉时，她就一下子满怀感激地高兴起来；虽然对路喜纯是"小茶壶"心存芥蒂，但当他圆满地干完了活后，又对他礼貌有加，希望与他以亲戚的关系往来。

总的来看，薛大娘可以说是北京普通市民特别是底层市民的代表。

---

① 《钟鼓楼》，人民文学出版社 1985 年版，第 9 页。

（二） 詹丽颖

詹丽颖是一个北京普通市民。总的来说，她往往好心办坏事、热情过度、心地善良、性子直爽。她在说话时嗓门高，想说什么就说什么，说话咋咋呼呼——她在设计院的工作歇息时间大声宣布："党委办公室新来了个副主任，是位部长夫人，个子那个矮啊——真叫'三寸丁谷树皮'，北京土话叫'地出溜'……"①"对一位为自己发胖而感到羞赧的女同事大声地宣布：'哟，你又长膘啦？你爱人净弄什么好的给你吃，把你揣得这么肥啊？'"②她的言行总是引起别人的误解、不满、不快——她自告奋勇地加入到迎亲队伍，弄得薛大娘不高兴；在接新娘的轿车里，她评点新娘子的衣服、下车让车上的人等她，结果弄得新娘的七姑不高兴。她非常任性，全然不顾别人的感受——在薛纪跃的婚礼上，她一边梳头一边伸头到锅上面去嗅，且自作聪明地帮倒忙；不考虑嵇志满与慕樱的意愿就硬撮合他俩；在和人发生争吵时，劝和的人即使是站在她一边维护她，她也一概不买账，有时甚至把原本是站在她一边维护她的人推向自己的对立面。但她热心快肠、乐于助人——她见潘秀娅的新娘服颜色不很协调，便自掏腰包，为潘秀娅买来一枚漂亮的别针；见老同学未成家就主动地为之操心。她的这种性格，既使她吃了不少亏——被划为"右派"并受了二十多年的改造之苦、干过最粗重的活、忍受过最粗鄙的侮辱、被人们当面无数次地批评，又使她得到了一些善报——赢得了爱情，最终得到人们的原谅等。

总的来看，詹丽颖是位带有另类性的北京市民。

（三） 路喜纯

路喜纯是一位厨师。他出身于一个底层市民的家庭——其父亲曾是天津某下等妓院的杂工，其母亲则曾是那妓院的一名妓女。品行端正、自强不息——在父母双亡后，他虽然无依无靠、孤苦伶仃，但"要强，越是从这种屈辱中诞生，他越是要自尊自重。他不堕落！他不消沉！他要在自己那平凡的岗位上，正正派派地为这个社会贡献出自己的汗水；他要在这

---

① 《钟鼓楼》，人民文学出版社 1985 年版，第 47 页。

② 同上。

种施展自己技艺的义务劳动中，认认真真地为普通的群众奉献出自己精心
创造出的美来……"①　因而不仅没有像同是住在胡同中的青少年姚向东、
卢宝桑等那样堕落，反而积极上进，从而赢得了同和居原掌勺师傅的青
睐，被他收为徒弟，并被传授了几样"绝活"。为人厚道、极富理智——
在婚礼上，卢宝桑无理取闹，并居心险恶地当众揭穿他不光彩的身世，在
他的伤疤上撒了一把盐，"他本来是完全可以通过狠狠地揍卢宝桑一顿，
以泄他心中的愤懑的，可是他在拳头就要飞出之际，忽然意识到他今天对
更多的人所承担的义务"②，便立马克制住愤怒，把痛苦埋到内心深处；
不计回报，薛家的汤封他也不收，只要能得到别人的肯定就很满足。厨艺
精湛、对工作尽职尽责——他的努力使薛家及其亲朋好友吃得眉开眼笑，
让新娘那爱挑剔的七姑也没找到麻烦。富有正义感——当看到一位妇女被
一个壮汉粗暴地大骂拉扯时，他便想同那个壮汉评理；在薛家的金表丢失
后，大家都怀疑是卢宝桑偷的，他却摒除私心，相信金表不是被刚刚给自
己造成极大伤害的卢宝桑偷了，并为卢宝桑开脱。

　　总的来看，路喜纯是位积极向上且有为的青年。

（四）澹台智珠

　　澹台智珠是一个京剧演员。她热爱自己的演艺事业，有为艺术献身的
精神——在结婚之前，她把艺术看得比什么都重；在"文化大革命"结
束后重返舞台时，她始终以认真的态度对待每一出戏。忠贞、有操守——
虽为戏子，但始终谨守妇道，即使遭丈夫无端猜忌甚至无理取闹，她也始
终没做有违妇道之事。为人友善——无论是对邻里还是对同事，她都很友
好，正因为如此，在薛家需要人迎亲时，薛大娘首先想到的是她；在剧团
人事组合发生变化时，同事们首先想到的是她；在路上也受到观众的追
捧。善良——总是从好的一面去想象别人，如当自己的搭档们被"师姐"
"挖走"时，她所想到的是搭档们跟着那位"师姐"能时不时地到全聚
德、丰泽园聚餐，到家里对戏，"跟着我澹台智珠呢？我倒有那个善待他
们的心，可就凭我跟李铠这点工资，能给他们那么多好处吗？"③

---

① 《钟鼓楼》，人民文学出版社 1985 年版，第 261 页。

② 同上。

③ 同上书，第 66 页。

总的来看，澹台智珠是一位品性、演技俱佳的演员。

（五）卢宝桑

卢宝桑是一个街头混混。他"起码在三代以上就定居在北京"①，祖父和父亲均为乞丐。形容猥琐——他"不仅穿得邋邋遢遢，而且胡子拉碴"②。粗俗——他一进薛家，就"一屁股歪坐在新沙发上，望望茶几上的糖果碟，甩着嗓门说：'谁他妈吃你这破糖！送我包烟是正经。'"③ 看到薛纪跃的结婚照，"他'嗤'地乐出了声来，那是一种阴阳怪气的闷笑；笑完他挨近薛纪跃身边，凑拢薛纪跃耳朵问：'怎么着！没先玩玩？我看她够你招呼一气的！'"④ 好吃鲜耻——在薛家婚宴那天，他"带着最佳竞技状态的食欲和一副功能健全的肠胃，准备在婚宴上大吃一顿"⑤，一进门就大模大样地要烟要糖，还嫌烟糖规格不够高。不尊重人——他一进薛家就自认为"此刻路喜纯是伺候人的，而他自己恰是被路喜纯所伺候的宾客之一"⑥，于是，对路喜纯说东道西、指手画脚，毫不留情地揭路喜纯身世的底。心肠毒辣——在"文化大革命"期间，他在批斗校长、老师的会上，总扮演那种揪着人家"坐飞机"的角色；除了揪人家胳膊、按人家脑袋外，他还会想出其他各种各样恶毒的办法。不过，卢宝桑也并非一无是处——"薛纪跃、潘秀娅置办家具时，他这个搬运工可尽了大力，往这屋里搬那三开大立柜时，摆放时，都是他吆喝着指挥的"⑦；在薛家没有啤酒的时候，他为薛家买到了啤酒等。

总的来看，卢宝桑是位不思进取、放任自流、品行不端的青年。

（六）荀磊

荀磊是一个翻译。他出身于工人家庭，所受的家教极严——偶尔出于本能的骂声，也会招致父亲的训斥，因而知书达理、品性纯正——薛家办

---

① 《钟鼓楼》，人民文学出版社 1985 年版，第 109 页。

② 同上书，第 108 页。

③ 同上。

④ 同上书，第 116 页。

⑤ 同上书，第 108 页。

⑥ 同上书，第 119 页。

⑦ 同上书，第 109 页。

喜事，他一大早便送去"囍"字以示祝贺。虽然生长在一个动荡的年代，但"据薛大娘他们回忆，在那几年里，院里头好像就没有苟磊这么个孩子似的。他一下学便坐在他家所在的那个小偏院里念书"①，书本匮乏，他便读旧台历。正因为如此，他的学习成绩也比其同龄人要好。爱国情感强烈——"在泰晤士河畔，听着威斯特敏斯特寺的钟声……他感到从来没有这样强烈地爱过自己的祖国——那是具体已极的、实实在在的祖国，有尘土飞扬的小胡同，古老的、顶脊上长着枯草的钟鼓楼，四合院黑乎乎的门洞，门洞顶上挂着一对旧藤椅，锁骨下和腰上有着枪伤的爸爸，爱做鸡蛋炸酱面给大家吃的妈妈，善良的安心于服务工作的姐姐们，以及那些可爱的邻居，从珠阿姨家传出来的胡琴声和咿呀的西皮流水腔，还有英语老师那似乎总是吃惊的表情……那就是他'天才'的来源，就是他的'基因'。"②

总的来看，苟磊是一个积极向上、具有新时代青年优秀品质的青年。

三

小说通过其内容及所塑造的一系列人物，尤其是薛大娘、詹丽颖、路喜纯、澹台智珠、卢宝桑、苟磊等所表达的主旨大致有以下几点：

1. 从"政治地位，经济地位，文化水平，职业特征，居住区域，生活方式，总体状况的稳定性等七个方面"③归纳了北京小市民的特点，写出了他们的昨天、今天、生活环境、心理状态等，写出了他们之间复杂而又微妙的关系。

北京钟鼓楼附近的那座古旧四合院是北京典型的民居，许许多多像薛大娘那样的北京市民及其父辈祖辈甚至上溯到许多代的先人就居住在或者曾经居住在那样的四合院里；工作的平凡低微、收入的微薄、住房的简陋狭小、邻里之间无法回避的"低头不见抬头见"及"被迫"的送往迎来等，这些便是他们的生活现状或生活环境，他们活得疲惫不堪、心烦意乱但又无可奈何，以至于像薛大娘竟在儿子结婚之日也忍不住发脾气，詹丽

---

① 《钟鼓楼》，人民文学出版社 1985 年版，第 38 页。
② 同上书，第 41 页。
③ 何镇邦：《是独创的，但不完美——谈〈钟鼓楼〉艺术探索的得失》，《文学自由谈》1985 年第 1 期。

颖的性情发生一定程度的扭曲，本分、规矩、善良、学有所长的路喜纯无端遭到混混的挑衅欺辱，澹台智珠家里家外、身心俱困，卢宝桑一如其父其祖不务正业、走歪门邪道，身为国务院某部局长的张奇林公务缠身、去国外出差在即也得参加邻居的婚宴。当然，他们的生活也不乏光彩和希望，有"继承"也有"发展"，如荀家儿子品学兼优，满门光彩；薛家儿孙满面、人丁兴旺；路喜纯既"超越"了其父母，又从师傅那儿学得几样"绝活"；卢宝桑虽然缺点多，但也并非一无是处……"从小说中虽看不到民族起飞的波澜壮阔的生活急流，看不到叱咤风云的英雄人物，却看到了生活中的各阶层市民的各种矛盾纠葛和复杂的心态，看到了形成民族性格的社会的、历史的、心理的因素"，"看到了半个多世纪的历史、古都北京的风貌神韵、民俗民情的沿革变化，看到了这里的此起彼伏的风云变幻"，也看到了"钟鼓楼下的大杂院将发生变化，中国将发生变化"①。

2. 写出了人们"在流逝的时间中，已经和即将产生历史感"②。

其一，小说标题为"钟鼓楼"，其故事也主要发生在钟鼓楼一带，于是，本是古代报时建筑的钟鼓楼就作为一种标志着时光流逝的意象，成了小说一个笼罩全局的象征；而围绕着这一象征，又有若干象征，如选择人类延续自身生命的婚礼事件作为主线，以计时器——一块镀金坤表为"贯串道具"，特意写到四合院门洞顶上所悬挂的海奶奶废而不弃的破藤椅以及海奶奶当作装饰的、停摆不走的老式挂钟等，所有这些象征，都是力图把读者的思维空间从一个小小四合院的"点"上、鼓楼前大街的"线"上、整个北京整个中国的"面"上拓展至全人类全世界的"体"上，并弥散开去，提醒人们去产生或"意识"一种神圣、深沉的历史感和庄严的命运感。

其二，小说有意使用卯、辰、巳、午、未、申等古代计时概念，能让读者意识到时间的流逝。

其三，在"共时性"地描绘人物"此时此地"的存在状态的同时，小说也把他们的过去叙述出来，如张奇林的革命生涯和坎坷经历，薛永全的喇嘛历史，卢宝桑的乞丐生涯，詹丽颖的"右派"生涯等。

其四，小说开头所追述的发生在一百多年前贝子府的神秘故事，从表

---

① 《新的高度——长篇小说〈钟鼓楼〉座谈会纪要》，《当代》1985 年第 3 期。

② 《钟鼓楼》，人民文学出版社 1985 年版，第 109 页。

面上来看似乎与小说的主题没有多大的关系，但它作为一种参照物，实际上造成了时间的距离，也就造成了历史感。

其五，"历史感"还体现在人物的心理、言行、性格以及人物的嬗替等诸多方面——"薛大娘坚持要小轿车接新娘，坚持要全可人去迎亲，为的是平息自己当年过门时的不足和窝心，那位令人啼笑皆非的七姑在迎亲办宴过程中的种种善意的挑剔，处处图吉利反而事事不吉利；苟大爷为儿子指腹为婚一事无法实现竟一直怀着难以泯灭的内疚，海老太太并无骗人之心地瞎吹胡编自己的身世遭遇，仅仅是为了满足一下自己的虚荣；韩一谭（'谭'应为'潭'——引者注）驯顺无争，谨小慎微到为了几句涉及江青的传闻竟真诚地送女儿去自首，梁福民、郝玉兰对生活的节俭近于苛刻，却偏要让儿子穿着新衣站在院子里吃柑橘，凡此种种今天四合院居民的所作所为、所想所思时，那种文化上的丝丝缕缕的联系便油然而现，使人感到昔日的四合院文化竟是那么根深蒂固地沉积在我们今天的生活里。"① 同时，"历史在发展，人们的观念在变化。退休老工人苟兴旺同他的儿子苟磊，当过喇嘛的薛永全同他的儿子纪跃，虽然只相差二十来岁，但在生活方式和观念心态上有着多么巨大的差异啊；当然，这两对父子异中又有同的方面，苟师傅很看不惯'新潮'的未来儿媳冯婉姝，却相中了指腹为婚的农村姑娘杏儿，但父子俩在自尊要强上则有性格上的延续，薛大爷尽管相信因果报应，轮回坏劫，却在婚礼要摆家宴、酬亲友，给儿媳买小坤表等事情上，同儿子并无二致。即使同一个人，例如慕樱医生，随着时间的推移、环境的变迁，她在婚姻爱情观的变化，前后又是怎样地迥然不同啊！"②

3. 写出了古老京华的历史积淀以及 20 世纪 80 年代的 "政治脉搏、改革气氛……社会重大矛盾"③，反映了现代生活方式与历史文化的冲突和交融的过程，展示了 "一幅当代北京市民生活的斑斓画卷，或者

① 邹平：《一部具有社会学价值的当代小说——读刘心武的小说〈钟鼓楼〉》，《当代作家评论》1986 年第 2 期。

② 章仲锷：《我看电视剧〈钟鼓楼〉——赞赏的与感到不足的》，《中国电视》1986 年第 6 期。

③ 刘心武：《〈钟鼓楼〉的结构与叙述语言的选择》，《北京师范学院学报》（社会科学版）1986 年第 2 期。

说……显示当代北京的社会生态景观"①。

小说虽然"没有直接写政治，写改革，写重大的社会矛盾"②，但是，每一个细节中都渗透着政治、改革、社会重大矛盾，如四合院居民的生活窘况形象地说明了改革的必要性和紧迫性，路喜纯和荀磊各自的学有所长及受欢迎或被重用、张奇林所辖的技术情报站新任站长庞其杉托张奇林帮忙从国外买书等反映出了一种重知识、重人才的时代气息。

4. 鞭挞了人们不易察觉的习惯惰性，歌颂了新一代自觉掌握命运创造历史的新篇章③。

薛大娘多年来在心里一直潜藏着自己当年出嫁时的自愧寒酸；海奶奶把早已不能用了的破藤椅高悬在门洞的天棚上，把早已停摆不走、不能指示时间的老式挂钟作为生活中不可或缺的装饰物；卢宝桑身上延续着其上代的乞丐心态和硬乞精神，这些都是古老北京的历史因袭物所造成的人们不易察觉的习惯惰力在京华的老市民和新市民的心灵里所产生的影响所致。荀磊依靠苦学和父辈朴实做人的教育，虽跻身于为人羡慕的外事部门，但仍自尊要强；路喜纯因正直、善良、宽容、厚道、实在而获得师父的青睐，从而学得几样绝活；薛纪徽公而忘私，为工作连弟弟的婚礼也顾不上参加，他们都属自觉掌握命运创造历史的一代新人，都是古老四合院"焕发"出来的一种"新气象"。

四

从艺术表现的角度来看，小说主要具有如下特点：

（一）"花瓣式"的结构

小说所"采取的是类似中国古典绘画中的那种'散点透视法'，整个长篇的结构不是'穿珠式'、'阶梯式'而是'花瓣式'，即从一个'花心'出发，生出五个花瓣，再在五个外面生出十个花瓣……或者又可以

---

① 刘心武：《〈钟鼓楼〉的结构与叙述语言的选择》，《北京师范学院学报》（社会科学版）1986 年第 2 期。

② 同上。

③ 参见章仲锷《编后试析〈钟鼓楼〉》，《北京师范学院学报》（社会科学版）1986 年第 2 期。

比喻为'剥橘式',即将一只橘子(生活)剥开,解剖为一瓣又一瓣的橘肉(个体及个体的生活史),貌似各自离分,却又能吻合为一个整体"。①具体地说,就是平行组合众多人物的生活故事,将众多人物的活动集中安排在短短的 12 个小时里,注重故事发展的"共时性":薛家在操办婚宴时,某局局长张奇林在自己家中处理公务、接待客人,鞋匠荀师傅正在修鞋,小混混姚向东正在街上徘徊,一群老人正在钟鼓楼下说古道今,农村姑娘郭杏儿正赶往父亲生前给她定下的婆家——荀家,医生慕樱在中学数学教师嵇志满那里讨得了珍贵的邮票后去找部长。

(二)情节"非戏剧化"

小说"没有设置一个基本冲突,不把情节向一个焦点汇聚"②,"没有追求戏剧性,绝少悬念与巧合"③,没有一条明显、单一的情节线索——小说的内容虽然围绕着薛家的婚宴展开,但四合院里九户人家的活动,并非都与之相关,"新潮派"女医生慕樱、局长张奇林等的活动更是与之毫无关联,读者"似乎每读完一节都可以暂时放下"④。

(三)人物众多而又平凡化

小说人物为数众多,其中,"能给读者留下印象的人物,大约在三十个左右,上自副部长,下自('自'应为'至'——引者注)小流氓,当然,主要还是最普通的售货员、卡车司机、园林工人、厨师、修鞋师傅、搬运工……以及一般的工程师、编辑、教师、大学生、青年翻译……也写到京剧演员、'浪漫女性'、拾破烂的老头、来自农村的姑娘……甚至江青,也作为一个有言有行的人物,被描绘在一段回叙之中"。⑤

---

① 刘心武:《〈钟鼓楼〉的结构与叙述语言的选择》,《北京师范学院学报》(社会科学版)1986 年第 2 期。

② 冼佩:《饱含现代意识的风俗画卷——〈钟鼓楼〉读后》,《语文教学与研究》1986 年第 22 期。

③ 刘心武:《〈钟鼓楼〉的结构与叙述语言的选择》,《北京师范学院学报》(社会科学版)1986 年第 2 期。

④ 冼佩:《饱含现代意识的风俗画卷——〈钟鼓楼〉读后》,《语文教学与研究》1986 年第 22 期。

⑤ 刘心武:《〈钟鼓楼〉的结构与叙述语言的选择》,《北京师范学院学报》(社会科学版)1986 年第 2 期。

虽然人物为数众多，但没有集中地刻画一或几个不凡的"拔尖"人物——很难说谁是小说的主人翁或主要人物，所刻画的是一批芸芸众生，都很平凡：其一，没有"高大全"的人物，几乎都是小人物，他们既不十全十美，又不十恶不赦，即使"眼下是国务院的正局级干部，说不定过两天就升副部长、部长"① 的张奇林也很平凡，没有常见的"大人物"那种"高大全"的特点；每个人物都有自身的历史和不同的性格，都是一个当代市民的生态标本，比如潘秀娅的七姑就是一个典型的小市民——在扮演"送亲姑妈"这一角色时，她充分地表现出了小市民的封闭性、保守性。又如，荀兴旺也是一个典型的小市民——他是一个鞋匠，是一个非常本分善良的人：他曾参加过八路军，参加过解放石家庄的战斗，受过重伤；在新中国成立后当了普通工人，退休后不愿闲着，在街上摆起了鞋摊；有这样经历的人对自己儿子的婚姻大事却存着十分陈旧的打算，即曾与战友为儿子"指腹定亲"。小说中的其他人物大多像潘秀娅的七姑和荀兴旺一样具有独特性和代表性。其二，小说里的人物没有主次之分，就像在日常生活中，每个人都有自己的生活道路、生活方式，没有谁注定就是主角一样；但也像在生活中某个特定的圈子里，谁都有可能成为主角而不能被其他任何人取代，具有其独特的身份、地位、特点一样，小说里的人物在特定环境里又是有主次之分、有其独特之处的，如在薛家，薛大娘是主角，她善良而又庸俗；在薛家厨房，路喜纯是主角，他勤快宽厚、手艺精湛……从而描绘出了"一幅当代北京市民生活的社会生态群落图，或者叫作当代北京市民生活的社会生态景观"②。

（四）细节和人物描写传神

小说严格遵循现实主义，"其记实之精确、具体，如描绘鼓楼前大街以及小胡同、大杂院的场景，简直到了一丝不苟的程度。特别是其中一些场合人物心态的刻画，可说是惟妙惟肖，连'内行'也称道不已。例如关于柜台前某些售货员'浅思维'的剖析；慕樱医生门诊看病时同患者的对答"③，路喜纯在受卢宝桑侮辱后的痛苦心理，薛纪跃在婚前所感到

---

①　《钟鼓楼》，人民文学出版社 1985 年版，第 280 页。

②　孟伟哉、刘心武：《关于〈钟鼓楼〉的通信》，《当代文坛》1985 年第 2 期。

③　章仲锷：《长篇小说创作的新探索——评〈钟鼓楼〉》，《文学评论》1985 年第 2 期。

的不安心理，卢宝桑的"足撮"心态，澹台智珠在事业和家庭上的矛盾烦恼等，以及"关于荀兴旺、薛永全、卢胜七三人在浴池里的体貌，举止和气质的对比描写，作为新娘子潘秀娅保护人的七姑在婚宴上的一言一行的描写"①，都描写得十分细腻逼真，达到了传神的境地。

（五）书面语、口头语、哲理化语言夹杂使用，语言风格别具一格

小说所使用的主要是一种比较冷静、平实、精确的笔调和白描手法，"摒弃刻意的华丽、藻饰和过多的抒情"②，在描述生活场景时不时把历史的因素沉淀其中，嵌进了一些颇为有趣的文献式段落，因而叙述语言颇为书面语化。

小说所叙写的是当代北京市民及其日常生活，因而人物对话颇为口语化——在整部小说中，生活化的语言贯穿始终，如运用了胡同串子、置气、小轿子、得儿蜜、嗝儿屁、丫挺的、格涩、愣头青、马趴、熬淘、包园儿、逗闷子、沾包儿、"地出溜"等为数颇多的北京方言俚词；而且人物的语言往往与其身份地位学识相符，如詹丽颖哑嗓子、大嗓门，说话惊惊咋咋，爱夸张，于是，把党委办公室副主任夫人的矮个子说成"'三寸丁谷树皮'，北京土话叫'地出溜'"，对同事不假思索地说："'哟，你又长膘啦？你爱人净弄什么好的给你吃，把你揣得这么肥啊？'"

小说扉页上的题词是："谨将此作呈献在流逝的时间中，已经和即将产生历史感的人们"，作者创作该作的本意是"使读者产生出一种庄重的历史感和命运感"③，这实际上深蕴着"哲理"的意味，为此，小说使用了不少颇富哲理性的语句，如"我们已经认识的那些人物远未展示出他们的全部面目，而新的人物仍将陆续进入我们的视野。世界·生活·人。有待于我们了解和理解的真多啊！"④"在匆匆流逝的时间里，已经和即将有多少人，意识到了一种神圣的历史感和庄重的命运感呢？"⑤"时间对每

① 何镇邦：《是独创的，但不完美——谈〈钟鼓楼〉艺术探索的得失》，《文学自由谈》1985 年第 1 期。

② 孟伟哉、刘心武：《关于〈钟鼓楼〉的通信》，《当代文坛》1985 年第 2 期。

③ 刘心武：《〈钟鼓楼〉的结构与叙述语言的选择》，《北京师范学院学报》（社会科学版）1986 年第 2 期。

④ 《钟鼓楼》，人民文学出版社 1985 年版，第 181 页。

⑤ 同上书，第 338 页。

一个人一视同仁。如果说要做到'在真理面前人人平等'、'在法律面前人人平等'不那么容易，那么不用争取，在时间面前人人自然而然是平等的。"① "啊，时间！你默默地流逝着。人类社会在你的流逝中书写着历史，个人生活在你的流逝中构成了命运。"② 等等。

书面语、口头语、哲理化语言的夹杂使用，使小说的整体语言风格别具一格。

（六）历史感和生活感强

如前所述，作者创作该作的本意是"使读者产生出一种庄重的历史感和命运感"，小说中描写的生活场景和人物在北京的大街小巷、日常生活中都曾是随处随时可见的，小说用平实、细腻的文笔将之描绘了出来，能给人以较强的历史感和生活感，较好地实现了作者的写作意图。

五

小说也存在着一些不足之处，具体有以下几点。

（一）可读性不强

小说情节"非戏剧化"；游离于人物和情节之外的风俗掌故介绍和环境描写过多过繁，如完全脱离小说中人物的活动而追述四合院的历史沿革、社会生态和文化景观的那一节；塑造人物形象的笔力不够集中，没有塑造出几个甚至一个堪称典型的人物形象，人物往往一出场其性格就基本定型，大抵为"扁平"式；"哲理性的议论过多，而且有点浅"③，哲理"大都是用议论的形式表述出来的，没有化为艺术形象，而且给人一种故作高深而并不高深的感觉"④ ……这些使小说不够引人入胜、可读性不强——读者"开始读的时候，虽然也因为它题材新颖、笔法老练而觉得饶有趣味，但又似乎每读完一节都可以暂时放下，好像小说中描写的一群

---

① 《钟鼓楼》，人民文学出版社 1985 年版，第 365 页。

② 同上书，第 375 页。

③ 何镇邦：《是独创的，但不完美——谈〈钟鼓楼〉艺术探索的得失》，《文学自由谈》1985 年第 1 期。

④ 同上。

悠闲自在的老人在旧城墙根晒着太阳扯闲话，显得很散漫，不能如有些小说那样逼着你非一口气读完不可"①。

（二） 作者的创作意图与小说"横剖面"② 的结构相矛盾

作者的创作意图是"使读者产生出一种庄重的历史感和命运感"，而小说的结构却是"横剖面"——描写北京市钟楼附近的一座传统的四合院内九户人家以及与他们相关联的四十来个人物在 1982 年 12 月 12 日这天中 12 个小时内的活动，这是相互矛盾的：从理论上来看，"横剖面"的结构所表现出来的内容是一定历史时期的共时性社会结构和社会关系，表现出某一时间上的社会状况、人的状况以及人与人、人与自然之间的关系，显然，是不利于显示出历史的流动性和流向性的，是不利于显示出人的生活的具体过程的——而没有这些，历史感和命运感就难以形成；同时，从创作实际来看，"横剖面"只宜于短篇或中篇小说，不宜于长篇小说。在世界文学史上，长篇小说的这种构架并不常见，即使有，其具体的手法也有较大的不同，英国小说家乔伊斯的《尤利西斯》和美国作家福克纳的《喧嚣与愤怒》都是以拓展人物的心灵空间来构筑长篇的。为弥补这一先天不足，小说实际上采用了一些补救措施——向纵的方向延伸：或者对人物进行履历式介绍，即在人物出场时，集中对其家庭、身世和现状进行全面介绍，如对路喜纯、荀磊、詹丽颖、卢宝桑、慕樱等即如此；或者对事件进行溯源考察，如从对婚宴这一事件的考察到北京的婚俗、民情及其演变的考察；或者对环境进行沿革讲解，即对民俗民风、社会状况、历史文物等的变化发展过程进行一一讲解，如对丐帮、四合院、钟楼鼓楼等的介绍；或者对时间、空间发一些抽象的议论，如小说最后一节……但是这些措施并不十分得力，如对人物进行履历式介绍，一般都写得比较粗略，没有什么情节，也很少细节描写，牵涉面也不太宽，因而具有较强的概括性；对事件进行溯源考察、对环境进行沿革讲解、对时间和空间发一些抽象的议论等往往游离于情节、人物，因此，总的来看，小说是以牺牲其艺术性来满足和缓解其"横剖面"的形式与"历史感、命运

① 冼佩：《饱含现代意识的风俗画卷——〈钟鼓楼〉读后》，《语文教学与研究》1986 年第 22 期。

② 参见熊俊钧《从〈钟鼓楼〉看刘心武小说创作在艺术上的某些不足》，《中国文学研究》1987 年第 2 期。

感"的创作意图之间的矛盾的，其后果是既降低了作品的艺术性，又破坏了作者创作意图的实现。

（三）"形聚神散"

小说"缺少贯穿全书的主线"①，"结构……缺乏整体性，显得有点散"②——小说的中心事件是薛家的婚宴，但"大多人物包括一些主要人物如澹台智珠、荀兴旺、张奇林、慕樱、韩一潭等，都没有和薛家婚宴发生联系，或者只是偶有牵连，他们的各自活动方向和活动频率，并不受到薛家婚宴这一情节发展的制约……他们的活动也是彼此互不关联的"③，"虽然勉强把人物拉到了一起，人物却缺乏必要的心灵交流和撞击，所以，整个婚宴没有成为人物活动的有利机会，没有成为整个作品的聚焦点……既未显示出应有的整体丰姿，也未能成为作品起中心作用的有机组成部分……从标目来看，作品是依时间进展的，从内容来看，这种标目与作品内在进展并没有很紧的联系。每章里面频繁地介绍人物、环境等，内容非常多，时间跨度也大。每一章就像一个大麻袋，里面塞得满当当的，显得臃肿，凝滞，即使有点流动，整个作品却始终未能形成流势，各种介绍自成体系，互相隔膜，所以，作品给人一种生硬的捆绑之感。另外，既然是以时间为标目，就应该体现出时间特点，早中晚应是一个各有特点又连贯的较完整的活动过程。但是，这一点作品也未很好地反映出来，因此，这六个时辰仅仅充当了分章标记，并没有实在的时间意义。从表面看去作品似乎很紧凑，实际上却常常是牵强附会，或者削足适履，因此形式与内容是矛盾的"。④

此外，小说"开头的'楔子'过于造作，结尾处的议论又有点故弄

---

① 黄秋耘语，转引自贾占平、殷连英《关于〈钟鼓楼〉之"不足"的商榷意见》，《商丘师范学院学报》1988 年第 2 期。

② 何镇邦：《是独创的，但不完美——谈〈钟鼓楼〉艺术探索的得失》，《文学自由谈》1985 年第 1 期。

③ 唐跃：《时间的艺术——兼析〈钟鼓楼〉时间的艺术处理》，《文艺理论研究》1986 年第 2 期。

④ 熊俊钧：《从〈钟鼓楼〉看刘心武小说创作在艺术上的某些不足》，《中国文学研究》1987 年第 2 期。

玄虚，画蛇添足"。① 小说也由此而显得"形聚神散"。

不过，小说尽管有这些不足之处，但总的来说仍是一部"新颖、独特、厚实、感人的长篇力作"②；从中国当代文学发展史的角度来看，有几点颇为难能可贵：

其一，小说着力刻画了"多年来被文学所忽视了的'小市民'，也就是文化较低、从事服务性行业和体力劳动、生活方式中保留较多传统色彩的北京'土著'。在这些人物四周，作者布置了五光十色的风俗画卷。典型的北京四合院是怎样的格局，现代北京人的婚礼有那（'那'应该为'哪'——引者注）些讲究，过去北京的乞丐有哪些求乞方式，对于这种种，作者都用冷静精细的笔法，一一予以描绘，这些描写不但具有文学上的价值，而且具有社会学、民俗学上的价值"③。

其二，在已有的"京味"作品中，写"老北京"和市井民俗的居多，而描写当代北京底层市民这样一个社会生态群落的则颇为少见，因此，小说在一定程度上拓展了中国现当代小说的题材；小说所描写的"当过喇嘛的薛永全，抱着'足撮'心理的丐帮后代卢宝桑，'大茶壶'之子、厨工路喜纯，原是男旦、现唱小生的濮阳菊，原是英雄之妻、现为'新潮'女性的慕樱，过分热心而讨人嫌的'改正右派'詹丽颖，可敬亦可怜的老编辑韩一潭和登龙有术的'文坛新秀'龙点睛，世故而又固执的送亲太太七姑和心善嘴碎、时时怀旧的海奶奶，都是难得一见或很少为人述及的人物形象"④，他们的出现，丰富了当代小说的人物形象画廊；小说所刻画的演员、司机、厨师、售货员、修鞋匠、搬运工、小流氓等，"尽管我们日常习见，但他们的心理和职业上的特征、外在的形态和微妙的行动契机，一一写来，则是很有认识价值"⑤ 的。

其三，"花瓣式"结构的使用一者拓宽了小说的结构"疆界"，二者

① 何镇邦：《是独创的，但不完美——谈〈钟鼓楼〉艺术探索的得失》，《文学自由谈》1985 年第 1 期。

② 《新的高度——长篇小说〈钟鼓楼〉座谈会纪要》，《当代》1985 年第 3 期。

③ 冼佩：《饱含现代意识的风俗画卷——〈钟鼓楼〉读后》，《语文教学与研究》1986 年第 22 期。

④ 章仲锷：《我看电视剧〈钟鼓楼〉——赞赏的与感到不足的》，《中国电视》1986 年第 6 期。

⑤ 章仲锷：《长篇小说创作的新探索——评〈钟鼓楼〉》，《文学评论》1985 年第 2 期。

拓展了小说的空间，增加了小说的容量——使一部篇幅不长、容量不大的小说蕴含了极其丰富多彩的内容：从城市到乡村，从部长、局长到售货员、家庭妇女，从留学生、文学编辑、京剧演员到厨师、修鞋匠、喇嘛、乞丐，一百年前的神秘传说，三十年前的市井生活，正在进行的婚宴……让人眼花缭乱，目不暇接。

其四，小说"没有学老舍先生的笔调，以一种地道的'京腔'去铺陈故事"①，而是叙述用书面语、对话用北京口语、议论用哲理化语言，相当形象、生动、准确地传达出了当代北京生活的"京味儿"，从而为"京味"小说开辟了另一条蹊径，促进了"京味"小说的发展。

其五，小说具体地描写了北京底层市民的家庭生活，从某种意义上来说，"是研究封建社会晚期及其以后……市民社会的家庭结构、生活方式、审美意识、建筑艺术、民俗演变、心理积淀、人际关系以及时代氛围的绝好材料"②。

参考文献

1. 何镇邦：《是独创的，但不完美——谈〈钟鼓楼〉艺术探索的得失》，《文学自由谈》1985 年第 1 期。

2. 刘心武：《钟鼓楼》，人民文学出版社 1985 年版。

3. 《新的高度——长篇小说〈钟鼓楼〉座谈会纪要》，《当代》1985 年第 3 期。

4. 邹平：《一部具有社会学价值的当代小说——读刘心武的小说〈钟鼓楼〉》，《当代作家评论》1986 年第 2 期。

5. 章仲锷：《我看电视剧〈钟鼓楼〉——赞赏的与感到不足的》，《中国电视》1986 年第 6 期。

6. 刘心武：《〈钟鼓楼〉的结构与叙述语言的选择》，《北京师范学院学报》（社会科学版）1986 年第 2 期。

7. 章仲锷：《编后试析〈钟鼓楼〉》，《北京师范学院学报》（社会科学版）1986 年第 2 期。

8. 冼佩：《饱含现代意识的风俗画卷——〈钟鼓楼〉读后》，《语文教学与研究》1986 年第 22 期。

---

① 孟伟哉、刘心武：《关于〈钟鼓楼〉的通信》，《当代文坛》1985 年第 2 期。

② 贾占平、殷连英：《关于〈钟鼓楼〉之"不足"的商榷意见》，《商丘师范学院学报》1988 年第 2 期。

9. 章仲锷：《长篇小说创作的新探索——评〈钟鼓楼〉》，《文学评论》1985 年第 2 期。

10. 孟伟哉、刘心武：《关于〈钟鼓楼〉的通信》，《当代文坛》1985 年第 2 期。

11. 冼佩：《饱含现代意识的风俗画卷——〈钟鼓楼〉读后》，《语文教学与研究》1986 年第 22 期。

12. 熊俊钧：《从〈钟鼓楼〉看刘心武小说创作在艺术上的某些不足》，《中国文学研究》1987 年第 2 期。

13. 唐跃：《时间的艺术——兼析〈钟鼓楼〉时间的艺术处理》，《文艺理论研究》1986 年第 2 期。

14. 贾占平、殷连英：《关于〈钟鼓楼〉之"不足"的商榷意见》，《商丘师范学院学报》1988 年第 2 期。

（廖四平　北京第二外国语学院国际传播学院　北京　100024）

作为北京城市文化符号的戏剧

马宝民

　　摘　要：作为历史文化古都的北京，历来成为文化荟萃之地，北京的戏剧正是这种文化荟萃的生动展现。北京的戏剧可以上溯到金元时期，其间历经不同戏剧样式的发展变迁，多种戏剧形式在北京发展演化。作为都市文化代表的北京城为戏剧发展提供了广阔的舞台，在这一舞台上，北京戏剧体现出了北京文化的包容性、多样性、高品位、时尚性，成为具有突出引领作用的京味文化。在此基础上本文进一步概括了北京文化发展变化的历史脉络。

　　关键词：北京　文化　符号　戏剧

　　北京的历史上可追溯到春秋战国时期，燕国打败蓟国建都于此，这里便成为北方文化重镇。金元明清几代，作为政治中心的北京城更是成为文化荟萃之地，这里会聚了全国各地的杰出的艺术人才，诗人、书画家、戏剧作家和表演者济济一堂。尤其是从元代开始这里成为北方戏剧创作、表演的中心，人才之兴盛、创作之繁荣更是前所未有。清代南国生在《昙波跋》中说："京师为人才荟萃之区，笙歌之类，甲于天下。乾、嘉以来，此风尤甚。"① 《燕兰小谱》记："《燕兰谱》之作可谓一时创见，然非京邑繁华，不能如此荟萃。"②

　　元明清曾活动于北京的著名杂剧作家可考的有一百多位，关汉卿、纪君祥、马致远、贾仲明、杨景贤、康海、徐渭、屠隆等，或京籍，或寓居

---

　　① 　四不头陀：《昙波》，见张次溪编《清代燕都梨园史料》上册，中国戏剧出版社1988年版，第402页。

　　② 　吴长元：《燕兰小谱》，清乾隆刻本。

京城进行创作，这些戏剧作家在北京城的活动极大地促进了戏剧艺术的繁荣和发展。① 与此相应的是大批艺人、名伶也活跃于京城的戏剧舞台，据元代《青楼集》记载，活跃在京城舞台上的艺人有 100 多位，赵文殷、张国宾、红字李二、花李郎、杨驹儿、刘耍和、喜春来、宜时秀、忠都秀、张德好等都是元杂剧的著名演员，其中赵文殷、张国宾等还是杂剧作家。

众多的戏剧作家和演员齐聚京城，不同的剧种和流派也汇聚于此地，元杂剧、南戏、昆曲、梆子、秦腔等剧种都曾在此地盛极一时，京剧则是以北京这座城市命名的剧种，百年不衰。不同的剧种齐聚京师，在彼此的交流与影响下得到了共同的繁荣与发展。

一　戏剧——北京城市文化的名片

元杂剧是元代戏剧的代表，它成熟于关汉卿时代的大都，即现代的北京城。元代诗人杨维桢《元宫词》云："开国遗音乐府传，白翎飞上十三弦。大金优谏关卿在，《伊尹扶汤》杂剧呈。"② 明初朱有燉《元宫词》也说："初调音律是关卿，《伊尹扶汤》杂剧呈。传入禁垣宫里悦，一时咸听唱新声。"③

（一）北京的都市文化为戏剧发展提供了平台

首先，北京都城的发展为戏剧提供了发展平台。元代大都是戏剧文化的中心，这里既有大量的宫廷戏剧表演，会集了大量的杂剧作家、艺人，他们结社表演，进行剧本的刊刻，同时又有众多的勾栏歌台和酒楼，为戏剧的表演提供场所，大都的这种文化优势地位是其他城市无可比拟的。戏剧是典型的消费型艺术，其生存和发展依赖于消费群体的存在，只有城市发展，消费群体扩大，依靠观众生存的、靠演戏为生的群体才能够生存下去。在元代，大都就是当时最为繁华的城市，作为政治中心和商业中心，这里云集了大量达官显贵、文人墨客、商人市民，这些社会上有闲有钱的

①　李真瑜：《城市文化与戏剧》，陕西人民教育出版社 2006 年版，第 19—29 页。

②　楼卜瀍：《铁涯逸编注》卷八，清刻本。

③　傅乐淑：《元宫词百章笺注》二十二，书目文献出版社 1995 年版。

群体，他们是戏剧主要的观众群，元代高安道的［般涉调·哨遍］《嗓谈行院》云："暖日和风清昼，茶余饭饱斋时候，自叹抱官囚，被名缰牵挽无休。寻故友，出来的衣冠济楚……待去歌楼作乐，散闷消愁。倦游柳陌恋烟花，且向棚阑玩俳优。赏一会妙舞清歌，瞅一会皓齿明眸，趁一会闲茶浪酒。"① 明清北京也一直作为都城，是这两朝的政治文化中心，经济发展、人文荟萃于此，大量的戏班子进入京城，乾隆后期徽班进京后，昆腔、京腔、秦腔等也汇集于京城的戏剧舞台，多剧种融合，最终形成了今天的京剧，同时也带来了戏剧的大繁荣和大发展。

其次，北京的城市发展为戏剧表演提供了载体。经济的发展与繁荣，带动了社会文化、娱乐生活的发展，大量勾栏、瓦舍、歌台遍布于京城，元人夏庭芝《青楼集》说："内而京师，外而都邑，皆有所谓勾栏者……观者挥金与之。"② 城市的勾栏与农村剧场的表演有很大不同，戏剧由乡间走进城市，由土台之上的带有随意性的表演到进入正规的剧场，舞台上标准化和严谨的表演是戏剧发展的重要飞跃，无论从戏剧舞台、服饰和脸谱还是舞台表演的程式都具有了标准化、专业化、规模化的特征，戏剧才真正为城市民众所接纳。

最后，创作主体大多活跃在城市中，无论是戏剧的创作者还是表演者都齐集于京城。据《城市文化与戏剧》统计，金元明清 700 年间共有百余位戏剧家活跃在北京城，这些戏剧家大致分成四类：（1）是经常出入于勾栏的京城专业作家，以关汉卿、王实甫、马致远等为代表。（2）以戏剧为业，同时身兼几种角色的职业剧作家，以李渔、汪笑侬为代表。（3）本身为官员，也是戏剧爱好者。他们宦游至京师，从事戏剧创作，并有杰出的作品，以洪昇、孔尚任、蒋仕铨为代表。（4）官宦出身，曾经到过京城，他们的创作虽不在京城，但是作品本身与他们京城的经历有着密切的联系。

（二）北京戏剧文化的特性

随着戏剧的发展，民众对其接纳程度越来越高，尤其是作为统治阶层

---

① 隋树森：《全元散曲》，中华书局 1964 年版，第 1110 页。
② 夏庭芝：《青楼集》，见《中国古典戏剧论著集成》二，中国戏剧出版社 1959 年版，第 7 页。

的贵族与知识分子接受了戏剧，从而使戏剧成为北京城市文化的代表，成为具有独特性的北京文化符号。作为北京城市文化符号的戏剧，鲜明地体现了北京文化的包容性、多样性、高品位、时尚性，成为具有突出引领作用的京味文化。

京城戏剧文化的包容性体现于方方面面。京城不仅汇聚了不同地域、不同风格和流派的剧作家和表演者，而且戏剧的发展过程也在不断包容和创新的过程中逐渐发展和演变。北京的戏剧经历了从金院本到北曲杂剧，从元杂剧到昆山腔、弋阳腔，再到京腔，再由京腔、秦腔、徽戏到京剧的发展过程。这一过程的每个发展阶段都不断地吸收新的元素，形成新的艺术形式。金院本一变而为元杂剧，此过程中音乐起了重要的作用。元杂剧四组套曲构成的形式，吸收了当时较为流行的诸宫调音乐形式，重视音乐和演唱，从而形成了以旦、末为主的表演形式。据王国维《宋元戏曲史》，元曲的音乐出于唐宋词者七十五，出于诸宫调者二十八，出于古曲者一百一十。不仅如此，蒙古入主中原后，北方的胡曲大量进入杂剧的音乐中，徐渭《南词叙录》云：“今之北曲，盖辽、金北鄙杀伐之音，庄伟狠戾，武夫马上之歌，流入中原，遂为民间日用。”① 从而形成了元曲高亢激越的特色。京腔也是吸取不同地域的音乐综合而成的。京腔又称作高腔，在康熙初年流行于北京城，到乾隆四十四年（1779），已经流行了近百年的时间。京腔主要是由弋阳腔演化而来。弋阳腔在明中叶就在北京演唱，它的声音高亮与燕地的音乐接近，又与燕赵文化的慷慨悲壮相契合。弋阳腔进入北京后，融合了当地的声腔和音乐，“把江西的土调改作北京的字音，并在声腔的高低尺寸上及后场帮和上另自加工”② ，从而具有了新特点，被称作“京腔”，康熙年间《新定十二律京腔谱·凡例》云：“弋阳旧时浅陋猥琐，久已经有识者改变……盛行于京都者，更为润色，其腔又与弋阳迥异。”③ 秦腔的流行也可归于此列。秦腔属于花部之一，很早就进入北京表演，然而其演出效果和受欢迎程度不如京腔。魏长生改革了秦腔，创造出“梳水头”、“踹高跷”等新的表演程式，在声腔上将秦腔与四川的琴腔结合，使声腔变得柔和，不用梆子腔的伴奏，改用胡琴

①　徐渭：《南词叙录》，《中国古代戏曲论著集成》三，中国戏剧出版社 1959 年版，第240 页。

②　周贻白：《中国戏曲发展史纲要》，上海古籍出版社 1979 年版，第 424 页。

③　王正祥：《新定十二律京腔谱》，清康熙刻本。

为主、月琴为辅，魏长生的《滚楼》一出，"轰动京城"，从而秦腔于北京走红。乾隆中叶，不同地域的剧种纷纷进入京城，而"徽部迭兴，踵事增华，人浮于剧，联络五方之音，合为一致，舞衣歌扇，风调又非卅年前矣"。① 京剧的形成与独领风骚的原因也在于徽部能够"联络五方之音，合为一致"②，就是说京剧吸收各种不同的剧种优长，合而为一，成为一种颇具包容性的艺术形式。

作为政治与文化中心的北京城，其文化特点的多样性毋庸置疑，单就戏剧而言则是百花齐放，不同的剧种在北京这个大舞台上粉墨登场。元代除了盛极一时的元曲之外，南戏、院本、百戏都出现在大都的舞台上。明末清初，昆曲盛行于京城，弋阳腔亦入京城，后又有京腔、秦腔、梆子戏等也在京城表演。清朝中期之后，京剧成为主要的戏剧形式，但其他的剧种依然活跃在京城的舞台上，即使在京剧的班子里，也有昆腔的演出，很多名伶"昆、乱兼擅"，如"同光名伶十三绝"中的徐小香、梅巧玲、谭鑫培等，多种剧种汇集于京城的舞台，不仅给观众带来了多样的艺术形式，同时也为它们彼此学习、竞争和创新提供了便捷的途径。

演员的流派纷呈是京城戏剧多样性的另一种表现。有京剧"老生三杰"之称的徽派程长庚、汉派余三胜、京派张二奎，各具特色，清人吴焘《梨园旧话》记：

> 咸、同年间，京师各班须生最著者为程氏长庚、余氏三胜、张氏二奎。程，徽人；余，鄂人；张，浙人，分道扬镳，各有其独到处，绝不相蒙，时有"三杰"之目。以大名家之诗喻之，程如老杜之沉雄，翕辟阴阳，牢笼众有，其音调之高朗，作派之精到，真有天风海涛、金钟大镛莫能拟其所到之概。余如韦孟之闲适、空山鼓琴，沉思独往，观者如游名园花木翳荟中，如闻幽鸟一鸣，尘襟为之一涤，复加锤炼之功，则摩诘、嘉州之早朝大明宫，一洗筝、琶凡响矣。盖尝论之：程则卓然大家，余、张则名家之自标一帜者也。鼎足而三，各执牛耳于菊部，后有作者弗可及。③

---

① 张次溪编：《清代燕都梨园史料》，中国戏剧出版社 1988 年版，第 45 页。

② 同上。

③ 同上书，第 814 页。

　　"老生三杰"之后又有"老生新三杰"谭鑫培、汪桂芬、孙菊仙。谭鑫培有"伶界大王"之称，伶界有"无谭不成戏"、"无调不学谭"之谓。谭派唱腔圆润柔美、巧俏多变、富表现力；汪桂芬嗓音高亢浑厚，善于运用丹田气和脑后音，歌声响遏行云，发音吐字饱满，韵味十足，极富立体感；孙菊仙得程长庚亲炙，又受张二奎的影响，继承了程、张两派演唱直腔直调、不尚花哨的特点，形成大气磅礴、不拘细节的艺术特色。清末民初又出现了"四大须生"，"四大须生"前有余叔岩、言菊朋、高庆奎、马连良，后有马连良、谭富英、杨宝森、奚啸伯，他们各具特色、取长补短，在继承前人的基础上开拓创新，形成自己的独特风格。民国初年，梅兰芳、程砚秋、尚小云、荀慧生以旦角表演著名，被称为"四大名旦"。王瑶卿以"样、唱、浪、棒"四字分别概括梅、程、尚、荀四位的艺术特点。

　　不仅演员如此，剧作家的创作风格也各异其趣。关汉卿、马致远、白朴、杨显之等人的创作风格各异，朱权在《太和正音谱》中评价马致远之词如"朝阳鸣凤"，"其词典雅清丽"；白仁甫之词如"鹏抟九霄"，其词"风骨磊落，词源滂沛"；乔梦符之词如"神鳌鼓浪"；宫大用之词如"西风雕鹗"；王实甫之词如"花间美人"；关汉卿之词如"琼筵醉客"；贯酸斋之词如"天马脱羁"。[①] 这些不同风格的作家创作了不同的作品，丰富了舞台的表演，也成为京城舞台百花齐放的重要源泉。

　　戏剧虽源于民间，但当它走进城市之后，便与文化和知识分子紧密联系在一起，尤其是在北京这样一个文化荟萃之地，大量知识分子参与到戏剧的创作之中，加之宫廷文化的介入及宫廷戏剧的发展，使戏剧无论从思想内容还是文化品位上都有了极大的提升。

　　戏剧与传统文学不同之处在于，它源自民间，孕育于市井文化的土壤之中，成长于勾栏戏台之上，民间市井的世俗生活是戏剧产生和发展的动力和源泉，同时市井文化世俗的、庸俗的，甚至低俗的部分也不可避免地进入戏剧之中，从而展现其低级趣味。关汉卿、马致远、白朴、杨显之、汤显祖、徐复祚、徐渭、洪昇、孔尚任等剧作家，将自己的人生感悟与审美情趣加入戏剧之中，表现家国兴衰、人生理想、政治追求、反抗精神和忠贞爱情，用戏剧来传达道德理想、家国观念、盛衰兴替、教化民众，从

---

① 朱权：《太和正音谱笺评》，中华书局 2010 年版，第 63 页。

而使戏剧被提升到了与诗文、历史同等的地位，由"下里巴人"成为雅俗共赏的艺术。戏剧在这种由俗入雅，进而达到雅俗共赏的过程中，知识分子的介入起了非常重要的作用，并进而改变了社会整体对戏剧价值的认知。戏剧不单纯是商业影响下的娱乐消费活动，更是传递文化精神和人文理念的精神活动，它通过历史，讲说兴亡之道；通过故事，宣扬忠孝节义、人伦之道，戏剧与文人传统观念融合，提升了其文化品位。

不仅如此，由于文人的介入，戏剧进入北京后影响不断扩大，终于登上了大雅之堂。戏剧的表演场所不仅是勾栏和市井的戏台，也走入了贵族之家，进行堂会表演，进入神庙，甚至走进了宫廷，一方面戏剧的文化品位因而得到了提升，为贵族和皇家所接受；另一方面戏剧受到了贵族文化和宫廷文化的熏染，有进一步雅化的趋势。

当然，戏剧的雅化对其本身而言并非都是有益的，清代戏剧的花部与雅部之争，花部得以保存和发展，而代表雅部的昆曲逐渐衰落正说明了这点。晚清京剧进入宫廷"供奉"，一家独盛，反映了戏剧文化品位的变迁与其盛衰之关系。

戏剧进入京城以后就跻身于时尚文化的行列，清代小铁笛道人记述京城戏剧的盛况说："南北繁会，笙磬同音，歌咏升平，伶工荟萃，莫胜于京华。"① "往者，六大班旗鼓相应，名优云集，一时称盛。嗣自川派擅场，蹈蹻竞胜，坠髻争妍，如火如荼，目不暇给，风气一新。迩来徽部迭兴，踵事增华，人浮于剧，联络五方之音，合为一致。舞衣歌扇，风调又非卅年前矣。"② 这时的戏剧已经成为京城最具时尚性的文化符号。在这种时尚的引领下，北京城中兴建了大量剧场、戏楼，这些建筑集豪华精美与功能齐备于一体，反映了戏剧的繁荣。在戏剧繁荣和普及的前提下，除了专业演员表演之外，还有大量的票友也跻身于戏剧表演行列，有些票友的表演水平非常之高，甚至最终成为一代名伶，言菊朋、奚啸伯等都是以票友出身而跻身于大家之列的。

京城文化对全国具有引领作用，一方面京城作为高品位文化的集聚地和时尚发源地，对其他地区的文化有着辐射和影响作用。元杂剧曾在大都

---

① 小铁笛道人：《日下看花记自序》，张次溪《清代燕都梨园史话》，中国戏剧出版社1988年版，第55页。

② 同上。

盛极一时，而后"流入南徼，一时靡然向风"，传递到苏杭等地，盛行于全国。另一方面也受到国家政策的影响和制约。《大明律》明确规定了哪些戏剧可以演，哪些则绝对禁止。朱有燉《元宫词》记录了国家靠行政手段推广《尸谏灵公》这部戏的情况。清朝晚期，慈禧太后经常召集京城的梨园入宫供奉，演出京剧，从而使京剧身价倍增，在全国出现了京剧热。

此外，戏剧长期在京城发展也染上了京味特色，京剧的京腔京韵就是典型的京味文化表现。京剧的雅俗共赏也是京味文化特点的表现。由于受到宫廷文化、宅门文化的影响，京味文化有着高端大气、气势恢宏的特点，在北京的诸多戏楼，像广德楼、正乙祠戏楼、湖广会馆戏楼等气势恢宏、图案精美、雕梁画栋以及楹联等无不显现着京味文化特有的气势。

总而言之，北京城市的发展与戏剧的繁荣与发展有着密不可分的关系。北京的繁荣为戏剧的发展提供了舞台，吸纳了创作者与表演者，京城的文化氛围也为戏剧增添了很多京腔京韵的特色，这一点在京剧发展过程中表现得更为突出。

北京作为政治、文化中心，汇聚了南北不同的艺术形式、多种戏剧样式，昆曲、秦腔在这里争奇斗艳，然而在北京最具影响、最具特色的应推元代的杂剧和清代中后期的京剧，尽管时至今日元杂剧多已失传，但是大量历史记录的保存和研究者的不懈努力，让我们在几百年后的今天能够一窥其本来面貌。而京剧从产生之日起就以其强大的生命力活跃在舞台上，至今仍焕发着勃勃生机。

二　北京戏剧发展概貌及演变

据王国维《宋元戏曲史》，中国戏曲的历史可追溯到上古时期，"后世戏剧，当自巫、优二者出"，宋金时期为中国戏剧的形成期，元杂剧则是中国戏剧的成熟期，王国维认为元杂剧是纯粹的"真戏剧"，"此二者之进步，一属形式，一属材质，二者兼备，而后我中国之真戏剧出焉"①。元杂剧出于元代，马美信认为："元杂剧是在宋杂剧、金院本的基础上发展起来的民间艺术，其形成至成熟有一个漫长的过程，并不是某个人所创

---

① 王国维撰，马美信疏证：《宋元戏曲史疏证》，复旦大学出版社 2004 年版，第 122 页。

造的。元杂剧的形成，当在金章宗时期《西厢记诸宫调》产生之后，至元初（元世祖至元八年改号建元，公元1271）已经成熟，形成了完备的体制。胡祗遹《赠宋氏序》云：'乐音与政通，而伎剧亦随时尚而变。近代教坊院本之外，再变而为杂剧。'（《紫山先生大全集》卷八）胡祗遹卒于元贞元年（1295），上距蒙古改元仅二十三年。陶宗仪《辍耕录》云：'金季国初，乐府犹宋词之流，传奇犹宋戏曲之变，世传谓之杂剧。'①简而言之，中国戏剧这个精灵，从远古一路踽踽前行进入元代，真正开始粉墨登场。

（一）金元时期大都元杂剧的发展状态

中国的戏剧本来自于民间，汉代的百戏，唐代的参军戏、踏摇娘、兰陵王，宋代的杂剧等皆来自于民间，而元杂剧则从民间走向了城市。元朝定都于大都，即今天的北京，这里也是元杂剧早期发展的中心。

1264年元朝迁都于燕京，1267年在旧址的东北建筑新城，从此大都成为东方第一城市。在元朝迁都大都之前，这里的戏曲文化就已经兴起了，据陶宗仪《南村辍耕录》记载，中统初年杂剧作家王和卿已经在此开始了他的散曲创作。中统二年（1261），朝廷设立教坊司掌管宫廷表演。马可·波罗游记中曾记载宫廷中"席散后，有音乐家和梨园子弟演剧以娱众宾"，可见宫廷戏剧表演活动的盛况。据《元史》记载，元朝政府在至元二十二年（1285）"徙江南乐工八百家于京师"，大都戏剧表演队伍进一步扩大。元杂剧的最兴盛与繁荣的时期在元贞、大德年间（1295—1307），明人贾仲明记录了当时的兴盛局面，"乐府词章性，传奇么末情，考兴在大德、元贞"，"元贞大德秀华夷，至大、皇庆锦社稷，延祐、至治承平世，养人才，编传奇，一时气候云集"。②这一时期大都聚集了很多优秀的剧作家，关汉卿、杨显之、梁进之、费君祥、纪君祥、王仲文、石子章、庾吉甫、白朴、高文秀、马致远、王实甫等，其中有十几位本身就是大都人，有些虽为外地人，但长期生活于大都，在此进行戏剧创作。这一时期的杂剧作品很多，出现了大量的精品，关汉卿的《窦娥冤》、《单刀会》、《救风尘》、《蝴蝶梦》，纪君祥的《赵氏孤儿》，白朴

---

① 王国维撰，马美信疏证：《宋元戏曲史疏证》，复旦大学出版社2004年版，第146页。
② 贾仲明：《书录鬼簿后》，《中国戏曲论著集成》，中国戏剧出版社1959年版，第153页。

的《梧桐雨》、《墙头马上》，马致远的《汉宫秋》、《青衫泪》，王实甫的
《西厢记》等，周德清《中原音韵·序》云："乐府之盛之备之难，莫如
今时，其盛，则自搢绅间阎歌咏者众，其备则自关、郑、白、马一新制
作。"① 可以说，元杂剧著名作家的创作与京城大都有着非常密切的关系。

（二）南戏在北京的发展流演

元朝中后期，由于形式僵化、内容贫乏，元杂剧逐渐走向衰落，代之
以南戏。南戏以"荆、刘、拜、杀"四大传奇和《破窑记》、《琵琶记》
为代表。明代初年，虽然北杂剧依然流行，但文人创作减少，作品内容也
逐渐脱离现实，从而北杂剧的创作走向枯竭。南曲戏文在吸收各地方言曲
调的基础上逐渐成为流行的戏剧形式。目前见于文献的南曲声腔共有 15
种：余姚腔、海盐腔、弋阳腔、昆山腔、杭州腔、乐平腔、徽州腔、青阳
腔、太平腔、义乌腔、潮腔、泉腔、四平腔、石台腔、调腔。这些声腔除
了潮腔与泉腔出于闽南语系外，其他的多位于吴语方言区，因而南戏产
生之初基本上是南方的剧种，但有些声腔还是传到了北京，并备受欢迎。
余姚腔、海盐腔、弋阳腔、昆山腔为四大声腔。海盐腔讲究唱法、吐气，
声多字少，声情婉转凄切，备受士大夫阶层的欢迎。明末姚旅《露书·
风俗》："歌永言。永言者，长言也，引其声使长也。所谓'逸清响于浮
云，游余音于中路'也。故古歌也，上如抗，下如坠，曲如折，止如槁
木。倨中矩，勾中钩，累累乎端如贯珠。按今惟唱海盐曲者似之，音如细
发，响彻云际，每度一字，几尽一刻，不背于永言之义。"② 嘉靖后期，
海盐腔已传入北京，"海盐多官话，两京人用之"。③ 海盐官话受到北京人
的欢迎，海盐腔也被带到了北京，明神宗朱翊钧万历改元后在北京玉熙宫
设"外戏"，其中就有海盐腔。《金瓶梅》第六十四回中说到海盐腔，"那
蛮声哈剌，谁晓的他唱的是甚么！那酸子每在寒窗之下，三年受苦，九载
遨游，背着琴剑书箱来京应举，得了个官，又无妻小在身边，便希罕他这
样人。你我一个光身汉、老内相，要他做甚么？"④ 可见，京城的读书人
比较喜欢海盐腔。海盐腔在清初还存在，清人小说《梼杌闲谈》曾提到

① 周德清：《中原音韵》，《中国戏曲论著集成》，中国戏剧出版社 1959 年版，第 175 页。
② 姚旅：《露书》卷八，"风俗"条。
③ 顾起元：《客座赘语》卷九，"戏剧"条，中华书局 1987 年版，第 303 页。
④ 兰陵笑笑生：《金瓶梅词话》第六十四回，香港太平书局 1982 年版，第 1800 页。

北京有"五十班苏浙腔",其中"苏"指的就是昆山腔,"浙"指的是海盐腔,可见当时北京还有海盐腔的表演。后随着昆山腔的崛起,海盐腔才逐渐衰落了。

弋阳腔"错用乡语",加用滚调,通俗流畅,内容浅显,民间拥有众多观众,在北京也非常流行。万历年间北京城内一般家宴演戏要请弋阳腔的戏班子,沈德符《万历野获编》卷二十四"畿辅·京师名实相违"条里记载:"(京师)若套子宴会,但凭小唱,云请面即面,请酒即酒,请汤即汤。弋阳数折之后,各拱揖别去。"①昆山腔到了嘉靖年间有了大的发展,魏良辅继承古来"以文化乐"的传统,改良昆山腔,采用中州韵系,依字声行腔,"调用水磨,拍挨冷板",使昆腔具细腻婉转的特色,因之又有"水磨调"、"水磨腔"之称。这一时期的吴中曲师知名人物很多,前辈曲家有过云石、袁髯、尤驼,同时代的曲家有陶九官、周梦谷、朱南川、张小泉、季敬坡等,他们经常互相切磋技艺,共同把昆山腔推到了很高的艺术境界,其中魏良辅的功劳最为卓著。万历到明末,昆山腔流传到了全国,北京成为昆山腔的重要据点。史玄《旧京遗事》记万历时事:"今京师所尚戏曲,一以昆腔为贵。"袁中道万历三十八年(1610)到四十四年(1616)曾在北京观看了昆山腔戏班演出的《八义记》、《义侠记》、《昙华记》。祁彪佳于崇祯五年(1632)在北京观看昆山戏班子演出的《珍珠衫》、《琵琶记》、《彩笺记》、《宝剑记》等传奇,万历之后昆山腔得到朝廷的认可,不仅宫中设有专门的昆山腔表演戏班子,而且还经常请专业戏班子入宫表演。崇祯时期当时有名的沈香班就曾两次入宫表演《西厢记》和《玉簪记》。昆山腔经过宫廷的推崇和文人的提倡,逐渐显现出贵族化的倾向,成为当时高雅文化标志。除此之外,北方的弦索小曲像【锁南枝】、【打枣竿】、【挂枝儿】、【数落山坡羊】等也被京城的妓女传唱,羁人游客"嗜之独深"。

(三) 明代京城的戏剧活动

明初杂剧的演出活动基本上是在宫廷、王府和民间进行的。朱棣在洪武三年(1370)被封为燕王,十三年之藩北平,在他的藩邸中,由元人

---

① 沈德符:《万历野获编》卷二十四"畿辅·京师名实相违"条,中华书局1959年版,第611页。

明的戏剧家汤舜民、杨景贤、贾仲明等为其进行戏剧创作。贾仲明的杂剧主要是男女爱情戏和神仙度脱剧，《荆楚臣重对玉梳记》、《李素兰风月玉壶春》、《铁拐李度金童玉女》、《吕洞宾桃柳升仙梦》等。贾仲明最有影响的是他的《录鬼簿续编》一卷，记录了元末明初的戏曲创作成就，收录了钟嗣成、罗贯中等71位作家78种杂剧剧目，另附失载无名氏杂剧78种的剧目。杨景贤最有代表性的戏剧是《西游记》，戏中提升了孙悟空的地位，增加了很多故事情节，为《西游记》小说艺术风格的形成奠定了基础。此外，明初皇族朱权和朱有燉也曾经随明成祖朱棣到过北京，创作了一些戏剧作品，其中朱权戏剧理论著作《太和正音谱》为古典戏曲理论研究提供了具有参考价值的史料，特别是曲谱部分，是现存最古的北杂剧曲谱，后来明清人曲谱中的北曲部分都是以《太和正音谱》为依据的。尽管明朝中期北杂剧已经衰落了，但是依然有作家进行杂剧创作。王九思在京城为官，作有《杜甫游春》杂剧；康海也在京为官多年，有杂剧《中山狼》；徐复祚万历之后客居京城，以诸生如国子监学习，著杂剧《一文钱》；徐渭虽然并未为官，但他一生多次至京，他的学生王骥德曾记他在北京期间创作杂剧《雌木兰》和《女状元》，徐渭的杂剧创作合称为"四声猿"。

传奇是明代主要戏剧形式，虽起源于南方，但很多南方作家或者在京为官，或者客居京城，他们在北京创作了很多南戏作品，较有代表性的是汪道坤、屠龙、陈与郊等人。祁彪佳崇祯年间在京为官，创作《全节记》传奇，又有《远山堂曲品》和《远山堂剧品》两种。

（四）清代京城戏剧的发展及戏剧创作

1. 清代京城戏剧的演变

清代是地方戏曲广泛传播流衍的重要时期。清初昆山腔因士大夫阶层的重视与喜爱得到了广泛的发展，以官腔的姿态雄踞其他声腔之上。万历年间，昆山腔走上了正宗官腔的地位，明末清初北京昆曲独占魁首。乾隆时期昆曲开始萎缩，尽管后来通过国家政策的支持和高官的帮助，昆曲在一定时期巩固了自己的地位，但因其不断失去观众，走向衰落不可避免。

以弋阳腔为主的诸多南曲变调，因其曲调和方言特色在民间繁衍生息，逐渐成为高腔。在高腔系统中弋阳腔是最强大的一支，因而人们也常常把高腔称为弋阳腔。弋阳腔在北京的一支逐渐吸收了昆山腔的成分走上了雅化的道路，被称为"京腔"。严长明《秦云撷英小谱》中说："高腔至京师为京腔。"弋阳腔在剧目和内容上大大超越了昆山腔，成为乾隆年间独霸京城剧坛的戏种。杨静廷《都门纪略·都门杂记·词场序》中说："我朝开国伊始，都人尽尚京腔。延及乾隆年，六大名班，九门轮转，称极盛焉。"乾隆进士戴璐《藤阴杂记》也记："京腔六大名班，盛行已久，戊戌、乙亥时，尤兴王府新班。"京腔六大名班中以宜庆班、萃庆班、集庆班、王府班最为著名。乾隆年间，京腔六大名班出现 13 位著名艺人，时人誉为"十三绝"。道光年间，在秦腔、二黄的排挤下，京腔走向衰落。

中原一带产生了弦索腔。弦索腔主要是在中原各地俗曲小令的基础上形成的，它的分布非常广泛，其中柳子腔在乾隆年间进入北京剧坛与诸腔争胜，当时流行的柳子戏戏目为《王大娘补缸》。罗罗腔是弦索声腔系统中影响最大、分布最广的戏种，罗戏在乾隆年间传入北京，康熙三十二年（1693）的《燕九竹枝词》中有词云："锣鼓喧阗满钵堂，鸾弹花旦学边妆。三弦不数江南曲，唯有啰啰独擅场。"可见当时罗罗腔已经非常受欢迎了。乾隆年间张坚的《梦中缘》传奇序云"长安梨园所好秦声、罗、弋"，这里"长安"指的就是北京，此时罗罗腔与秦腔、弋阳腔并重。西秦腔起自秦陇一带流行的西调，秦腔康熙年间进入北京，刘献廷《广阳杂记》云："秦优新声，名乱弹者，其声甚散而哀。"广阳即指北京，这是秦腔进入北京的初次记录。康熙四十八年（1709）魏荔彤《京路杂兴三十律》咏及北京的秦腔："夜来花底沐香膏，过市招摇裘马豪。学得秦声新倚笛，妆如越女竞投桃。"[①] 诗中有注："近日京中名班皆能梆子腔，可知当时北京以能唱秦腔为时髦，各大名班都竞相学之。"[②] 秦腔在北京大受欢迎，乾隆九年（1744），张漱石《梦中缘》传奇序中提到"长安之梨园……所好惟秦声、罗、弋，厌听吴骚，闻歌昆曲，辄哄然散去"。秦腔在乾隆时期与罗罗腔、弋阳腔一起流行，乾隆四十五年（1780），蜀地魏长生进入北京，他改革了秦腔，增加了胡琴伴奏，针对京城市民的欣赏心理，在剧目上不专用旧本，多选一些生旦调笑、男女私情的戏，在声腔上走秦腔呜咽低回之路，在表演上注重细腻的做工，旦角曲尽风情的媚

---

① 魏荔彤：《怀舫集·怀舫集续集》卷一，清康熙自刻本。

② 同上。

态，在装扮上利用踩跷、梳水头来增添旦角颜貌、身段、步态的妍丽婀娜，加上胡琴的伴奏，声音靡靡传情，从而变秦腔的粗犷、质朴为淫靡冶艳。魏氏的秦腔迎合了京城市井观众的审美心理，遂至风行，杨静廷《都门纪略·都门杂记·词场序》中总结说："至嘉庆年，盛尚秦腔，尽系桑间濮上之音，而随唱胡琴，善于传情，最动人倾听。"清昭梿《啸亭杂录》中也说："时京中盛行弋腔，诸大夫厌其嚣杂，殊乏声色之娱。长生因之变为秦腔，词虽鄙猥，然其繁音促节，呜呜动人。兼之演诸淫亵之状，皆人所罕见者，故名动京师。"京城的秦腔艺人除了魏长生还有彭万官、陈金官、于三元、王升官、杨四儿、张兰官等，他们的表演盛极一时。但其表演被统治者认为不符合社会礼仪制度，有伤风化，乾隆五十年（1785）遭禁演。除秦腔以外，山陕梆子艺人也进京演出，其中较为著名的戏班子是双和部，北京崇文门外精忠庙乾隆五十年《重修喜神祖师庙碑志》中录有36个戏班子名称，为首的就是双和部，可见其在当时北京的声名显赫。

2. 京剧的形成

京剧历来被认为是中国的"国粹"，2010年11月16日，联合国教科文组织政府间保护非物质文化遗产委员会审议并通过，京剧入选"人类非物质文化遗产代表作名录"，京剧这个以一座城市命名的剧种得到了世界的广泛认识和接受。因而，当提到北京的戏剧时，京剧毫无疑义地进入人们的视野。说到京剧，最早可追溯到乾隆时期的二黄腔。秦腔影响到了襄阳腔、枞阳腔，在皖南一带产生了新的胡琴腔，名为二黄。二黄腔形成之后很快传播出去，安徽、湖北成为其大本营，渐渐安徽二黄胜过了其他各种腔调，流行于大江南北。徽班在乾隆年间非常活跃，乾隆五十五年（1790）清高宗八十大寿，浙江盐务派遣当时的扬州戏班三庆班为其贺寿。三庆班是唱二黄调的安庆徽班，在扬州舞台表演时逐渐吸收了各种声腔，成为杂演诸声调的班子。三庆入京后"时称三庆徽"，以其强大的阵容和出色的演技赢得了北京观众的普遍赞誉，乾隆六十六年的《清寒新咏》记："今之人若部为京城第一。"之后又陆续有南方的戏班入京，这些班社有四喜、启秀、霓翠和春台。杨懋建《长安看花记》记：

　　道光初年，京师有集芳班，仿乾隆间吴中集秀班之例，非昆曲高手不得与。一时都人士争先听睹为快。而曲高和寡，不半载，竟散。

其中固大半四喜部中人也。近来部中又转徙入他部，以故吹律不竟。
然所存多白发父老，不肖为新声以悦人。笙、笛、三弦、拍板声中。
按度拊节，韵三字七，新声故死，吐纳之间，犹是先辈法度。

这些徽班不一定全唱二黄腔，也不一定全出自安徽，他们所演出的
戏目也以昆、秦、乱弹为多。后来人们常说的所谓乾隆末期三庆、四
喜、和春、春台四大徽班进京，实际上并不止这四大徽班，他们也不全
出自于安徽、以唱二黄为主，只是因为他们唱出名了，因而把他们连称
在一起了。

徽班带来的二黄腔在北京成为最流行的腔调，道光年间杨静廷
《都门纪略·都门杂记·词场序》中说："近日又尚黄腔……铙歌妙
舞，响遏行云，洵属鼓吹休明，借以鸣国家之盛，故京都及外省之
人，无不欢然附和，争传部曲新奇，不独昆腔阒寂，即高腔亦渐同广
陵散矣。"

西皮在道光年间才见诸记载，但它产生的时间与二黄差不多，西皮与
二黄统一出现在襄阳腔的传承调楚调中。楚调的继承者为汉剧，汉剧的西
皮调高亢爽朗，其中快板西皮，行腔迅速，节奏紧凑，常表现人紧张的内
心活动。汉调与徽剧的差别不大，徽班进京后，汉调艺人也慢慢北上，他
们将西皮腔带入了北京，被当时人称为"新声"。此后，西皮与二黄同台
联袂演出，皮黄剧从此在北京独霸剧坛。皮黄腔即今天京剧的前身，"如
果要认真地确定其发源时期，应该是从道光八年（1828）至十二年
（1832），湖北伶工进入北京使西皮调与二黄调同台演出开始"。[①] 京剧主
要是以西皮调和二黄调两项声腔为主的皮黄剧，道光二十年（1840）到
咸丰末年为徽班转化为京剧的初期，这时北京著名的"三庆"、"四喜"、
"和春"、"春台"、"嵩祝"、"金钰"、"大景和"七个班子，唱腔以西皮
二黄为主，当家的角色以老生领衔，像"三庆班"的当家老生为魏长庚、
"四喜班"为张二奎、"春台班"为余三胜、"和春班"为王洪贵等。北
京剧坛上观众的欣赏习惯也发生了改变，在道光之前，戏班子演出最受重
视的是旦角，其次是小生。道光末期，观众一般爱好老生的唱功、做派和
武生的功架，因而老生便在戏班子中居首席。老生中比较著名的为三派，

---

① 周贻白：《中国戏剧史讲座》，中国戏剧出版社 1959 年版，第 228 页。

程长庚为代表的徽派、余三胜为代表的汉派和张二奎为代表的京派，京剧初期老生唱功三派的出现，使京剧成为独立的系统，不复有"徽班"之称。此后京剧成为一个独立的剧种，并进入全盛期。由同治进入光绪年，社会相对安定，京剧有了很大发展，各门角色都有人才出现，特别是唱功老生，发展得更为突出，谭鑫培、汪桂芬、孙菊仙成为其中的代表。光绪年间，除老生外，其他各门角色也人才辈出，青衣如梅巧玲、余紫云、时小福、陈德霖、王瑶卿，小生如王楞仙、德珺如、朱素云，武生如杨月楼、俞菊生，净如金秀山、钱金福、刘永春，丑如刘赶山、王长林，老旦如郝兰田、龚云甫、谢宝云，武旦如余玉琴、李燕云，都是一时上选，各有专长。

3. 清代的花、雅之争

清代的乾隆、嘉庆年间，中国戏剧史上出现了"花雅之争"。在乾隆后期的文献中经常出现"花部"与"雅部"的称谓，李斗《扬州画舫录》的"新城北录下"记："两淮盐务厉蓄花、雅两部以备大戏。雅部即昆山腔，花部为京腔、秦腔、弋阳腔、梆子腔、罗罗腔、二黄调、统谓之乱弹。"① 就是说"雅部"是指昆山腔，"花部"指的是除昆山腔以外的一切声腔剧种。戏曲的"花"、"雅"之分体现了等级观念，将昆曲视为上等，而其他的声腔剧种列为下等。然而，"花部"最终战胜了昆曲，在社会上获得了巨大的影响，吸引了大量的下层观众，并进而为士大夫阶层所接受。尽管在乾隆后期，为了统治的需要，统治者对花部发出了禁演令，但也没有起到太大的作用，花部仍然一如既往地到处表演，即使在北京也没有停止过。

4. 清代京城的戏剧创作

清代北京的戏剧创作非常繁荣，据史料记载，有40余位戏剧作家曾经生活于京城，他们创作了大量戏剧作品。一般来讲，京城的剧作家可分为三类：

其一，本身是外地人，由于做官或者其他活动，长期居住于京城，在京城完成了他们的戏剧创作，较有代表性的是李渔、洪昇、孔尚任。

其二，本身就是北京人，他们在京城为官，或者是满族贵族，在京城进行创作，这类人如爱新觉罗·永恩、周祥钰、王庭章、杨立山。

---

① 李斗：《扬州画舫录》"新城北录下·花部雅部"，中华书局2007年版，第65页。

其三，本身曾经是京剧演员或者票友，在表演的同时进行戏剧创作，较有代表性的有乔荩臣、毓五、潘月樵、松茂如、黄月山、贾洪林、王鸿寿。

李渔字笠翁，号笠道人，浙江兰溪人。自幼聪敏，屡应乡试不第，遂隐居乡里，组织家班进行表演活动，清初多次入京，并居住在陕西巷内韩家潭，著有《李笠翁十种曲》、《闲情偶寄》。李渔的剧作仍延续晚明才子佳人的套路，缺乏清新严谨的格调，不脱俊男靓女的模式。他的思想也较为落后，戏剧中津津乐道于一夫多妻、数女求一男的风流韵事，描绘床笫调情，最终归结于风化劝世。但是他靠戏剧表演为生，非常重视市场效应，注重观者的口味，因而他的作品多走奇巧浅显之路，有媚俗化的倾向。他的戏剧创作不沿袭前人，强调有所创新，尤其对于戏剧的舞台表演非常有心得。

洪昇，字昉思，号稗畦，钱塘人。康熙七年（1668），进入京城国子监监生，后流寓漂泊，穷困潦倒，长期客居于京城，他的《长生殿》传奇也是在京城完成的。《长生殿》创作于康熙二十七年（1688），当时洪昇44岁，经历了长达二十多年客居生活，"伤心食客三千里，屈指依人二十秋"。洪昇在戏剧中不满足于单纯勾画历史的轮廓，而是将笔触进一步深入到人物内心深处，在剧作中将目力聚焦于人物的幻灭感和无尽的幽思，从中找寻情感的共鸣点，并借李、杨爱情将其情感抒发出来。

孔尚任字聘之，号东塘，山东曲阜人，孔子64代孙。康熙二十三年（1684），康熙皇帝到曲阜祭孔，孔尚任被推荐为皇帝讲经，并为皇帝导驾游孔府和孔林，被破格提拔为国子监博士。第二年受命随工部侍郎孙在丰到淮扬疏浚黄河河口。在此期间他寻访南明古迹，搜寻了大量弘光朝的遗事，为创作积累了素材。回到北京后，孔尚任着手进行创作，康熙三十八年（1699），"凡三易稿而书成"。《桃花扇》一出，为其获得很大的成功，很快孔尚任就名满京城，一时王公贵人争相传抄，洛阳纸贵，甚至惊动了内府，传索进阅，《桃花扇》身价百倍。《桃花扇》开始在北京戏园厅堂盛演，岁无虚日，其中最为著名的就是大学士李蔚家的"寄园"。《桃花扇》的成功得益于它把南明王朝覆亡的整个历史过程搬上了当时风靡天下的昆剧舞台，把历史人物和历史过程形象地展现在舞台上，南明灭亡过程和前因后果历历在目，极大地掀起了观众的情感波澜。除此之外，孔尚任对于当时流行的多种声腔和民间曲艺的娴熟驾驭，也是他取得成功的重要因素。

　　除了以上几位非常有名、曾经活跃于京城的剧作家以外，蒋士铨祖籍浙江长兴，乾隆时期为官，居京多年，有《临川梦》等传奇 16 种。沈起凤，江苏吴县人，晚年来京候选官职，客死京城，作有《报恩缘》传奇几十种。爱新觉罗·永恩，清宗室，著有《漪园四种》。周祥钰、邹金生皆为乾隆时期宫中的御用文人，参与编写宫廷大戏《鼎峙春秋》。杨立山，满族人，光绪时期在京为官，著有《胭脂舄》。霖沛，清宗室，著有《雪月梅》。乔荩臣，京城名票，著有《义烈奇缘》。毓五，清宗室，由著名票友成为花脸演员，著有《胭脂剑》。松茂如，满族人，北京票友小生，著《梅玉配》等，北京城中这样的戏剧家和戏剧创作不胜枚举。

　　北京戏剧有着悠久的历史，从元杂剧开始至今，北京的戏剧舞台从来都不缺少故事，从来都没被冷落，众多的戏剧样式纷纷到京城一显身手，既给京城百姓带来了艺术的享受，也使这些戏剧融入了北京文化土壤之中，并进而成为北京文化不可或缺的宝贵因子，在历史的变迁中，他们讲述着故事、留下了传奇，延续着生生不息的文化血脉。

参考文献

1. 张次溪：《清代燕都梨园史料》上、下册，中国戏剧出版社 1988 年版。

2. 吴长元：《燕兰小谱》，清乾隆刻本。

3. 李真瑜：《城市文化与戏剧》，陕西人民教育出版社 2006 年版。

4. 楼卜瀍：《铁涯逸编注》，清刻本。

5. 傅乐淑：《元宫词百章笺注》，书目文献出版社 1995 年版。

6. 隋树森：《全元散曲》，中华书局 1964 年版。

7. 《中国古典戏剧论著集成》二，中国戏剧出版社 1959 年版。

8. 《中国古代戏曲论著集成》三，中国戏剧出版社 1959 年版。

9. 周贻白：《中国戏曲发展史纲要》，上海古籍出版社 1979 年版。

10. 王正祥：《新定十二律京腔谱》，清康熙刻本。

11. 朱权：《太和正音谱笺评》，中华书局 2010 年版。

12. 王国维撰，马美信疏证：《宋元戏曲史疏证》，复旦大学出版社 2004 年版。

13. 周德清：《中原音韵》，《中国戏曲论著集成》，中国戏剧出版社 1959 年版。

14. 路粲、顾起元：《庚巳编》、《客座赘语》，中华书局 1987 年版。

15. 兰陵笑笑生:《金瓶梅词话》，香港太平书局 1982 年版。

16. 沈德符:《万历野获编》，中华书局 1959 年版。

17. 魏荔彤:《怀舫集·怀舫集续集》，清康熙自刻本。

18. 周贻白:《中国戏剧史讲座》，中国戏剧出版社 1958 年版。

19. 李斗:《扬州画舫录》，中华书局 2007 年版。

20. 吴梅:《中国戏曲概论》，中国人民大学出版社 2004 年版。

21. 廖奔、刘彦君:《中国戏剧发展史》，中国戏剧出版社 2013 年版。

（马宝民　北京第二外国语学院国际传播学院　北京　100024）

东西文化视角下的北京戏剧

马宝民

摘　要：中国的戏剧是东方文明和美学精神的一个重要载体，作为最具代表性的北京戏剧在东西文化交融和传递中扮演着重要的角色，元杂剧和京剧不同程度地为东西方世界所关注和借鉴，在其传播的同时，也将北京这座城市形象带到了世界。本文从欧洲启蒙时期开始，探讨了北京的主要戏剧形式元杂剧和京剧在东西方的传播，以及西方和东方两种不同的视角下对元杂剧和京剧的认知和吸收，进而阐释了北京戏剧对东西方戏剧的影响。

关键词：北京　戏剧　西方　东方

中国艺术被西方认知始于早期的东西贸易活动，中国的丝绸、瓷器运到西方被作为奢侈品的同时，西方人对其所传递的简洁、高雅、精巧、细腻的美学风格也深有感触，西方学者认为"洛可可艺术风格和中国古代文化的契合，其全部秘密在于瓷器所体现出来的纤细入微的情调中"。[①]这是东方对西方从物质文明到精神文明产生影响的很好的写照。中国的戏剧也是东方文明和美学精神的一个重要载体，作为最具代表性的北京的戏剧在东西文化交融和传递中扮演着重要的角色，元杂剧和京剧不同程度地为东西方世界所关注和借鉴，在其传播的同时，也将北京这座城市形象带到了世界。

一　欧洲启蒙时期发现的北京戏剧

西方人第一次了解北京戏剧是在 13 世纪，当时意大利人马可·波罗

---

① 转引自陈伟《西方人眼中的戏剧艺术》，上海教育出版社 2004 年版，第 16 页。

到达了大都，即今天的北京，受到元朝皇帝忽必烈的喜爱和欣赏，在元朝担任了御史中丞兼大司农卿等官职。他的《东方见闻录》中记录了在大都期间欣赏当时流行的元杂剧情况，"席散后，由乐师和梨园弟子演剧以娱众宾"。

随着东西交流的发展，中国的戏剧逐渐介绍到欧洲，这时的中国戏剧基本上以北京戏剧为代表，改编的主要是元杂剧。17 世纪盛行于英国的英雄剧《中国之征服》，故事完全取材于中国的北京，写明朝灭亡和清兵入关这一时期的故事，其中主角为李自成、吴三桂和崇祯皇帝，故事主要情节是复仇和爱情。复仇部分讲的是清帝的父亲被汉人杀害，经常显灵，清帝带兵入关为父报仇。虽用中国题材，但显然受到了莎士比亚戏剧《哈姆雷特》的影响；爱情部分讲的是顺治皇帝在关外时爱上了一个汉族女子，入关后汉族女子带领一支娘子女与顺治皇帝激战，后来爱情的力量战胜了仇恨，女子嫁给了顺治，进宫做了皇后。显然这里融合了董小宛和红娘子的传说，很有中国特色。

18 世纪英国建立了东印度公司，东西贸易活动频繁。中国的文化、哲学、艺术也被介绍到了欧洲，这一时期对欧洲产生最大影响的是大都人纪君祥创作的元杂剧《赵氏孤儿》。《赵氏孤儿》原名《赵氏孤儿大报仇》，取材于《史记·赵世家》，晋灵公时期，朝中武将屠岸贾谋害首相赵盾一家，赵家只剩下一个刚刚出生的婴儿，被草泽医生程英所救并养大，长大后的赵氏孤儿杀掉屠岸贾为全家报仇。这部戏剧揭露了黑暗的社会现实，歌颂了草泽英雄和民间义士的侠义精神和崇高品质，表达了正义终将战胜邪恶的信念。全剧的情节惊险曲折，感情悲壮，极具艺术感染力，成为元杂剧中非常著名的悲剧之一。1734 年，法国传教士马若瑟将该作品译成法文，他把其中的一部分投给了巴黎的《水星杂志》，投稿信上说："先生，这就是我答应给你的一件新鲜别致的东西。请你告诉我，你和你的朋友看了这部悲剧觉得怎么样？此外，还请你告诉我，我之所以对这部戏发生兴趣，是不是由于这样一种心情，即凡是时代较古或者地区较远的东西总能够引起我们的仰慕？"马若瑟的《赵氏孤儿》法文译本以对白为主，曲子只注明是谁唱的，而不做翻译，因而他的译本只是大体上保持了原作的轮廓，他翻译的目的是希望欧洲人通过这部戏剧观察中国人的文明程度和道德水准。他认为歌唱对于欧洲人来讲很难听懂，"歌词包含着我们不理解事务和难以把握的语言形象"①。1735 年，法国教士杜赫德编辑一部《中国通志》，书中收入了《赵氏孤儿》的法文全译本。此后，《赵氏孤儿》在欧洲受到了重视，被译成了法文和英文，从而在欧洲得到了广泛的传播。《赵氏孤儿》也得到了当时戏剧评论家的注意。伏尔泰的朋友阿尔央斯侯爵从新古典主义的立场出发，指出了《赵氏孤儿》在戏剧技巧上的缺陷。他认为《赵氏孤儿》没有遵循"三一律"，特别是时间一致和地点一致的规律。从屠岸贾杀害赵氏满门到赵氏孤儿长大报仇，前后经历了二十多年，时间上是不一致的，而情节上经历了晋宫、驸马府、太平府、帅府和闹市等地方，地点上不一致。《赵氏孤儿》也违反了"措置得体的惯例"，出现了很多不该出现在舞台上的活动，如公主自杀、公孙杵臼撞死、屠岸贾被钉上木驴等。他还认为《赵氏孤儿》中演员自我介绍和"曲白相生"违反了古典主义的或然律。英国批评家赫尔德则通过将其与古希腊的戏剧相比较，肯定了《赵氏孤儿》的优点。他认为《赵氏孤儿》这部戏与古希腊戏剧《厄勒克特拉》很相似，不仅剧情上有相似之处，在思想上也同为以怨报怨。在结构上，赫尔德认为《赵氏孤儿》的结构简朴单纯，与古希腊戏剧结构上所表现出来的动作完整、统一与事件的连贯紧凑有一致之处。

《赵氏孤儿》在欧洲被翻译后，也迎来了改编的热潮。18 世纪 40 年代到 80 年代，出现了四五种改编剧本。最早的是 1741 年英国哈切特的《中国孤儿》，该剧本基本上保持了元杂剧的轮廓，搜孤、救孤、锄奸、报恩，但是戏剧的后两幕有较大的改编，写奸臣首相谋划害死国王，群臣揭发首相。国君要求群臣出示证据，大臣将描画大将军全家被杀的袍子展示给国君，首相认罪。显然这是一部政治讽刺剧，攻击的对象是首相。哈切特的戏剧具有政治讽刺意味，但这部剧在英国并没有上演。

在欧洲改编《赵氏孤儿》并上演的是法国的著名思想家伏尔泰。18 世纪法国启蒙思想家高举理性的旗帜，向旧制度发起了猛烈的反击，伏尔泰深信理性、道德和智慧的力量，他改编《赵氏孤儿》是为了宣扬文明战胜野蛮，道德战胜武力。伏尔泰的《中国孤儿》以《赵氏孤儿》为蓝本，融合了《成吉思汗新传》和《满洲人征服中国史》的内容改编而成。

① ［法］斯坦尼·儒连：《赵氏孤儿序》，《法国汉学家论中国文学》，外语教学与研究出版社 2007 年版，第 2 页。

成吉思汗攻入北京（汗八里），皇帝托孤于大臣尚德。为了斩草除根，成吉思汗到处寻找遗孤，尚德将自己的儿子冒充遗孤献给成吉思汗。尚德之妻伊达美不忍心自己的孩子被杀，面见成吉思汗，说出真情，并以死为幼主求情。成吉思汗在多年前曾在中国避难，爱上了伊达美，此番见面，成吉思汗旧情难忘，提出要伊达美改嫁于他，他就不再追究此事。伊达美不愿意改嫁成吉思汗，在与其夫相见时，拿出匕首，让尚德杀掉自己。成吉思汗见此情景备受感动，不仅免除了三人的罪过，而且令尚德夫妇抚养遗孤。伏尔泰的创作主题与元杂剧主题有所不同，他的视角不在忠义和复仇，而是理性与仁爱。伏尔泰认为"这又是一个新证据，证明鞑靼的胜利者不能改变战败民族的风俗。他们保护着在中国建立起来的一切艺术，他们接受它的法规……"[1]剧中尚德夫妇和孤儿是先进文明和文化的代表，大团圆结局也说明了文明终将战胜暴力，理性终将战胜邪恶。这部戏在1755年巴黎上映，剧本也随之出版。1756年《爱丁堡剧评》上评价说："他（伏尔泰）最近的悲剧《中国孤儿》里，他的创作天才尤为突出。我们读了这部作品，一方面觉得高兴，一方面觉得奇怪，因为他把中国道德严肃和鞑靼野蛮的粗犷一起搬上了法国舞台，而同时与法国人最讲究的谨严细致的种种规矩毫无抵触之处。"伏尔泰的《中国孤儿》上演后引起了广泛的关注，英国作家墨飞对伏尔泰的《中国孤儿》并不满意，他用了四年的时间，写出了新版的《中国孤儿》。该作品将戏剧的时间后移20年，20年前成吉思汗入侵中国，杀尽皇族，只留下一个孤儿，为遗臣尚德抚养，尚德将自己的儿子送到了高丽。20年后成吉思汗再次进攻中国，北京城陷落，尚德的儿子从高丽赶回来参加卫国战斗，不幸被俘。成吉思汗想找到当年的遗孤，找来尚德询问，尚德为救孤儿和全国20岁的青年，决定牺牲自己和自己的儿子。最后他的儿子被杀，尚德受到车裂之刑，他的妻子也自杀身亡。这时真的孤儿带兵杀入北京，成吉思汗猝不及防，被杀而死，孤儿大报仇。这个故事的基本内核与伏尔泰的《中国孤儿》接近，但墨飞更注重戏剧冲突，他认为让一个20岁的青年替另一个青年去死比牺牲婴儿挽救另一个婴儿更具震撼力。剧中去掉了成吉思汗求婚的片段，他认为更符合成吉思汗人物的性格发展逻辑，更有戏剧张

---

[1]　［法］伏尔泰：《赵氏孤儿献词》，《法国汉学家论中国文学》，外语教学与研究出版社2007年版，第4页。

力。1759 年墨飞的《中国孤儿》上演，得到了一致好评，剧中充满异域风情的服装、舞台布景具有浓烈的东方色彩，给观众强烈的视觉冲击。这部戏剧与英国的政治局势也有暗合之处，当时的英国外有强大的敌人，本土受到严重的威胁，英王乔治二世已经风烛残年，他只有一个孙子，还是孤儿。墨飞的《中国孤儿》是反抗强大的侵略者的故事，英勇的孤儿和忠义爱国的臣子，正是这时英国所需要的，因而这是一部宣扬自由和爱国的戏剧。

墨飞的《中国孤儿》之后，歌德也进行了改编，写成了两幕的《哀兰伯诺》，但因种种原因未能完稿。

从文艺复兴时期西方对中国戏剧，尤其是元杂剧《赵氏孤儿》的认识和改编，可以看出欧洲对于中国文化的仰慕之情，以及东西文化的互动。当时的欧洲虽将中国的戏剧作为异域文化，但并不排斥，而且还经常发扬中国戏剧中道德和人性的光辉，作为文艺复兴时期思想解放的动力。

二　西方舞台上带有北京元素的戏剧

（一）19 世纪之后西方舞台上的戏剧编演

19 世纪美国开始与中国有了广泛的接触。对美国人来说，中国是一个充满了神奇浪漫与想象的地方。美国作家创作中国剧目倾心于古老的中国及其传统文化，如《黄马褂》、《中国情人》、《中国灯笼》、《爱之焰》、《中国玫瑰》、《观音》、《琪琪》、《中国夜莺》、《大地之游》、《武章传说》。与传统的西方戏剧中国人只扮演丑角式的人物不同，这些戏剧大多写的是东方式的爱情故事，营造出了充满异国情调的舞台奇观。这一时期编演和改编的戏剧与北京有着千丝万缕的联系，可以看成北京戏剧的延伸。《黄马褂》是第一部美国人自编自演的中国剧，作者哈利·本里默和乔治·黑兹尔顿。《黄马褂》在 1912 年 11 月 4 日在百老汇的福尔顿剧院上演，持续了 10 个星期。此后一直很受关注和重视，此剧首演三年后，纽约重演此剧，场场爆满，持续一年多。《黄马褂》作者称该剧是"一部以中国方式创作的中国剧"。它是王室复仇的故事，其故事情节与元杂剧《赵氏孤儿》非常相似，孤儿和母亲为父亲的妾所害，逃离宫殿，并为好心人所救，孤儿长大后克服重重困难复仇，并夺回王位。《黄马褂》是美国作家创作的中国剧,也是一部拥有最多观众的中国剧。它创造了神话般的中国,阴柔的中国性格、充满格言式的华丽语言,使它成为美国自制中国剧的样本,此后的中国剧大都模仿这一模式。

1912年查尔斯·兰·肯尼迪改编并上演了《汉宫花》,这部剧是根据法国作家路易斯·拉卢瓦改编的元杂剧《汉宫秋》编写的。1936年上演的《宝钏夫人》改编自中国的京剧《武家坡》,写王宝钏和薛平贵的爱情故事。西德尼·霍华德和威尔·欧文将明代传奇《琵琶记》改编为《琵琶吟》,它是真正完全由美国人改编的剧本。故事的核心部分发生于明代的京城北京,主人公赵五娘、蔡邕。高明的传奇中主要渲染了"孝"的观念,而美国的《琵琶吟》则突出了爱情主题,将赵五娘与蔡邕之间忠贞爱情描绘的非常感人。1960—1966年斯科特改编了中国京剧《蝴蝶梦》。此后蒂瑟·张又改编了京剧《凤还巢》和《赵氏孤儿》。

1925—1950年之间,元杂剧《灰阑记》的改编一直没有停止。《灰阑记》是包拯断狱的故事,戏剧性很强。富翁马均卿娶妾张海棠生一子,马妻与奸夫合谋,毒杀亲夫,反诬海棠,并欲夺其子。包拯推详案情,知有冤弊,用石灰在小儿周围画一圆圈,令马妻和海棠对拽,谁能拽出孩儿,谁就是亲生母亲。海棠生怕伤害了儿子,不忍用力,马妻强行将儿拉出。包拯由此断定小儿为海棠亲生,并为其平反冤狱。这出戏表现决疑断狱,颇合情理,突出了包公明断是非的智慧,作品对倚强凌弱、欺诈浇薄的社会风气以及吏治的黑暗作了揭露。1832年法国人斯达尼斯拉斯·朱利安第一次将明藏本《灰阑记》翻译成西方文字,题目叫《诗歌散文剧〈灰阑记〉或〈石灰圈的故事〉》。1925年,德国诗人克拉本德的德文译本被麦克斯·莱恩哈特在柏林大剧院搬上了舞台,1929年贝斯尔·迪恩担任导演,在伦敦新剧院公演。随后,克拉本德版的《灰阑记》通过三种译本,以不同的方式登上了纽约舞台。德国大师布莱希特把《灰阑记》改编成《高加索灰阑记》,中国《灰阑记》在西方的传播进入了一个新的时期。1948年春《高加索灰阑记》在美国明尼苏达州卡尔顿州卡尔顿大学演出,用的是艾略特·本特雷的英文译本。布莱希特自导的德文本首次公演于1954年10月,1955年他带领剧团到法国演出,取得了惊人的成功。此后,《高加索灰阑记》在西方广泛上演。20世纪90年代,京剧《灰阑记》也是根据布莱希特的《高加索灰阑记》和元杂剧改编的。从元杂剧《灰阑记》到90年代京剧《灰阑记》,《灰阑记》在中西戏剧交流史中完成了一个循环的历程，而这其中从元杂剧到京剧无不与北京戏剧结缘。

（二）中美建交后美国舞台上的中国题材剧

中美建交之后，美国舞台上出现了以中国现代为题材的剧目，这些剧目带有明显的时代特征，多以中国的政治中心北京为背景。其中《尼克松在中国》讲述的是尼克松1972年访问中国在北京的四天经历，反映了中美两国领导者的政治理念和价值观。1988年百老汇上演了华裔美国人黄哲伦的新戏《蝴蝶君》，引起了观众和剧评家的注意。这部戏是根据1986年美国《纽约时报》的一则新闻改编的，故事的两位主人公是法国外交官和中国的京剧演员。戏剧开始于1988年，主人公雷内·盖利马在法国的单身监狱回忆他与中国京剧旦角演员宋丽玲20年的恋情，戏剧通过盖利马的讲述，以倒叙的方式展开。20年前，已婚的法国外交官盖利马在北京的一次晚会上邂逅了宋丽玲，宋丽玲是北京的一位男性旦角演员，当天他扮演女角，表演了普契尼歌剧中的蝴蝶夫人。盖利马被宋丽玲的歌喉所吸引，认为宋立玲是位女性，从此开始了他们20年的恋情。盖利马成为他梦想的《蝴蝶夫人》中的平克顿，宋丽玲则是他心目中的蝴蝶夫人。在此期间，盖利马将外交秘密透露给宋丽玲，宋丽玲又将这些秘密传递出去，20年后，法国政府以间谍罪逮捕了这对情侣。当宋丽玲剥去衣服时，盖利马才相信他是男人。盖利马在监狱中讲完这个故事，像蝴蝶夫人一样自杀了。北京的邂逅、男性旦角演员以及京剧的穿插，使该剧具有了浓郁的中国特色和北京风情，导演黄哲伦凭借这部戏剧在美国获得了多项大奖。当然该剧吸引人的地方不仅仅在于故事的发生地是北京、他的主人公是京剧演员，更为重要的是它隐喻了东西方关系。在西方的文化体系中，东方人是美丽、顺从的，他们有着真诚的献身精神，就像蝴蝶夫人一样，这正是普契尼故事的美妙之处。"西方对东方有几分国际强者的心态。西方人总是认为自己有男子气概，军事力量强大，工业发达，资金雄厚。而东方人则是女子气的，无战斗力、落后、贫穷，最多是有点艺术天分，具备一些难于解释的智慧而已。西方人认为东方需要被控制，就像一个没有自我意识的女人一样。"① 而盖利马式的、具体化的狂妄与偏见

---

① ［美］黄哲伦：《蝴蝶夫人》，纽约：剧作家剧本出版社1988年版，第62页。

并没有使西方战胜东方。《蝴蝶君》是对西方人和东方人真实身份的一次总体探讨,它的主题在文化、政治、性与哲学等方面无不涉及东西方关系。

为了使自己的文化观、哲学观和政治观在东西方主题中引人关注,黄哲伦成功地将中国戏曲观念与西方的戏剧性融合在一起,得到了评论界的关注,也赢得了观众的高度赞扬。从中国传统戏剧的角度,《蝴蝶君》把京剧元素用到了戏剧处理中,最有代表性的是京剧武旦演员宋丽玲的京剧唱段和武打表演。在舞台上演员穿正规的中国京剧的戏服,武打设计得非常正规和真实,展现了中国传统舞台的风貌。除了外在移植京剧的舞台元素以外,《蝴蝶君》本质上也采用了中国戏剧的演剧手法。在舞台上实践了布莱希特所说的“间离效果”,打破了观众的舞台幻觉。剧本的设计有意识地采用中国戏剧的风格。换景过程采用中国戏剧舞台常用的方式,道具人员扛起不同标志的旗帜表明场景和地点的转换。这种方式在舞台上频繁出现,如巴黎的场景、“文化大革命”场景等。叙事也受到中国戏剧的影响,比如用叙述来介绍人物,用叙述营造舞台想象的景观,这些都源自于中国的舞台观念。

场景的设置上也可以看到京剧的影响,比如将三个不完全相关的人物与两个不同时间的场景放在同一个表演区,由宋丽玲和盖利马居住的场所,转换成盖利马和他的上司图伦德办公室的场景,三个人中一个站着不动,或者做与其他两个人不相干的事情。这种空间的处理与京剧《拾玉镯》中书生傅朋、少女孙玉娇、刘媒婆三人关系的设计非常相像。

此外,《蝴蝶君》还采用了京剧舞台中常采用的象征手法,创造性地使用道具表明各种意念。如红色的桌椅摆放,象征办公室、戏园、公寓、起居室。盖利马自杀时将自己的脸涂成日本女子的白色,穿上类似蝴蝶的服装,表明他在现实与虚幻之间的挣扎,“我终于找到了她,我既是盖利马,又是声名远扬的蝴蝶”。

三 京剧与东、西方世界的交流

(一) 梅兰芳的京剧艺术在美国及欧洲的影响

京剧形成之后百余年长盛不衰,除了因其具有强大的表现力,符合观众的审美需求，人才辈出、表演不断深化与创新以外，从戏剧本身来讲，京剧所独有的综合性、虚拟性和程式化的特点，在其200多年的发展历史中，充分展现了中国戏曲文化的特点，体现着中国古典美学的风貌和人文特征，从而成为北京的城市名片。在京剧艺术传播与交流中产生巨大影响的是著名的京剧表演艺术家梅兰芳。梅兰芳的京剧艺术与西方交流并产生影响主要表现在两个方面：其一，梅兰芳成名之后，很多西方人慕名前来拜访、学戏，他们将梅兰芳的京剧成就传播到了西方世界。其二，梅兰芳曾多次到欧洲和北美访问，把京剧艺术和戏曲文化传播到了西方。

1915年左右，梅兰芳确立了自己在京剧舞台上的地位，从此一些外国友人慕名前来观看他的表演。印度著名诗人泰戈尔曾看过梅兰芳表演的新编京剧《洛神》并感动地赋诗。1925年美国舞蹈家罗丝·丹尼斯、泰德、萧思三人到北京访问演出，他们与梅兰芳进行了交流，并同台献艺，很多在北京的西方人观看了演出并给予高度评价，说明京剧与西方戏剧艺术之间有相通之处。1926年意大利驻华大使偕夫人同美国大使及夫人、瑞典大使及夫人，瑞典王储夫妇拜访了梅兰芳，近距离地感受了中国京剧表演艺术家的生活状态。1929年挪威著名作家诸达尔·格里格来到中国，看到梅兰芳的表演非常激动，写了《梅兰芳》一文，叙述他观看表演的感受。梅兰芳的艺术得到了广泛的认可，西方人在这样精致的艺术面前更容易受到震撼，产生审美惊奇。

1. 梅兰芳访美及其影响

为了让更多的人认识京剧、了解京剧，梅兰芳决定走出国门，到西方去表演。1930年梅兰芳访美，让美国人看到了中国的京剧艺术，梅兰芳的表演让美国观众为之疯狂。

1930年2月16日，梅兰芳剧团在纽约百老汇进行了首场演出，为了提升表演效果，剧场改变了原来的设计，增加了很多中国元素。剧场的门前挂满了宫灯，室内挂满了纱灯，显得富丽堂皇。服务员换上了中式服装。舞台设计更具中国风格，第一层用剧场的旧幕，第二层用中国红缎子幕，第三层设计成中国戏台式的外檐龙柱，上面挂着对联：四方王会凤具威仪，五千年文物雍容，茂启元音辉此日；二世伶官早扬俊采，九万里舟轺历聘，全凭雅乐畅宗风。第四层是天花板式的垂檐，第五层有旧式宫灯四对，第六层是京剧演出的旧式戏台，有隔扇，乐师们在隔扇后面演奏。整个舞台布置突出了浓郁的中国风味和特色，吸引了美国观众的目光。留美博士张彭春教授随团来美,在开演前,先由赵博士对中国戏剧的特点、演员动作的含义等进行总体说明。每一段剧目演出前,由翻译对剧目的情节要点进行说明,以便观众更好地了解京剧及剧情,在欣赏表演的过程中更专注地体会京剧唱、念、做、打等艺术程式的精妙之处。在剧目的选取上,梅兰芳剧团专门选择了适合美国观众审美趣味的剧目,《霸王别姬》、《打渔杀家》、《贵妃醉酒》、《汾河湾》、《木兰从军》等。在剧目的编排上文戏、武戏和京剧舞蹈相结合,如《贵妃醉酒》、《打渔杀家》、《羽舞》(《西施》)结合在一起表演;《汾河湾》、《霸王别姬》与《杯盘舞》(《麻姑献寿》)放在一起表演。这种文武搭配、唱作结合的设计极大地调动了观众的审美兴趣,产生了很好的效果。

梅兰芳在美国一炮打响,两星期的戏票一售而空,并不得不在国家剧院连演 3 周,此后继续在芝加哥、华盛顿、旧金山、洛杉矶、圣迭哥、西雅图等地访问演出,历时半年之久。梅兰芳的美国演出是中国京剧走出国门的第一次,也是中国京剧对美国观众产生重大影响的一次表演。梅兰芳访美期间受到了美国各界的热情接待,很多人把梅兰芳看成中国京剧的化身。美国的一些大学校长和教授看了梅兰芳的表演极为欣赏,哥伦比亚大学、芝加哥大学、旧金山大学邀请梅兰芳讲学,加利福尼亚大学对梅兰芳的京剧艺术给予了高度的肯定,授予他名誉博士学位。很多著名的艺术家像卓别林、范朋克、玛丽·碧克馥等看过梅兰芳的表演对中国的京剧评价极高,对京剧精巧的结构、深邃的思想、美轮美奂的舞台表演非常沉迷,他们与梅兰芳结下了深厚的友谊。

梅兰芳访美成功是中国京剧与西方文化的成功交流,中国的戏剧精神和美学思想对西方,尤其是对美国产生了重大的影响,具体表现为:首先,京剧作为东方艺术对西方的影响。美国学者认为京剧艺术是第一流的艺术,有鲜明的东方色彩和异国情调,是经过不断探索和改革创造出来的艺术样式。其次,梅兰芳无可挑剔的扮相和出神入化的表演使美国观众对中国戏曲的特点有了深切的认识和了解。最后,京剧虚拟化、程式化的表现手法给美国观众带来了耳目一新的感觉。相比于西方的写实主义体系,京剧的表演是一种崭新的方式,具有独特的魅力,这种东方的表现手法为美国观众所接受,并对西方戏剧产生了极大的影响。

2. 梅兰芳访苏及其影响

1935 年,梅兰芳访美不久,他又接受了苏联政府的邀请,率团访问苏联。1935 年 3 月 12 日梅兰芳一行来到了莫斯科，在莫斯科、列宁格勒等地演出了《打渔杀家》等剧目，在当地产生了极大反响。苏联戏剧大师斯坦尼斯拉夫斯基认为梅兰芳"以他那无比优美的姿势开启一扇看不见的门，或者突然转身面对那看不见的对手，他这是让我们看到的不仅是动作，而且也是行动的本身，有目的的行动"。① 斯坦尼斯拉夫斯基认为梅兰芳的表演证明了他的"体验"理论，演员应该忘记自己是一个演员，要很好地与角色融合在一起，觉得他就是所演的那个人。电影大师爱森斯坦认为梅兰芳不仅是表演艺术家，而且是学者，他"善于用传统形式和历史故事比喻现代问题，使古典的中国戏曲具有特殊的生气"。② 从梅兰芳的京剧艺术中，爱森斯坦透过感性的外观体味到了被理性束缚多时的生命本源，对梅兰芳美学的接受反映了他重新调整艺术中感性与理性、主体与客体关系的良好愿望。爱森斯坦还将梅兰芳《霓虹关》中东方氏与王伯当对枪一段戏拍成电影，搬上银幕，并将自己的美学论著《电影造型原则》赠送给梅兰芳。梅兰芳访苏的时间并不长，取得的成就非常大，甚至超越了在美国所取得的成就。当时的戏剧领域，斯坦尼斯拉夫斯基的体验派风头正健，梅兰芳与他的交流对其理论产生了巨大的影响。更为值得注意的是，梅兰芳访苏对德国戏剧家布莱希特及其所创立的表现派产生了直接的影响。

梅兰芳是中国第一位走出国门的京剧演员，他将京剧和戏曲文化带到了世界，让世界知道和了解了中国的京剧及戏曲文化，梅兰芳功不可没。

（二）程砚秋赴欧交流及其影响

梅兰芳出访美国成功，给京剧界带来了很大的震动，程砚秋受此启发，计划赴欧考察，"游历英、法、德、意、比和瑞士六国，把他们的戏剧原理与趋势考察一下，带一个有系统的报告回来，以为我们梨园行改进戏剧的参考"。程砚秋访欧之行持续一年多，在预计考察的六国之中，程砚秋在英、法滞留的时间最长。在此期间他登台演出，得到了广泛的好评，程砚秋成为把京剧传入欧洲的第一人。1932 年 1 月程砚秋一行到达巴黎，在物理学家郎之万的介绍下认识了法国著名的戏剧家克勒、表演艺

---

① 转引自陈伟《西方人眼中的戏剧艺术》，上海教育出版社 2004 年版，第 102 页。

② 同上。

术家都玛夫妇、国立大剧院秘书长赖鲁雅等文艺界名人，他们对中国传统戏曲甚为仰慕，克勒认为京剧舞台的写意性布局非常有特色。5月程砚秋到了柏林，柏林远东协会秘书长林德遍邀各界著名人士，其中包括普鲁士教育部长、外交司长、国家剧院经理、音乐家、戏剧家、电影公司经理、记者等，举行了盛大的茶话会，会上程砚秋即席演唱了《荒山泪》和《骂殿》两个片段，引来了一片赞赏之声。程砚秋还会见了全球驰名的新派话剧创始人马克斯·莱因哈特，与他交换了对戏剧舞台、布景等方面的认识，马克斯·莱因哈特对西方写实性的戏剧布景非常不满意，认为最好的布景只用灯光就行了，程砚秋将中国舞台虚拟化的布景介绍给他们，马克斯·莱因哈特非常兴奋，认为可以成为改革西方戏剧的门径。8月，程砚秋应郎之万、裴开尔两位教授的邀请，回到法国，在尼斯出席了国际新教育会议，程砚秋在会上作了《中国戏曲与和平运动》的讲演，受到与会者的欢迎，他还在会议上表演了《荒山泪》的片段，反响非常热烈。除了演唱和传播中国的京剧艺术以外，程砚秋还把京剧虚拟化、程式化的特点介绍给欧洲同行，他在莫斯科访问时介绍了中国京剧"捉鞭当马，搬椅作门"虚拟化的表现手法，引起了很多欧洲剧作家的注意，他们认为这种写意化的演剧方式是中国戏剧最成熟的部分。

程砚秋在欧洲的表演和交流使欧洲国家进一步认识了中国京剧的东方神韵，并对京剧产生了极大的兴趣，他们开始研究中国戏剧精华，以此作为弥补西方戏剧不足的重要手段。

（三）京剧与日本的交流

中国的京剧与日本的交流始于明治维新之后，一些日本的有识之士来到中国，接触到了中国的京剧，对其非常感兴趣，中国最早的两部戏剧史就是由日本人写的。同时很多中国的留学生进入了日本，他们把中国文化带到了日本，促进了中日文化的交流。其中梅兰芳民国时期两次访日对京剧的传播与交流、扩大京剧的影响起到了非常巨大的作用。1919年梅兰芳25岁，1924年梅兰芳30岁，正是他京剧表演艺术水平达到高峰时期，这时中日还未开战，梅兰芳访日是纯粹的文化交流活动。梅兰芳两次访日公演都是受日本帝国剧场会长、实业家大仓喜八郎的邀请，日本的各界政要，包括首相原敬、全体内阁大臣和各国的大使都参加了欢迎会。梅兰芳两次访日公演，主要剧目多为"古装歌舞戏"，如《天女散花》、《麻姑献寿》、《黛玉葬花》等。赴日公演时，梅兰芳一方面对访日公演的剧目进行了精致化的加工，以新创的"古装歌舞戏"体现自身在表演艺术上的创新；另一方面，带着中国传统戏剧的价值认证以及积极借鉴日本戏剧经验的深层目的，在访日公演期间见缝插针地观摩了若干歌舞伎和新派剧剧目，并且与有关专家进行座谈，深入交流切磋。当时日本正处于大正时期，日本戏剧也处在摸索和改良阶段，具有革新意识的歌舞伎演员演出了不少"新剧"剧目，创造了介于歌舞伎与话剧之间的"新派剧"，梅兰芳对此非常感兴趣，甚至有改编这些戏剧在中国表演的想法。

在梅兰芳之前，很多看过京剧的日本人，包括日本京都大学著名的"中国学"学派学者，如王国维的友人狩野直喜、铃木虎雄以及青木正儿等，都认为京剧"鄙俗"。梅兰芳首次访日演出时，不但民众趋之若鹜，京都大学特意组织了专家学者的"听戏团"，从京都赶往大阪观摩。四个月后，专家、学者、戏剧家、"梅迷"们集中撰写出版了《品梅记》一书。专家学者们不但改变了对京剧的不良印象，而且对其东方文化底蕴大加赞赏。梅兰芳在日本公演时，评论最多、观众打分最高的剧目是《天女散花》和《御碑亭》。《天女散花》载歌载舞，是梅兰芳的代表剧目之一，以难度大、丰富而优美的长绸舞著称，其舞蹈的特点是：立意明确、节奏鲜明、动静结合、布局巧妙，反映了梅兰芳深厚的传统艺术修养。《御碑亭》是以唱功为主的传统文戏，梅兰芳声情并茂的演唱和细腻传神的表演，把一位中国传统妇女的形象栩栩如生地展现在日本观众面前。通过此剧，日本观众不仅领略了中国戏曲虚拟化、程式化、抽象化的表演艺术特征，同时也理解了中国妇女的社会地位、知识分子家庭的生活情趣以及传统中国社会的风土人情。同样打动日本观众的是，梅兰芳无处不美的艺术风格，即使是"愁"、"怒"、"悲"，亦不脱离艺术感，给人以"美"的享受。唯其美——包括形象美、动作美、心灵美、道德美，才能够从感官到心灵深深触动日本观众的心弦，使之产生共鸣。这一时期，梅兰芳的创造力最为旺盛，新编剧目最为丰富，改革成果最为全面。

新中国成立以后，1956年梅兰芳带团再次出访日本，演出了《将相和》、《拾玉镯》、《三岔口》、《贵妃醉酒》等剧目，反响同样强烈。近两个月时间，代表团遍访东京、大阪、神户、奈良、京都、广岛、福冈等城

市，所过之处得到了热烈的欢迎，这是新中国成立之后第一次派往日本的
艺术访问团，为中日友谊作出了巨大的贡献。除梅兰芳之外，韩世昌、绿
牡丹、小杨月楼、熊式一等也将中国的戏曲带出国门。中国表演艺术家自
觉走出国门，对京剧扩大影响、提升知名度起到了巨大的作用。

中日的戏剧艺术交流也非常频繁。在梅兰芳第三次访日前，1955 年
我国政府邀请日本歌舞伎到中国表演。歌舞伎是日本的传统戏剧形式，它
产生于江户初期，距今有 400 多年的历史，比京剧产生早了 200 多年，它
是集歌、舞、剧于一身的艺术形式。在表演方面，歌舞伎的表演高度程式
化，在演技、亮相、动静对比、行当、脸谱等方面都有独特的要求，尤其
是男旦的表演体制、特性与京剧有着相似之处，与京剧的交流更有利于双
方互相学习。正因为如此，梅兰芳的访日活动才能取得巨大的成功，京剧
也因此得到了日本人民的喜爱。

四　东方视角对北京戏剧的观照与解读

（一）西方对中国戏剧认知的三阶段

英语文本最初介绍中国戏剧以元杂剧为主，1871 年约翰·法兰西
斯·戴维斯出版了武汉臣的元杂剧《老生儿》，距今已有 180 多年的历
史。从 1871 年开始西方对中国戏剧的认知大致可分为三个阶段：第一阶
段是 19 世纪上半叶，以介绍中国戏曲的表演传统为主，是西方认识中国
戏曲的最初阶段；第二阶段是 20 世纪上半叶，对中国戏曲的认识上升到
理论阶段，并推动西方舞台进行大量学习中国戏剧的实践；第三个阶段是
20 世纪五六十年代至今，进入了学术研究阶段，出现了大量的研究文章、
专著及译本。

1817 年戴维斯在《老生儿》的英译本中写了一篇介绍性的文章《中
国戏剧及其舞台表现简介》，对戏班子结构、演出场合和表演方式进行了
介绍。他认为中国的戏剧舞台表现手法主要集中于五个方面：舞台的临时
性和简陋性；舞台上无布景；演员运用象征性的道具和动作；角色叙述交
代情节的发展；配乐伴着演员动作。12 年后戴维斯翻译了马致远的《汉
宫秋》，认为它非常符合欧洲关于悲剧的定义，"此剧的行动的统一是完
整的，比我们现时的舞台还要遵守时间和地点的统一。它的主题的庄严，

人物的高贵，气氛的悲壮和唱词的严密，能满足古希腊三一律最顽固的敬慕者"。① 1836 年戴维斯写了一部《中国人》的书，其中有关于中国戏剧的篇章，提到了《老生儿》、《汉宫秋》、《灰阑记》，提供了中国演员表演行当的信息，将这些剧本与古希腊和莎士比亚戏剧进行比较研究，使英语世界能够更好地接受中国戏剧，戴维斯为西方世界了解中国舞台表演传统作出了开创性的贡献。

前文提到马若瑟翻译了《赵氏孤儿》将其引入法国，引起了法国启蒙运动的领军人物伏尔泰的重视，伏尔泰依据《赵氏孤儿》改编成了《中国孤儿》，他在《中国孤儿》献词中提到，这部剧是为了证明"理性与天才对盲目野蛮的暴力所具有的优越性"。② 他说："《赵氏孤儿》是一篇宝贵的大作，它使人了解中国人的精神，有甚于人们对这个庞大帝国曾作和所将作的一切陈述。""这篇中国戏剧并没有其他的美：时间和剧情的统一、情感的发挥、风俗的描绘、雄辩、理性、热情，这一切都没有，然而，这部作品依然优于我们在那个相同时代所做的一切。"③ 伏尔泰认为以《赵氏孤儿》为代表的中国戏剧并不符合西方戏剧要求，但它的内涵和包蕴能力并不低于任何一部西方优秀的戏剧。

19 世纪法国汉学家译介和研究中国戏剧进入自觉时期，其中贡献最大的是斯达尼斯拉斯·于连，他的华文名字是儒莲。1832 年他全文翻译了《灰阑记》，1834 年又全文翻译出版了《赵氏孤儿》。他在《灰阑记》的序中说："元代的每个剧本都由层次分明的两部分组成，道白为散文体或不规则的韵文体，颇似我国歌剧中的小咏叹调。剧中最扣人心弦的段落均以格调高雅的诗体写就，欧人不易理解。"表明了他对元杂剧的深入理解高于同时代人。1872 年儒莲翻译了《西厢记》，著名汉学家雷威安为其作序，指出："在这种称为'杂剧'的新剧种形成过程中，全调式叙事诗扮演了重要的乃至决定性的角色。'杂剧'这一古老的术语被用来指规定严格的北戏：一部戏分为四幕，也有五幕和六幕，每幕都仅含一种调式，唱的部分有各种相应的曲调，但总落在同一个韵上，一人主唱为其固有特

① ［英］约翰·法兰西斯·戴维斯：《汉宫秋》，《幸运的团聚》第二卷，东方翻译基金会1829 年版，第 217 页。

② ［法］伏尔泰：《〈中国孤儿〉作者献词》，《法国汉学家论中国文学》，外语教学与研究出版社 2009 年版，第 4 页。

③ 同上书，第 6 页。

性，很少例外；但一人主唱的规矩不适用于'楔子'，有时楔子有好几个，常见于开头，充当序幕，或者位于两幕之间。因此，比起多达好几十幕的南戏，北戏的结构紧凑。"① 显然雷威安对元杂剧的形式非常熟知。他还说："该剧种的繁盛很大部分要归功于13、14世纪定居于北京的元蒙统治者的扶持和他们引发的社会动荡。"② 同一时期的法国汉学家安托万·巴赞出版了他的《中国戏剧：元曲四种》，内含《邹梅香》、《合汗衫》、《货郎担》、《窦娥冤》，并发表了长篇导言介绍中国的戏剧。巴赞研究中国戏剧，在剧本选择上受伏尔泰的影响，以此作为西方了解中国的窗口；在译介方式上继承了儒莲的研究路径。在《序言》中他着重介绍了中国戏剧的历史、演变和特点，强调戏剧中角色歌唱的重要意义。1841年他又出版了明代戏曲《琵琶记》，他说自己的目的不仅仅是让人们了解14—15世纪百年中国戏剧的发展，更重要的是"它展示了15世纪中国民情风俗的原貌"。

　　20世纪初期是西方世界认识中国戏剧的第二个阶段，这一时期出现了一些比较系统的专著，汉学家休伯特·贾尔斯1901年在他的中国史书中，简单地介绍了元杂剧《西厢记》、传奇《琵琶记》和京剧《三疑记》、《辕门斩子》的剧情，并翻译了折子戏《彩楼配》，他认为中国戏剧的文学价值不如演员的演技。雷金纳德·弗莱明·约翰斯顿写了第一本戏剧书《中国戏剧》，介绍中国戏剧的历史与演出环境，尤其在介绍中国的戏剧舞台时，指出"在现今的中国只要是演传统戏并遵守传统程式的舞台都是这样的"。③ 道出了中国传统舞台的审美价值，空旷的舞台为戏剧的动作和剧情提供了无限的想象空间。1902年美国出版了凯蒂·芭丝的《中国戏剧研究》，凯蒂·芭丝是英语世界对中国戏曲进行系统研究的第一人。书中对中国戏剧的历史发展进行了简单的阐述，对戏曲文学和表演作了详细的论述，尤其对戏剧的行当、人物、演员、音乐、化妆、服装、戏院的习俗作了详尽的描述，把中国戏剧的方方面面介绍给西方，这是凯蒂·芭丝的最大贡献。

---

　　① ［法］雷威安：《儒莲法译〈西厢记〉序》，《法国汉学家论中国文学》，外语教学与研究出版社2009年版，第28页。

　　② 同上。

　　③ 雷金纳德·弗莱明·约翰斯顿：《中国戏剧》，凯里·沃尔什出版公司1921年版，第11页。

20 世纪初，介绍中国戏剧较为著名的著作是甘卜尔和伯吉斯合著的《北平之社会调查》，这是专门针对北京的戏剧环境进行的调查研究，其中"娱乐"一章对北京的剧场票价和演员情况进行统计。朱家乾的法文著作《中国戏剧》被译成英文，其中有很多俄罗斯艺术家的中国剧场写生，真实地记录了中国剧场的形态，让西方人第一次真正了解了中国的剧场。1925 年，佐科的《中国戏剧》出版，这是一本专门研究中国戏剧的著作，作者曾长期生活、工作于北京，对中国戏剧尤其是北京戏剧了解得很多。本书前五章系统地描写了中国戏剧的历史，接下来三章主要谈表演，他对梅兰芳评价很高，认为梅兰芳是中国最伟大的演员，最后一章对中西戏剧进行了比较。佐科对于中国戏剧表演程式化理解非常深入，认为西方舞台可以向中国学习的东西很多。1929 年出版的第一本介绍梅兰芳的书籍是《梅兰芳：中国首席演员》，作者梁社乾。虽然这本书是为梅兰芳出访美国做准备的，但对中国戏剧中的旦角尤其是男旦进行了深入的介绍，对梅兰芳及其梅派剧目进行了整理，还收集了很多外国朋友对梅兰芳的评价。梅兰芳的美国之行引起了西方对于中国京剧的兴趣，阿灵顿的《自古至今中国戏剧》对中国戏剧进行了全景研究，对中国舞台和演出环境进行了详尽的描述，尤其是他认识到演员与观众的交流很重要，戏剧为演员和观众进行交流提供了自由和民主的环境。程修龄的《中国戏剧之秘密》是一本综合解说京剧艺术的书，他在书中详细地描绘了旦角，对旦角的各种程式动作进行了图解说明。书中还提供了 70 本京戏的剧情简介，应该说这是一本中国京剧艺术的教科书，为喜欢中国京剧艺术的人提供了丰富的学习资料。

20 世纪 20 年代的欧洲，中国戏剧研究走向了深入。很多汉学家突破了经院汉学的研究套路，致力于中国戏曲艺术的研究，对融音乐、舞蹈、歌唱为一体的中国戏曲艺术特质有了新的把握和理解。苏利叶·德·莫朗的《中国近代戏剧和音乐》、路易·拉卢瓦《论中国古典戏剧》，前者考察了音乐在中国戏剧中的地位和作用，后者则讨论了中国戏剧的产生和发展。随着文化交流的开展，很多法国学者在考量中国戏剧形式的同时，也深入挖掘其美学和哲学的源头，法国戏剧家安托尼·阿尔托《戏剧及其双重性》与戏剧理论家乔治·巴努《戏剧的出路》不约而同地认为中国古典戏剧"涵虚"的美学风格的哲学源头可以追溯到老子的《道德经》。汉学家戴鹤白写了专著《京剧》。随着中法文化交流的深入，中法戏剧理论家和批评家开始了正面的精神碰撞, 艾田蒲的《伏尔泰的〈中国孤儿〉》, 对纪君祥的《赵氏孤儿》与伏尔泰的《中国孤儿》进行了比较研究, 从哲学和美学等多个层面对该作品进行了深层次的思考。

(二) 元杂剧及京剧对布莱希特戏剧及戏剧观念的影响

1. 布莱希特受元杂剧影响的戏剧创作

在西方真正接受了中国戏剧观念, 并将其加以运用是德国戏剧家布莱希特。布莱希特曾经将克拉本德版本的《灰阑记》改编成寓言, 加入了很多具有教育意义的内容。布莱希特的成名作为《三分钱歌剧》, 揭示了社会腐败黑暗与国家机器、统治者之间的关系。布莱希特对中国文化非常感兴趣, 他对中国先秦时期的哲学著作《老子》、《墨子》进行了仔细研读, 并将其运用于自己的创作中。在《伽利略传》中伽利略曾经说: "考虑到种种障碍, 两点之间最短的一条线可能是一条曲线。" 这一观点与老子的辩证法观点不谋而合。布莱希特还创作了中国题材的作品《老子在流亡途中著〈道德经〉的传说》, 1938 年布莱希特在丹麦将英译本《中国诗歌一百七十首》选择一组诗翻译成德文。

布莱希特的剧作受中国的影响更为突出。他的《四川好人》、《高加索灰阑记》都有着浓郁的中国元素, 他的最后一部戏剧《图兰朵公主》主要情节也是来自于中国。该剧的剧情是民众为了反抗皇帝控制棉花市场, 在革命者的启蒙下, 准备起来反抗。皇帝十分恐慌, 召集大臣想办法, 提出平息风波的人可以娶公主图兰朵为妻, 强盗戈格借机接近公主, 阴谋夺取政权, 最后人民攻入了都城, 赶走了戈格, 建立了人民的政权。剧本歌颂了人民的力量, 揭露了统治的黑暗。除了戏剧内容中含有中国元素以外, 布莱希特在戏剧形式上也吸收了很多中国戏剧的因素, 他的《高加索灰阑记》全剧采用五幕一楔子的形式, 楔子是正式故事前的介绍和交代, 这显然受了元杂剧四折一楔子的影响。全剧中除了对白还有大量的唱词, 这种演员有说有唱的形式也与中国元杂剧和京剧的形式非常接近。在戏剧内容上《高加索灰阑记》是围绕着 "搜孤" 与 "救孤" 展开的, 显然受到了元杂剧《赵氏孤儿》的影响。可以说布莱希特在戏剧上的种种设置非常明显地受到中国文化与中国戏剧的影响, 然而最重要的、最大的影响还体现在他的戏剧理论方面。

2. 布莱希特接受京剧影响的戏剧理论

布莱希特戏剧理论的核心是 "间离效果" 和 "打破第四堵墙"。间离效果也被称为陌生化效果，1936 年布莱希特发表了论文《中国戏剧表演艺术中的陌生化效果》首次提出了这一概念。在此之前，德国古典哲学家黑格尔在他的《美学》中提到了艺术形象的创作，他认为艺术形象既是个别人又代表着整体，作为整体每个欣赏者都可以从中见到自己熟悉的东西；从个别来看，欣赏者又从来没有见过这样的人物。俄国文艺理论家别林斯基也提到了典型人物应该是"熟悉的陌生人"。布莱希特对这些经典的艺术理论并不陌生，但是对于如何在戏剧中体现这种创作辩证法还处于长期的摸索中，直到看到了中国京剧表演艺术家梅兰芳的表演。1956年梅兰芳在苏联的莫斯科表演，当时流亡苏联的布莱希特也正在莫斯科，他观看了梅兰芳的表演后大受启发，写出了《评中国的表演艺术》，后来又深化他的理论写出了《中国表演艺术中的陌生化效果》，对中国的京剧推崇备至，并进而提出了"间离效果"。布莱希特的"间离效果"是为了防止观众沉湎于戏剧的世界之中，将戏剧幻想为真实生活。布莱希特认为观众在观看戏剧时，应适当地与舞台表演者拉开距离，从而获得独特的审美体验。间离效果旨在剥去事件或者人物性格中显而易见的、理所当然的东西，能使人们认识对象，同时又产生陌生感，使观众对角色进行理性批判，从而在演员、角色与观众之间建立彼此依存又相互间离的辩证关系。这种间离效果通过陌生化来实现，观众对演员的表演是陌生的，以一种疏离或者惊异的态度看待演员的表演和舞台角色。为了更形象地说明这一问题，布莱希特举了京剧《智取威虎山》中"杨子荣打虎上山"一场戏：杨子荣骑马上威虎山，在舞台上并没有真正的马，而是演员手里拿一根马鞭前后挥舞，伴随着演员各种舞蹈动作，这些并不是观众日常生活中的骑马的体验，但是通过有限的道具——马鞭和丰富的舞蹈动作，凭借丰富的想象，观众既可以理解演员所表演的骑马活动，又可以从中感受到角色所表达的情感。这种表演的方法在西方传统戏剧中是没有的，中国京剧写意的表现手法正好与布莱希特的"间离效果"不谋而合。

中国京剧与西方戏剧是不同的。京剧不太强调戏剧情节，对其情节如果仔细进行推敲，甚至有很多不合理之处。京剧注重的是演员的表演，演员要把舞台上没有的东西表演出来，如京剧《打渔杀家》中少女萧桂英驾驶小船，舞台上没有水也没有船，演员手拿一支小桨，靠各种舞蹈动作表现水流的湍急、船行的困难、河流的转弯等。梅兰芳的舞台表演与客观真实有区别，但是他的表演是接近真实的，也可以说他的表演是真实的，因而京剧的重心在于表演，在于演员的舞台表现力。布莱希特通过对中国戏剧的研究，发现中国戏剧在编剧理念、戏剧结构、舞台美术等方面都有可以借鉴之处。

（1）演员与角色的关系

布莱希特认为京剧演员与所扮演的人物保持着距离，演员是角色，又要时刻表明自己是演员，是在扮演或者表现角色。京剧突出演员与角色关系的手段就是程式化，京剧中有严格的程式规定，生、旦、净、末、丑，各有各的表演程式，唱、念、坐、打各有各的规律，如"起霸"、"走边"、"打哇呀"、"软卧鱼"等都是不同的表演程式。布莱希特认为京剧表演"给人以冷静感，演员以不同的表演程式与所演的角色保持着距离，力求避免将自己对人物的体验强加给观众"。①

（2）演员与观众的关系

西方戏剧演员独自在舞台上表演，他们似乎与观众隔着一堵看不见的墙，布莱希特称之为"第四堵墙"，因为有此墙的存在，演员扮演的角色可以当众流露自己的内心秘密，即"当众孤独"。中国京剧演员的表演正是"打破了第四堵墙"，布莱希特说："中国戏曲演员的表演，除了围绕他的三堵墙之外，并不存在第四堵墙。他使人得到的印象他知道他的表演在被人观看……观众不再有幻觉，不再是一个真实发生的事件的不为人注意的还击者。"② 观众时刻被提醒着，这不是生活，而是演戏。

（3）观众与舞台表演

布莱希特认为："戏曲演员在表演时的自我观察是一种艺术和艺术化的自我间离的动作，防止观众在感情上完全忘我地和舞台表演的事件融合为一，并十分出色地创作出二者之间的距离。但是绝不排斥观众的共鸣，观众会跟进行观察的演员取得共鸣，而他是习惯于处在观察者、旁观者的地位的。"③ 布莱希特认为观众与舞台表演应该保持一定的距离，这样观众才能不单纯地对舞台表演表示接受和认知，而是用一种分析和评判的心态，深入地感受舞台表演所给予的审美需求。

---

① 布莱希特：《中国戏剧表演艺术的陌生化效果》，见《布莱希特论戏剧》，中国戏剧出版社 1990 年版，第 194 页。

② 同上书，第 192—193 页。

③ 同上书，第 194 页。

（三） 中国戏剧表现手法在西方戏剧中的运用

中国戏曲风格影响到了西方戏剧界，美国剧作家、导演采用中国戏曲技巧对他们的现实主义模式进行改造。他们把中国戏剧表现方法和程式创造性地运用在自己的表演革新中，其中桑顿·怀尔德的戏剧实践很有代表性。

桑顿·怀尔德是美国最著名的剧作家之一，怀尔德 1938 年创作《小镇风光》并闻名于世。怀尔德对舞台上的现实主义风格进行了批评：

> 到 20 年代末我开始失去了看戏的乐趣。……富于想象力的叙述在舞台上变得不真实。最后我的不满发展成一种怨恨。我开始感觉到戏剧不仅存在不足，而且还在逃避；它并不想挖掘它自己的深层潜力……我不能再听信这样幼稚的求"真"。我着手写一些独幕剧试图捕捉真实而不是逼真。①

怀尔德的戏剧理念致力于"消灭舞台剧的第四堵墙，从而将观众融进表演中去，并且使人们意识到日常生活中最微不足道的事件的价值"。怀尔德的戏剧理论构想与他对中国戏剧的了解有直接的关系，怀尔德对戏剧的认知为：

> 戏剧渴望表现的是事物的象征，而不是事物的本身……戏剧要求传统最大限度的介入。所谓传统就是一种得到承认的虚假，一种被接受了的谎言。如果戏剧假装要用帆布、木头和金属道具来创造真实，那么它就失去了某些它应该创造的更真实的东西。②

怀尔德在 1931 年发表的早期戏剧采取了中国戏剧传统中的一些程式，《小镇风光》的戏剧艺术融入了中国戏剧的表演技巧。怀尔德的舞台创新主要表现于三个方面：舞台监督、舞台设计和虚拟的程式化动作。

---

① ［美］桑顿·怀尔德："前言"，《三部剧集：〈小镇风光〉，〈九死一生〉，〈媒人〉》，哈珀与罗出版公司 1957 年版，第 vii—xii 页。

② 同上书，第 102 页。

舞台监督在舞台上类似于元代南戏和明传奇中的副末,他在开演之前介绍剧情的梗概,并客串其他小角色。副末一般是演老者的行当,舞台监督的作用和副末的作用很相像,开场用诗的形式来介绍剧情梗概和主题。这样的舞台设计早在20世纪20年代法国人巴赞的《琵琶吟》中就出现了,也是在这部剧中将副末的角色翻译成舞台监督。舞台监督的角色除了介绍剧情,在剧中还要扮演叙事人的角色,同时客串一些小角色。在《小镇风光》中,舞台监督既作为介绍者介绍剧情,也扮演了药店老板、婚礼牧师等角色。怀尔德对舞台的革新还在于舞台监督还身兼道具员职责,并将中国戏剧中自报家门的程式也由舞台监督来完成,可见舞台监督的作用被大大提高了。在戏剧中舞台监督兼具叙事人和评论人的角色,在舞台上他描述各个场景,激起观众的想象,对剧情的发展转换起到串联的作用。

根据布莱希特的间离效果理论,《小镇风光》舞台监督的这种不断打断演出的手段和程式,在观众心中造成了"间离效果",把观众从舞台上拖出来回到现实中。中国戏剧的表演程式对于布莱希特、怀尔德和观众来讲都是国外的、陌生的东西,他们的理解可能与中国观众的理解有偏差,但是这些陌生的技巧对于打破西方戏剧创作中的现实主义无疑起到了催化剂的作用,也更容易制造"间离效果"。

在舞台设计上,也可以看出怀尔德对中国戏剧的借鉴和他打破传统现实主义的努力。《小镇风光》使用了毫无装饰的舞台,怀尔德认为,大量的幕布、道具和其他舞台手段会限制观众的想象,给人以剧情老套、对话乏味的感觉。"当你强调戏剧中的地点时,你就限制并且约束了剧中的时间,把剧情置于过去时态中。"[1] 怀尔德认为传统的箱式背景限制了时间和空间,剧中人所经历的一切象征着人类漫长文明的体验,时间的永恒,空间的无限,只能通过无背景的舞台设计来实现,没有布景的舞台突破了时间和空间的限制,给观众无限广阔的想象空间。除此之外,道具的设计也非常简洁,中国传统戏剧中的桌椅,在戏剧中作为厨房、长椅、公墓,等等,与这些道具相配合的是一些程式化、虚拟化的动作,比如日常做饭、吃饭、除草、送牛奶、搬书、读书、学习等都用了示意性的动作来

---

① [美]桑顿·怀尔德:"前言",《三部剧集:〈小镇风光〉,〈九死一生〉,〈媒人〉》,哈珀与罗出版公司1957年版,第xi页。

完成。

怀尔德充分理解和运用了中国的戏曲元素，作为创新源泉。他的剧作与布莱希特的理论对第二次世界大战后的美国戏剧产生了巨大的影响。乔治·科诺德尔和鲍西娅·科诺德尔的《戏剧入门》总结了美国戏剧对中国戏剧手法的运用："作家写的独白直接以观众为听者。布景常常当着观众的面在强光下变换；面具，象征道具和零散的布景为观众所接受。时空完全不受限制。"①

从艺术手法上讲，美国戏剧对中国戏剧的借鉴表现于如下几个方面：

（1）空舞台原则。舞台上不设布景，或者开放式表演空间，把戏剧从现实主义的束缚中解脱出来，《黄马褂》、《小镇风光》、《蝴蝶君》诸剧都是这样的设置。

（2）道具与服装的象征性。中国戏曲中程式化道具和脸谱的象征性的使用。《黄马褂》中以桌椅代表桥和山，以扔出的红色包袱代表砍下的头颅，《蝴蝶君》中主人公死前从袖口中抽出红色丝带象征死亡流出的鲜血，等等。脸谱的象征性也随处可见，《黄马褂》中"灵魂的提供者"和"蜘蛛"两个角色的脸上涂上了油彩，象征他们是恶的化身。尤金·奥尼尔的《伟大之神布朗》是最早使用面具来表现人物多面性格的现代戏剧。1966年布莱希特的《高加索灰阑记》由朱尔斯·欧文指导，剧中使用了面具，象征性地强调平民与恶势力的斗争。总之，中国京剧的脸谱和日本的面具促成了戏剧象征在美国的复兴。

（3）虚拟化的动作和风格化的身段。

梅兰芳1930年在美国以及20世纪五六十年代访欧的中国剧团，表演了《打渔杀家》、《秋江》等剧目。这些剧目多用虚拟、程式化的表演，给欧美戏剧大师以灵感，布莱希特就对中国戏剧中程式化表演大加赞赏，并将其运用与戏剧创作中。《黄马褂》、《小镇风光》、《蝴蝶君》等剧目中，或多或少都使用了程式化的动作表现日常生活。20世纪六七十年代美国开始对演员程式化的身段和动作进行严格的训练，身段和形体动作在六七十年代激进戏剧、环境戏剧和非正统戏剧中得到了重视。波兰实验剧院的格罗托夫斯基将东西方传统创造性地融合在一起训练演员，这种方式

---

① ［美］乔治·科诺德尔、鲍西娅·科诺德尔：《戏剧入门》第二版，哈考特·布雷斯·卓瓦诺维奇出版公司1978年版，第162页。

影响到了六七十年代的戏剧。他曾经研究中国戏剧训练演员的方法，将京剧作为首选的学习方式。他的方法影响到了朱利安·贝克、朱迪斯·马利纳、约瑟夫·蔡金等美国演员。

（4）戏剧中的叙事成分。

叙事戏剧的重要部分就是叙述，在中国传统戏剧中开场白和剧中人的自我介绍就是这种叙述的原型，在美国的戏剧舞台上，这个角色给了舞台监督，《黄马褂》、《琵琶吟》、《小镇风光》、《蝴蝶君》都能够看到这个角色。在《黄马褂》中舞台监督只负责叙述剧情，《蝴蝶君》中舞台监督不仅是叙述人，还增加了其他的角色。《小镇风光》里，舞台监督不仅叙述剧情，还扮演老板、牧师等角色。美国戏剧家阿瑟·米勒的《美国时钟》，由演员自己介绍自己的名字和身份背景，阿瑟·米勒说这种方式是他从"中国的元曲"中学来的。

（5）道具员在演出过程中的角色。

道具员的出现被认为是中国戏剧特色最典型的标志，在一些戏剧中设立道具员的目的就是为了更有中国特色。在布莱希特的戏剧中，道具员的出现被认为是制造"间离效果"的重要手段。《小镇风光》中舞台监督充当道具员，使快速换场成为可能。从中国古典戏剧到布莱希特的戏剧，道具员从只有功能作用的工作人员，变成了戏剧中不可或缺的重要角色。

总之，欧美的戏剧舞台上很多创新表演方式和方法都借鉴了中国戏剧，尤其是京剧的表演手段，尽管他们对这些表演方式的理解与中国人的理解存在着很大的差别，有些手段的使用单纯是为了表现异国情调，但是他们的这些尝试和努力，既表明了这些艺术家不断创新的艺术追求，也说明了中国戏曲，尤其是京剧在海外传播产生了巨大的影响。

五　东方视角对北京戏剧的观照与解读

如果说西方戏剧家们对中国古典戏曲的理解和接受还只是一些表现方式的借鉴，那么我们的近邻日本对京剧的理解可能更为深入和直接。中国戏曲研究的奠基人王国维先生《宋元戏曲考》完成于1912年，当时他寓居日本的京都。《宋元戏曲考》一出，不仅影响到中国的学术界，在日本也产生了极大的震动，盐谷温在《中国文学讲话概论》中说：

王氏游寓京都时，我学界也大受刺戟，从狩野君山（直喜）博士起，久保天随学士、铃木豹轩（虎雄）学士、西村天囚居士、亡友金井（保三）君等都对于斯文造诣极深，或对曲学底研究吐卓学，或兢先鞭于翻译，呈万马骈镳而驰骋的盛观。①

日本的中国戏曲研究开始于江户时代，而真正具有近代学术意义的研究始于明治时代。盐谷温是东京大学的教授，也是研究中国戏曲的专家。他这里提到的几位学者也都是明治时期研究中国戏曲的著名人物。其中狩田直喜被盐谷温和青木正儿评价为日本"元曲研究的鼻祖"。这时期的研究以元杂剧和南戏为主，据青木正儿的记述，他的老师狩野直喜曾参照《北曲谱》和《中原音韵》来讲《汉宫秋》和《窦娥冤》。森槐南则是日本元曲研究的真正开拓者，他在报纸杂志上发表了很多文章和诗词，表达自己对元代戏剧和明代传奇的理解和感受，《读〈桃花扇〉传奇题其后》、《重读〈桃花扇〉得二律》、《杂赠四首》等，并仿制《补春天传奇》、《深草秋传奇》等，在《支那文学》创刊号上连载《〈西厢记〉读法》。1879 年出版笹川临风的《支那小说戏曲小史》，是最早的中国小说戏剧专史，第二篇"元朝"中杂剧、《西厢记》、《琵琶记》都是专章介绍和研究元代戏剧的。森槐南、幸田露伴、笹川临风等人超越了日本江户儒学，将中国的小说戏曲研究引入了近代学术之行列。

1913 年 1 月王国维完成《宋元戏曲史》，他的研究成果及其在京都的交往活动，对著名的京都学派的形成具有重要的影响。1913 年在狩野直喜的敦促下，京都帝国大学刊印了《元刊杂剧三十种》，命名为《覆元椠古今杂剧三十种》，狩野直喜用中文撰写了跋，是最早的对《元刊杂剧三十种》进行研究的文章。这一时期也成为日本对中国戏曲研究的第一个高潮。京都大学和东京大学成为研究中心。

1937 年之前，戏曲研究成就迭出，其中有狩野直喜《支那戏曲史》、《支那学文薮》，盐谷温《支那文学概论讲话》及其博士论文《元曲研究》，宫原民平《支那小说戏曲史概说》，七理重惠《谣曲与元曲》，久保天随《支那戏曲研究》，青木正儿《支那近世戏曲史》、《元人杂剧序

① ［日］盐谷温：《支那文学讲话概论》，大日本雄辩会 1919 年版，上海开明书店 1929 年版。

说》等。

盐谷温、青木正儿的研究对 20 世纪的中国文学史、戏剧史的研究产生了巨大的影响。

（一）日本学者对中国戏剧研究取得的成就

日本学者对中国戏剧研究的成就主要表现在三个方面：

首先是对中国戏曲史的整体性认识。日本学者多对中国戏曲史进行整体研究，从上文所提到的各种戏曲史和文学史即可看出。其中森槐南《支那戏曲的沿革》是他在东京大学的讲演，虽然非常简略，但从宏观上对中国戏曲的脉络进行了梳理，线索非常清晰。纵观笹川临风《李笠翁》、《汤显祖》、《支那戏曲》等文章，也可见其对中国戏剧史的总体把握。

其次，对具体戏曲作品的理解。对于具体的作品，日本学者的关注点也比较集中，很多学者对《西厢记》、《琵琶记》进行了研究，对汤显祖的《牡丹亭》、洪昇的《长生殿》也非常关注，他们从作品产生、作家的生平等诸多方面进行了探讨，《元曲选》也是很多学者所关注的，幸田露伴、森槐南对其进行了介绍和评价。此外，"水浒戏"也为他们所重视。

最后，对中国当时的京剧表演进行关注。1900 年，留学中国的日本人增加，他们主要生活于北京和天津，经常观看京剧，一些学者开始关注对京剧的研究。辻听花《中国剧》，波多野乾一《支那剧五百番》、《支那剧及其名优》是这时比较有代表性的研究成果。《中国剧》是用中文写的，《支那剧及其名优》被翻译成中文，更名为《京剧二百年历史》，这些著作直接影响到了中国的国剧运动。

（二）青木正儿的《中国近世戏曲史》

《中国近世戏曲史》1936 年出版，青木正儿认为他延续了王国维《宋元戏曲史》的研究。《中国近世戏曲史》从先秦时期开始一直到清末，对南戏、昆曲和清代的花部研究非常详细。其中对花部的研究，涉及徽班的勃兴和京剧的产生。他对京剧的研究非常全面，从徽班的起源、发展，到戏班、演员、场上表演都进行了深入的探讨，对北京剧界进行了细致的研究，并对昆曲的衰落和京剧的繁荣进行了对比分析和阐释。作为一部戏剧史，它对京剧的关注是有限的，但是从戏剧史的角度对京剧进行研究分析，这还是第一次。

（三）辻听花的《中国剧》

辻听花的《中国剧》1925 年出版。辻听花曾三次来华，在京津等地观看了中国京剧，极为喜爱。在辗转于各地观剧的过程中，他结识了很多梨园人士，产生了研究中国戏剧的想法，1912 年他再次来到中国，在《顺天时报》做编辑，开始了《中国剧》的研究。他的《中国剧》共分六个部分，从上古到今世，是贯通古今的戏剧研究。延续了王国维的研究并进一步发展，辻听花不是按照时代的划分来研究中国戏剧，而是根据戏剧的特点，将元明及清前期的戏剧与清代咸丰之后的戏剧分成两个时期，他认为咸丰之后，由于国家动荡，影响到了戏剧的表演，从而可以看出他是按照戏剧发展的特点对中国戏剧进行分期的。

辻听花非常喜欢京剧，对京剧的发展、剧场的条件、演员的待遇等问题都有自己的看法，他在《顺天日报》做编辑时，发起了评选京剧"五大名伶"的活动，客观上促进了京剧表演艺术由生角为主向旦角担纲的转化。他还对各地不同戏剧进行比较，尤其是对北京和上海京剧，通过剧场、表演、观众等比较，看出两地京剧表演的不同。对于花部，他认为"二黄圆稳有趣，反二黄稍带幽味，西皮凄楚激昂，梆子悲壮激越，昆曲温雅幽静，高腔朴直有神"，各自有自己的声腔的特点。

（四）波多野乾一的京剧演剧史

波多野乾一的第一部戏剧史为《支那剧五百番》，1922 年由北京的"支那问题社"印行。这部书介绍了 500 个京剧基本的内容梗概，在"序说"中涉及了戏曲的"结构、舞台、角色、规则、唱腔、观剧"等与京剧相关的问题。

1925 年，波多野乾一的《支那剧及其名优》除"序说"之外，共分 11 章 34 节。这是一部系统介绍京剧演员的著作，对京师舞台 200 年间生、旦、净、丑各个行当的京剧名伶的身世、派别、风格、师承等进行了系统和翔实的介绍。如第一章介绍老生包括了程长庚、京剧鼻祖张二奎、余三胜、谭鑫培、王九龄、杨月楼、孙菊仙、汪桂芬、谭鑫培、许荫棠与贾洪林、刘鸿升、"伶隐"汪笑侬、物故诸优、现在诸优、票友老生、女优老生、秦腔老生。

波多野乾一的《支那剧五百番》和《支那剧及其名优》，一部介绍剧本，一部介绍演员，构成了对京剧完整的解读。1926 年《支那剧及其演员》由鹿原学人"编译"在中国出版，书名易为《京剧二百年历史》，这本书就是中国人所熟知的"波多野乾一的戏曲史著"。

（五）日本其他的关于京剧的著述

波多野乾一在《支那剧五百番》和《支那剧及其名优》的序中，对于前人的著述有所涉及：

> 关于京剧，辻武雄、今关寿、村田孜郎、黑根祥作、井上进已有著述，本书成书过程中，参考了他们的著作……辻武雄氏在修订中给予了指教。①
>
> 本书……材料主要根据中国人著述和记录的片断，和过（武雄）、井上（进）、村田（孜郎）、黑根（祥作）四人的日文著作，仅表谢意。②

村田乌江的《支那剧与梅兰芳》（东京，玄文社大正八年即 1919 年出版）出版时间稍早于辻听花的《中国剧》，内容包括：梅兰芳小史、支那剧梗概、怎样看支那剧、戏曲中的梅兰芳、评梅郎、主要剧本简介、梅郎佚事。这本书的出版被认为是恰逢其时的，正赶上梅兰芳一行"首次东渡"到日本公演，村田乌江以"乌江散人"的名义为该书作"序"：

> 北京的京剧是全国最好的，论才貌技艺梅兰芳（字畹华）名列第一，不仅国人推崇，欧美人亦为之倾倒。今天，享有全球之盛誉、携中华艺术之精华的畹华来到樱花之国——日本，堪称中国戏曲演剧史上的一个新纪元，亦为空前之伟业。友人佐藤三郎嘱我为其作传，但时间紧迫，当然又不可遗漏。若能就畹华的艺术及中国戏曲的一个方面介绍清楚，我愿足矣。

---

① ［日］波多野乾一：《支那剧五百番》（北京，顺天时报印字局，昭和二年）序。

② ［日］波多野乾一：《支那剧及其名优》（东京，谷口熊之助，大正十四年）自序。

大正八年四月乌江散人①

　　另外还有《品梅记》，这部书出版时梅兰芳已经离开日本，但是日本的京剧热并没降温，这部书收文 14 篇，包括：《梅郎·昆曲》、《梅剧杂感》、《观梅剧记》、《观赏梅兰芳的〈御碑亭〉》、《短评中国戏曲》、《我辈的所谓"感想"》、《关于梅兰芳》、《观梅杂记》、《观赏中国戏曲》、《看梅兰芳》、《观赏梅兰芳》、《梅兰芳》、《第一次观看梅剧记》、《听戏杂记》。作者也是集当时国内戏剧研究的一流学者，内藤虎次郎、狩野直喜、藤井乙男、小川琢治、铃木虎雄、滨田耕作、丰冈圭资、田中庆太郎、褪口功、青木正儿、冈崎文夫、那波利贞、神田喜一郎等，代表了日本学术圈对梅兰芳及其京剧的认同和评价。井上进《支那风俗》（上海，日本堂书店大正十年即 1921 年出版）分上、中、下三卷，中卷的"戏剧研究"对中国京剧的剧本、术语、构成、角色、排演、习惯、服装、道具、名伶等进行了介绍。

　　这些关于京剧的著述，虽然有些并非学术研究，但通过资料、演出、演员等方面的介绍，对京剧在日本的传播和影响的扩大起到了积极的作用，同时这些著作的产生也说明了京剧自身具有独特的魅力，它在中日文化交流中扮演着非常重要的角色。

六　结语

　　从东西方对于北京戏剧尤其是京剧的研究、吸收、借鉴来看，北京的戏剧不仅以其独特的魅力吸引着中国观众的目光，而且承载着厚重的中国文化精神走向了世界。在这一过程中，北京的戏剧不再是很多人眼中的文化古董，它正以崭新的面貌和勃勃的生机为世人所接纳，尤其是布莱希特、桑顿·怀尔德等西方戏剧家将京剧的表演模式运用于西方现代戏剧的创作与表演中的尝试，进一步说明了京剧所具有的现代价值，从而激起更多的研究者深入研究北京戏剧、挖掘北京戏剧精华的兴趣和热情。因而，这里笔者可以大胆地断言，北京戏剧的辉煌不仅仅保留在过去，在未来的时代中它必将会大放异彩。

---

① 《支那剧乙梅兰芳》乌江散人"序"。

参考文献

1. 陈伟：《西方人眼中的戏剧艺术》，上海教育出版社 2004 年版。

2. 钱林森：《法国汉学家论中国文学》，外语教学与研究出版社 2007 年版。

3. ［美］黄哲伦：《蝴蝶夫人》，剧作家剧本出版社 1988 年版。

4. 约翰·法兰西斯·戴维斯：《幸运的团聚·汉宫秋》，东方翻译基金会 1829 年版。

5. 雷金纳德·弗莱明·约翰斯顿：《中国戏剧》，凯里·沃尔什出版公司 1921 年版。

6. 桑顿·怀尔德：《三部剧集：〈小镇风光〉，〈九死一生〉，〈媒人〉》，哈珀与罗出版公司 1957 年版。

7. 布莱希特：《布莱希特论戏剧》，中国戏剧出版社 1990 年版。

8. 乔治·科诺德尔、鲍西娅·科诺德尔：《戏剧入门》第二版，哈考特·布雷斯·卓瓦诺维奇出版公司 1978 年版。

9. 盐谷温：《支那文学讲话概论》，大日本雄辩会 1919 年版，上海开明书店 1929 年版。

10. 王国维：《宋元戏曲史》，中华书局 2010 年版。

11. 青木正儿：《中国近世戏曲史》，中华书局 2010 年版。

12. 都文伟：《百老汇的中国题材与中国戏曲》，上海三联书店 2008 年版。

13. 黄仕忠：《日本所藏中国戏曲文献研究》，高等教育出版社 2011 年版。

14. 廖奔、刘彦君：《中国戏曲发展史》，中国戏剧出版社 2013 年版。

15. 周华斌、袁英明：《民国时期梅兰芳的访日公演》，《文艺研究》2010 年第 2 期。

16. 李莉薇：《波多野乾一与中国京剧在日本的传播》，《日本研究》2012 年第 4 期。

17. 幺书仪：《清末民初日本的中国戏曲爱好者》，《文学遗产》2005 年第 5 期。

18. 孙惠柱：《从"间离效果"到连接效果——布莱希特理论与中国戏曲的跨文化实践》，《戏剧艺术》2012 年第 6 期。

19. 周宪：《布莱希特的中国镜像》，《外国文学研究》2011 年第 5 期。

（马宝民　北京第二外国语学院国际传播学院　北京　100024）

城市语言

北京话文化场域拟构的学科观照[*]

宋　晖

摘　要：北京话具有 300 年以上的形成史，其形成过程深刻地反映了围绕文化展开的场域构建。本文基于对传统、现代和语言的关系的考量，以北京话为文化场域构建的模型基础，同时在当代学术语境下将北京话的文化场域构建置于宏大的语言传播的背景中，力图为文化场域的构建寻求学理支撑。

关键词：北京话　文化　场域　构建　学科

传统与现代似乎是一对难舍难分的冤家，语言作为人类最重要的交际工具，可以说几乎必然成为它们得以沟通的唯一路径，但如何使沟通变得有效，如何使这对冤家伴生式发展，需要寻求学理上的依据。于是，传统、现代、语言也就理所当然地被纳入综合研究的视野。本文基于对这对矛盾的深刻考量，试图通过语言学和社会学的双重观照为这对宿敌彼此释怀提供一点儿学科上的可能性。

一　传统与现代：北京话的现代性意义

（一）传统与现代的语言学意义

对于"传统"的解读，是有学科差异性的，在中国的语言学科看来，"传统"意味着"小学"，而"小学"仅仅是为解经之用，外延涵盖文字

---

*　本文部分内容在《社会科学辑刊》2013 年第 3 期和《国际汉语学报》2013 年第 1 辑分别以《汉英文化语言场域构建》和《汉语国际教育的文化语言学接口》为题发表，此次修改后以全文形式发表。

学、训诂学和音韵学。即使今天看来，这一看法也并无二异，我们在翻译
"训诂学"时找不到合适的术语，于是只能借助于"阐释学"的说法翻译
为"Chinese Exegetics"或径译为"Exegetics"，在西方这个词是对犹太
教、基督教《圣经》原义进行解析和注释的解经学。①

　　而"现代"则是相对于"传统"而言的，韩震（2002）认为，从历
史上说，"现代"（modern）是指紧随中世纪而来的时代或时期。从文化
上说，"现代主义"（modernism）和"现代性"（modernity）涉及与古代、
古典和传统颇具自我意识特色的东西的决裂，以及对新颖、普遍性、现在
或当下的强调。

　　作为中国现代语言学"前身"的"小学"又被冠以"语文学"，"名
副其实"地充当了中国语言学的传统之角色，又"名不副实"地重构了
语言学作为现代科学的地位。通常认为中国语言学的真正开始或者美其名
曰"现代化"，是1898年马建忠的《马氏文通》问世，从此走上了效仿
西方语法之路，并以此构建了中国语法学体系。可以说，正是在西方语言
学的镜鉴中国传统语言学被重新建构，如马氏在《马氏文通》中所言，
他著彼书的目的是"因西文已有之规矩，于经籍中求其所同所不同者，
曲证繁引以确知华文义例之所在"。如此看来，现代的中国语言学是与传
统决裂形成的，这倒契合了"现代主义"和"现代性"的定义。

　　可是，问题恰恰在于语言学的传统与现代是否能够决然分开。其实，
潘文国（2012）认为被"现代化"后的中国语言学有几个显著特点，其
中一个是"原先在传统语言研究里毫不起眼的语法研究一跃成为语言研
究的绝对中心，这是因为西方两千年来的语言研究始终以语法为中心，中
国语言研究要'现代化'，只能走此路"。他认为，这是被筛选、被选择
的后果。我们姑且不论是否必须以语法学为中心，即使语言的历史分期也
必须是语言系统发生显著变化才能认为是不同阶段，决然不能像社会史那
样以事件或改朝换代作为分期。无论是历时语言学的发展还是现代意义的
语言学，两者是打断了骨头连着筋的，尤其是历时语言学的发展，更使现
代意义上的语言学不可能与传统决裂甚至分道扬镳，决裂会使语言现象变
得如失去了"族谱"而不知来源。

　　由此，我们认为传统与现代必须有一个接口，这个接口应在文化语言

---

①　阐释学与训诂学的术语体系差异反映了学术传统的不同。

学的层面实现（下文还有详细论述），因为一定有一些语言现象是现代语言学解释不了的。杨琳（2012）举例解释"人五人六"这个词的成词理据，认为"人五"是"人物"的谐音，"人六"是配搭，人们用"人物"来讥讽假"人物"，如山东聊城话："你看你人物的！"这样，这个词的理据就比较清晰了。正如柏杨所说，"有了历史的记载，我们短短的人生一世，才不致是一场没有背景、没有剧本，不知前因后果的荒唐的独幕剧"。

（二）北京话的现代性意义

语言是文化的重要载体，苏叔阳（2005）指出，一位"京味作家"很感慨地说：京味作品不大兴时了，在许多地方不大受欢迎。这是实情。其实，老舍先生当年也遇到过这问题。老舍先生早年的作品曾经写了不少地道的北京话，北京以外的特别是江南的读者读起来就有些不大明白。他举例说，描写一个人从椅子滑下来，他写成"出溜"下来，生动而且极具京味儿。可外地人不懂，他们不明白一个人怎样从椅子上"出"而又"溜"。结果这样生动与有地方特色的表述反而将一批读者拒之门外。毫无疑问，北京话是北京文化的重要内容。

可以说，北京话在当代作为交际工具应与文化传承的手段起到并肩之作用。北京话在语言学中的地位非常特殊，周一民（2002：202）认为，北京话指北京市城区通行的方言。传统的观点认为北京话的范围在东城、西城、崇文、宣武四个老城区内。今天的北京城区的范围在不断扩大，居民的大量搬迁使北京话突破了四城的范围，但其核心仍然保留在四城之内。祖居北京、在北京出生长大的北京人所说的北京话更为纯正地道，具有代表性。同时，北京话在现代汉语普通话中的地位特殊，是影响最大的一种汉语方言，又不同于一般的方言。现代汉语即以北京语音为标准音，以北方方言为基础方言，以典范的现代白话文著作为语法规范的普通话。以北京语音为标准音，是指普通话的语音系统采用北京语音的语音系统；以北方方言为基础方言，是指普通话的词汇以北方方言的词汇为基础；以典范的现代白话文著作为语法规范是规定了以现代白话文典范作家（如鲁迅、郭沫若、茅盾、巴金、老舍、曹禺等）的语言规范为普通话的语法规范。

北京话的文化地位与中国的经济地位是伴生关系。近年来中国成为世界第二大经济体，北京在地理位置上作为中国的首都，中国国家中心城市，中国政治、文化、教育和国际交流中心，同时是中国经济金融的决策中心和管理中心，自然受到各方关注。与此同时，北京的经济文化也发生着深刻变化。一面是传统的北京话作为北京的地方方言，同时也作为一种重要的文化形态承载着六朝古都的诸多文化与历史；另一面是现代的北京城与时俱进地大踏步步入现代社会，甚至有望成为现代文明的旗手。在传统与现代的激烈碰撞中，问题如影随形，如音相伴，随之而来。究竟如何透视传统文化在现代文明中的地位，如何在现代文明为传统文化留有一席之地，需要从学理上、从不同的学科上给出科学的阐释。就本文而言，不区分北京话和老北京话等学术概念，所据语言材料，以高艾军、傅民编《北京话词典》（中华书局 2013 年版）和董树人著《新编北京方言词典》（商务印书馆 2010 年版）① 为准，不做考证式研究。

（三）北京话的多元化研究视角

正是有鉴于此，目前学界关于北京话的学术研究可谓炙手可热，除了语言本体，即语音、语义和语法本身的研究，学术界对北京话的溯源研究已成热点，2010 年国家社会科学基金批准"三百年来北京话的历史演变和现状研究"作为重点项目立项。北京语言大学立项"北京话研究历史文献叙录及目录"，北京市语委立项"北京语言文化资源数据库建设与研究"。据北京大学中国语言学研究中心主任王洪君介绍，作为教育部重点研究基地，他们在制定"十二五"规划时认真研究了国家新的战略需求，决定把"老北京话的抢救性整理、保护及其探源"、"中华地域文化的形成"等作为"十二五"期间的重大攻关项目，决定在世界图书出版社出版《京人京语京文化丛书》系列，刘一之注释的《小额》（包括影印的原版、刘一之的点校和注释版、刘云的作者考证）将作为系列丛书的第一批出版物。由于限于篇幅，本文没有溯及和举证过多的文献。但就时下的

---

　　① 据冯蒸（2013）介绍，该词典约 46 万字，收单字条目 860 余条，多字条目 9340 余条，该书的特点是：对语言观察细微，释义简明扼要，例句丰富，收民俗文化词语较多。特别是该书收录了一定数量的近远郊词语，包括农业和农村词语，与徐世荣的《北京土语辞典》主要收录北京城区的语汇颇不相同（详见冯蒸《北京方言土语、口语辞书和语汇索引述要——附论孙德宣先生的〈齐如山《北京土话》动词补释〉》和《〈白话聊斋〉中的北京话词语》两篇论文，《汉字文化》2013 年第 1 期）。

语言学学术语境而言，北京话的研究在语言学中已成为热点，无论是成果还是立项都是前所未有的重要。

二 语言传播的学科观照

语言场域的构建旨在为异质文化的交流提供模式和框架。而北京话作为汉语的重要语言变体必须将其置于整个语言发展环境中。这样的研究更有意义。而当下的汉语传播可以说是外向型的，尤其是以孔子学院模式为主要出口，但如果不考虑地基的厚重，一味追求空中楼阁式的发展将不可持续，汉语的传播必须要以文化语言学为根基。

（一）汉语国际教育的迅猛发展与文化语言学接口

随着经济全球化、文化多元化进程的加速，汉语作为世界了解中华文化的重要载体，越来越受到了前所未有的全球性关注。全球首家孔子学院2004年11月21日在韩国首尔成立，截至2012年底孔子学院已在106个国家的350多个教育机构落户，中小学孔子课堂达535个，孔子学院注册学员65万人。美国华美协进社社长江芷若在2012年12月召开的第七届孔子学院大会上介绍，根据2011年美国外语教育理事会的报告，2004年，美国K12级学生学习汉语的人数为2万多人，2007年便达到5万人。她认为美国学生学习汉语有利于其建立多元的世界观和价值观。而这为消除对中国的误解有一定帮助。可以说，"汉语热"使汉语的应用价值得到进一步彰显。但汉语国际教育学理上的定位一直以来模糊不清，大多数学者承认其多缘属性。我们以为，为这个新兴学科打开一扇世界学术界了解与体认中国之窗的前提，是有必要重新思考学科定位或寻求他学科的支撑。

之所以把学科定位问题单独拿出来讨论，恐怕与对当下学术语境的理解有关。语言学以语言为研究对象，这不用赘述，如果承认这一点，"对外汉语教学"、"汉语国际教育"、"汉语国际推广"和"汉语国际传播"等名称也就不影响问题的实质了，因为无论是第一语言还是第二语言研究，研究对象的本质都不会发生变化，变化的只是研究对象的具体指向。这种指向和"古代汉语"、"现代汉语"的区分没有本质区别。进而需要明确"汉语国际教育"、"汉语国际推广"和"汉语国际传播"等诸如此类的称呼都指的是"专业"名，而非学科名。据《新形势下对外汉语教学学科建设与发展座谈会纪要》所论："学科和专业的密切关系体现为，学科是专业的基础，专业是对学科的选择和组织。……专业是可以根据需要或增设或撤销，但学科只有形成和发展的过程，只有成熟与不成熟的区别，不存在增设和撤销的问题。"同时也指出，"培养'对外汉语'专业的人才，要根据培养目标构建起符合培养规格的课程结构，其中毫无疑问要以对外汉语教学学科为基础，但又不限于该学科，比如还需要文学、心理学、教育学等学科的支撑，还需要外语、计算机等工具性学科的支撑，也要有教学实习等实践型课程的支撑"。我们对上文这样解读：如果把"汉语国际教育"比作一座桥，那么支撑这座桥的不仅仅是语言学科，还应该有其他桥墩，而语言学科受力应更多一些。

其实，任何人不能否认"汉语国际教育"这个专业和语言学科的必然联系。但随着这个专业的发展和壮大，有必要为满足其现实需要而增加"接口"学科，诚如随着冬季的到来，人体要适当增加毛衣或棉衣。而由于这个专业是复合型的，所以与其接口的学科也必须是复合型的。20世纪80年代曾就这个专业的学科支撑产生了几次大的讨论，文化在这个专业发展中的地位一直见仁见智。但作为汉语国际教育必不可少的组成部分，魏红（2012）认为，"孔子学院、孔子课堂、对外汉语教学、来华留学生教育"等多种类型的汉语传播与教学等，这些内容都是汉语国际教育不可或缺的组成部分。语言教育自然离不开文化，但文化一定是在有了一定语言基础后才起作用的，甚至才能引起教学对象兴趣的，更深层次的语言教育自然离不开文化。时至今日，根据学习者目的的不同，汉语国际教育早已实现多元化，也是不争的事实。其实国外诸语言的推广过程也都如此，张金江（2008）在报道中指出，据西班牙旅游局局长贝尔纳韦介绍，语言旅游指的是以学习西班牙语为目的的短期（1年以内）学习和旅游。近年来，到西班牙进行语言旅游的人数每年以平均10%的速度增长，2007年超过了23.7万人。根据学习项目要求，语言旅游者在西班牙一般待3周到3个月，他们参加语言学习班并旅游观光。仅语言旅游一项，上年带给西班牙的收入就达4.62亿欧元，其中学费收入1.76亿欧元，剩下的是向语言旅游者提供住宿、娱乐等服务的所得。由此，汉语国际教育在学习者的目的这一学习驱动力上着实应该加以深入分析，所以，语言作为交际工具这一基本功能必须受到制定大政方针者的重视。

正在基于这种复杂的多元的全球语境，2012 年 12 月 8 日，许嘉璐先生在第四届全国汉语国际教育人才培养论坛暨专业硕士培养工作研讨会上作了主题为"新形势下汉语国际教育人才中华文化素养、文化传播能力的培养与培训"的报告。他指出，自 2004 年至今，经过近八年的发展，以孔子学院为代表的汉语国际推广事业取得了令人瞩目的成效，赢得了世界各国的广泛声誉。当前，孔子学院向综合文化交流平台的迈进，汉语国际推广工作也步入"第二阶段"。他强调了加大汉语教学与文化教学结合的力度，引导学生在呈现中华文化表征的同时注重对中华文化内涵的传播。由此可见，为汉语国际教育在学理上进一步获得他学科接口性研究，尤其是文化学科的研究，将大大丰富其发展的内涵，同时也为其有效发展提供学理依据。

（二）文化语言学成为接口学科的必然

与汉语国际教育实现交融性对接是由文化语言学的学科性质决定的。文化语言学是文化学与语言学的交缘性学科，邢福义（2000）认为，"文化语言学是研究语言和文化的关系的科学，因此同语言学、文化学都有关系，是语言学和文化学的交叉学科"。在"综合"研究已成趋势的今天，其学科地位尤显重要。苏新春（2006）也曾指出，文化语言学出现的主要意义就在于它给人们提出了观察语言存在状态及演变规律的新角度和新理论，它要求做到的不仅是对现有语言知识的补充，还有在对语言文化属性深入认识的基础上对语言知识的重新描写，这就必然会对现有的语言认识带来新的反思，有的甚至是改写。如对汉语并联式复合词，像"美丑"、"尊卑"、"高下"、"夫妻"这类词内两个词素的先后词序，人们曾做过不少探讨，但这类研究或是从两个词素的词性排列顺序来考虑，或是从两个词素的语音平仄关系着眼，一直多限于语言结构的内部。而现在人们还发现，词序还与汉语的观念、信仰、道德等意识形态和行为规范有着密切关系，明显表现出"美""尊""高""夫"等在前，"丑""卑""低""妻"等在后的道德观念差异。这样看起来纯属语言内部形式规律的词序，实质上为观念之序。

当下，我们认为文化语言学由于其学科本身的特殊性，即地域性、传承性、稳定性和交叉学科性，可以准确、恰当地与汉语国际教育实现支撑性对接，这有利于我们在进行学科建设时，既走向异域，又不迷失自我；

既立足于本土，又超越本土；既不抛弃语言本体研究的积淀，又可以跳出语言研究的小圈子。这种学科接口的定位要求研究者必须提高自身的研究素质，扩大研究视野，特别强调研究者必须具有全球文化史观，在研究中不仅强调中国传统文化的重要性，还要在全球史中了解中国文化的地位及为其他国家发展作出的贡献。同时也要求研究者具有较为开阔的研究视野，尤其强调语言研究中的历时爬梳，在这个过程中，比较的视阈也是不可或缺的。所以，当我们反复强调物质文化、精神文化甚或是制度文化时，不得不面对本土与异域的区别和联系。

这种学科接口的必然还在于汉语国际教育的本质在于文化交流。如果我们把雁雁成行牙牙学语作为浅源目标的话，那么文化认同则是汉语国际教育的深源本质。而要想达到这一目标，在文化交流的过程上，一方面要循序渐进，另一方面要尽力突围，否则势必会出现国外初级汉语热、高级汉语冷的情况，久而久之，汉语国际教育作为一项事业的发展必然受限。在这一过程中，基础性学习，无论是在目的语情境还是非目的语情境，恐怕都是不能逾越的。但同时，基础性学习又不能与文化学习决然分开，必须辅之以其他的教学手段，如开设视听说课程等让学生切实感受到"中国元素"，尤其是在非目的语环境中，"中国元素"更要有意"刻画"，现代化的世界大同小异，教学对象更关注的是传统的中国，教师不妨带着茶杯去上课，醉翁之意不在"品茗"而在"赏意"。随着教学对象对中国的感知加强，语言的传播更应该突破语言本身，加强语境的感知性学习变得更加重要。在汉语国际教育的过程中，你不仅仅会遇到教授语言的问题，可以说，和中国有关的一切，你的教学对象都可能会和你交流，比如，"not a Chinaman's Chance"为什么表示"小概率事件"或"没什么机会"时，如果不了解当时的历史语境：19世纪美国的淘金热和当时中国劳工输出恐怕无法深入解答。同样，解释"哄堂大笑"必须对唐代的御史台制度有所了解，否则对这类词语产生的文化语境也就无法体会。

除此之外，文化语言学的研究取向有益于扩大汉语国际教育教学、科研活动的视野，通过剖析隐藏在语言深处的文化特征，凸显其背后的文化传统，有利于从事汉语国际教育的学者了解各国国情、民俗、价值观念等。

（三）文化语言学与汉语国际教育的接口方式

无论是当下的学术语境，还是文化语言学的学科性质，文化语言学与汉语国际教育的接口都势在必行，我们以为两者应在以下四个方面做尝试性对接。

首先，在进行课程总体设计时，必须有比较的观念。文化要素一定要突围以往理解的词语教学模式，要善于在异域进行汉语国际教育时，体认异域文化与中国文化的不同，在对对方文化理解的同时，也要宽容处之。比如在对时间的理解上，意大利人与我们有所不同，他们对时间的感觉往往是含糊的，不在意日常生活中时间的准确性。何晖（2011）提到，他在那不勒斯孔子学院工作时，常常遇到学生迟到的现象，以至于影响到正常的课堂教学。其实，如果我们分析这种迟到现象，就会发现这种现象一定会在语言方面有所体现，而这恰恰是由文化的异质性造成的，然后通过语言对比进行有的放矢地教学，一定会取得意想不到的效果。亓华（2007）强调，我们用到的文化不只是隐含在词语中的交际文化因素，而常常是那些可以对社会现象和行为本质作出解答的观念文化。只有从总体上把握了中外深层观念文化的异同规律，一切表层和中层文化现象，以及体现这些文化的词语才可融会贯通，各种文化形态、现象才能得以解答，文化大纲的制订也会纲举目张。

其次，基于文化语言学的文化词库要加紧研发。目前，国内的中华字库等重大攻关项目纷纷启动，而对于汉语国际教育而言，词汇无疑是最直接体现文化差异的要素，但对汉语国际教育的词库或字库建设却鲜有关注。杨建国（2012）深刻提出，要研制出一个具有代表性的适合汉语国际教育的汉语文化词表，从语料库建设的角度而言，需要考虑建立两类语料库：一类是大规模的当代书面语语料库，另一类是适度规模的口语语料库。前者要考虑语料的全面性、平衡性，要能覆盖所有领域，照顾到不同文体；后者要考虑语料的真实性、自然性，要能反映说话人在特定语境下的真实思想和心态。我们说这种文化词库建设在进行设计时必须把对象作为客户考虑，根据不同的客户，一定要实现差异化建设。教材建设已经很注重国别化了，文化词库建设也必须考虑东南亚文化圈和欧美文化圈的问题，甚至也要基于不同的国家进行设计。

再次，围绕文化语言学设置汉语国际教育相关课程。必须充分意识到文化语言学的重要性，只有在课程设置中有所体现，才能真正使我们的文化"走出去"，也才能使他人为了在文化驱动下"请进来"。朱瑞平（2006）认为，从世界希望了解中国的这种实际的需求出发，我们甚至可以认为，汉语国际推广的中心工作是以汉语为载体和媒介，以汉文化为代表的中华文化为主要内容，把汉语与中华文化一起推介给全世界。如果说过去的对外汉语教学主要是把留学生"请进来"，且曾有相当长的一段时间仅把对外汉语教学作为纯粹的语言教学来处理的话，那么，现在的汉语国际推广则是我们主动"走出去"，让世界更方便而真切地了解中国，中国的历史与现实，中国的社会与生活，中国的经济与政治，中国的文学与艺术……这就不仅仅是纯语言的问题、工具的问题，更是一个文化的问题。世界不同的国家、民族不断加深对包括中国文化在内的其他国家、民族文化的了解与认识，才能促使全球范围内不同国家和民族对异文化的理解与包容。这就要求我们设置课程时候，应更关注中国的传统文化，从这个意义上讲越是传统的，越是中国化的要素，越是国际化的。

最后，注重交际语境的文化语言学研究。中国人什么场合下见面打招呼说"你吃了吗"，什么场合下说"你好"，什么场合下点点头等，诸如此类的问题都未有确解，但显然这些不是语法学的研究范畴，我们认为这恐怕和特定的人际关系以及文化因素有着密不可分的关系。其实，作为具体问题的研究，文化语言学的研究也要增加一个汉语国际教育的视角，当下的国际环境也要求我们这样做，朱志平（2011）指出，进入21世纪以来，汉语第二语言教学的研究较为关注学习者交际能力的培养，这是世界经济全球化以及中国在世界经济中的地位日益重要所形成的客观需求的反映。

文化语言学在西方是人类学的分支，其涉及语言学、文化学、社会学、跨文化交际学和外语教学等诸多学科，也讨论语言习得、语言比较等诸多领域。汉语文化语言学的研究时间不长，但引起了语言学界、文化学界甚至是地理学界的高度关注，时下，我们认为有必要将其作为汉语国际教育的重要接口学科加以研究，在进行课程设计时，要充分考虑到异域文化与中国文化的比较，作为文化语言学与汉语国际教育的重要研究课题，文化词库的研究已迫在眉睫，另外，围绕文化语言学设置一些相关课程，进行具体的交际语境研究都是有必要的。

三　比较视角下的文化场域构建

（一）场域与惯习

场域（field）本是社会学中一个重要的分析术语。

在布迪厄看来，场域是社会分化的产物或者结果，社会的分化，如果切入语言研究，将会导致异质语言，即语言变体。语言变体与布迪厄所规定的"场域"虽然存在学科差异，但无实质不同。之所以在语言研究中，尤其是社会语言学研究中引入这个概念，是因为场域更注重社会性，而我们认为在社会语言学中构建语言场域应是语言变体的扩大，既包含特定的语言变体，同时又要强调语言变体的言语交际主（客）体及主（客）体间、社会语境等社会性条件的制约，即将社会语言学研究网络化。实际上，布迪厄（1998）更为强调场域是"在各种位置之间存在的客观关系的一个网络，或一个构型"。场域即是一个相互关系的网络，一个由行动者的社会地位、资本力量、权力范围、文化因素以及历史条件等组成的网络；它主要表现为一个由各种社会力量和因素构成的社会空间，"是一个各种力量存在和较量的场域"（高宣扬 2004）。

布迪厄在建构"场域"的同时，把"惯习"（habtius）作为一个相对的概念提出。两者各自建构的世界不同，场域偏宏观世界，惯习则强调微观世界，甚至着意于行为人的主观性方面，惯习是人建构主观世界的过程中习得的产物。在布迪厄看来，惯习是一种可学习性结构，这有赖于学习者在后天的社会环境中，即场域中获得。因此，惯习就天然具有双重属性，一方面惯习来源于社会结构的社会化，即自生成过程，在个体身上体现；另一方面，社会结构本身又来源于代际的历史文化发展，即系统传承。如果说前者是天赋属性，后者则一定体现为文化传承。

反观场域和惯习的关系，"一个场域由附着于某种权力（或资本）形式的各种位置间的一系列客观历史关系所构成，而惯习则由'积淀'于个人身体内的一系列历史的关系所构成，其形式是知觉、评判和行动的各种身心图式"。我们不难发现，场域犹如一个仓库，而惯习则是不规则码放的一件件货物，但场域与惯习是非一般的"库与货"的关系。仓库和货物都是非静态的，建构两者关系时，必须增加主体性概念，仓库保管员则是在仓库和货物中游走的主体。如果从概念范畴上看，社会场域是最大的建构场域，由一个个不同类型的社会场域组成，仓库保管员也就存在多样性差异。个体的社会差异是显而易见的。

（二）语言场域构建的意义

以往语言研究中重视对于范畴的构建，如果我们稍加对比，就能对这种语言场域构建的意义有明确的认识。构建语言场域，对扩大社会语言学的分析视角存在以下四重意义。

首先，在语言场域构建时强调了言语单位的文化性。语言学者一直以来比较重视范畴的层次性、连续性或离散性等基本性质，对言语单位，尤其是异质语言单位的文化属性缺乏认识高度，由于在场域和惯习的观照下，言语交际主体存在个体上的社会差异，这就不得不使研究者对言语单位的文化性和民族性关注。如，汉语表达方位时，经常用"东南西北"，而英语则是"north south east west"。汉语表达人称时，用"你我他"，英语则是"you he and I"。汉语表达怯懦胆小时说"胆小如鼠"，英语则用"as timid as a hare"。汉语表达强壮时说"力大如牛"，英语则是"as strong as a horse"。上述引例在于强调汉语和英语的"异"。而我们认为当下对于"异"怎么强调都不过分。因为语言的文化传承性是其必然担当，时下研究过于强调语言的工具性，这使语言生活中发生很多问题无法解决，如汉字的繁简问题。如果过于强调工具性，最后的结果是汉字一定会被"最简方案"，甚至取消表音、表意的字符，走上极端符号化的路。我们认为对于汉字繁简化的问题，关键在于"化"的程度问题，而场域的构建使得我们必须重新审视汉字本身的文化传承性，因为极端的符号化，也就意味着基本等同于拼音化。而汉语拼音作为汉字注音的工具早在制定《汉语拼音方案》时已经说得很清楚了。随着中国的强大和发展，汉字也许正是吸引国际的眼球所在，外国人关注中国的不仅仅是你和他的"同"，中外比较后的"异"才是令人惊奇的地方。"同"有助于发现中外语言的共性，而"异"更有助于增加彼此了解。

其次，对言语交际主体的地位重新认识。作为言语交际主体来说，必须是动态的。所谓的语法规范，恐怕只有在语用法中得以体现。举个简单的例子，中国人习惯早晨见面时打招呼说："吃了吗?"（至少以往存在这种问语定势）。但实际上，如果仔细观测日常生活便会知道，这种"吃了吗"的问法至少不那么普遍或者说变体很多，甚至有这样的语言事实"早饭了吗"、"早了吗"、"饭了吗"、"食堂了吗"，等等。而从语言形式，我们可以对语言场域做出推断，这种不正式的用法，表明言语交际主体和言语交际客体间的关系比较亲密。言语交际的场合是非严肃场合。所以，言语交际主体正是在不同角色变换中重构着自己的语言场域。突围与进入，是言语交际主体的常规动作。语言场域是动态的，场域间是连贯的，甚至是纠结交缘的，"见什么人说什么话，到什么山唱什么歌"。也可以说言语交际主体必须要根据场域的不同动态构建言语。

再次，言语交际环境下和虚拟情境下的大知识图谱构建。知识图谱（Mapping Knowledge Domain）是显示科学知识的发展进程与结构关系的一系列图形。一般应用在自然科学中。但随着语义知识库的建设，言语交际环境已成为学科发展路径中的研究瓶颈，只有对言语交际主（客）体进行限定性研究和关联性研究，即在一定的场域内进行研究，才有助于构建知识图谱。在虚拟环境中，知识图谱的构建更有意义，我们有必要强调当下所处的网络化背景。2008 年 11 月，美国 IBM 公司提出"智慧地球"概念，奥巴马随即肯定了这一思路，近几年，IBM 的"智慧地球"战略已经得到了全世界的普遍认可。数字化、网络化和智能化，被公认为是未来社会发展的大趋势，而与"智慧地球"密切相关的物联网、云计算等，更是成为发达国家的发展重点。李宇明（2012）认为，"智慧地球"概念的提出，物联网和云计算已经从概念发展为现实，移动网络的发展势头更是强劲，这些都预示着互联网正在发生划时代的革命性变化。在此形势下，虚拟语言生活对现实语言生活的影响必将更加深刻。我们对待网络的认识不应仅仅停留在虚拟语言生活上，网络时代的大数据库应用备受关注，沃尔玛的研究人员通过数据分析，发现近一半的年轻父亲在买尿布时会顺便买点啤酒，于是，商场便对这两种商品进行了"捆绑"销售，结果销量倍增。令人瞠目的个案是，一个高中女孩突然收到了超市寄来的婴儿服广告，父亲大怒，但就在超市公开道歉几天后，这位父亲发现女儿真的怀孕了。其实，超市早已通过顾客的食品消费数据对顾客的消费行为做出了趋势判断。

社会语言学的自有理论对言语交际主（客）体的各种社会关系属性亦有关注，如由美国密歇根大学米尔罗伊夫妇提出的社会网络（social network）理论被认为是对拉波夫语言变异理论的修正。拉波夫认为，语言变异仅仅与阶级、年龄、性别和声望等社会变量相关，而社会网络理论则认为，言语社区中个体间关联、群体及其交织的网络社会关系也可引起语言变异。但场域视角下对这种理论加以修订和完善，可以使社会网络理论对百度等检索工具提供的相关性检索、即时聊天工具 qq 提供的圈子中可能认识的人、微信中的朋友圈、开心网中的好友关联等"新鲜事物"做出合理性解释。

最后，重视言语交际单位的可适性。言语交际主体到什么仓库拿什么货是由言语交际的适应性决定的，要想交际顺畅、有效和成功，一定要使言语交际单位在言语交际活动中做到"药到病除"。如，"吃我松子保平安，一定不得脑血栓"。这是笔者在街边早市"邂逅"的一则吆喝语言。这则吆喝语言产生的间接言语行为是使叫卖者被围得里三层外三层，生意甚是红火。略作分析，不难发现，正是言语交际主体适应了交际场境，适应了受众的心理，"保平安"是对"吃我松子"的原因解释，而"一定不得脑血栓"更是使受众愿意坚信"松子"和"平安"的必然关系。这体现了自古以来人们对语言的崇拜心理，即语言拜物教，也可以叫做"语言迷信"，诚如祈福和诅咒都是类似的语言现象。语言拜物教基于语言的力量是超自然的，能降福纳吉，也能招灾引祸。因而，人们希望通过语言来沟通人和自然的关系，通过语言来回避自然对人的伤害。借助语言为善求吉祈福，为恶则用禁忌加以回避。加上言语交际主体用"吃我松子"，具有了排他性，下句"一定"则在语气上更让受众不容置疑，因而实现了成功的言语交际行为。

（三）理论与个案：颜色场域构拟

诚如上文所言，在工具理性观照下的语言观，我们不可避免地忽视语言的文化传承性，更不会真正注视多文化背景下的语言观，即文化多样性下的语言观。实际情况是在全球化背景下，异质文化的交融必然频繁，甚至不同宗教、不同信仰的人冲突不断。美国学者亨廷顿（2010）在谈到现代化、语言与文明时深刻指出："任何文化或文明的主要因素都是语言和宗教。"陈申（2001）强调："在世界趋于多极化的今天，多元共存的观点也许更适合时代的特点。"所以，我们坚定地认为，时下有必要深刻强化语言是异质文化沟通的纽带，是不同文明样态交流的桥梁。对于交际主体而言，陈申（2001）希望语言学习者"通过语言文化的学习，成为名副其实的'中国通'，既保留着他们自己的文化身份，又能设身处地地观察和解释中国社会的文化现象，成为两种文化的沟通者"。在不同文化视角构建跨文化的语言场域无疑有利于"文化多样性下的语言观"得到强化。但形而上的抽象的理论构建或建立单一的场域相对来说比较容易，在技术上操作汉英比较视阈下的场域构建难度相当大，笔者在这里拟提出宏观构想以求引玉。对于文化的定义，我们不做过多纠缠，径采纳许嘉璐对文化的三分界定：文化是人类所创造的一切物质、制度与精神。文化分表层文化（指蕴涵在衣食住行中的文化）、中层文化（指介乎物质和精神之间、借助物质来体现的文化，包括风俗习惯、制度礼仪、法律宗教等）和深层文化（是贯穿和渗透在表层、中层中的世界观、价值观、伦理观、审美观等）。那么，语言场域可依表层、中层和深层的参照系模式下构建。

（四）语言理论适用：经典范畴理论、家族相似性理论和原型理论

语言场域构建的基础性工作实际上是语言单位范畴化的过程，本质上即语言单位的归类问题。吴世雄、陈维振（1996）认为，人类以有限的认识手段，却能对无限的客观世界进行认知，从中获取系统的知识，这个事实只有从人类对客观世界的类属划分中才能得到解释。正是通过类属划分，人类才能认知无穷无尽的客观世界，把从中获取的无限多的感性知识转化为有限个范畴内的系统的理性知识，并加以吸收和转化。这种认知过程中的类属划分（范畴化）反映到语言上就变成语言学的范畴化。传统的经典范畴理论可以溯源到古希腊的亚里士多德的《范畴篇》，其中列举讨论了十大基本存在：实体、数量、性质、关系、场所、时间、姿势、状态、动作、承受。并认定这就是标准的范畴。学界对经典范畴理论的内涵大致认为，范畴由一组充分必要条件决定；范畴的所有特性均为二元的（binary）；范畴间界限清晰；范畴内成员地位平等。由此可见，经典范畴理论的核心内涵在于范畴是按照非此即彼的条件归类的，范畴间绝对离散，不存在交集，所有成员一视同仁。经典范畴理论的利弊明显，认识到事物可归类，并且是有条件的归类，这使归类问题第一次有了理论归宿。但同时，由于对范畴的成员要求过于高，条件过于苛刻，所以必当失之于严。

相较于经典范畴理论，维特根斯坦（1996）提出的语言游戏说和家族相似性理论更具有语言学意义。在分析"Spiel"（游戏）语义范畴时，他认为，"我们可以用同样的方法继续考察许许多多其他种类的游戏；可以从中看到许多相似之处出现而又消失的情况。这种考察的结果就是，我们看到一种错综复杂的互相重叠交叉的相似关系的网络：有时是总体上的相似，有时是细节上的相似。……我想不出比'家族相似性'更好的表达式来刻画这种相似关系，因为一个家族成员之间的各种各样的相似之

处：体形、相貌、眼睛的颜色、步姿、性情等，也以同样方式互相重叠和交叉。所以我要说：'游戏'形成一个家族"。在维特根斯坦看来，范畴间应该是连续的，绝非离散。范畴的成员之间一定存在某种关联，这种关联既可以是直接的，也可以是间接的。但这就使"范畴化"走向了一个"万物皆有联系，万物皆为成员"的境地。所以，由于对范畴的成员要求过于宽，条件几近于无，所以必当失之于松。

当下对语言场域构建最具理论价值的应是上述两种理论的中间形态理论，即原型理论，这是由柏林（Berlin）和凯（Kay）、莱考夫（Lakoff）、罗斯（Rosch）等人在认知心理学基础上建立并完善的，他们认为所谓的范畴都是模糊范畴（fuzzy category），即范畴本身一定不是准确的，有整齐边界的。范畴成员是由一些共同特征决定的，但有的成员具有的这些特征多些，甚或全部具有；有的成员具有一部分特征，甚或是少许特征。那么，拥有较多特征的成员，可称为典型成员，反之，则可称边缘成员，或非典型成员。但这个范畴的非典型成员恰恰是其他范畴的典型成员，因此，范畴间应该存在交集关系和交集成员。

（五）角色和主观视角

语言场域与以往语言范畴研究的显著区别是强调了言语交际主体的地位，对于传统语言研究来说，场域的突围意义恰在于此。言语交际主体实际上就是在交际语境下的说话人的角色。李岗（1998）认为，任何交谈都是特定角色间的语言交际。角色有自然角色和社会角色之分，前者如性别、年龄等，后者如身份、社会地位等。在交际学中，角色主要是指后者。交际语言学中的角色是一种社会职能，即处于特定位置的人所具有的、人们期待的、符合要求的行为模式。根据交际语言学对交际主体的研究，交际主体是一个角色集合。但在每一次具体交际中只能扮演一个角色，任何交际主体都是以特定的角色进入交际的。而对于交际主体来说，角色的社会身份有时是需要转换，甚至附着"标记"的。程晓棠（2007）指出，角色在语篇的生产和理解过程中起着非常重要的作用，但是交际各方并不总是直接使用话语来陈述各自的角色。比如老板与雇员谈工作时，老板并不需要首先申明自己是以老板的身份来谈话，因为在这种语境下交际双方的角色是显而易见的，或者说是默认的。只有交际各方彼此完全陌生时，或者交际一方或双方有意改变默认的角色时，才有可能使用话语来明确角色。比如老板有时希望以朋友或同事的身份与某个雇员说话，这时老板往往会说"我想作为一个朋友来给你提一个建议"之类的话。

显然，我们所言的角色是基于交际语境的，即动态的环境，在语言场域中，角色决定了说话人的话语地位和身份特征。可这并不能使角色一定获得角色地位，有时候恰恰为了特殊的语用效果，而有意错配角色地位。如一个大人在哄一个孩子，"宝贝，别哭了，谁欺负咱们了，咱们去打他"。大人的角色地位是长者，具有强势的特征，但"谁欺负咱们了"已经使大人的这种地位倒换成弱者，这是为了达到贴近孩子，所以，说话人站在了孩子的立场，由此，我们可以简言，说话人的立场对角色起到一定的制约作用。说话人的立场，有人称之为"主观视点"。邢福义先生（2001）从复句提出"主观视点"的概念，认为"复句语义关系具有二重性：既反映客观实际，又反映主观视点。客观实际和主观视点有时重合，有时则不完全等同，而不管二者是否等同，在对复句格式的选用中，起主导作用的是主观视点"。这是首次从语法学的角度提出这一重要概念。刘瑾（2010）认为，说话人由于视角出发点不同，对于同一客观情状可能会有不同的识解，从而反映为不同的语言表达，这就是我们所说的主观视角表达。并认为视角在话语中是无所不在的，因为任何话语都是从其参与者的角度表达出来，而这些角度也都是其参与者时空位置、知识、信仰、观点、立场及态度等的反映。姚双云（2012）概括"主观视点对句子的语义起主导作用，句子的语义反映了言者的主观视点"。从类型来看，视点可以分为客观视点和主观视点，客观视点是语言的视点，为社会集体所共同的，是固定的、不可改变的，如"湖北"、"江南"分别以洞庭湖、长江为视点；主观视点是言语的视点，是交际活动中的具体行为，是临时的，因人而异的。从这个角度来看，主观视点又可以区分为个人主观视点和群众主观视点。当个人的主观视点成为团体或者社会的一种标准或者准则时，它就成为了群众的主观视点。我们认为"主观视点"理论不应仅局限在语法学中，这种理论解释力很强，亟待发展和充实。在叙事篇章中，表达者通过叙事视角的转换和显得不够连贯的篇章叙事实现语用目的。如"你站在桥上看风景，看风景人在楼上看你。明月装饰了你的窗子，你装饰了别人的梦？"（卞之琳《断章》）正常的汉语流水句表达是"你站在桥上看风景，你被在楼上看风景人看。你的窗子装饰了明月，你装饰了别人的梦？"这样虽然连贯了，但诗意皆无。

（六）汉英颜色语言场域拟构

语言场域的构建是复杂的系统性工程，我们认为一个完整的汉英对比语言场应包括至少三个部分：汉语语言场域、英语语言场域和言语交际主体的语言场域。笔者拟以汉语的颜色词为视角构建汉英语言场域，包括如下三图。

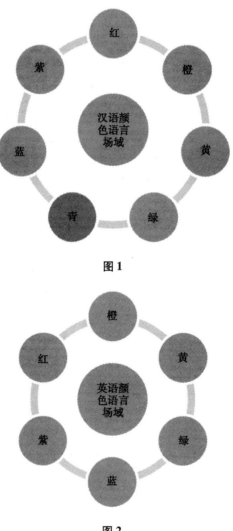

图 1

图 2

通过图 1 和图 2 比较得知，汉英颜色语言场域的基本构成大体相同，英语颜色语言场域缺项"青"，这在汉语语言中有所表现，如汉语中"青山绿水"、"青出于蓝而胜于蓝","青"与"蓝"和"绿"可以共现,因为在模糊语言学看来,青与蓝、绿应为色谱颜色中的"邻居"。英语中涉及"青"时,通常我们也认为翻译为蓝或绿是最接近的。如,Then I got a blue mark on my face.(我的脸上瘀青了。)The tomatoes should be picked green.(西红柿应该青的时候采摘。)所以,言语交际主体的跨文化交际正是基于语言场域的比较,找到语言场域的对应关系和缺项(见图3),从而生成合格的言语交际单位,最后完成交际活动。

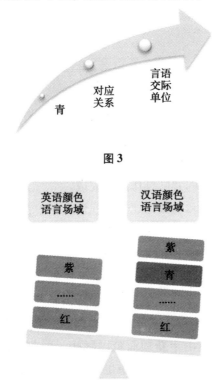

图 3

图 4

所以,虽然不同语言反映不同的文化,语言场域的构成单位也许有个别失衡(图4),但语言与语言之间总是可以沟通,人与人之间总是可以交流,这是由于任何一个社会无非是衣食住行(图5),基于基本的场域是平衡的。

较之结构主义语言观将语言在文化层面视为清一色的,其成员对世界有着共同的认识观,有着一套一成不变的概念。我们认为任何言语交际活动都是言语主体的社会化过程,这个过程的实现是基于语言场域的构建

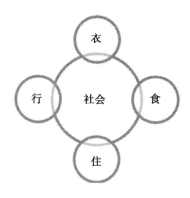

图 5

的，在场域的构建中，我们强调了言语交际主体的作用和跨文化比较的重要意义，认识并处理好语言间的缺项是跨文化交际成功的关键。以上只是初步构拟了颜色语言场域，实现图 5 所示必须在前文所言的知识图谱体系中完成，这需要多学科的共同合作才能完成。

　　可见，文化语言学和场域构建在现代语言学中，尤其是在现代文明中的地位不可忽视。当下中国的开放程度远非昔比，大量的留学生来华学习、外资机构来华工作，他们希望了解中国，不仅在于当下的钢筋混凝土，更乐于知道中国的"老物件"。如果世界都同质化了，都"共性化"了，恐怕也就无所谓新奇吸引力了。正如邢福义先生 2013 年 4 月 22 日在《光明日报》撰文在谈到英文字母词的语用价值时，敏锐地指出字母词的使用在于"心态引力。由于新颖而带国际味，因此可以引发人们心理上的高雅感和奇异感。这种感觉，在单位名称和产物品牌名称上，在汉语字词和英文字母词对照使用的时候，相当明显。有一种营养品，盒子面上，中间是'总统牌膳食纤维'，上面是小一号字体的 TRT，下面也是小一号字体的'蛋白质粉'。TRT 是什么，恐怕没几个人知道，可看起来觉得'有档次'"。① 其实，同理，外来字母对我们有吸引力，我们的汉字、方言甚至土语对外国人也同样具有吸引力。外国人来中国还不是要逛逛胡同、看看故宫、听听相声、吃吃小吃。没听说外国人来中国是为了参观高

---

① 详见邢福义《辞达而已矣——论汉语汉字与英文字母词》，《光明日报》2013 年 4 月 22 日。

楼大厦、坐坐电梯、玩玩苹果手机的。针对不同的学习目的，外国人学好普通话可以交际以后，有的可能到处出游，有的可能继续研读。

所以，下文我们将对北京这座具有国际大都市与中国六朝古都双重属性的城市所使用的语言进行尝试性场域构建。

四　北京话的文化场域拟构

现实生活中，人们以工具理性为手段，以自我为中心，忽视语言的文化传承性。对此我们坚定地认为，在全球城市背景下，必须要强化语言是异质文化沟通的纽带，不同文明样态交流的桥梁。北京话的场域构建可以综观文化研究逻辑分类的历时性与共时性，有学者把文化分为市井文化、乡村文化、士林文化、宫廷文化，这里我们强调"市井文化"的普遍性意义。显然上述分类具有了阶层分类的意义，市井文化作为社会诸多文化形态的一种不容忽视，由于其文化形态的主体是老百姓，人口基数最为庞大，也就意味着这种文化最具有生命力。董传超、田雪梅（2010）强调，作为中国文化不可缺少的构成部分，市井文化是以城市市民为主体的一种通俗性的综合文化。它又是一种极为活跃、极具生命力的文化。它以兼容并纳、吞吐自如的姿态永远追逐和创造着新鲜与时尚。这种在熙熙攘攘的商市生活、人头攒动的瓦舍勾栏中成长起来的市井文化经过宋元的发展，在明代晚期达到了鼎盛。北京话也是随着元明定都后逐渐发展起来的。

场域的构建对于语言分类的范畴化研究和历时研究均具有重要意义，正如韩震（2002）所言，语言是一种对立和区别的形式游戏。记号是不可分的，概念并不是独立自足的，每一个记号都是涉及其他记号的踪迹。不可能有孤立存在单一的东西，只能有我们关注其他踪迹的踪迹。没有踪迹就没有存在，可是踪迹的存在就意味着被重复，也意味着消失和死亡。踪迹是脆弱的，踪迹总是一个有限存在的有限踪迹，因此踪迹能够自己消失。

以往具有分类性质的北京话研究不多，徐世荣（1990）把"北京土语"分为14类：1. 特有名物（土特产）。饮食，如：豆汁儿，炒肝儿，艾窝窝；器物，如：秋皮钉儿等；服装，如：主腰儿，绒紧子等；搬运（交通），如，排子车等；文艺，如：什不闲儿等。2. 狭隘称说（名称与外地方言、普通话不同）。身体，如：哥棱瓣儿等；人称，如：活人妻等；动植物，如：地里排子等。3. 风习。如：年过活儿等。4. 熟语。如：大概其等。5. 比喻。如，水葱儿等。6. 嘲讽。如：瞎摸海等。7. 隐讳（有的是"雅化"）。如：白果儿等。8. 外来语。如，哈拉巴（满）。9. 旧京老词儿（可见旧社会制度风习、有的至今沿用）。如：卖呆儿等。10. 俏皮话儿。如：牛蹄子两半子等。11. 四字格成语。如：胡吃海塞等。12. 后缀词尾。如：绿不英等。13. 形容词前缀。如：溜满儿等。14. 歇后语。与其他方言中有大量的歇后语一样，它的本身没有什么特殊。不过北京的歇后语，有的包含着北京特有的事物、风习，或包含着北京土词土音。如："老太太喝豆汁儿——好稀"，"好稀"haoxi 谐"好喜"的音，土音"好喜"是自己愿意，高兴这么干。"豆汁儿"也是北京特有的风味食物。

场域的分类研究有别于语言学的分类，必须要考虑"人群"，即言语交际主体，我们认为北京话的场域构建可以包括两大部分，一是市井中的人群，二是市井中与人群相关的衣食住行。为了研究方便，我们对董树人著的《新编北京方言词典》进行了穷尽式检索，对其中所涉的言语交际主体进行类别化场域拟构。分类标准主要依据语义标准，即根据词典中的义项进行归类。基本上可分为如下场域。1. 家庭关系词语，如墓生儿、姑爸爸、姑伯伯、公母儿俩、阿哥、阿玛、团圆媳妇儿、万岁爷、额娘、奔拉孙儿、大伯、大奶奶、大爸、大大、大爷公、大小子、大嫂、后老婆子等。2. 詈语，如破货、死鬼、孙子、老帮子、猴儿孩子、混球等。3. 具有某种手艺、技术或职业的人，如先生、摊爷、力巴儿、拉早儿、车把式、杠头、裱糊匠、瓜把式等。4. 比喻之人，如话把式、滚刀肉儿、饭桶、耳报神、变眼猴儿、菜包子、泥腿等。5. 具有某种特征或国别的人，如苦腻子、侃主儿、猴儿财神、干巴老头、疯丫头、二尾子、二毛子、二性子、二鬼子等。6. 专名人物，如赵旺、龙王爷等。7. 戏称、讥讽、褒贬、蔑称等，如南蛮子、帽儿爷、黑子、促狭鬼、倒霉蛋、如鞑子、矬地丁儿、臭棋篓子、充光棍儿、吃屎的孩子等。8. 具有某种习惯、嗜好的人，如大烟鬼、大肚汉、大酒缸、吃虎子、牌痞、戏篓子、蹭匠儿等。上述分类有小交叉，如比喻用法词语与具有某种手艺、技术或职业的人、戏称类词语有时难以区分，以词典中是否标注为比喻用法为优先归类标准，"话把式"释义为"比喻善于说话、说话不出错误的人"，所以归比喻类中。

以上，我们只是大致将涉人的词语进行了分类。该辞书收录词语
9340 条，其中涉人群词语 260 条，大致可分为以上八类。统计后我们发
现家庭关系词语共有 68 条，在整个涉人词语中占据了四分之一还强，这
说明涉人词语是以家庭关系词语为中心构建社会关系的，因此我们拟构了
下列场域直观图（图6）。

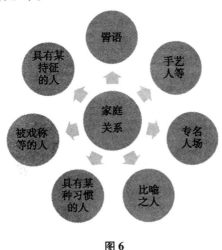

图 6

五　结语

北京话文化场域的构建相当之艰难，这其中面临着词语分类的困境，
文化范畴确定的突破、语言材料检索的难题和模型应用及呈现的实践，诚
如前文所说，如果想全方位、立体化建构北京话的文化场域必须期待多学
科的参与和合作。本文也只是进行理论上的一种尝试，只有充分理解并认
同北京话文化场域构建的必要性，才有可能进行下一步大规模的构建，这
其中的理论价值和意义之重要自然毋庸讳言。

参考文献

1. 包文英：《试论汉语国际教育中的公共外交意识》，《华东师范大学学报》（哲
学社会科学版）2011 年第 6 期。

2. 北京语言大学对外汉语研究中心：《新形势下对外汉语教学学科建设与发展座
谈会纪要》，《世界汉语教学》2012 年第 3 期。

3. 陈璐：《从汉语国际推广到国际汉语教育——21 世纪国际汉语教育研究述评》，《云南师范大学学报》（对外汉语教学与研究版）2011 年第 1 期。

4. 陈申、薛馨华：《国际汉语教师培养理念解构》，《语言教学与研究》2010 年第 5 期。

5. 陈申：《语言文化教学策略研究》，北京语言文化大学出版社 2001 年版。

6. 陈永莉：《试论汉语国际推广的文化战略定位》，《北京社会科学》2008 年第 4 期。

7. 程晓棠：《角色定位与语篇连贯》，《外语与外语教学》2007 年第 1 期。

8. 董传超、田雪梅：《市井文化影响下的明代晚期私坊刻书业研究》，《济南大学学报》（社会科学版）2010 年第 3 期。

9. 董树人：《新编北京方言词典》，商务印书馆 2010 年版。

10. 樊荣、彭爽：《汉语国际推广中的"文化融合"问题——以新加坡华文教育政策为例》，《东北师范大学学报》（哲学社会科学版）2009 年第 5 期。

11. 高宣扬：《布迪厄的社会理论》，同济大学出版社 2004 年版。

12. 何晖：《孔子学院教师应具备的跨文化交际能力——结合那不勒斯孔院工作谈体会》，载《汉语国际教育创新型人才培养论集》，上海人民出版社 2011 年版。

13. 金立鑫：《试论汉语国际推广的国家策略和学科策略》，《华东师范大学学报》（哲学社会科学版）2006 年第 4 期。

14. 李春雨、陈婕：《北京文化与汉语国际推广》，《北京师范大学学报》（社会科学版）2007 年第 6 期。

15. 李岗：《角色语言常量分析》，《语言教学与研究》1998 年第 3 期。

16. 李泉：《关于建立国际汉语教育学科的构想》，《世界汉语教学》2009 年第 3 期。

17. 李向农、贾益民：《对外汉语与汉语国际教育：专业与学科之辨》，《湖北大学学报》（哲学社会科学版）2011 年第 4 期。

18. 刘瑾：《主观视角及其评价表现》，《时代文学》2010 年第 4 期。

19. 李宇明：《当代中国语言生活中的问题》，《中国社会科学》2012 年第 9 期。

20. ［法］皮埃尔·布迪厄、［美］华康德：《实践与反思——反思社会学导引》，李猛、李康译，中央编译出版社 1998 年版。

21. ［法］皮埃尔·布尔迪厄：《科学的社会用途——写给科学场的临床社会学》，刘成富、张艳译，南京大学出版社 2005 年版。

22. 亓华：《试论设立"汉语国际教育与传播学"一级学科的必要与可能》，《语言教学与研究》2010 年第 3 期。

23. 亓华：《汉语国际推广与文化观念的转型》，《北京师范大学学报》（社会科学版）2007 年第 4 期。

24. 邱军：《北京语境在汉语国际教育中的文化浸润作用》，《北京社会科学》2009 年第 3 期。

25. ［美］塞缪尔·亨廷顿：《文明的冲突与世界秩序的重建》，周琪、刘绯、张立平、王圆译，新华出版社 2010 年版。

26. 汪国胜：《对汉语国际教育硕士培养相关问题的反思》，《湖北大学学报》（哲学社会科学版）2011 年第 4 期。

27. 维特根斯坦：《哲学研究》，李步楼译，商务印书馆 1996 年版。

28. 魏红：《汉语国际教育的多重属性分析》，《思想战线》2012 年第 3 期。

29. 吴世雄、陈维振：《论语义范畴的家族相似性》，《外语教学与研究》1996 年第 4 期。

30. 吴应辉：《国际汉语教学学科建设及汉语国际传播研究探讨》，《语言文字应用》2010 年第 3 期。

31. 邢福义：《汉语复句研究》，商务印书馆 2001 年版。

32. 许嘉璐：《未惬集·许嘉璐论文化》，贵州人民出版社 2005 年版。

33. 许琳：《汉语国际推广的形势和任务》，《世界汉语教学》2007 年第 2 期。

34. 杨建国：《面向汉语国际教育的汉语文化词语的界定、分类及选取》，《语言教学与研究》2012 年第 3 期。

35. 姚双云：《"主观视点"理论与汉语语法研究》，《汉语学报》2012 年第 2 期。

36. 张幼冬：《汉语国际推广背景下的文化传播》，《现代传播》2010 年第 5 期。

37. 赵金铭：《国际汉语教育研究的现状与拓展》，《语言教学与研究》2011 年第 4 期。

38. 张金国：http://world. people. com. cn/GB/57507/8436489. html。

39. 周一民：《北京话儿化的社会文化内涵》，《北京社会科学》2011 年第 5 期。

40. 朱瑞平：《汉语国际推广中的文化问题》，《语言文字应用》2006 年增刊。

41. 朱文俊：《人类语言学论题研究》，北京语言文化大学出版社 2000 年版。

42. 朱志平：《区域化汉语国际教育中教学设计的通则》，《云南师范大学学报》（对外汉语教学与研究版）2011 年第 1 期。

（宋晖　北京第二外国语学院国际传播学院　北京　100024）

北京话俗语中所见旧京社会风俗

党静鹏

摘　要: 北京话俗语展现了旧京社会风俗的方方面面, 尽管其所记录的历史风貌或已不在, 但它却满载着北京历史文化的积淀, 包蕴着北京特有的事物与风习, 为后人留下了对这座城市的记忆。本文将透过北京话俗语走进那个带着历史温度的古都, 去感受老北京人的生活, 探寻古都北京的风貌。限于篇幅, 本文仅讨论北京话俗语中所见北京人的衣食住行、娱乐消遣、岁时习俗以及旧京百业。

关键词: 北京话　俗语旧京社会风俗

作家萧乾曾感慨:"今天, 年轻的市民连城墙也未必见过。他们可知道民国初年街上点的什么路灯? 居民怎么买井水? 粪便如何处理? 花市、牛羊市、骡马市, 当年是个什么样子? 东四、西单还有牌楼?"① 历经百年, 北京城和北京人都已发生巨大的变化, 大都市的繁华湮灭了古都北京的历史面貌, 现在的年轻人对过去的旧京生活的确知之甚少。

英国著名科学家贝尔纳在《历史上的科学》中说, "语言是现今仍然活着的古代遗物", 作为一种活态的语言文化, 方言生长于特定的自然环境、社会环境、历史背景、传统习俗中, 被掌握共同地方风物、历史、习俗等地域亚文化的民众熟知、运用, 充当着对该地区文化进行记录与传承的"活化石"②。因此, 当把视线聚焦于北京话尤其是北京话俗语时, 我们欣喜地发现, 它们为我们展现出了一幅幅生动的老北京社会风情画卷。尽管其所记录的历史风貌或已不在, 但这些北京话俗语却满载着北京历史

---

① 陈平原:《北京记忆与记忆北京》), 生活·读书·新知三联书店 2008 年版, 第 85 页。

② 张筠:《论呈现为民俗文化的活态语言》,《青海社会科学》2012 年第 3 期。

文化的积淀，包蕴着北京特有的事物与风习，为后人留下了对这座城市的记忆，并将这座古老城市中的大城小事流传下去。

一个偶然的机会看到一本名为《京华风情歇后语》的小书，一看即为之吸引。书中共收录近 240 条北京话歇后语，作者对每条歇后语的由来及其所反映出来的北京历史文化进行了生动的讲解。正如作者在"前言"中所说，"那些富有地方色彩、生动精炼而又幽默的歇后语，不但成了人们表达复杂思想感情的工具，而且深刻地反映了北京的过去和现在"①。方言俗语往往都联系着一段历史、一种信念、一方风俗、一层厚厚的文化积淀。作为对特定地区文化进行记录与传承的"活化石"，方言俗语保留了大量珍贵的历史信息、文化信息、民俗信息，为人们了解、研究特定地域的历史文化和风俗习惯提供了素材。本文将通过对北京话俗语的梳理与分析，描绘俗语中记录并呈现出来的古都北京的历史文化与风俗习惯。

在对北京话俗语的梳理过程中，我们发现有些俗语其语义内容本身直接反映或记录了社会风俗，如"头伏饺子二伏面，三伏烙饼摊鸡蛋"一语反映了北京人与时令有关的饮食习俗，"鱼生火，肉生痰，萝卜白菜保平安"反映了与健康有关的饮食习俗。社会风俗直接通过俗语的语义内容表达出来。研究俗语与民俗的学者多关注这种类型的俗语，或讨论俗语中反映的民俗事象，或运用民俗解释俗语语源。目前对北京话俗语与北京民俗的研究成果不多，更缺乏系统的研究。但我们的视线还被另一种情况所吸引，有很多俗语其语义内容本身并不直接反映或记录社会风俗，但其语言形式是以社会风俗为素材进行构造的，它们以间接的方式反映或记录了社会风俗。比如歇后语语义本身不反映社会风俗，但其语言形式是以反映旧京社会丧葬习俗为素材进行构造的。旧时京城白事用杠和棺罩抬出死者为"出殡"，棺罩愈大、抬者越多，也就越显得阔气，八个人抬杠表明出殡规模极小。歇后语"八个人扛——小抬着"正是借助这一民俗事象来展现其真实语义，而同时也便将这一民俗事象记录下来。

下面再以北京话里含"萝卜"的俗语为例，看一看北京话俗语是如何反映与萝卜有关的饮食习俗的。先看以下四个俗语：

---

① 柳丛、崔永福、刘建业：《京华风情歇后语》，北京燕山出版社 1987 年版，第 2 页。

　　　　鱼生火，肉生痰，萝卜白菜保平安

　　　　吃萝卜赛蜜，打嗝儿赛屁

　　　　萝卜赛过梨

　　　　吃萝卜喝茶，气得大夫满街爬①

　　这四个俗语直接反映了北京人饮食习俗中对萝卜的认识。一方面，萝卜和白菜都是价格低廉且极为普通的蔬菜，但却又具有很高的营养价值和药用价值，有"土人参"之称，因此有"萝卜白菜保平安"的说法。另一方面，萝卜不仅有营养价值和药用价值，老百姓喜欢它还因为它的味道之甜美，从"萝卜赛过梨"、"吃萝卜赛蜜，打嗝儿赛屁"这两个俗语就可以看得出来。旧日京城的胡同里常有卖萝卜的小贩挑着挑子或挎着篮子，在冬日里高声吆喝"赛梨嘞辣来换！""萝卜赛梨辣来换！"此外，北京人在饮食方面十分重视食物之间的相生相克，"吃萝卜喝茶，气得大夫满街爬"这条俗语反映了人们对萝卜与茶相克的认识，二者不能同食。

　　再看以下七个俗语：

　　　　大萝卜不用屎浇

　　　　腊月的萝卜——动（冻）了心

　　　　萝卜白菜，各有所爱

　　　　萝卜快了不洗泥

　　　　八里庄的萝卜——心儿里美

　　　　咸吃萝卜淡操心

　　　　一个萝卜一个坑儿

　　这些俗语的语言形式都以"萝卜"作为素材，虽然俗语语义不直接反映与萝卜有关的饮食习俗，但我们认为，在构造语言形式的过程中对"萝卜"这一素材的选择本身就显示出"萝卜"在老北京人的饮食生活中的重要性。人们在构造语词时往往选择他们身边最熟悉的事物为构造素材。周光庆深刻地指出："语词，不仅指称着特定事物、表达着特定意义，而且还在其词源结构、词义结构中委婉地体现出造词者对其所指事物

---

　　① 因本文的研究视角及篇幅所限，对俗语的语义一般不进行解释。

的‘观察形式’。"① 古人造字通过"仰观俯察",凭着对客观事物的直观认识,近取诸身,远取诸物,摄取自然万物或人类自身的种种现象,将其书写为文字。老百姓创造俗语同古人造字一般,围绕着他们的日常生活需要和他们所关心的事物,本着自己的观察角度、观察方法和思维方式创造语言,他们以自己的生活创造出语言,又用语言来书写自己的生活。因此,这种类型的俗语对于我们了解老北京的社会风俗也具有同等重要的价值,是研究俗语与社会风俗之间关系的十分重要的素材与资源。

人们生活的地域不同,形成的民情风俗也各不相同,因此选择用来构造俗语的素材也不相同。比如,以动物形象构造的歇后语,生活在大森林的东北人爱用熊的形象,如"一枪打不死的黑瞎子——拼命来了"、"一跟头扑到熊身上——抓瞎了"、"狗熊爬墙头——笨手笨脚""黑瞎子逮虱子——笨手笨脚"。在北京话里我们只找到一个使用"熊"这一形象的:"狗熊耍扁担——混碗饭吃"。对于藏族和哈尼族来说大象是他们非常熟悉的,因此有"林子里的老象屎——大也没用"、"老鼠啃大象——不知从哪儿下口"、"老鼠给大象指路——越走越窄"等,而北京话里我们也只找到一例与大象有关:"猪鼻子插大葱——装相(象)",这个歇后语在谜面部分以猪为形象,谜底部分借用了"相"与"象"的谐音关系。从这个歇后语也可以看出,大象是北京的寻常百姓不常见到的动物,只好用他们最熟悉的猪在鼻子上插大葱的办法来"装象"了。说到"猪",北京话的歇后语里有很多是以"猪"为表现对象的,如"老鸹落到猪身上——看不见自己黑"、"小胡同儿赶猪——直来直去"、"小胡同儿逮猪——两头儿堵"、"骑着母猪赶集——跟着哄(轰)"、"老母猪钻进粮食店——白吃白喝"、"城隍庙里的猪头——有主"等,可见"猪"是北京人更为熟悉的动物。②

北京话俗语展现了旧京社会风情的方方面面。以下我们就透过这些俗语走进那个带着历史温度的古都,去感受老北京人的生活,探寻古都北京的风貌。限于篇幅,本文仅讨论北京话俗语中所见北京人的衣食住行、娱乐消遣、岁时习俗以及旧京百业。

---

① 周光庆:《从认知到哲学:汉语词汇研究新思考》,外语教学与研究出版社 2009 年版,第 22 页。

② 文中所举东北话和藏语哈尼语里歇后语的例子引自王晓娜《歇后语和汉文化》,商务印书馆 2001 年版,第 76 页。

一　从北京话俗语看老北京人的衣食住行

（一）衣

反映服饰习俗的俗语数量不太多，反映内容包括穿衣原则、服饰观念以及服饰形制。

普通的平民百姓虽没有华丽的服饰，但对于穿衣也有自己的观念和认识。在旧社会，衣服对于贫苦百姓来说最重要的是蔽体保暖这样的基本功能，俗话说"要饱家常饭，要暖粗布衣"，他们没钱采买新衣，衣服缝了又缝、补了又补，俗语道"新三年，旧三年，缝缝补补又三年"，穿打补丁的衣服不会被人笑话，人们只会笑话那些穿破衣服的人，所以有"笑破不笑补"之语。俗语"人是衣裳马是鞍"、"男要俏，一身儿皂；女要俏，一身儿孝"，说明了衣服的审美功能以及北京人对服饰的独特审美。

老北京人常说"脚底没鞋穷半截"，说明鞋在穿着上占有重要地位，和鞋有关的俗语还有"新鞋不踩臭狗屎"、"乍穿新鞋高抬脚"。

"改死也是左大襟"，齐如山在《北京土语》中收录此语。大襟是中国古代服饰的形制样式，就是有一片或左或右的衣襟特别宽大，盖住另一片衣襟，一直延伸到胳肢窝下。根据齐如山的解释，"有大襟之衣服，则大襟一定在右边。如做在左边，便算做错，怎样改也改不过来了。凡做事做错而想改做敷演者，则他人恒以此语讥之"①。故此，"改死也是左大襟"一语反映了老北京服饰的具体形制。

"袖里来袖里去"，意思是"秘密，不让外人知道"，过去衣服的袖子里有袖袋，可以装东西，"袖里来袖里去"是说"由袖筒里装来，由袖筒里装去，他人不得见也。初只于携带东西用之，后则办事时亦如此说法"。②

"卖砂锅的棉袄——缺领儿"这条歇后语，《京华风情歇后语》的解释是："卖砂锅的，旧时多挑担串街吆卖，为了担起来方便，便于两肩替

---

① 齐如山：《北京土话》，辽宁教育出版社2008年版，第263页。
② 同上书，第257页。

换，所以所穿上衣都没有衣领。此语多形容一些言行没礼貌、不懂规矩者。"① 这条歇后语反映了与特定职业有关的服饰特征。

"缀带儿是估衣"，也说"下剪子为估衣"。估衣就是七八成新的旧衣服，刚做好还没穿的衣服卖到估衣行也得按估衣算，此语比喻物品一经使用，再新再好也已掉价儿，不值原来的价钱。过去，北京有估衣行、估衣铺。

北京话还有"戴俩帽子死舅舅"一语，是说谁要是往头顶上摞两顶帽子，就意味着他舅舅死了，这是典型的语言民俗②。

（二）食

反映老北京饮食习俗的俗语非常多。民以食为天，吃饭是人生头等重要的大事，和饮食有关的方方面面，无论是食物、调味品还是制作方法，都被老百姓拿来作为素材创造俗语。仅我们所收集到的俗语就有200多条与食物有关。从这些俗语我们可以了解到普通老百姓餐桌上的食物种类及制作方法。北京人主食以面食为主，种类颇多，家常的有烙饼、窝头、饼子、馒头、面条、饺子、包子、馄饨、馅儿饼、烧饼、麻花儿、元宵、各种蒸糕等。各种食物都被老百姓选来充当构造俗语的素材，其中以饺子为最多。限于篇幅，以下仅举几例：

> 头伏饺子二伏面，三伏烙饼摊鸡蛋
> 凉锅贴饼子——溜了
> 艾窝窝打钱眼儿——蔫有准儿
> 窝头翻个儿——现眼
> 窝头豆汁儿小鸡烟，末儿茶叶蜜蜂儿烟
> 不蒸馒头争口气
> 骑着骆驼吃包子——乐颠了馅儿
> 三十晚上吃饺子——没有外人
> 见煮饽饽都不龇牙

---

① 柳丛、崔永福、刘建业：《京华风情歇后语》，北京燕山出版社1987年版，第159页。

② 此俗语收录于周一民《北京俏皮话词典》（增订本），商务印书馆2009年版，第54页，但词典中没有解释此语言民俗的来源，笔者也未在其他书中查到准确说法，因此，为何戴俩帽子就意味着死舅舅尚不清楚其缘由。

　　　　老了不打买馄饨的

　　　　冬至馄饨夏至面

　　　　清水下杂面，你吃我看见

　　　　迎风吃炒面 —— 张不开嘴

　　　　猴儿吃麻花儿——满拧

　　　　卖烧饼的不带干粮——吃货

　　　　心里没病不怕冷年糕

　　　　卖年糕的回家——一切一切都完了

　　　　甑儿糕的徒弟——一屉儿顶一屉儿

　　　　肉锅里煮元宵——滚蛋

　　"冬至馄饨夏至面"，"头伏饺子二伏面，三伏烙饼摊鸡蛋"，反映出不同的岁时节令北京人有不同的饮食习俗。冬至这一天要吃馄饨，夏至这一天则要吃面条。《燕京岁时记》载："冬至，郊天令节，百官呈递贺表。民间不为节，惟食馄饨而已，与夏至之食面同，故京师谚曰：'冬至馄饨夏至面。'"① 有的俗语反映了人们对于饮食及饮食健康的朴素认识，如："鱼生火，肉生痰，白菜豆腐保平安"、"要饱家常饭，要暖粗布衣"、"人吃五谷杂粮，哪儿有不得病的"、"饿了吃糠甜如蜜，饱了吃蜜也不甜"、"原汤化原食"。

　　"甑儿糕的徒弟——一屉儿顶一屉儿"是老北京的一个歇后语，此语以旧时曾深受北京儿童喜爱的一种糕点——甑儿糕为构造素材。曾几何时，小贩们挑着甑，走街串巷，随蒸随卖甑儿糕，成为北京街头一景。如今，由于利小且麻烦，北京街头已经无人经营，难寻甑儿糕踪迹，曾经的老北京口味仅存于老北京人的记忆中了。《故都食物百咏》中有一首写甑儿糕的诗："担凳炊糕亦怪哉，手和糖面口吹灰。一声吆喝沿街过，博得儿童叫买来。"并注曰："售者担高凳，一端置小火炉，一端置木柜，中实米制面及糖等，木甑中空，活底，以面及糖置甑中蒸之，顷刻即得，推其底，则糕自甑上出，儿童颇喜之，盖以其现做现炊，甚有趣也。"② 由此段文字可以看出，甑儿糕是儿童喜食的味美价廉的小吃。它的制法很特

---

① 摘自李家瑞编，李诚、董洁整理《北平风俗类征》，北京出版社2010年版，第161页。

② 同上书，第334页。

别，要用甑这种炊具。甑是我国陶器时代发明的一种炊具，圆形，其底部有许多透气的小孔，置于鬲上蒸煮，如同现代的蒸锅。北京过去有卖甑儿糕的小贩，他们用的甑不是陶制品，改用木制小甑，高4寸，直径2寸，担在高凳的一端，另一端是木柜，放米面及糖等原料。有人买时，用米粉加适量白糖、芝麻，蒸时稍加清水，四五分钟即熟。取出后，上面放些瓜仁、金糕条、青红丝。甑儿糕甜糯可口，所以儿童喜食。歇后语"甑儿糕的徒弟——一屉儿顶一屉儿"也由此得来，其含义是：一个挨一个，相继而来。

北京人饮食中的肉食有猪牛羊肉，但以之为素材构造的俗语数量很少，且只有用到羊肉的，如"卖羊头肉的回家——没有戏言（细盐）"、"卖羊肚儿的回家——留命喝汤"、"东来顺的涮羊肉——真叫嫩"、"挂羊头卖狗肉"。猪牛羊肉非普通下层百姓的寻常饮食，从俗语"挂羊头卖狗肉"、"没吃过猪肉，还没见过猪跑吗"可见一斑。俗语"天上有龙肉，地下有驴肉"作为下层社会所恒咏的名言，说明驴肉是下层社会的美味之一，狗肉与驴肉、马肉脯在早年都是畅销于下层社会的美味，不过"狗肉上不了正席"这个俗语还是说明狗肉的地位不及驴肉。其他的肉类，据载，天桥一带曾有售卖骆驼肉的，但售者必以牛肉称之，不知是否因骆驼肉本非食品，殊不可解。① 不过，俗语中对牛肉和骆驼肉都没有反映。

禽类食物以鸡鸭为最常见。鸡的家常做法很多，做起来也容易，鸡蛋也是家常重要食物。以鸡鸭为素材的俗语不在少数，例如：

> 宁吃飞禽四两，不吃走兽半斤
>
> 煮熟的鸭子——跑不了啦
>
> 大虾米炒鸡爪儿——抽筋儿带弯腰
>
> 鸡子儿掉在醋缸里——酸蛋
>
> 鸡子儿抹白矾——涩（音）壳子
>
> 生鸡子儿画花——假充熟和

北京既不靠河也不靠海，海鲜产品多由外地运来，也是餐桌美食，常

---

① 李家瑞编，李诚、董洁整理：《北平风俗类征》，北京出版社2010年版，第346页。

见的是鱼、虾、蟹。"五月端午的黄花鱼——正在盛世上",说的是五月端午正是黄花鱼大量上市的时候,"有时价值极贱,虽贩夫走卒、贫困人家,也要称二斤来尝尝,或熏或炸,到处可见"。① 螃蟹是秋天北京人餐桌上的一道美味,旧时的京城,每到十月,菊花盛开,街头就出现了肩挑竹篓、头戴草帽、腰围短裙的小贩,走街串巷,高声唤卖。螃蟹一旦上了人们的餐桌,便不能再横行于市了,所以有歇后语"十月的螃蟹——横行不了几天了"。但海鲜对普通百姓来说毕竟是奢侈品,故俗语中反映不多,上两例均与时令有关,而虾类则只见"大虾米炒鸡爪儿——抽筋儿带弯腰"一例,说的也只是虾米而非活虾。活虾价格极为昂贵,《食味杂咏注》载:"南中活虾,三十年前,每斤不过十余文,时初至京,京中已四五倍之。近日京城活者,需大钱三四百文,其不活而犹鲜者,以用者多,亦需二百左右。"② 如此昂贵的大活虾,普通百姓是无福享用的。

北京人讲究吃,因此餐饮业很发达,有很多著名的餐饮老字号,有些已销声匿迹,有些一直延续至今,老北京人说起这些老字号来如数家珍。《旧都文物略》里说"北平昔为皇都,豪华素著,一饮一食,莫不精细考究。市卖逢迎,不惜尽力研求,遂使旧京饮食,得成经谱。故挟烹调技者,能甲于各地也。平市著名食物,如月盛斋之酱牛肉,六必居之酱菜,王致和之臭豆腐,信远斋之酸梅汤,恩德元之包子……正阳楼之螃蟹,东来顺之涮羊肉,西来顺之炸羊尾……聚仙居之灌肠,沙锅居之白肉,冬日之菊花锅,夏日之冰盏,均极脍炙人口,喧腾一时"③,仅此一段文字就写到 25 家餐饮字号。这些响当当的老字号不仅留在了老北京人的心里,也留在了北京话俗语里。《旧都文物略》里提到的王致和,有俗语道"臭豆腐,酱豆腐,王致和的臭豆腐"、"王致和的臭豆腐——闻着臭吃着香";东来顺的涮羊肉非常有名,故有歇后语"东来顺的涮羊肉——真叫嫩"、"东来顺的涮羊肉——嫩点儿";六必居以酱菜闻名,其酱菜"取诸家之长,酸、甜、咸、辣、鲜五味俱全,当年柜台上还特备抹布经常擦拭柜台上的酱痕,保持清洁卫生,于是有'六必居的抹布——酸甜苦辣都尝过'一句歇后语,借以比喻一个人经历坎坷,饱经忧患,也可以形容

---

① 金受申:《老北京的生活》,北京出版社 1989 年版,第 179 页。
② 摘自李家瑞编,李诚、董洁整理《北平风俗类征》,北京出版社 2010 年版,第 307 页。
③ 同上书,第 161 页。

某人见识广博，经验丰富"。① 关于砂锅居卖白肉也有歇后语"砂锅居的买卖——过午不候"。砂锅居是晚清同治光绪时期著名饭馆"八大居"之一，据说砂锅居煮肉用的锅是皇朝奉神用的"神锅"，所以煮出来的肉和肉汤非常鲜美，而由于这里每天只卖一口猪，以至"缸瓦市中吃白肉，日头才出已云迟"。《旧都百话》里说："和顺居（砂锅居的旧称——笔者）……的经营时间亦自成一格。别家饭馆子，早上大概座客寥寥，生意都著重在夕阳西下之时，有闹到夜静更深，喧呼不绝者。唯独这家白肉馆，专卖上半天，一交正午，便封灶上门。"② 虽然后来砂锅居的营业时间从上午半天改为全天，但这个歇后语保留下来了，用来指约会时不要误了时间。歇后语"吃了烤肉到卢沟——晚来晚走（宛）"是以著名的老字号烤肉宛为素材构造的。"天福号的酱肘子——真烂"，天福号是清代乾隆年间山东人刘德山在北京城里西单牌楼开的一家肉铺，名为"天福号肉铺"，专门制售各色山东风味肉食，生意红火。

地方小吃是反映一方风土的典型代表，老北京有不少有名的小吃，如今老北京人说起来还透着一股自豪和深深的怀念。北京的小吃具有平民化、大众化的特点，符合一般市民的消费水平，因此俗语中多有表现。北京有种著名小吃——炒肝儿，由宋代民间食品"熬肝"和"炒肺"发展而来，以猪的肝脏、大肠等为主料，以蒜等为辅料，以淀粉勾芡做成。到了北京去哪儿吃炒肝儿呢，俗语道："要想吃炒肝，鼓楼一拐弯"；哪家字号的炒肝儿最有名呢，"会仙居的炒肝——缺心少肺"，这句歇后语的后半部分其字面意义说明的是北京炒肝儿的特点，没有心和肺这两种食材。还有一个歇后语也和会仙居有关，清朝同治年间，会仙居以不勾芡方法制售，当时京城曾流传"炒肝不勾芡——熬心熬肺"的歇后语。以炒肝儿为素材的俗语还有"北京的炒肝儿——缺心少肺"、"猪八戒吃炒肝——自残骨肉"。

还有一种北京小吃是必须要说的，那就是豆汁儿。豆汁儿是最具有北京特色的小吃之一。据说，其历史可以追溯到宋辽时期，其时，豆汁已是普通老百姓喜好的食品。豆汁是发酵食物，味酸，初尝者对豆汁那犹如泔水的味道实在难以下咽，但好之者视其为美味，竟能上瘾。《燕都小食品

---

① 柳丛、崔永福、刘建业：《京华风情歇后语》，北京燕山出版社1987年版，第58页。

② 摘自李家瑞编，李诚、董洁整理《北平风俗类征》，北京出版社2010年版，第414页。

杂咏》描写道："糟粕居然可做粥，老浆风味论稀稠。无分男女齐来坐，适口酸盐各一瓯。"俗语反映这种小吃的，如"老太太喝豆汁儿——好稀（喜欢）"、"窝头豆汁儿小鸡烟，末儿茶叶蜜蜂儿烟"。这后一个俗语，其内容极为丰富，将几样东西并列起来，虽档次、品位不高，但却是普通平民百姓生活中缺少不了的东西。

　　另一种小吃麻豆腐在明代就已出现，由于所用的羊油膻味重，一些人不能接受，但也有很多人对这种香醇的口味情有独钟。麻豆腐在炒熟后会咕嘟咕嘟地冒出气泡并呈现蜂窝状，由此还产生一句北京歇后语"炒麻豆腐——大咕嘟"。

（三）住

　　说到老北京人的居住，首先想到的一定是胡同四合院，这种民居形式已成为北京文化的符号。有关胡同的几个俗语反映了北京胡同的三个特点：其一是多，从元大都建城街巷名称中出现胡同一名以来，北京城胡同的数量一直在增加，张清常对此作了详细考证和统计，俗语中形容北京胡同之多则有"有名儿的胡同儿三千六，没名儿的胡同儿如牛毛"之说。其二是小而窄，俗语"坛子胡同闷三爷"中"坛子胡同"用来比喻闭塞的境地，借用了胡同又小又窄的特点。元大都时期北京的胡同定制宽六步，约9米，不算窄，但随着城市的发展，原来的胡同中间又出现了大大小小的很多胡同，其中有些又窄又小。其三是直来直去，北京的胡同大多直来直去，仅有少数弯弯曲曲，歇后语"小胡同儿逮猪——两头儿堵""小胡同儿赶猪——直来直去"、"胡同里抗竹杠——直进直出"都反映了胡同的这一特点。

　　说到胡同，就要谈一下和胡同关系最为密切的"井"。胡同一词据张清常考证来源于蒙古语，在蒙古语中为"水井"之意，用水井之名表示街巷名称，张清常认为"蒙语水井意义引申，有水井处即有人烟，因而后来成为居住的街巷"。① 过去，北京市民的饮用水需依靠掘井来解决。北京城中地名以井命名的很多，如王府井、双井、三眼井、四眼井、铜井……众多以井命名的地名说明了井在市民生活中的重要地位。这一重要

---

　　① 张清常：《张清常文集》第三卷《胡同研究》，北京语言大学出版社2006年版，第49页。

性也反映在众多以"井"为素材的俗语中。例如：

一回被蛇咬，十年怕井绳

一拳头砸出一眼井来

抱你们家孩子跳井

何（河）苦吃井水

井水不犯河水

井里的蛤蟆——没见过多大的天

石头掉进珍妃井——不懂（噗咚）

挑水的回头——过景（井）了

傻小子淘井——干了再说

八仙桌盖井口儿——随得方就得圆

据清代资料记载，北京"内城"有水井 701 眼，"外城"有水井 557 眼，共有 1258 口井①。清末朱一新《京师坊巷志稿》记录有水井 1272 口。晚晴慈禧太后逼迫光绪的妃子珍妃跳井的故事在北京的老百姓中广为流传，珍妃井也因此著名，还专门造了个歇后语"石头掉进珍妃井——不懂（噗咚）"。普通的老百姓自己是挖不起井的，为当时的北京人提供井水的有专门的水夫，也叫"挑水的"，以山东人居多，"他们终日辛劳，奔走于用户和井窝子之间，人们终日离不开水，也天天见到挑水的，因此关于挑水的和井窝子的歇后语也就自然产生了"②，歇后语"挑水的回头——过景（井）了"说的就是这个从事职业的人，"挑水的扁担——长不了"则反映了当年挑水的人为便于倒水时不卸扁担，往往把扁担截到用两手即可伸达两端的长度，可随意抓住水桶、为用户倒水的情形。

反映老北京人四合院生活的，莫过于"天棚鱼缸石榴树，先生肥狗胖丫头"一语。此语既描绘了四合院的环境和建筑，又把四合院生活的悠闲、富裕表现出来，那一份惬意令今人艳羡。其他略去不论，单提一下石榴树，四合院内四角处留出四块方形土地不铺砖，专为种树，种树很有

---

① 张清常：《张清常文集》第三卷《胡同研究》，北京语言大学出版社 2006 年版，第 142 页。

② 柳丛、崔永福、刘建业：《京华风情歇后语》，北京燕山出版社 1987 年版，第 137 页。

讲究，石榴树寓意多子，符合老百姓多子多福的期盼，所以院内多种石榴树，另有海棠树、枣树等，也多取其美好的象征之意。但有些树是绝对不能种的，北京话俗语云"桑皂杜梨槐，不进阴阳宅"，也有一说是"桑松柏梨槐，不进府王宅"，皆因这些植物的寓意不祥，老百姓忌讳在自家院子里种这些植物。

四合院的建筑呈方形，由东、西、南、北四面的房子合围成院子，东、西、南、北四面的房子相对独立互不相连。"有钱不住东南房，冬不暖来夏不凉"，这句俗语是老北京住户从自己数十年数十辈居住而得出来的经验。东房朝西，夏天西晒太热；南房朝北，终年背阴儿，潮湿阴冷，都不如意，有钱人多不住。

（四）行

先说说老北京的道路。如今的北京，道路平坦，清洁整齐，谁能料想到当初北京城内坑坑洼洼，"晴天三尺土，下雨一街泥"呢？用"晴天三尺土，下雨一街泥"一语形容老北京的道路绝无半分夸张，近代以前，北京的道路主要是土路，"质量极差的土路，在多风的北京最终形成了一种恐怖的'景观'。……没有风的干燥季节，路面上一层浮土，一脚下去，浮土能没过脚面。……若是赶上下雨天出门，则更加不幸。满街的黄土经雨水一和弄，又臭又泥泞，行走于其上如同走在粪堆之间，一脚踩下去有半尺多深"。[①] 晚清至民国时期，开始铺设马路，北京道路稍有改观，但总体上肮脏与落后的状况没有改观。

北京城的交通工具，直到 19 世纪末，主要是驴、马、骡子、骆驼、骡车、马车、轿子和人力车，以人力和兽力作为驱动动力，属于传统交通工具。

动物类交通工具既可直接坐骑，也可驾辕拉车。其中马是比较高级的，毛驴是最普通的，可以载人运物，骡子介于马和驴之间，因其体大力大，多用来拉车运货。骆驼也曾是京城重要的交通工具，北京话里以"骆驼"为素材的俗语着实不少：

骆驼打前失——倒（捣）了霉（煤）

---

① 宋卫忠：《民俗北京》，旅游教育出版社 2005 年版，第 93 页。

蹬着梯子逗骆驼——找死

骆驼上车——就这么一个乐儿啦

茉莉花喂骆驼——不当饯

骑着骆驼吃包子——乐颠了馅儿

骆驼蹬蹄——没救

骆驼栽跟头——玩儿完

骆驼下骡子——怪种儿

以上所列出的如此多以骆驼为素材的俗语，使我们不禁猜想，骆驼——这个沙漠中的独行者，难道和老北京人的生活有着密切的关系吗？事实上，骆驼在北京地区至少在唐代就已经作为交通工具了。清朝时骆驼还曾是官员们的坐骑，《清稗类钞》载"国初风气淳朴，京朝官多有策驼而入署者，后易骆驼为马，最后易马为车"①。骆驼和老北京人的生活关系之密切是今天的我们无法想象的。据清人樊彬《燕都杂咏》载，"西山产煤，每日驼驮入城卖之"②。北京的煤窑主要在京西门头沟一带，门头沟有一句俗语是："开窑不落栈，落栈不开窑"，反映的是煤业的规矩，开煤窑的极少自建煤栈，也就是说自产自销的极少。煤栈和煤窑之间通常有十几里路，大多用大车和骆驼将煤由煤窑运至煤栈，这一段路非常难走，所以脚力这一段比车站到北京还贵。过去京西一带有很多养骆驼的人家，称为"驼户"，他们专以运驮灰煤为业，骆驼作为重要的运输工具为旧京百姓的生活带来了便利。"骆驼打前失——倒（捣）了霉（煤）"这个歇后语，正是反映了骆驼运煤这一旧京风貌。除运输煤炭外，骆驼作为运输工具也驮运其他粗笨货类，实因"骆驼性温顺，步甚钝，行走如牛，力量强，能载固形重体如煤炭等物"③。骆驼驮着重物行于北京城内，旧京百姓自是习以为常，因此他们以"骆驼"为素材别出心裁地造出了上述那些俗语。而对于《北京繁昌记》的作者中野江汉这个日本人来说，这原本出现在沙漠之中的大型动物招摇过市于北京城，着实令其大感惊诧：骆驼"颈悬铃，丁丁当当，游行于北京城内，实不能无北京尚在原

① 摘自李家瑞编，李诚、董洁整理《北平风俗类征》，北京出版社2010年版，第414页。

② 同上书，第387页。

③ ［日］中野江汉：《北京繁昌记》，王朝佑译，醒中印刷社中华民国十一年九月三十日出版，第14页。下载自新浪爱问共享资料。

始时代之感"，实为"北京最堪注目之怪物"。这样的感慨对于今日北京人来说也是不无道理的啊！而这颈悬铃游行于北京城内的骆驼队，却当真反映了旧日京城的社会风貌。骆驼一生勤恳卖命，拉车运煤，只有死去的骆驼才有坐车的待遇，死去的骆驼被装上车，拉往作坊宰割，因此有"骆驼上车——就这么一个乐儿啦"这个歇后语，意思是辛勤一生的骆驼，只有死后上车这么一个乐趣。北京话还用"骆驼上车了"作为"死"的委婉语。

驴作为交通工具，可骑行。旧时北京城各城门外都有"驴口儿"，京城内百姓出城上坟或到近处办事，多在驴口儿雇用脚驴①，俗语"骑驴的不知赶脚的苦"说的就是骑一头小毛驴，以代步行，自然比在一旁赶驴的脚夫要舒服得多了。歇后语"骑驴看唱本——走着瞧"、"张果老倒骑驴——有眼不识畜生面"，也都反映了驴作为交通工具的情形。

以畜力拉车主要有驴车、骡车、马车、牛车。俗语"老牛拉破车""老太太坐牛车——稳稳当当"都以牛车为素材。歇后语"老虎拉车——谁敢（赶）"中老虎拉车是老百姓的虚构创作，现实中是没有的。

轿子是一种肩舆，用人抬行，按抬轿的人数可以分为二人轿、三人轿、四人轿、五人轿和皇帝坐的八抬大轿。轿子一般是贵族、官员等上层阶级享有的交通工具，普通百姓只有在婚丧嫁娶时才使用。俗语"八抬大轿请不动"是说用如此高规格的轿子都请不动，也就是无论如何都不去的意思了。北京人还创造了歇后语"狗坐轿子——不识抬举"，让狗来坐轿子，尽显诙谐、幽默。

有一种车叫敞车，俗名大车，用骡马拉之，专门拉货。营业敞车的有的专包一行买卖，如拉煤的煤车，拉米的米车②。歇后语"赶大车的拉煤末儿——倒霉（煤）一道儿"说的就是这种拉货的敞车。

歇后语"西直门到海淀——拉啦"，反映的是一种叫做趟子车的交通工具，用于拉人，不及轿车讲究，但比拉货的敞车洁净，驾辕早年专用健骡，后也有用大叫驴将就的。每逢有庙会，如白云观、大钟寺、南顶、中顶、西顶、北顶及妙峰山，赶庙会的人们常乘坐这种趟子车，一辆车能载很多人。庙会期间外，有的趟子车专跑通州、海淀等地。跑海淀的是由西

---

① 金受申：《老北京的生活》，北京出版社 1989 年版，第 388 页。

② 同上书，第 385 页。

直门北关车口儿开车，到海淀南栅栏大兴隆门口下车。"西直门到海淀——拉啦"这个歇后语说的就是这种跑海淀的趟子车①。

19 世纪末北京出现了新式交通工具火车、汽车、电车。俗语中也出现了以新式交通工具为素材的，社会生活的变化在俗语中得到体现。如"满嘴里跑火车"、"屎壳郎趴铁轨——假充大铆钉"、"电车下土道儿——一点儿辙都没有"、"火轮船打哆嗦——浪催的"等。

二 从北京话俗语看老北京人的娱乐消遣

（一）老北京人的闲情逸致

"提笼架鸟斗蛐蛐"是老北京人闲逸生活的生动写照。普通老百姓只要手头稍微宽裕一点的，都喜好养几只鸟，不但鸟的品种多样，有供观赏的，还有只为玩儿的，而且鸟笼的选择也十分讲究，什么鸟配什么鸟笼是不可乱来的，歇后语"靛颏笼子养百灵鸟——没台儿啦"即由此而来。养百灵鸟的鸟笼和养靛颏鸟的鸟笼有所不同，"百灵鸟较靛颏、红子体大，所以百灵笼子也稍大，三道圈加宽土挡，内无鸟杠，中心有一圆土台"②，养靛颏鸟的笼子中间没有土台，因此用靛颏笼子养百灵鸟，少了中心的圆土台。前面说，有的鸟养起来是为了听音，即听鸟的鸣叫，也就是俗说的"鸟哨"，百灵鸟即属于这一类听音的鸟，一般所养百灵鸟由张家口而来，因之称进口百灵，歇后语"进口百灵——哨上啦"就是形容百灵鸟能哨之意③。北京话里讥人幼稚称为"窝雏儿"，"窝雏儿"是养鸟人的行话，指新孵出的幼鸟。北京俗语形容人淘气称"猴儿山羊自自黑儿"，"自自黑"即"黑子"，也是鸟的一种，内行只养红子，养黑子的人不多。另有一歇后语"武大郎玩夜猫子——什么人玩儿什么鸟儿"，也是以北京人玩儿鸟的社会风俗为素材同时借用了水浒人物武大郎的形象构造而成。

除了养鸟，过去北京人还养鹰，鹰是肉食的飞禽，性野难驯，但经过

---

① 金受申：《老北京的生活》，北京出版社 1989 年版，第 388 页。

② 同上书，第 323 页。

③ 同上书，第 237—238 页。

人的训练以后，就能受人的驱使，去捉兔捕鸟。清政府机构中专设"养鹞鹰处"，主要任务是提供皇帝出猎时用鹞鹰。每到秋天，"一般私人狩猎的，或一两个人，肩上架了大鹰，大鹰带着帽子，到郊外以后……用极快的跑步，由田中奔跑，凡隐藏在田垄中的野猫（即兔）被惊出以后，极力奔跑，这时架鹰的人，扯去鹰帽，放起大鹰，直飞追上前去，一爪抓住兔首，一爪抓兔胯，用铁翅一扇，兔已昏迷，然后两爪用力一扣，野猫已然了帐，便算狩猎成功"①，这便是俗语"不见兔子不撒鹰"的由来。清末，养鹰逐渐成为一种奢侈的娱乐，一方面鹰的价格极高，另一方面伺候鹰的把式也是一笔相当大的开支，所以再以鹰为狩猎工具，捉几只野兔、野鸡，实在是得不偿失，故北京人以鹞鹰为最无用之物，所以称无所事事者为"玩鹞鹰"②。

养金鱼也是老北京人的一大喜好，描写四合院的俗语"天棚鱼缸石榴树，老爷肥狗胖丫头"里有一样便是鱼缸，鱼缸自然是用来养鱼的。

老北京人的玩意儿说起来真是不少，其中有一样经常在俗语里出现，因此在这里要说一说，那就是鼻烟和鼻烟壶。北京话俗语里有"茶叶越喝越高，鼻烟越闻越次"、"老虎闻鼻烟儿——没有那八宗事儿"、"买鼻烟儿不闻——装着玩"、"闻鼻烟蘸吐沫——假行家"，都以闻鼻烟为素材，北京话里还用"老鼻烟壶儿"指那种经多见广、老于世故、好端架子的年长者，带有贬义。鼻烟从外国传入我国，时间没有明确的考证，据清人赵之谦说，明万历时，意大利人利玛窦来华，以此入贡，自此传入中国。鼻烟为粉质，往鼻孔里吸。鼻烟放在鼻烟壶里，鼻烟壶的种类很多，在形状和质料上有所分别，鼻烟壶的制作日趋精美，成为好之者手中的玩物。近代以后，特别是到民国年间，随着外国纸烟的传入，老北京的吸烟方式发生了很大变化，鼻烟基本没人吸了，剩下鼻烟壶作为收藏赏玩之用。"近京师又有制为鼻烟者，云可明目，尤有辟疫之功，以玻琉为瓶贮之，瓶之形象，种种不一。颜色亦具红紫黄白黑绿诸色，白如水晶，红如火齐，极可爱玩。以象齿为匙，就鼻嗅之，还纳于瓶。皆内府置造，民间亦或仿而为之，终不及"③。老北京俗语"天宁寺——闻鼻烟儿"，天宁寺

---

①　金受申：《老北京的生活》，北京出版社1989年版，第61页。

②　宋卫忠：《民俗北京》，旅游教育出版社2005年版，第195页。

③　摘自李家瑞编，李诚、董洁整理《北平风俗类征》，北京出版社2010年版，第393页。

是老北京主要鼻烟销售地。

戏曲在老北京人的生活里是一种重要的娱乐形式，闲来逛逛戏园子、听听戏、捧捧角儿，还出了不少有名的戏曲票友。北京人对戏曲的喜爱也在众多以戏曲为素材的俗语里体现出来，如"没准谱子"、"一个人唱不了八仙过海"、"别跟我玩儿这哩咯儿楞"、"唱的是哪一出"、"拳不离手，曲不离口"、"有板有眼儿"、"比老郎神多八出戏"、"不洒汤，不漏水"、"猴儿戴胡子——一出没有"、"唱戏的是疯子，看戏的是傻子"、"唱戏的骑马——走人"、"不唱好戏"，等等。

老北京有句歇后语"出了茶馆进澡堂子——里外涮"，描述的是老北京人的一种生活方式。他们去茶馆不单为了喝茶，进澡堂子也不单为了洗澡，茶馆一般都是早上热闹，人们喝茶、聊天、玩鸟、斗虫、听书。澡堂子则是下午到晚末晌热闹，可以泡澡、喝茶、聊天、醚觉，赶上是脚行的还得叫上外卖在这餐一顿。老北京的澡堂子，据史料记载20世纪30年代有123家。澡堂子里要穿"踏拉板儿"，也就是木底儿钉上胶皮带的拖鞋，靠近浴室的门口一个大消毒池子里泡的都是踏拉板儿，不分号码，自己挑着穿，据此老北京人还造了个歇后语"澡堂子里的踏拉板儿——没大没小"①。

（二）老少咸宜的户外活动

春天里放风筝是最喜闻乐见的一项户外活动了，一直保留至今，今天的北京城到了春天，在宽阔一些的地方就会看到很多人放风筝。北京话俗语里有一个以风筝为素材的歇后语，还使用了武大郎这一水浒人物形象，"武大郎放风筝——出手不高"。这里说的风筝实为纸鸢，金受申指出普通人称纸鸢为风筝是错误的。和放纸鸢密切相关的另一项活动是搭镖陀，歇后语"三座门的陀子——耗上啦"就是以镖陀子和放纸鸢为素材的。据金受申介绍，搭镖陀子是一种和放纸鸢密切相关的活动，搭镖陀子的目的就是要取得纸鸢和线，反过来，放纸鸢的为要得到镖陀子和预防镖陀子，也要在线上安下种种埋伏，准备钩心斗角，这也是北京社会上一种有趣的争斗。北京有两处搭镖陀子最热闹的地方，一是灰厂，二是西三座

① 参考中古64级二班的博客："老北京记忆——记忆里的澡堂子"，http://blog.sina.com.cn/s/blog_ 74b1b65b0102ejoo.html 访问时间2013年11月23日。

门，"三座门的陀子——耗上啦"这个歇后语反映的就是当年这一活动的热烈之状。[1]

北京人春天的另一项活动是"放空钟"，又称"抖空竹"，有句俗谚是"杨柳青，放空钟"，描绘的就是春天里杨柳发芽之时，就到了放空钟的时候了。

冬日里，有一项从宫廷到民间都十分流行的活动——冰嬉，和今天说的"溜冰"差不多。清代宫廷里的冰嬉兼有练兵和娱乐功能。"在清代盛时，每到冬天，在北海观军队在冰上竞技，看起排列行进，步伐精神。有时太后率宫人乘坐冰床，冰床形似方床，下床足安两铁条，用人拉行，跑到极快时，拉的可以坐在床上。"[2] 那时的北京城，冰床既是一个娱乐工具，也是一个重要的交通工具，俗语"十月冰床遍九城"就描述了当年北京城里冰床穿梭的盛况。

（三）民间武术与杂耍

先说说北京的天桥。天桥位于北京旧城区的南部，自元代修建天桥，至明清两代，再至民国时期，几百年来天桥一直是老北京的平民休闲娱乐和民间艺人卖艺求生的场所。这里曾景色优美，游人如织；这里曾酒楼茶肆林立，民间技艺竞相上演，景象空前繁荣。特别值得一提的是清代出现的"天桥八大怪"，这些在天桥"撂地"表演的民间艺人身怀绝技，他们技艺高超的表演不仅得到观众的热烈喝彩，其重要性更在于它标志着天桥作为一处文化活动场所，得到了北京市民的接受和喜爱，同时也标志着天桥的技艺杂耍表演已经成为天桥文化以及北京社会底层市井平民文化的一个代表[3]。历史上的北京文化实际上包括两部分：一是以皇城为中心的皇家贵族的文化，二是以天桥为代表的市井文化，所以有人将天桥称为"中国的民俗文化宫"，因此俗话说，来北京"故宫可以不游，天桥不能不逛"。

天桥是旧日北京最大的露天娱乐场，很多民间艺人在这里表演各种技艺。这些艺人，特别是摔跤、练武、盘杠子的，在开场献技时，大都口中

---

① 金受申：《老北京的生活》，北京出版社1989年版，第66页。
② 同上书，第59页。
③ 刘勇等：《北京历史文化十五讲》，北京大学出版社2009年版，第433—434页。

滔滔不绝、说个没完，他们或自述师承、或介绍其表演项目等，把观众招引到里三层外三层，观看的人多了，也把众人的胃口吊足了，然后才肯正式的练几下节目。因此有了"天桥儿的把式——光说不练"这个歇后语。其实天桥的把式是很有真功夫的，并非光说不练，只是他们先说后练，用"说"来招揽看客，人聚集多了，表演各种杂耍，可以多收一些散碎银两。

俗语说"天桥有天无桥"。由"天桥"一名可以看出此处原来必应有桥。据张清常的考证："明朝在正阳门大街再往南的空地上，有南北走向的小桥，无名称。清乾隆时有了名称天桥。按乾隆时的情况推断，大约在今虎坊路南端虎坊里一带有无名湖泊，有小河从此向东流经天坛北墙外、东墙外，流入'外城'南护城河。当这条无名小河尚未流到天坛之前，先与正阳门大街正交，有桥，名为天桥。是元朝修的石桥。最初本来是'稚柳清波，漪空皱绿'的风景地区，后来成为市场，桥也不见了。"① 天桥的石桥是何时不见的呢？有学者指出："清朝光绪三十二年（1906）因修建道路的需要，皇帝命令工匠们把高拱石桥改为低石拱桥，1927 年又因铺设电车路轨，再次将低拱石桥改为平桥，1934 年拓宽马路时又将桥栏拆除，至此天桥的踪迹全无，空留下天桥的地名。"因此民间戏言称"天桥有天无桥"。天桥从一座真正的桥到有天无桥，实与这一带地区市井文化的兴衰息息相关。顺便说一句，天桥为何称为"天"桥，据老人们说"明、清两朝皇帝去天坛祭天时候才转走这座雄伟的汉白玉桥，因皇帝又称天子，故此桥也被称为天桥，普通行人是禁止在桥上通行的"。②

除了在天桥这样的固定场所进行撂地表演，民间还有以"走会"③ 的形式进行的行进中的表演，老北京的民间艺人们以其技艺高超的精彩表演给老北京的下层百姓带来了丰富的文化生活，同时也给后人留下了宝贵的文化财富。北京话的俗语也将这些老北京的民间武术与杂耍活动记录了

---

① 张清常：《张清常文集》第三卷《胡同研究》，北京语言大学出版社 2006 年版，第145 页。

② 刘勇等：《北京历史文化十五讲》，北京大学出版社 2009 年版，第 432 页。

③ 走会，北京地区俗称"花会"，是大型的民间歌舞。每逢年节庙会，民间艺人汇集街头，即兴表演，节目有飞叉、五虎棍、中幡、跨鼓、高跷、秧歌、扛箱、杠子、石锁、坛子、小车、跑驴、早船、龙灯、狮子等十几种，这些歌舞游艺不仅形式多样，技巧高超，而且具有戏剧情节，引人入胜。据常人春、高巍《北京民俗史话》，现代出版社 2007 年版，第 271 页。

下来。

俗语"狮子怕过桥，中幡怕过城"说的是民间走会的一种形式：耍中幡。中幡的主要道具是一根粗大巨长的竹竿，长短不一，最长者达数丈，顶上为一小伞。高大挺拔的中幡仅由一人顶举，还得做出种种惊险而优美的动作，所以，舞中幡的人不仅要力气过人，而且更要武艺高强。舞中幡在行进过程中，难免遇上牌楼、城门，每到这种时候，为了不挫英雄气概，中幡不能放倒，顺着进城，而是要从牌楼或城墙上扔过去——这需要更大的力量和更高的技巧①。歇后语"肚脐眼儿练幡——心里的劲儿"借用了舞中幡时需要极大的力量这一素材，如果不了解舞中幡这一民俗，就无法理解这个歇后语的构造。

歇后语"武大郎盘杠子——上下够不着"，盘杠子也是民间走会的一种形式。盘杠子的表演方式近似于单杠，杠子为木制，固定在马车上，以利于行进中和停下来后都能表演。此歇后语的谜面部分"武大郎盘杠子"，讥讽武大郎身材矮小，表演不了盘杠子，其实无论是谁只要付出心血和汗水即使身有残疾也不会成为障碍，清朝光绪年间的盘杠神手"田瘸子"就是一位腿有残疾的艺人。

其他反映民间武术和杂耍的俗语还有不少，如"猪八戒耍把式——倒打一耙"、"拳不离手，曲不离口"、"折跟头打把势"、"把式，把式，全凭架势"、"后脑摘筋儿"、"戏法儿人人会变，各有巧妙不同"，此处就不一一解释了。

三　从北京话俗语看旧京的岁时习俗

岁时民俗是指"一年之中，随着季节、时序的变化，在人们生活中所形成的不同的民俗事象和传承"。"我国古代劳动人民，根据天文、历法知识来划定一年中的时序节令，将生产活动和日常活动纳入自然规律之中，逐步形成不同的风俗习惯。"② 岁时习俗是民间各类文化现象的总汇，多种文化类型，如地域文化、都市文化、宫廷文化、市民文化、宗教文化、饮食文化等，都在岁时习俗中有所反映。岁时民俗具有地域性，同一

---

① 常人春、高巍：《北京民俗史话》，现代出版社 2007 年版，第 283 页。
② 陶立璠：《民俗学概论》，中央民族学院出版社 1987 年版，第 179 页。

岁时之中，不同地域的岁时习俗的内容和形式常有很大变异。北京独特的岁时习俗既反映了特定地域文化，也反映了北京独特的人文历史风貌。

与北京岁时习俗有关的内容也作为素材反映在北京话俗语里，并也借助这些俗语被记录并传承下来。尤其是有些岁时习俗已随时代变迁而不复存在，今人则可在记录它们的俗语中觅得它们昔日的踪影。

俗语"八月八，走白塔"反映了自辽代以来日渐兴盛的北京庙会文化，尤其是白塔寺的绕塔习俗。白塔寺建于元代，由元世祖忽必烈敕令建造，建成后香火极旺，并形成了绕塔习俗，每年从正月初一起，男女老少会来此塔绕塔而行，祈求新的一年里福泰安康、万事如意。八月间，"金风送爽，丹桂飘香，人们也会相约到象征吉祥的白塔寺下欢聚，绕塔漫步企求万事如意，快乐安康"，故有"八月八，走白塔"一语①。自清以来白塔寺逐渐形成定期开放的庙会，从而成了终年有人光顾的集市。民国以后，庙会日渐衰落，不见昔日繁华，故白塔虽在，绕塔而行之盛况却已不复当年。

"荷叶灯，今日点了明日扔"，此语记录了旧时北京中元节燃荷叶灯的风俗。《燕京岁时记》载："中元黄昏以后，街巷儿童以荷叶燃灯，沿街唱曰：'荷叶灯，荷叶灯，今日点了明日扔。'又以青蒿粘香而燃之，恍如万点流萤，谓之蒿子灯。市人之巧者，又以各色彩纸制成莲花、莲叶、花篮、鹤鹭之形，谓之莲花灯。"② 如今，中元之夜再无儿童燃灯绕街而走，只留下了那穿越历史的清脆童声——"荷叶灯，荷叶灯，今日点了明日扔"。

春节是中国最重要的传统节日之一，老北京是从腊月二十三，甚至是从腊月初八喝腊八粥就开始了，一直延续到正月十五。老北京过年的习俗内容非常丰富，从下面这段顺口溜可见一斑："小孩儿小孩儿你别烦，过了腊八就是年。腊八粥喝几天？哩哩啦啦二十三。二十三，糖瓜粘；二十四，扫房子；二十五，掸尘土；二十六，炖锅肉；二十七，买只鸡；二十八，把面发；二十九，蒸馒头；三十晚上熬一宿，大年初一扭一扭（拜年，逛庙会）"，此外还有"初一的家族团拜、初二的祭财神、初五开市、

---

① 刘建斌：《北京俚语俗谚趣谈》，中国城市出版社 1999 年版，第 87 页。

② 摘自李家瑞编，李诚、董洁整理《北平风俗类征》，北京出版社 2010 年版，第 137 页。

初七'人日'、初八顺星……直到十五闹花灯等众多内容"①。俗语里反映春节习俗的有不少，如"腊月水土贵三分"、"送信儿的腊八粥"、"腊月初八打冰块——要的是这股冷劲"、"腊月二十三供糖瓜——花钱堵神嘴"、"灶王爷伸手——拿糖"、"二十七八——平起平抓"、"腊月三十打兔子——有你也过年，没你也过年"、"三十晚上吃饺子——没有外人"、"六月里贴挂钱儿——还差半年哪"、"正月十五贴挂钱儿——差了半个月啦"。这些俗语记录的有些习俗在今天仍为人们熟知，且仍在延续，如三十晚上吃饺子，二十三糖瓜粘，不过，腊月二十三祭灶的习俗已渐渐消失了，所以，要理解"腊月二十三供糖瓜——花钱堵神嘴"、"灶王爷伸手——拿糖"这两个歇后语还得了解民间腊月二十三的祭灶习俗。"六月里贴挂钱儿——还差半年哪"、"正月十五贴挂钱儿——差了半个月啦"这两个歇后语都提到了贴挂钱儿这一民俗活动。挂钱儿是"用红棉纸镂刻的有吉祥字句、铜钱图案的手工艺品，旧时春节，人们将其粘贴在窗纸或门楣上，以求财源茂盛"②。可知，挂钱儿是旧时百姓在春节时贴的手工艺品，两个歇后语的谜面部分都用到了春节贴挂钱儿这一习俗作为素材。

再说说歇后语"腊月初八打冰块——要的是这股冷劲"。今天我们说到腊月初八，大抵只能想到喝腊八粥，而在老北京这一天除了喝腊八粥还有一件事——藏冰。过去，北京城里有很多冰窖，用于藏冰。三九天寒，河面结冻，固为坚冰，"以铁锤打冰，广尺许，长二尺许，谓之一方"，打冰后将冰块纳于冰窖，即藏冰。《帝京景物略》和《康熙宛平县志》里都记录了腊月初八喝腊八粥和藏冰这两件事。《帝京景物略》中记载："八日，先期凿冰方尺，至日，纳冰窖中，鉴深二丈，冰以入，则固之，封如阜。内冰启冰，中涓为政。凡频婆果入春而市者，附藏焉。附乎冰者，启之如初摘于树；离乎冰，则化如泥。其窖在安定门及崇文门外。是日，家效菴寺，豆果杂米为粥，供而朝食，曰'腊八粥'。"③腊月里，天气严寒，打冰工人在冰面上打冰作业，生活条件极为艰苦。"腊月初八打冰块——要的是这股冷劲"把旧日京城寒冬腊月打冰这一盛况记录了

---

① 常人春、高巍：《北京民俗史话》，现代出版社 2007 年版，第 210 页。

② 高艾军、傅民：《北京话词语》（增订本），北京大学出版社 2001 年版，第 322 页。

③ 摘自李家瑞编，李诚、董洁整理《北平风俗类征》，北京出版社 2010 年版，第 167 页。

下来。

中秋节是除春节之外中国人最看重的节日之一。中秋节的习俗主要围绕月亮展开，包括祭月、拜月、赏月、吃月饼，所以俗语里有"七月十五吃月饼——赶先（鲜）儿"、"八月十五的月亮——正大光明"，在祭拜习俗禁忌里还有"男不拜月，女不祭灶"的说法。

说到老北京的中秋节有一样是必须要说到的，那就是兔儿爷，"兔儿爷不仅是一种泥塑玩具，供儿童娱乐，借以烘托节日气氛，而且它还是融人、兽、神为一体的偶像。在它身上，集中体现了北京人的宗教观、北京人的兴趣爱好和性格特征，以及北京人对美好生活的追求，它的产生和流传，表达了北京文化的多方面内涵"①。供兔儿爷的习俗不仅属于京城的平民百姓，达官贵人及至紫禁城中都有此俗。《清稗类钞》载："中秋日，京师以泥塑兔神，兔面人身，面贴金泥，身施彩绘，巨者高三四尺，值近万钱。贵家巨室，多购归，以香花饼果供养之。禁中亦然。"兔儿爷的形象非常可爱，《燕京岁时记》曰："有衣冠而张盖者，有甲胄而带纛旗者，有骑虎者，有默坐者。大者三尺，小者尺余。其余匠艺工人无美不备，盖亦谑而虐矣。"②兔儿爷在北京人的生活中和心目中的地位，从俗语里就可以看出来，以兔儿爷为素材的俗语非常多，例如：

兔儿爷掏耳朵——崴泥
兔儿爷洗澡——瘫啦
兔儿爷洗澡——一身泥
隔年的兔爷儿——老陈人儿

这几个歇后语突出了兔儿爷是用泥塑而成的这一特点。说"隔年的兔爷儿——老陈人儿"，因为兔爷儿是泥制的，很少能保存到第二年，所以，如果见到上年做的兔爷儿，那可就属于老兔爷儿了。

兔儿爷折跟头——窝了犄角

---

① 常人春、高巍：《北京民俗史话》，现代出版社2007年版，第225页。
② 以上两段均摘自李家瑞编，李诚、董洁整理《北平风俗类征》，北京出版社2010年版，第14页。

兔儿爷拿大顶——窝犄角

这两个歇后语利用了兔儿爷耳朵长的形象特点。因为兔子本身耳朵长、尾巴短，民间艺人在制作兔儿爷时，往往在耳朵上加以夸张，有的干脆把一对长长的耳朵做成活的，可以随意拆卸。摆在桌上插上耳朵，兔儿爷就显得活灵活现，北京的小孩把这对可拆卸的耳朵称为犄角，如果让兔儿爷折上一个跟头，那么这对犄角非被窝坏了不可。北京人就用这个来形容某人办某件事受到了挫折，显得十分形象。

端午节卖兔儿爷——不是时候
兔儿爷打架——散摊子

兔儿爷是中秋节拜月的供品和孩童的玩意儿，端午节不是卖兔儿爷的时候，因此说"端午节卖兔儿爷——不是时候"。每到中秋，京城的街市上就有摆摊儿卖兔儿爷的小贩，当年出售兔儿爷的小贩，都把各式各样的兔儿爷摆在桌案上，摊上的兔爷要是互相打起架来，定要碰个乱七八糟，到那时摆摊的小贩只有散伙回家。

兔儿爷拍心口——没心没肺
兔爷儿的旗子——单挑

泥塑的兔儿爷中间是空膛儿的，什么也没有，兔儿爷拍心口自然里面没有心也没有肺。说"兔爷儿的旗子——单挑"是因为兔爷儿的靠旗只有一边。

兔儿爷戴胡子——假充老人儿
兔儿爷拜月——妄想成人

兔儿爷本就具有幽默戏谑的特点，再加上老百姓的想象创造，就有了这两个让人捧腹的歇后语。

除以上所述，还有一些反映老北京的时令节气习俗的俗语，例如："头伏饽饽二伏面，三伏烙饼摊鸡蛋"、"吃了冬至饭，白昼长一线"、"冬至馄饨夏至面"、"春捂秋冻，不生杂病"、"清明不戴柳，来生变黄狗"、"二月二，龙抬头"、"来年打罢春"、"五月端午的黄花鱼——正在盛世上"、"重阳无雨一冬晴，但主柴薪贵"、"重阳无雨看十三，十三无雨一冬干"等，此处不一一详述。

四 从北京话俗语看旧京百业

（一）旧京繁华的商业区

"东四西单鼓楼前，王府井前门大栅栏，还有那小小门框胡同一线天"，这句形容旧时京城商业胜地的俗语，见证了昔日京城的繁华与喧嚣。很多至今享誉京城的小本餐饮老字号当年都是由前门大街起家，世代相传，前门是他们立业的发祥地。门框胡同是一条小胡同，位于大栅栏商业区，北起廊坊头条南至大栅栏，1949年前曾经以小吃闻名于世。旧时民间还流行一句俗语："看玩意上天桥，买东西到大栅栏"。大栅栏始建于明朝，从清朝开始繁荣。这里不仅是南中轴线的一个重要组成部分，也是数百年来北京城最具特色的文化符号之一。

"看玩意上天桥，买东西到大栅栏"一语中的天桥是民间艺人撂地表演的地方，这一点前文已经谈过。不过，另一个曾流传很久的俗语则与天桥地区的商业活动有关："天桥的货——假的多"。天桥是旧日京城缩影，又是有名的藏污纳垢之地，此地市场上所卖商品，假、劣、破三字成了天桥商品的代名词。天桥没有什么老字号买卖，多的只是小铺和货摊，而顾客又多为流动的，没有"回头客"。鉴于上述情况，这里经商者自然不会讲什么商德和信誉，故而有了"天桥的货——假的多"这个歇后语。

（二）俗语里的老字号

前文"从北京话俗语看北京人的衣食住行"部分谈到了俗语里记录下来的一些餐饮老字号，如"臭豆腐，酱豆腐，王致和的臭豆腐"、"王致和的臭豆腐——闻着臭吃着香"、"东来顺的涮羊肉——真叫嫩"、"东来顺的涮羊肉——嫩点儿"、"六必居的抹布——酸甜苦辣都尝过"、"砂锅居的买卖——过午不候"、"吃了烤肉到卢沟——晚来晚走（宛）"、"会仙居的炒肝——缺心少肺"、"天福号的酱肘子——真烂"。

除餐饮老字号之外，其他行业的老字号也偶有出现在俗语里，如"鹤年堂讨刀伤药——死到临头"。鹤年堂是京城有名的药店，在民间素有"丸散膏丹同仁堂，汤剂饮片鹤年堂"的美誉。此歇后语的来源是，明清时期，北京的菜市口是处决囚犯的地方，每逢囚犯处斩的前一天，鹤年堂都会被官府告之，第二日，药铺关门停业，监斩官和刽子手们先聚在鹤年堂大吃一顿，之后，将监斩台置于鹤年堂门口，待午时三刻即行刑。因此，就有了"鹤年堂前讨刀伤药——死到临头"这个歇后语。

北京的老字号极重商业道德，比如历代同仁堂人恪守"炮制虽繁必不敢省人工，品味虽贵必不敢减物力"的古训，树立"修合无人见，存心有天知"的自律意识，使同仁堂金字招牌历久不衰，京城百姓还以同仁堂创造了一条歇后语："同仁堂的药——货真价实"。

"头顶马聚源，脚踩内联升。身穿瑞蚨祥，腰缠四大恒"这句旧京俗谚，提到了经营鞋帽、绸缎布匹的三家有名的老字号店铺，以及四家钱庄。马聚源指马聚源帽店，内联升为内联升鞋店，瑞蚨祥为经营绸缎呢绒布匹的店铺，四大恒均为信誉卓著的钱铺。

（三）走街串巷卖货郎

胡同里一声声悠长清脆的叫卖声引来了四合院里的妇人和孩童们，人们不需远行便可在自家门口买到生活日用所需。北京话俗语就以独特的方式为我们描绘了一幅幅京都叫卖图。以下列举部分俗语，由此可见一斑。

吹糖人的：

> 吹糖人的出身——好大口气
> 吹糖人的盖大楼——熬着吧

卖水果的：

> 卖瓜的不说瓜苦
> 老王卖瓜自卖自夸
> 卖杏儿的说梦话——要核儿钱了
> 卖山里红的说祟——一袍一褂

卖羊肉的：

　　卖羊头肉的回家——没有戏言（细盐）
　　卖羊肚儿的回家——留命喝汤

卖年糕的：

　　卖年糕的回家——一切一切都完了

挑水的：

　　挑水的回头——过景（井）了
　　挑水的扁担——长不了

剃头的：

　　剃头挑子——一头热
　　剃头的不打唤头——没想（响）了
　　剃头的骂街——头儿着的
　　剃头的砸挑子——不给头儿干了

卖砂锅的：

　　卖砂锅的棉袄——缺领儿
　　卖砂锅的撂挑儿——小心翼翼
　　卖砂锅的砸挑儿——赔本儿图痛快
　　卖砂锅的摔货——好听那个响儿

锔碗的：

　　锔碗的戴眼镜儿——没碴儿找碴儿

如今，俗语里记录的这些走街串巷的卖货郎多已不见于北京人的日常生活了。以"剃头匠"为例，《一岁货声》载"剃头匠"，"挑担，前小红油圆笼，中藏炭炉，坐水锅上，置盆，旁竖旗杆刁斗，后挑红柜，可坐，中匣藏梳报篦刀，手执铁唤头，行划之，唯人市则换小木梆"①。剃头匠所挑之担，前端是一个小红油圆笼，内有炭炉，后端则是放置剃头工具的红柜，故此形成"剃头挑子——一头热"之语。今日已不见这种挑担走街串巷的剃头匠了。

砂锅是北京人生活中不可或缺的饮食器具，"各式各样的砂锅可以用来加热食物、保存食物、烹调食物，就跟使用金属容器一样方便，而且别有风味"。北京话俗语以砂锅为素材的，如"打破砂锅——问（璺）到底"、"砂锅砸蒜——一锤子买卖"、"砂锅安把儿——怯勺"、"砂锅做饭斗量柴"。《京都叫卖图》一书画有一幅挑着重重的砂锅挑子的小贩的画，并描述道："旧时常有小贩们把各样砂锅堆成堆，用绳子固定在挑子上，看上去像是一个大蜂窝，他们担着这样的担子走街串巷、沿街叫卖。"②这些挑着挑子卖砂锅的小贩也成了俗语的表现对象，如上文所举出的"卖砂锅的棉袄——缺领儿"、"卖砂锅的撂挑儿——小心翼翼"、"卖砂锅的砸挑儿——赔本儿图痛快"、"卖砂锅的摔货——好听那个响儿"等。

最后说说"锔碗的戴眼镜儿——没碴儿找碴儿"。过去老百姓家里的碗坏了舍不得扔，找个补锅锯碗的补好继续用。锔碗儿这种手艺据说已有上千年的历史了。旧日的京城里，锔碗儿的匠人也像其他许多商贩一样挑副挑子，走街串巷，挑子的一端"系一个小铜锣，锣之前后，各悬一小铁锤，随行摇动"，发出叮当叮的声音③，胡同里谁家要是有坏了的碗，一听到这叮当叮的声音就知道锔碗儿的来了，赶忙拿着碗出来让锔碗儿的给修补好。

（四）俗语里的旧京百业

明清以来，北京的工、商、服务三类行业按民国年间齐如山著《北京三百六十行》的不完全统计，总计达742行。当然，这么多的行业不

---

①　摘自李家瑞编，李诚、董洁整理《北平风俗类征》，北京出版社2010年版，第263页。

②　[美]塞缪尔·维克多·康斯坦特：《京都叫卖图》，陶立译，北京图书出版社2004年版，第43页。

③　李家瑞编，李诚、董洁整理：《北平风俗类征》，北京出版社2010年版，第265页。

可能都作为俗语的构造素材，但是从北京话俗语里我们还是可以看到不少的行业旧貌。除上文已经谈到的外，俗语里反映的其他行业下面列举一二。

1. 店铺

屋子里开煤铺——倒（捣）霉（煤）到家了

卖血豆腐的摔跟头——倒了血霉了

老母猪钻进粮食店——白吃白喝

珠市口的布铺——斜门儿

小铺儿的蒜——零揪儿

杠铺的掌柜——杠头

过去北京有一种专门经营丧事仪式的买卖，叫杠铺，掌柜和头儿都是一把手，因此，杠铺的掌柜当然就是杠头儿了。

奶茶铺的炕——窄长

北京话讽刺某物过于窄长而极缺宽度时，常说"呵！这倒好！奶茶铺的炕啊！——窄长！"意思是讥讽这个东西过于窄长而没有宽度。清朝入关以后，为迎合满族人喜欢奶制品的需求，有人在街上开设奶茶铺销售牛奶和奶制品。奶茶铺店堂狭窄，只顺窗搭一窄长的炕供顾客坐位，宽度只容一人，长度则可同时列坐数十人或更多，于是奶茶铺的炕就以狭窄而长为突出的特征。

抱着孩子进当铺——自己当人，人家不当人

旧社会，当铺是让多少穷苦人想起来就伤心落泪的地方，和今天的典当行业有质的区别。民国时期八旗各阶层人士大多靠典当度日。据《北平风俗类征》收录《大公报》一段记录"典当一业，与平民有密切关系。最近之北平，据调查共有当铺四五百家之多"。①

2. 下层百姓从事的各行各业

"看街的说睡语——不管那一段儿"，"看街的"是旧北京在里巷间管杂事的人役。

"老妈儿抱孩子——人家的"，"老妈儿"是旧时对女仆、保姆的称谓。

"吹鼓手命穷——好日子重"，此语和旧时婚俗有关。过去婚姻嫁娶，

---

① 李家瑞编，李诚、董洁整理：《北平风俗类征》，北京出版社 2010 年版，第 256 页。

必用喜轿，喜轿定有随轿的吹鼓手吹吹打打，"向来这个买卖要忙是忙个死，要闲是闲个死，俗言说得好：'吹鼓手命穷——好日子重（重念崇）'"。①

"轿夫好做，窝脖儿气难当"、"轿夫扛了梳头箱——窝脖儿"、"扛梳头箱送嫁妆——窝脖儿"，三个俗语中的"窝脖儿"是指扛运重物的扛夫。过去如果购买大的物件，如木箱、梳妆台、木柜等，当时没有汽车载，就让人扛回家，这种扛夫，俗称"窝脖儿"，把东西放在扛夫的头与背之间，运到家里，途中不能休息，总得低头走，窝着脖子苦苦前行②。因此有了上述俗语，大意都是比喻某人被人家用语言顶撞了，受了人家的窝脖气。

旧时，乞丐在三百六十行里也算一行，三四十年代的北京，乞丐甚多，街头巷尾，繁华闹市无处不有，特别是南城天桥一带，更是成群结队。俗语里也有以乞丐为素材的，如"后门桥桥神爷——专裁镇桥公"、"小石桥石子宽——绕着走"、"要饭花子打狗——穷横"、"叫花子送幛子——穷凑份"。

（五）商业观念习俗

一些俗语反映了旧时人们对一些行业的看法、某些行业的行规以及在商业活动中总结出来的经验。

早年人们对于车行一向鄙视厌恶，所以有"车船店脚牙，无罪也该杀"之说，并有"跟谁不对，劝谁拴车走会"之谚。同行之间存在竞争，于是有"同行儿是冤家"的说法。卖东西的要会吆喝，"卖什么吆喝什么"、"卖瓜的不说瓜苦"、"老王卖瓜自卖自夸"，买东西的则要物美价廉才肯出钱，因为"褒贬是买主儿"，"人叫人千声不语，货叫人点头自来"说的是物美，"漫天要价，就儿地还钱"说的是买卖双方的讨价还价。

下面着重说说反映商业习俗的俗语。

"吃滚蛋包子"。过去，京城店铺一般正月初六开门营业，"于头天晚上循例有当家的设便宴，谓之'说官话'。'说官话'这顿晚宴比较丰富，有酒有菜，酒后照例是吃包子。席间，当家的首先举杯祝贺，向大家道个

---

① 李家瑞编，李诚、董洁整理：《北平风俗类征》，北京出版社 2010 年版，第 222 页。

② 崔金生：《北京消失的歇后语》，《北京档案》2008 年第 10 期。

'辛苦'。然后，吃上几口酒菜后，便要宣布新的一年人事安排，如果生意好，便宣布人事照旧，如果生意不好，借此机会就宣布辞退人。按老年规矩，辞退人也十分注意礼貌，在席上当家的念完'苦经'之后，等到包子端上来，便亲自夹一个包子放在决定被辞退人的碗中，暗示他已被解雇。这样，被辞退的人饭后自然就收拾行李告辞了。所以，店铺开市前这顿便宴，俗名叫'吃滚蛋包子'"。①

依照行业惯例，一个人必须在店铺学做买卖，经过三年的学徒期，才有资格提升为伙计，在这个行业里找到工作。"徒弟叫师傅为师父，师父之妻为师娘、师母，徒弟称作'弟'，徒弟之间称为师兄、师弟，徒弟又称徒子徒孙，对应的有师爷师祖等"。因此，有不少俗语反映了这种师徒关系，如"师父领进门，修行在个人"、"投师如投胎"、"师徒如父子""弟子事师，敬同于父"②。

"送信的腊八粥，要命的关东糖，救命的煮饽饽"，此语一方面反映了北京春节的饮食习俗，另一方面也反映了旧时京城的商业习俗。关东糖，是腊月二十三这一天民间用来祭灶王的；煮饽饽，即煮饺子，民间习俗大年三十晚上要合家吃饺子。"北京商号有三节结账风俗，分五月初五、八月十五、年末三次，年末最为严格，凡应收账款一律要结清。因此，从农历腊月初八起债主就纷纷派伙计外出向负债店铺讨债，到腊月二十三祭灶后，逼债就一天近似一天，到年除夕讨债达到高潮，一些还不起债者，纷纷外出躲避"，直到"年除夕饺子吃到嘴里，则要账讨债逼债可以暂时告一段落"③，这就是为什么说"送信的腊八粥，要命的关东糖，救命的煮饽饽"。

在关于北京商市的俗语中，有一句话叫："老买卖——不养三爷"。所谓三爷，泛指少爷、姑爷、舅爷。"不养三爷"是不许他们参与店里的经营和管理。旧京城的老字号、大买卖，虽多为一姓或几姓家族所有，但多由掌柜的具体经营和管理，"不养三爷"是他们多年经验的结晶。那些店东的少爷、小舅子和女婿，因自己的身份特殊，又与店东有亲缘关系，往往指手画脚，干预经营管理，有的还仗势胡作非为，影响店铺的生意和

① 常人春、高巍：《北京民俗史话》，现代出版社 2007 年版，第 138 页。

② 王岗主编：《北京风俗史》，人民出版社 2008 年版，第 238 页。

③ 同上书，第 245 页。

声誉。因此，不少聪明的掌柜便有了"不养三爷"的招数。这样，"不养三爷"成了大商号不成文的规矩①。

五 结语

如今的新北京已经成为国际化大都市，然而，在建设世界城市的进程中，我们不能忘却传统，只有具有深厚历史文化底蕴的城市，才能在世界城市群中凸显自身的特色。陈平原说："在城市改造中失落的，不仅仅是古老的建筑，还包括对于这座城市的历史记忆。并非只是四合院的问题，还包括对这座城市的前世今生有无深入的体贴，或者说'理解的同情'。"② 我们应怀着几分温情与敬意去探究这座城市的前世今生，去追寻对于这座城市的历史记忆。当我们细细品味语言家族中的这些"凡夫俗子"时，我们真切地感受到了历史的温度，仿佛瞥见了那正在渐渐离我们远去的古都北京。透过它们，我们仿佛看到了"颈悬铃，丁丁当当"招摇过市的骆驼，仿佛置身于昔日喧嚷嬉闹的天桥，又仿佛坐在老北京的四合院，听到了冬日里从胡同深处传来的走街串巷的小贩的叫卖声："赛梨嘞辣来换！"……从这些俗语中我们嗅到了故都的街壤气息，听到了熙攘的市井之声。由普通百姓创造的这些俗语为我们展现了平民的北京而非帝都的北京，凡俗的北京而非神圣的北京；它们呈现了一幅幅老北京人的生活画面，他们的生活样态，他们的喜怒哀乐和他们的朴素信仰；它们写活了旧时代北京胡同里的衣食住行和北京城里的众生万相。没有林立的高楼，没有宽阔的马路，但旧日京城的平民百姓却有着四合院里"天棚鱼缸石榴树，老爷肥狗胖丫头"那一份淡然与惬意。

参考文献

1. 宋孝才编著，马欣华审阅：《北京话语词汇释》，北京语言学院出版社 1987年版。

2. 徐世荣：《北京土语辞典》，北京出版社 1990 年版。

---

① 参考新浪爱问，http：//iask. sina. com. cn/b/12730335. html，访问时间 2013 年 11 月 23 日。

② 陈平原：《北京记忆与记忆北京》，生活·读书·新知三联书店 2008 年版，第 42 页。

3. 陈刚、宋孝才、张秀珍：《现代北京口语词典》，语文出版社1997年版。

4. 高艾军、傅民：《北京话词语增订本》，北京大学出版社2001年版。

5. 周一民：《北京俏皮话词典》（增订本），商务印书馆2009年版。

6. 齐如山：《北京土话》，辽宁教育出版社2008年版。

7. 董树人：《新编北京方言词典》，商务印书馆2010年版。

8. 胡玉远主编：《日下回眸》，学苑出版社2001年版。

9. 罗常培：《语言与文化》，语文出版社1989年版。

10. 陈平原：《北京记忆与记忆北京》，生活·读书·新知三联书店2008年版。

11. 张筠：《论呈现为民俗文化的活态语言》，《青海社会科学》2012年第3期。

12. 柳丛、崔永福、刘建业：《京华风情歇后语》，北京燕山出版社1987年版。

13. 周光庆：《从认知到哲学：汉语词汇研究新思考》，外语教学与研究出版社2009年版。

14. 王晓娜：《歇后语和汉文化》，商务印书馆2001年版。

15. 李家瑞编，李诚、董洁整理：《北平风俗类征》，北京出版社2010年版。

16. 金受申：《老北京的生活》，北京出版社1989年版。

17. 张清常：《张清常文集》第三卷《胡同研究》，北京语言大学出版社2006年版。

18. 宋卫忠：《民俗北京》，旅游教育出版社2005年版。

19. ［日］中野江汉：《北京繁昌记》，王朝佑译，醒中印刷社中华民国十一年九月三十日出版，下载自新浪爱问共享资料。

20. 中古64级二班的博客：《老北京记忆——记忆里的澡堂子》，http://blog. sina. com. cn/s/blog_74b1b65b0102ejoo. html，访问时间2013年11月23日。

21. 刘勇等：《北京历史文化十五讲》，北京大学出版社2009年版。

22. 常人春、高巍：《北京民俗史话》，现代出版社2007年版。

23. 陶立璠：《民俗学概论》，中央民族学院出版社1987年版。

24. 刘建斌：《北京俚语俗谚趣谈》，中国城市出版社1999年版。

25. ［美］塞缪尔·维克多·康斯坦特：《京都叫卖图》，陶立译，北京图书出版社2004年版。

26. 崔金生：《北京消失的歇后语》，《北京档案》2008年第10期。

27. 王岗主编：《北京风俗史》，人民出版社2008年版。

29. 新浪爱问，http://iask. sina. com. cn/b/12730335. html，访问时间2013年11月23日。

29. 齐如山：《北京三百六十行》，辽宁教育出版社2006年版。

（党静鹏　北京第二外国语学院国际传播学院　北京　100024）

北京旅游景点网站的定位性图文表达与景点地理空间信息的传播[*]

王红斌

摘　要：对旅游景点及其分景点方位处所的确定可以给游客带来很大的方便。当前在介绍北京旅游景点网站的网页上，旅游景点方位处所定位的表达法主要是范围定位法，这种表达法是通过图、文这两个载体来实现的，旅游景点方位处所的定位表达是否能做到信息度高和清晰度大，这与旅游景点定位的语言表达、图文载体以及定位参照点的选择都有关系。我们应把那些信息度低和清晰度小的表达作为规范的对象。

关键词：语义功能语法　导游语言　方位处所　点定位　范围定位　规范

一　引言

旅游业的硬件和软件设施与旅游业的可持续性发展有着直接的关系，导游语言属于旅游业中的软件设施。导游语言从狭义上理解指的是导游的职业语言，从广义上理解指的是与旅游业相关的语言表达和图文载体。现代高科技的发展使人们可以通过互联网这一新兴的媒体对外发布信息，也可以查阅信息。同样互联网也就成为了旅游景点对外宣传与景点相关信息的一个新兴的现代化窗口。正因为有了这一现代化的手段，人们就可以足不出户了解到景点的一些信息。这无疑给人们的旅游带来了很大的方便。对那些无暇或无钱去实地旅游的人，到景点网站的网页上"观光"一番

---

　　[*] 本文曾用《旅游景点的定位性图文表达及其规范》题目发表于《鲁东大学学报》（哲学社会科学版）2010 年第 3 期。收入本论文集略有修改。

也是妙不可言的。对于那些想去实地旅游的人，互联网网页上景点和同一景点分景点方位处所的描述会对这些潜在的游客选择旅游点和旅游路线提供帮助。互联网网页上的语言和图片是传递这些信息的重要载体，本文通过比较几个景点网站网页上对景点本身和同一景点中的分景点方位处所的语言表达和图文描述来观察在旅游语域中景点网页方位处所定位的语言表达方式及其应规范的问题。

网站网页上景点定位的表达方式主要是范围定位法。从网页景点定位的描述载体来分，有两种方法：一是采用文字叙述法，二是采用图文并用法。在第二种类型中又有两种方法：（1）图文并茂法：在网站上放置与旅游景点相关的图片并附以图片的说明文字，目前的景点网站多采用这种方法。（2）旅游引导法：把景点用动画的方式表述出来，假设几条旅游线路，由游客自己选择其中的一条路线，当用鼠标左键点击这条路线时，便会出现一个运动着的动画人，这个动画人每行进到一个分景点，另用鼠标右键点击该景点时，便会有随图的说明性文字出现。这种方法可以故宫博物馆的网站为例。网页上语言表达清晰度的高低和信息量的大小以及图片在这一表达中起到什么样的作用，这些就涉及信息"量"的原则。在信息"量"的问题上，理想的方位处所的定位性语言和图文表达应该是能为游客提供足量的冗余度小的信息。本文研究的材料虽然不是会话的材料，但语用学的"量"原则可以为我们提供一个切入点，并由此来得出导游语言中图文定位性表达所遵循的原则，这一原则也是导游语言规范化的标准。语用学中的"会话原则"有古典的和新的会话原则，格赖斯古典的"会话原则"中的"量"准则（Maxim of Quantity）是："（1）所说之话应包含交谈目的所需的信息。（2）所说之话不应包含超出需要的信息。"（陈融，2001：152）荷恩和列文森的"会话原则"是在格赖斯古典的"会话原则"基础上改进的新的"会话原则"。其中，荷恩的量原则是："要使你的话语充分；能说多少就尽量说多少（以关系准则为条件）。"（徐盛桓，2001：178）他所说的关系准则是："要使你的话只是必需的；不说多于所要求的话（以量原则为条件）。"（徐盛桓，2001：178）列文森的新格赖斯会话原则中的"量"原则的"说话人准则"是："不要让你的陈述在信息上弱于你的认识允许的程度，除非较强的陈述同信息原则抵触。"（徐盛桓，2001：178）

语用学中的"会话原则"是一个适用于人类交际的普遍原则，这一原则适用于日常交际，日常交际最普遍的模型是"甲—乙"两两相对并有一定的语境，同时，在交际中有可能存在信息反馈，而网站网页上的语言和人的交际模式是：乙方（游客）是假想方，甲方（网页上的图文的设计者）看不见乙方，因此没有信息反馈行为，为了使甲方更好地把信息传递给乙方，这就给网站"甲方"提出了新的要求，这种要求就是要充分利用句法成分组合出足量的冗余性小的信息，以期达到表达上的要求，这个表达上的要求是我们根据列文森的新格赖斯会话原则中的"量"原则的"说话人准则"修改的，该原则就是我们对"甲方（网站）"在旅游景点定位性图文表达时的要求。该原则是：1. 在无信息反馈的情况下，不要让你的陈述在信息上弱于游客的认识允许的程度，除非较强的陈述同信息原则抵触。但就"原则1"本身来说，我们无法判断"游客的认识程度"，因此，可以用"荷恩"的两条原则作为"原则2"来补充"原则1"的不足。这是两条总原则。我们以这样的条件来衡量当前网站网页上方位处所的图文定位表达，并且分别讨论不同的定位方式应遵循的分原则，从而增强总原则的可把握度。在判断"游客的认识程度"时，最好的办法是采用调查的办法研究清楚上网浏览旅游网站景点的群体的组成人员，明了了要交际的对象就可以有目的地来建设或规划旅游网站的图文表述，但是我们还没有对浏览旅游网站景点的群体的组成人员进行比较详细的调查和研究。一般来说，浏览旅游网站的群体可分为三类：一是国内20岁以上中等文化程度的人；二是来中国留学的学生；三是将要来中国旅游的人。因此，网站的图文表述所传递的信息应采用最大"量"的图文表述，这样才能使网站的图文表述通过网络这一媒介给浏览网站的一般游客提供足量的冗余度小的信息。

　　下面我们观察在现代汉语方位处所定位的语言表达，审视旅游景点网站方位处所定位的表达以及这种表达所用的载体及其规范问题。

二　现代汉语处所定位表达方式及其精确度

　　在现代汉语中，方位处所定位表达有两种：一是点定位，二是范围定位。在范围定位中又可以分为两种：四面范围缩小法和逐级范围缩小法。点定位方式，如图1所示。

　　这种方法就是用经纬线给地球上的一个地点确定一个唯一的点，这种

图1　方位显示

方法属于精确定位。如例（1）和（2）。（在下文的例子中，方位词下加着重号，专有名词和表地理位置的名词充任的参照点下加下划线。）

（1）【迪戈加西亚岛】印度洋中部英属查戈斯群岛中最大的一个岛屿，面积近11平方公里。地处南纬5°和东经72°附近。战略地位重要。《现代汉语倒序词典》

（2）【地磁极】地磁的南北两极，位置和地理上的两极相反，地磁的南极靠近地理上的北极，地磁的北极靠近地理上的南极。地磁极的位置并不十分固定，1945年时它的北极在南纬78.6度，东经109.9度，南极在北纬78.6度，西经70.1度。《现代汉语倒序词典》

范围定位，如图2、图3：

图2　范围定位　　　　**图3　逐级缩小定位**

范围定位中的四面范围包围法是用参照点的方式给一个地点定位，如（图2），假设我们要给一个处所（用黑方块表示）定位，可以用上（北）、下（南）、左（西）、右（东）的参照物或用方位词上（北）、下（南）、左（西）、右（东）来给一个方位处所定位，图中的参照点用虚线表示。这时，参照点越多，方位处所的范围被定位的精确度越高。如：

（3）巴基斯坦伊斯兰共和国位于南亚次大陆的印度河流域，东邻印度，东北与我国为邻，西北与阿富汗接壤，西部与伊朗接壤，南

濒阿拉伯海。《世界地图册》

范围定位中的范围逐级缩小法是用专名或多个专名连用使所指范围由大到小的方式逐级缩小范围，从而起到给某一个地点定位的作用，如图3所示，请看下例：

（4）清东陵位于唐山所辖遵化市马兰峪镇昌瑞山下……（http：//www. pepole. com. cn）

例（4）是采用范围的逐级缩小法来定位"清东陵"的，唐山⊃遵化市⊃马兰峪镇⊃昌瑞山下，专名连用，所指范围逐级缩小，"清东陵"的范围越来越具体。

网页上给景点定位的语言表达和图文描述是现代汉语的方位处所定位表达在导游语域中的具体使用，同时各种因素又影响着这些表达的清晰度。我们认为清晰度低的表达是旅游景点的定位性图文描述中应规范的对象。

三　景点的定位表达及其规范

（一）范围定位表达及其规范

在现代汉语的定位系统中，点定位是比范围定位更精确的一种方式，但是，这并不是说我们在给任何方位和处所定位时都用点定位的表达方式就可以了。点定位的表达方式在旅游景点的网站上没有发现，这里有两个因素决定了点定位系统的使用，一是旅客的特点，二是被定位的方位处所的性质。我们只在刘锋的《新北京导游词》上发现了一例点定位和范围定位方式并用的例子。如：

（5）北京，位于北纬 39.56°，东经 116.20°，地处中国华北大平原的西北端。它的西部、北部、东北部，由太行山余脉西山与燕山两大山脉所环抱，东临渤海，南接平原。（刘锋《新北京导游词》）

刘锋的《新北京导游词》所假设的解说对象是来中国旅游的国外游客，因此用点定位方法介绍北京在地球上的位置是必要的。从点定位的方位处所的性质看，一般是城市，而位于某个城市中的一个景点很难用点定位系统。因此在各个景点网站的网页上，我们看到的是用范围定位的表达方式来给旅游景点定位的，虽然范围定位的表达方式广泛地用于给旅游点定位，但其表达上的差别又使范围定位也有精确定位和模糊定位之别，一般来说，用范围定位时，使用参照点和方位词越多，被定位的方位处所位置的精确度越高；反之，则越低。下面是几个网站对"清东陵"的描述。如：

（6）位于<u>河北省遵化境内</u>的清东陵是中国现存规模最为宏大，体系最为完整，布局最为得体的帝王陵墓建筑群。占地78平方公里的15座陵寝中，长眠着161位帝、后、妃及皇子公主们。清东陵是一块难得的"风水"宝地。北有<u>昌瑞山</u>做后靠如锦屏翠帐，南有<u>金星山</u>做朝如持笏朝揖，中间有<u>影壁山</u>做书案可凭可依，东有<u>鹰飞倒仰山</u>如青龙盘卧，西有<u>黄花山</u>似白虎雄踞，东西两条大河环绕夹流似两条玉带。群山环抱的堂局辽阔坦荡，雍容不迫，真可谓地臻全美。（http：//www. qingdongling. com）

（7）清东陵位于<u>唐山所辖遵化市马兰峪镇昌瑞山下</u>，<u>西距北京</u>125公里。陵区面积原为2500平方公里，现为48平方公里，是中国现存规模最大、保存最完整的帝王陵寝建筑群。（http://www. pe-pole. com. cn）

（8）清东陵是清王朝中最重要的陵群，位于<u>河化省遵化市马兰峪镇</u>，整个陵区南北长达125公里。东西宽约20公里，是我国现存规模最为宏大、建筑体系比较完整的皇室陵墓建筑群。（http://www. e-tourchina. com）

（9）清东陵坐落在<u>遵化市</u>，距<u>北京</u>125公里，距<u>天津</u>150公里。是我国现存规模最大、体系最完整的清代帝王陵园，为全国重点文物保护单位。（http：//cyc7. cycnet. com）

以上四例是不同的网站对"清东陵"位置的描写，例（6）用的是范围定位的逐级缩小法和四面范围缩小法，例（7）—（9）用的是范围定位的逐级范围缩小法。例（6）首先用专名连用的形式，"河北省（遵化"定位"清东陵"，然后从五个方向用五个方位词"北、南、中、东、西"和五个参照点"昌瑞山、金星山、影壁山、倒仰山、黄花山"为"清东陵"定位，把"清东陵"所处的位置限制在一个四面都有参照点的范围内，使我们对清东陵所处的地理位置范围有了清楚的认识。例（7）是采用范围定位中的逐级缩小法来定位"清东陵"的，唐山⊃遵化市⊃马兰峪镇⊃昌瑞山下，"清东陵"的地理位置越来越具体。而例（8）、（9）对清东陵的位置描述越来越模糊。而模糊度的增加就会带来所描述的处所位置的模糊。如：例（9）虽然指出了清东陵在"遵化市"以及和北京、天津的距离，但是，假设一个游客先驾车到遵化市后还需要询问"他该如何走？"显然，例（9）并没有对"清东陵"的地理位置提供足够的信息。而信息量的补充还与除文字和图片之外的其他信息有关，如：与网站本身的名称所示也有关系。"http：//cyc7. cycnet. com"是唐山市的网站，因此，该网站在介绍本地的旅游景点时是这样表达的：

（10）潘家口风景区位于迁西县和宽城县境内。 （http：//cyc7. cycnet. com）

（11）石臼坨岛位于渤海湾，属唐山市乐亭县。（同上）

如果我们没有意识到已经是在唐山的网站上，一下很难能使人想到"迁西县"、"宽城县"在什么地方。因此，例（10）提供的信息是不完善的。而例（11）所给出的信息量由于有了"唐山市"，显然该例提供的信息量大于例（10）。

既然范围定位的表达有精确和非精确之分，在导游语言中，处所定位精确到什么程度才算是给了游客一个清楚的信息呢？我们认为旅游景点网站网页上的方位处所定位表达应遵循以下原则：

如果使用的是点定位方式来定位处所的话，那么点定位系统针对的出行者应是国外游客，定位的方位处所的范围至少应是一个城市；如果用范围定位系统中的四面范围缩小法的话，至少应有上（北）、下（南）、左（西）、右（东）四个方位参照点，如上面例（6）；如果用范围定位系统中的范围缩小法的话，应遵循以下的序列：省⊃市⊃县⊃镇或者是直辖市⊃县⊃镇，如上例（7）。因此，不符合以上原则的导游语言的方位处所定位的表达应是规范的对象。

下面再看几个网站对两个景点的定位描述：

(12) 景忠山位于<u>迁西县</u>城西北 15 公里处，海拔 611 米。主峰突起，山势雄伟，风景绮丽，被清代康熙皇帝御封为"天下名山"。(http：//www. pepole. com. cn)

(13) 景忠山位于<u>迁西县</u>西北部。西临遵化县。　(http：//cyc7. cycnet. com)

(14) 李大钊故居在<u>乐亭县胡家坨乡大黑坨村</u>，距县城 16 公里。(同上)

(15) 李大钊故居位于<u>乐亭县</u>城东 15 公里的大黑坨村，建于 1881 年，坐北朝南，占地 1010 平方米。(http：//www. pepole. com. cn)

(16) 李大钊纪念馆位于<u>乐亭县新城区</u>，1997 年建成。占地面积 100 亩，建筑面积 4680 平方米。(同上)

例（12）、(14) — (16) 从范围缩小法角度来说，一般人一下想不起来"迁西县"在哪个省或市。而例（13）从四面范围缩小法来看，又少了"东、南、北"三个参照点，在上面的四个例子中，例（12）的"乐亭县"前如果有"唐山市"的话，这是一个表达清晰度高的例子，而其余的三个例子表达的清晰度就低，也就是我们应规范的对象。

(二) 处所的相互参照定位表达及其规范

把处所作为相互的参照点是网页上一个景点中的分景点定位的主要表达方法。如清东陵中各陵的定位表达，孝陵是清王室在关内修建的第一座陵寝，因此，该网站用范围定位法的四面范围缩小法把"孝陵"定了位。网站对"孝陵"定位的语言表达用了五个参照点和三个方位词，五个参照点分别是"昌瑞山主峰"、"昌瑞山"、"金星山"、"陵区"、"陵区主轴线"。三个方位词是："南"、"背"、"前"。如：

(17) 孝陵是清世祖爱新觉罗·福临（顺治皇帝）的陵寝，位于昌瑞山主峰南麓，背靠昌瑞山，前朝金星山，位居陵区主轴线上。
（http：//www. qingdongling.com）

　　而其他各陵相互作参照点来定位，"孝东陵"、"景陵"、"裕陵"是
以"孝陵"为参照点的。如：

　　（18）孝东陵位于孝陵东侧。（同上）
　　（19）景陵是康熙皇帝爱新觉罗·玄烨的陵寝，位于清孝陵东侧
1公里处。（同上）
　　（20）裕陵是清入关后第四帝清高宗爱新觉罗·弘历即乾隆皇帝
的陵寝，位于孝陵以西的胜水峪。（同上）

　　在以上这些例子中，没有明示"景陵"和"孝东陵"之间的位置关
系。而"景陵妃园寝"和"景陵皇贵妃园寝"又是以"景陵"为参照
点，指明性不强。如：

　　（21）景陵妃园寝位于景陵东侧0.5公里。（同上）
　　（22）景陵皇贵妃园寝位于景陵妃园寝东南0.5公里处，坐北朝
南而建。（同上）

　　例（21）、（22）也没有明示"景陵妃园寝"和"景陵皇贵妃园寝"
之间的位置关系。
　　而下面例（23）"惠陵"又以"景陵"和"双山峪"为参照点。如：

　　（23）惠陵是清穆宗爱新觉罗·载淳（同治帝）的陵寝，位于景
陵东南三公里处的双山峪。（同上）

　　"惠陵妃园寝"以"惠陵"和"双山峪"两个参照点和两个方位词
来定位。如：

　　（24）惠陵妃园寝坐落在惠陵西侧的西双山峪。（同上）

"定陵"却单独定位。

　　（25）定陵是咸丰皇帝爱新觉罗·奕䜣的陵寝，位于清东陵界内最西端的<u>平安峪</u>。（同上）

　　在下例（26）、（27）中"普祥峪定东陵"以"昌瑞山南麓"、"偏南"、"偏西"、"普祥峪"、"菩陀峪"来定位。

　　（26）普祥峪定东陵是孝贞显皇后（慈安皇太后）的陵寝，位于<u>昌瑞山南麓偏西之普祥峪</u>，东边之并排而建的是慈禧皇太后的<u>菩陀峪定东陵</u>，两陵均居咸丰帝<u>定陵</u>之东，因而，统称为定东陵。（同上）
　　（27）菩陀峪定东陵是孝钦显皇后即慈禧太后的陵寝，位于<u>昌瑞山南麓偏西之菩陀峪</u>，东距裕陵妃园寝 0.5 公里，西与普祥峪定东陵之间仅隔一条马槽沟。（同上）

　　在以上例（17）—（27）中，除了"孝东陵"、"景陵"、"裕陵""景陵皇贵妃园寝"的地理位置定位的描写使我们能了解这几个分景点的位置外，其余的分景点由于定位参照点的多次改变和相互为参照点，使我们从文字材料上和图片上很难获得清东陵中的分景点的地理位置。因此，我们认为：如果使用四面包围法的话，应东西南北四面都有参照点；如果给景点中的分景点定位的话，应遵循作为参照点的景点首先必须定位准确，否则不宜作为参照点来使用。

四　图文表达及其规范

　　旅游景点定位方式的表达是通过两种载体来实现的，一是文字叙述法，二是图文并茂法。
　　文字叙述法只使用文字给景点定位，关于这一载体的规范问题在上文已讨论过，不再重复，这里着重谈一下"图文并茂法"的规范问题。
　　图文并茂法就是用静态的图片或动态的画面并配以文字说明介绍旅游景点，介绍中当然也包括对旅游景点的定位，这就是用图文并茂的方法给旅游景点定位。李佐丰在讨论"电视专题片声画语言结构"时曾把"图像"和语言作过比较，认为"图像具有现实性，而语言则具有符号性。
图像的现实性主要表现在五个方面：直接、具体、综合、多义、现时，而
语言符号表现为与之相对的五个方面：间接、抽象、分析、单义、自由"
（李佐丰，1999）。在给一个对象定位时，图像的使用也会给物体的定位
和定位的精确度带来影响。除故宫网站外，其余的网站一般采用两种方法
来使用图片，一是用地图的形式标出本旅游点的分景点各处的位置，这种
方法能使旅游者直接获取一个旅游点分景点的地理位置信息。二是使用图
片并配以文字说明，如：首先是标题"武当山"，然后一幅"山峰"的图
片，在该图片的周围有文字说明。如：

　　　　（28）位于湖北省西北部的丹江口市境内，是全国重点风景名胜
　　　区之一，也是我国著名的道教名山之一。武当山的道教信奉"玄天
　　　真武大帝"，据说"武当"二字即"非真武不足以当之"之意。武当
　　　山历史由来已久，但现今保留下来的古建筑多为明代所建。这里山势
　　　峻拔，群峰屹立，林木葱郁，山峦清秀，溪涧曲折，风景秀丽，建筑
　　　宏伟，素有"五里一庵十里宫，丹墙翠瓦望玲珑"之说。……1994
　　　年武当山被联合国教科文组织、世界遗产委员会列入《世界遗产
　　　名录》。

　　这里图片的作用并不大，照片上的山峰在中国随处可见。因此，给旅
游景点定位还得依赖图片的文字说明，这种情况最典型的是清东陵。清东
陵的各陵的语言说明之上的图片是一个独立的建筑物，如，孝陵的一张照
片，然后下面的文字解释是："孝陵是清王室在关内修建的第一座陵寝"，
这里图片的表达作用是什么？不清楚。它对该景点的定位无任何帮助。倒
是清东陵网站提供的不带文字说明的地图更为简捷、清晰。我们认为随着
多媒体技术的日臻成熟，动态图文并茂法的实现是比较容易的。故宫的定
位系统即图像引导法是目前阶段旅游景点网站中图文并茂定位景点的最好
的一个实例。与清东陵不同的是，它的定位充分发挥了动态图画的功能，
与静态图片相比，动态的画面具有更大的"现时性"，故宫网站以旅游者
为主体，在动态地显示出各种不同的旅游路线时，又配以建筑物的说明使
旅游者有身临其境之感。故宫网站很少介绍分景点的建筑物的地理位置，
而是把故宫的地图作出来，假设旅游者是一个动态的人，在故宫的地图上

行走，行走到每一个景点，便有该分景点的随图介绍。这种地理位置的显示具有直观的、现时的效果，又避免了文字介绍时带来的信息量的不足和冗余的问题，这是我们应该提倡的一种分景点定位及其描述的方法。

五 结语

本文讨论了景点方位图文描述应遵循的原则，希望通过本文的研究有助于旅游景点的定位性图文描述向着更加完美的方向发展，从而促进旅游业的繁荣和发展。

参考文献

1. 陈融：《格赖斯的会话含义学说》，见束定芳编《中国语用学研究论文精选》，上海外语教育出版社 2001 年版。

2. 徐盛桓：《新格赖斯的会话含意理论和语用推理》，见束定芳编《中国语用学研究论文精选》，上海外语教育出版社 2001 年版。

3. 刘锋：《新北京导游词》，中国旅游出版社 2002 年版。

4. 李佐丰：《电视专题片声画语言结构》，北京广播学院出版社 1999 年版。

（王红斌　北京第二外国语学院国际传播学院　北京　100024）

话语的嵌入对北京古都意象的构建作用[*]

王红斌

摘　要：与园林景点相关的图文信息统称为导游话语信息，导游话语信息的作用是在园林的建筑设计意象被受众理解时，降低信息熵，从而使园林设计者的设计意象有效地传递给受众。本文分析以皇城根和明城墙为代表的遗址公园中导游话语的信息熵之后，认为园林中的导游话语设计应遵循三条原则：（1）尽量降低信息点的信息熵。（2）信息点应均匀分布。（3）信息点链接应连贯。

关键词：遗址公园　导游话语　古都意象　信息熵　信息链图式

一　引言

北京这座有着 3000 年建城史和 800 年建都史的城市凝聚着中华民族对于城市和都城的理解，从而实现为北京目前所具有的建筑格局和风貌。这种建筑格局和风貌以及生活在这座城市里的人们显现出北京特有的文化——古都文化。

一个城市诞生后，随着时间的推移，便有了自己的历史和文化的沉淀，而且以自己的特色具有了区别于别的城市的特征。如提到北京，人们想到的是"故宫、颐和园、天坛"以及那些残垣断壁的城垣和皇家园林遗址，这就是北京的城市意象，北京的这一城市意象使之区别于巴黎的艾尔菲铁塔、凯旋门以及纽约的"自由女神铜像"。城市意象这一概念是凯文·林奇（1960）提出的，他认为"对城市意象的构建起关键作用的要

＊　该文将发表于《重庆文理学院学报》（哲学社会科学版）2014 年第 3 期。

素有 5 个，分别为通道、边界、区域、节点和地标，并认为每个人在自己的环境中形成了对城市的局部印象，叠加后则对城市的整体印象形成共识"（杨秀娟：2006）。林奇的城市意象被视为结构性意象。林奇的城市意象五要素的研究"暂且排除地区的社会意义、作用、历史、名称等其他影响性的因素。因为他的目的是揭示形式本身的作用，以便在实际设计中加强形式的意义而不是否定它"（凯文·林奇，1990：41）。由此可见，"他的城市意象五要素是城市意象的物质方面"（闵学勤：2007）。

　　城市意象是城市及其文化的表征，城市意象的构建源于该城市历史的积淀和现时的规划。城市意象的物质方面经常会被我们直观地感知到，不仅生活在这个城市的人们每时每刻在感知着这个城市，而且游客来到北京也同样在感知北京，当他们在感知北京时，大脑中形成了北京的意象，"意象是主观的，一个人的意象不是另一个人的意象"（J. R. 塞尔，1998）。在大多数情况下也是表象的，就像汉语中所说的"成竹在胸"，这种感知模式我们称之为"自我感知"。"竹"的意蕴是不同的，比如，中国人心目中的"竹"是高洁的，而墨西哥人心目中的"竹"却是"贫贱"的。这种意蕴来源于自我感知的不同，当人们在感知客观世界时，外界信息的介入就会调节原有的自我感觉到的意象。在游客从感知北京到北京意象形成的过程中，影响其意象构建的直接因素是言语和非言语信息的介入。言语在意象构建中所起的作用经常提到的一个例子就是"萨皮尔—沃尔夫"假说中的那个著名例子，一个空汽油桶上因标示"空桶"的字样而误导维修工人电焊该汽油桶而致使其发生爆炸。语言属于城市意象的非物质方面。北京的遗址公园就是构建北京古都意象的典范作品之一，下面以皇城根遗址公园和明城墙两个遗址公园为例，说说北京古都的意象构建与导游话语之间的关系，这里的导游话语指的是与旅游景点相关的图文信息。

二　话语的嵌入对北京古都意象的构建作用

　　北京的遗迹旅游景点目前有十处，城墙和城楼是最具代表性的中国古代遗迹，皇城根和明城墙这两个遗址公园都与城墙和城楼有关系。这两个遗址公园的设计理念是"在现代城市中复古古代的遗迹"（杨秀娟：2006），希望游客"在休闲中感受古今"（杨秀娟：2006）。因此在皇城根遗迹公园的设计和建设中引入了林奇的对城市意象起关键作用的五个要素，"突出关键地段"，设立了不同的节点，即："一级节点 4 个：地安门东大街节点、五四大街节点、东安门节点、南入口节点；二级节点 3 个：中法大学节点、东黄城根南街 32 号四合院节点，补充节点 1 个：保留老房子（公园中唯一保留的建筑）。"（杨秀娟：2006）四个一级节点由中心通道贯穿在一起，并且还"借景入园"（杨秀娟：2006）。明城墙遗址公园包含了四个景点，无明显节点。相比而言，皇城根遗址公园的设计比明城墙遗址公园复杂。

上文指出说，导游话语对城市意象的构建有影响，导游话语是嵌入城市意象构建的五个元素之中的，林奇的五要素可以使感知者产生自我感知意象。嵌入五要素中的图、文信息可以影响到自我感知到的意象，产生调整后的意象或图式。已有的研究表明，"按照图式理论，所有的知识组成为一定的单元，这种单元就是图式。图式是综合标示某一所标示的对象特征的一种方法，它用空位（slot）结构的办法去表示一件物体，每个空位规定该物体的各种属性的价值，因此空位是一个变量。在现代的图式理论中，Minsky 提出了一个非常重要的概念——缺席赋值（default assign）"（J. R. 塞尔，1998）。依据图式理论，园林设计者设计的导游话语提供的信息能在多大程度上填充图式中的空位，就能在多大程度上形成园林设计者所期望的图式。遗址公园中的意象构成元素中嵌入的图、文的信息的明确度，可以浓缩为四个问号，前两个问号"是什么？怎么走？"是对遗址公园的整体感知，从而建立起图式的整个结构框架。第三个问号是"领会到什么？"，是在结构框架上调整或添加信息。第四个问号"还缺什么？"，是城市意象要素中应嵌入的信息但事实未出现，造成了图式中的空位。前三个问号回答得越清楚，第四个问号越少，说明城市意象要素中嵌入的"图文信息熵"（田宝玉等，2008）[①] 越小，反之越大。下面依次讨论。

（1）是什么？

游客在游览遗址公园时，最关心的是这是一个什么公园。直接信息的

---

① 变量的不确定性越大，熵也就越大，把它搞清楚所需要的信息量也就越大。一个系统越是有序，信息熵就越低；反之，一个系统越是混乱，信息熵就越高。所以信息熵也可以说是系统有序化程度的一个度量。

来源就是公园提供的公园介绍。

皇城根遗址公园的南入口节点的介绍是：皇城根遗址公园，是城市中心区的带状公园，公园规划范围南起长安街，北至平安大街，西到北河沿大街，东到皇城根北街、南街，规划范围约计 74000 平方米……

地安门东大街节点的介绍是："明清皇城东墙北段"明永乐四年至十八年（1406—1420 年）修建北京城时，皇城东墙在现址以西的玉河西岸，宣德七年（1432 年）东移于此，由此向北延伸至平安大道路中，再折向西即是皇城北墙，皇城墙于乾隆十九年（1754 年）重修，1924—1926 年拆除。2001 年 5 月在此处发掘出部分皇城东墙遗址。依照文献记载尺寸，并参照现存皇城南墙形制局部复原修建，同年 9 月竣工。

皇城根公园采用文字叙述的方式描述皇城根和皇城根公园的性质、位置和范围，用四个方位词东、西、南、北来界定皇城根的范围。在人们心目中，典型的城墙是四方形的，皇城根范围用方位词"东、西、南、北"表述符合人的一般认知特征，但是对于游客来说，在高楼林立的城市中，东、西、南、北所指称的方位信息熵太大，另外，在以上的导游话语中，如果不是生活在该区域中的人，"北河沿"、"玉河西岸"、"平安大道"等关键性信息的信息熵也会增大。

再看明城墙遗址的公园介绍：

北京明城墙遗址公园是为保护明城墙遗址和内城东南角楼而建的历史名园。它东起内城东南角楼，西至崇文门，总面积 15.5 公顷，其中城墙遗址及内城东南角楼 3.3 公顷，绿化面积 12.2 公顷，公园内现存的崇文门至城东南角一线的明城墙遗址全长约 1.5 公里，始建于明永乐十七年（公元 1419 年），是原北京城城垣仅存的一段，园内东南角楼，始建于明正统元年（公元 1436 年），是目前全国最大、北京仅存的城垣角箭楼，也是全国的文物保护单位。

该介绍性文字，有汉、英、日、韩、俄五种文字体式，明城墙遗址公园说了起点和终点是"东南角楼"和"崇文门"，因为配合了图例（图1），图例具有直观性特征，使上面文字表述的信息熵降低，因此明城墙遗址公园的介绍性图文表述的信息熵低于皇城根公园的信息熵。

（2）怎么走？

皇城根遗址公园没有指示性标示，但其另一块介绍性标示性牌子能使游客了解到皇城根公园的各个景点的分布顺序，以及行进的方向。

　　……从南至北公园主要景点包括：南端点下沉广场，东安门遗址展示、公园西侧"锦绣中华"、喷泉叠水，四合院景观，五四广场、中法大学、林间广场、北段点城墙展示等。

　　而明城墙遗址公园的介绍性文字附上了"图1"，这就给了游客一个清晰的行进路线，弥补了文字介绍的不足，因此在指示性话语中，北京明城墙遗址公园的信息熵低于皇城根遗址公园的信息熵。

图1　北京明城墙遗址公园全景导览图

　　（3）领会到了什么？

　　皇城根和明城墙遗址公园一部分景点使用了图文并茂的介绍性标示。由于受到历史资料的限制，在东安门遗址节点使用了"乾隆京城全图"和"东华门旧图"，而明城墙遗址公园使用了一些北京城墙的旧照片制成壁雕，如下图2和图3。

图2　明城墙图文标示

　　游客单独看图2明城墙的壁雕和图3崇文门的壁雕时就能分别产生一个明城墙和崇文门的自我感知意象。"图2"壁雕旁边嵌入文字信息说明明城墙的修建时间、建筑技术和质料，长、宽、高，现在明城墙的修复时间等。这些信息和图片所产生的意象叠加在一起，能构成一个明城墙的图式，也是一个意象点。图3嵌入文字说的是崇文门的建筑时间、曾用名、

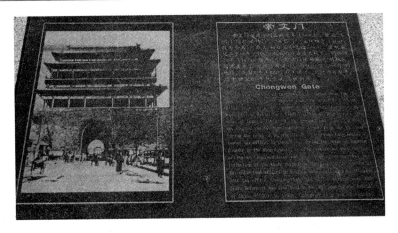

图3　崇文门的图文标示

建筑功能、拆除时间等，构成了一个崇文门的图式，又是另一个意象点。游客在游览公园时，把这一个个意象点连在一起，就构成了一个意象链。意象链的明晰度依赖于景点中信息点的分布，皇城根遗址公园和明城墙遗址公园信息点分布的具体情况：

在由北向南长2800米、宽29米的皇城根遗址公园里，和公园设计者的主旨相关图文标示共有17处。在四个一级节点的具体分布是，"东安门遗址"共有11处介绍标示，2处图片，占总标志语的81.25%。在园内四个节点中，"东安门节点"嵌入的信息量最大，而且图和文得到了完美的结合，通过"乾隆京城全图"中东安门的壁雕以及"东华门旧图"可以了解到当时的东安门的建筑风貌、位置等，而遗迹的展示增加了真实感和对东安门建筑的理解，另外与东安门相关的"皇恩桥"、"展翅"、"地面"、"残墙"四处遗迹说明，使受众可以通过图文并茂的方式构建起东安门的图式。而明清皇城东段仅有1处文字说明，占总标志语的6.25%，但如果游客由北向东行进，则很难对皇城东墙及其规模有一个明确的意象。五四大街节点一首赞美诗1处，占总标志语的6.25%。从东安门遗址节点之后到地安门节点之前造成信息链上的断点，从而造成信息熵增大，信息点联结出现断点。

明城墙遗址公园从崇文门到东南角楼，全长1500米，共有25处标示，其中有9处图文介绍标示，占总标示语的36%；13处文字介绍标示，占总标示语的52%，3处图文指示标示，占总标示语的12%。明城墙遗址的图文标示的分布，以信号所为中心，由西向东图文标示的分布是：

崇文门：有 2 处图文介绍标示，2 处文字介绍标示，1 处图文指示标示。

信号所：有 2 处图文介绍标示，2 处文字介绍标示，信号所和东角楼中间有 1 处图文标示。

东南角楼：有 4 处图文介绍标示，9 处文字介绍标示，2 处图文指示标示。

明皇城遗址公园的图文信息分布从崇文门到东南角楼较皇城根城墙图文信息分布均匀，意象链的构建优于皇城根公园。

（4）还缺什么？

信息的嵌入和信息点的设置是影响到游客意象构成的主要因素，皇城根和明城墙遗址公园如果再有以下三个方面信息的补充，那么园内的话语信息熵会减小。

A. 在城市意象设置的同时考虑话语的嵌入。从南入口进入皇城根遗址时，巨石上雕刻"梅兰春雨、御泉夏爽、银枫秋色、松竹冬翠四时不同景亦不同"，在皇城根公园里，"梅兰春雨"等四个意象是通过植物和雕塑造景实现的，但有一个问题，不是所有的游客对每一种植物都认识，像上面"梅兰春雨"、"银枫秋色"、"松竹冬翠"是通过植物造景而产生这三个景色的。如果设想一个游客除了松竹之外，别的两种植物都不认识，就很难达到设计者所期望达到的意象，因此，适当的文字标注也许能帮助园林设计者把设计的意象传递给游客。同样，明城墙遗址公园点缀了"老树明墙"、"残垣漫步"、"古楼新韵"、"雉蝶铺翠"四大景点的意象元素，但也和皇城根遗址公园一样没有文字提示，在此情况下，受众的意象很难达到设计者的期望值。元大都遗址公园和菖蒲河公园的做法值得借鉴，元大都遗址公园的"海棠花溪"景点，同样也是"植物造景"（王荣、刘银华，2011），但有一块书法家刘炳森题写的"海棠花溪"四个隶书大字的石碑，背面刻有唐宋两朝诗人咏诵海棠的著名诗句。有了这个"海棠花溪"的石碑，设计者所设计的意象传递给了受众，这一点可以从网上评论看到，元大都遗址公园的点评有 722 个①，提到"海棠花溪"这个词有 56 个，占总评论的 7.75%。菖蒲河遗址公园的"天妃闸影"标示词语的石碑也起到了很好的标示作用，菖蒲河公园共有 245 个评价，4

---

① 根据"http://www.dianping.com"上的信息统计得出。

次提及"天妃闸影"景点，占总评论的 1.63%。而皇城根遗址公园共有115 个评价，四个景点无人提及。明城墙遗址公园共 173 个评价，"老树明墙"、"残垣漫步"、"古楼新韵"、"雉蝶铺翠"四大景点无人提及。这从一个侧面说明意象元素中嵌入标示的重要性。

另外，在皇城根遗址公园的一些著名的古文化建筑周围未发现标记性说明，如南入口节点"雕塑金石图"西边的"流杯渠"无任何标示。

B. 有些节点边界性强，难以借景入园。在去皇城根遗址公园之前简要看了一下有关这两个遗址公园的介绍，说"公园的东侧有中法大学、老舍故居等文保单位，西侧有清代的普度寺、北平军机处、欧美同学会会馆、北京大学旧址等"。"公园简介"也指出，在由南向北行进中，公园的西侧有中法大学，因"中法大学"有一块正对着公园的"文保"牌子引人注目，而且公园的小路在中法大学边界处开放，借中法大学一景入院，但未发现"老舍故居"等景点。在五四壁雕前停留时也未意识到左边就是著名的"北大红楼"，一是进入五四广场是一个十字路口，边界性太强，二是北大红楼正对着公园无标示牌。另外，东安门节点到五四广场节点之间的"叠水瀑布"，如果一直在公园的小道上行走的话，你会错过这段美景。在我所看的介绍中说"在公园内还保留了一座民国时期的四合院（1920 年建成，为北京市文保单位）"（杨秀娟：2006），我想也许是那座门前写着"书香茶苑"招牌的建筑。如果能在公园的适当位置标示这些景点的位置，或者更艺术地表达这些景点的位置，皇城根遗址公园的设计会更完美。

C. 标示性牌子的质料增加了语言信息熵。东安门遗址的文字说明是雕琢在玻璃面上，虽然玻璃的透光好，利于游客欣赏标示牌下面的遗迹，但玻璃反光强烈，造成了图文信息的弱化。

从整体上看，明城墙遗址公园中的意象构成元素嵌入的导游话语信息熵较小，信息的分布点比较均匀，这主要源于明城墙遗址公园只有一个节点，而皇城墙有四个节点，同时又要引景入园，造成节点之间衔接上的困难，但如果能考虑以上三个所缺，也许会降低导游话语信息的信息熵。

由此，我们认为，园林的导游话语设计所遵循的原则是：（1）尽量降低信息点的信息熵。（2）信息点应均匀分布。（3）信息点链接应连贯。

三　结语

北京遗址公园的建设是生态文明的一个部分，一个遗址公园的景点设计、道路规划、种植设计到照明设计花了设计师和建筑师的很多心血，我们希望园林的话语设计会为以上的设计锦上添花。设计出信息熵小的话语信息，帮助游客更好地构建古都意象。

参考文献

1. J. R. 塞尔：《隐喻》，见［美］A. P. 马蒂尼奇编《语言哲学》，商务印书馆1998 年版。

2. 凯文·林奇：《城市的印象》，项秉仁译，中国建筑工业出版社 1990 年版。

3. 杨秀娟：《北京市以皇城墙遗迹保护为目的的公园绿地建设研究》，《中国园林》2006 年第 11 期。

4. 闵学勤：《感知与意象：城市理念与形象研究》，东南大学出版社 2007 年版。

5. 田宝玉、杨洁、贺志强、王晓湘：《信息论基础》，人民邮电出版社 2008年版。

6. 严伟：《北京东便门明城墙遗址公园》，《中国园林》2005 年第 2 期。

7. 王荣、刘银华：《植物造景在城市公园中的应用研究——以元大都遗址公园北土城段为例》，《现代园林》2011 年第 3 期。

（王红斌　北京第二外国语学院国际传播学院　北京　10024）

修辞学视角下的北京城市建筑语言考察

刘光婷

摘　要：文章基于汉语修辞学的视角，对北京城市建筑行为及建筑物的特征进行初步描写，逐一梳理出建筑设计、建造过程中的修辞现象，希望达到三个目的：（1）以一个全新的视角来重新审视北京城市建筑的美学特征。（2）初步探寻北京城市建筑中所蕴含的城市的、民族的文化信息。（3）努力尝试搭建起修辞学与其他学科之间的对话平台，积极开拓汉语修辞学以及建筑学的新的研究空间。

关键词：修辞学　语言修辞　视觉修辞　建筑修辞　北京

一　研究缘起

汉语修辞研究历史悠久，虽然第一部真正意义上的修辞学专著直至宋代才出现，但早在先秦时期对相关修辞现象的探讨就已有萌芽。如《左传·庄公十一年》记载："秋，宋大水，公使吊焉。曰：'天作淫雨，害于粢盛，若之何不吊！'对曰：'孤实不敬，天降之灾，又以为君忧，拜命之辱。'"鲁国大夫臧文仲闻听此言后，通过对宋公选用"孤"这一自谦之称的分析，便得出结论"宋其兴乎！"这其实就涉及修辞学的主要研究内容之一——词语的选择问题。南朝刘勰的《文心雕龙·祝盟》中"凡群言发华，而降神务实，修辞立诚，在于无愧"，可算作是对今天普通意义所指"修辞"概念的最早记载。何谓修辞？陈望道先生认为，"修辞是调整语辞使达意传情能够适切的一种努力"[①]；之后张弓先生提出了"美化"说；王力先生亦将修辞比作"美容术"；吕叔湘先生则认为修辞

---

① 陈望道：《修辞学发凡》，复旦大学出版社2012年版，第2页。

讲的是"好不好"的问题，等等。我们发现，传统修辞观大多认为修辞只不过是言语表达过程中，借助语音、文字、语汇、语法等手段进行的一种锦上添花的行为罢了。这种观念在相当长的一段时间里严重影响着修辞学学科的发展方向，甚至产生了一些认识上的误区，如提及修辞时，或者将其简单等同于修辞格，或者只关注词语的锤炼、句式的选用等，这种研究范式使该学科在21世纪面临新的困境。

在当代语言学理论影响下，我们认为：修辞现象不是语汇、语法现象之外的副产品，它贯穿在言语活动的始终，一切言语活动都是修辞活动。同时，修辞不仅是一种语言运用现象，也是一种文化传播现象，我们通过语言符号或者其他非语言的传播手段，或直接或间接地折射出人类的生活图景、思维方式、文化传统、文明形态等。现代修辞学是隶属于语言学的一个分支学科，与美学、心理学、传播学等学科的相关性，使其理论也逐渐渗透到建筑、摄影等其他领域。语言修辞学理论在建筑学中的应用，促成了建筑修辞学的产生，其上位概念应是视觉修辞。法国著名学者罗兰·巴特（Roland Barthes）与传播学家杰克斯·都兰德（Jacques Durand）等试图"在视觉成分的运用现象中寻找传统语言学修辞研究中已经基本确定的各种修辞手段"，于是便在分析广告图片的基础上开创了"视觉修辞"这一研究领域。① 建筑修辞学认为，建筑设计以及建造的过程可看做一种修辞实践，其实质是以视觉符号为媒介的一种表达行为，建筑实体则可看做建筑修辞活动的产物，同时负载着与具体建筑相关联的各种思维的、精神的、文化的信息。

北京——一座世界历史文化名城，有着3000多年悠远深邃的文化积淀。其中，东方古都独特的建筑风貌作为城市文化的一个特殊组成部分，向世界人民讲述着北京成长的故事。进入2000年，特别是北京申奥成功后，北京的城市建设进入了大规模高速发展时期。伴随着各种建筑作品的拔地而起，北京城几乎成了一座"世界建筑博物馆"。朱光潜曾谈到我们面对一棵古松时的三种态度——实用的、科学的和美感的。建筑物无疑首先应具备实用的功能，但其特殊的审美追求亦具有重要的研究价值。我们将汉语修辞方式与北京建筑模式相提并论，究其原因，是因为二者存在理

---

① 参看冯丙奇《视觉修辞理论的开创——巴特与都兰德广告视觉修辞研究初探》，《北京理工大学学报》（社会科学版）2003年第6期。

论层面的互通，而这一互通的基础归根结底源于人们共同的认知模式和美学理想。本研究拟通过梳理北京部分代表性建筑对汉语修辞方式的具体借用情况，达到三个目的：（1）以一个全新的视角来重新审视北京城市建筑的美学特征。（2）初步探寻北京城市建筑中所蕴含的城市的、民族的文化信息。建筑作为凝固的音乐，你关注或者不关注，它就在那里，但是当审美主体和它产生心灵的碰撞时，就触摸到了它的灵魂，这一灵魂即建筑的文化根基。（3）努力尝试搭建起修辞学与其他学科之间的对话平台，积极开拓汉语修辞学以及建筑学的新的研究空间。

二 建筑修辞概说

建筑修辞，用学界流行的称谓应该是"建筑话语"。1860年赛札·戴利提出"建筑是一种语言"的思想之后，建筑物就被看做一种类似于自然语言的符号系统。布正伟指出："建筑语言是人类通过长时间的建筑实践活动创造并总结出来的、用以表达价值观念与审美情感的视觉信息符号系统。"[①] 与自然语言一样，建筑语言也具有符号性、系统性、主观性、社会性、民族性等基本属性，不同的是，以自然语言为手段的表达主要在时间的线性序列上展开，而建筑语言主要依靠空间位置布局来传递信息。我国的建筑语言研究起步较晚，这方面的成果主要有王其钧的《古典建筑语言》（2006）、《后现代建筑语言》、《近现代建筑语言》、《中国园林建筑语言》（2007）以及汪克、艾林的《当代建筑语言》（2007）等。[②]

我们认为，自然语言与建筑语言这两种不同的符号系统之间之所以能够建立起某种关联，其学理支撑即符号的任意性，深层次的原因即人类的思维存在共性。也就是说，人们在传递信息、表达情感时，可以借助不同的符号系统，但所体现出的人类思维模式都是一样的。无论是自然语言还是建筑语言，作为符号系统，均具备能指和所指两个要素，符号的任意性导致了不同系统中能指与所指的非一一对应性，但人类思维的共性又使非一一对应的能指和所指具有相似的关联模式。所以，虽然思维范畴对于概念、判断的解读，在交际领域借助了语言符号，在建筑领域借用了建筑符

---

① 布正伟：《建筑语言的原生属性与特征》，《新建筑》2000年第3期。

② 参看陈汝东《新兴修辞传播学理论》，北京大学出版社2011年版，第68页。

号，但思维的共性使我们总能获得不同符号表象背后那相同的质，这恰恰就是修辞学理论能够运用于建筑领域的根本原因。

学者们把自然语言修辞学中的一些概念、理论移用到建筑领域中，对建筑设计理念以及建筑实体美学特征进行修辞学的阐释，就促成了建筑研究的修辞学视角。这一研究源于 20 世纪 70 年代。在国外，建筑修辞研究的主要著作有埃里森（Alison）和彼得·史密斯（Peter Smithson）的《无需修辞：一种建筑美学》（1973）、伊丽莎白·托斯帕（Elisabeth Tostrup）的《建筑和修辞：建筑竞赛中的文本与设计》（1996）、查尔斯·黑尔（Chales A. Hill）等的《视觉修辞学阐释》（2004）等。此外，还有一些专题论文，比如拉罗克（Laroque，D.）的《豪五特（基督徒）的建筑修辞学》（1988）、牛顿（Newton，N.）的《修辞殿堂：本约翰逊的几何与建筑形式》（1997）、亚洛森司克（Jarosinski，E.）的《建筑符号学与透明修辞学：柏林鬼怪故事》（2002）、姆瑞（Murry）的《城市建筑与可读修辞学：新柏林的建筑论争》（2008），等等。以上研究是基于西方的修辞学理论特别是视觉修辞学理论，探讨的主要是建筑设计、建造以及建筑形象中蕴含的修辞原理特别是建筑语言或建筑话语的意义与风格。①

在中国，21 世纪初期以来，修辞学理论开始向建筑领域渗透，出现了部分探讨建筑修辞的研究成果，内容涉及宏观和微观两个层面。就宏观层面来看，主要是对建筑修辞这一全新领域的学科属性、任务及研究方法等的探讨。这方面的主要成果如陈汝东（2011）指出：建筑修辞学的任务包括理论与实践两个方面。首先，其学术任务重在建构本学科的理论体系，研究建筑修辞学学科性质、研究对象、范围等内容；分析建筑修辞现象及规律，包括建筑修辞的类型、手段、方法、原则等。其次，建筑修辞的实践任务，就是用修辞学的理论和方法阐释建筑设计中的原理和现象，为建筑设计与建造提供理论指导，提高建筑设计与建造的艺术性和审美价值。从微观层面来看，主要是分析传统建筑中与语言修辞手段相对应的各种建筑构件、探讨建筑师设计理念中体现的修辞认知原理等。例如毛兵的《中国传统建筑空间修辞研究》（2008）对中国传统建筑词汇修辞、句式修辞、修辞格等进行了阐述。还有布正伟的《建筑语言结构的框架系统》（2000）、虞朋和布正伟的《关于现代建筑语言中的修辞》（2002）、金俊

---

① 参看陈汝东《新兴修辞传播学理论》，北京大学出版社 2011 年版，第 79 页。

的《试论景观建筑创作中对文学修辞法的运用》（2007）、尹国均的《符号帝国》（2008）以及张莉、张应鹏的《修辞·空间》（2005），等等。

此外，国内的研究还引介了部分国外的相关研究成果，比如尹国均的《浦安迪的"中国叙事学"与中国古建的修辞法》（1999）、保罗—阿兰·约翰逊的《建筑教育和修辞式设计实践》（许亦农译，2009）等。①

从已有的研究成果可以看出，目前国内的建筑修辞研究还很稚嫩，微观视角多一些，宏观视角少一些。其是否可以发展成为独立的学科，尚有很多理论的、实践的工作需要完成，其中首先应对具体建筑修辞实践进行全面细致的描写。只有对建筑设计理念、建筑物外在形态体现出的修辞认知原理以及呈现给我们的关于城市元素、人民生活、民族文化等进行详尽的解读之后，才能在此基础上探寻规律、构筑体系，以回答其学科地位的问题。同时，这项跨界研究主要发端于建筑学界，还未引起语言学界、修辞学界的广泛关注，对话的单边性使现有成果在修辞理论与建筑实践相结合时，还较为生硬，对语言学、修辞学理论机械套用的痕迹十分明显。研究的落脚点也偏重对建筑实用功能的解释，就建筑领域对语言学、修辞学的反哺几乎未展开讨论。

因此，本文算是一个有益的尝试，希望通过具体描写北京部分代表性建筑对汉语修辞方式的借用情况，逐一梳理出建筑设计、建造过程中的修辞现象，初步探寻首都城市建筑中蕴含的北京文化元素以及民族审美情趣，为语言修辞和建筑修辞在理论层面的互通提供实例支撑。

三　建筑修辞原则

研究修辞，其原则应是首先要明确的问题之一。如今大家虽在此问题上还存有分歧，但基本都涉及"准确、贴切、适度、得体"等概念。陈望道先生曾指出修辞"以适应题旨情景为第一义"。② 传统语言修辞活动中，题旨即要表达的主题，情景即语言内部及外部语境，只有与题旨情景相适应，修辞行为才可能是有效的。我们认为，这一原则同样适用于建筑修辞领域。无论是一个城市建设的整体规划，还是某个区域内不同建筑物

---

① 参看陈汝东《新兴修辞传播学理论》，北京大学出版社 2011 年版，第 79 页。

② 陈望道：《修辞学发凡》，复旦大学出版社 2012 年版，第 9 页。

之间，都要力求和谐、统一，若某个建筑物与城市整体定位或周围环境格格不入，此建筑可能一时会博得众人眼球，但总会让人觉得突兀、扎眼，破坏了整体美感。比如，2000 年竣工的位于宛平城南的中国人民抗日战争胜利雕塑园，其建造就很注重与卢沟桥地区的整体规划相一致。自南向北从雕塑园到纪念碑再到抗战纪念馆是纪念轴，自东向西是文物轴，整个建筑区域空间序列关系十分清晰。另外针对宛平地区的特点，雕塑园采用了大型浮雕的全景式表现，在手法上亦与宛平古城相协调，体现了传统的空间意识与新的时代背景之间的巧妙融合。同时，园林的景观设计、各种树木的选择、草地的布置都对突出主题起到了画龙点睛的作用。

此外，中国国家大剧院的建造也是对"适应题旨情境"这一原则的最佳诠释。国家大剧院位于天安门广场西，西长安街以南，其周围的建筑从不同角度展现了中国的建筑历史，坐落于这样一个特殊的地理位置，其设计建造就应十分注重与周围建筑物的协调问题。1999 年，法国设计师安德鲁的"巨蛋"方案凭借独特的构思、前卫的造型获选国家大剧院建设方案。该方案也曾一度被质疑与周边建筑风貌不大协调。安德鲁说："我想打破中国的传统，当你要去剧院，你就是想进入一块梦想之地。……巨大的半球仿佛一颗生命的种子。…… 一个简单的'鸡蛋壳'，里面孕育着生命。这就是我的设计灵魂：外壳、生命和开放。"① 安德鲁认为，国家大剧院外围的水面、树木和附近的故宫红墙遥相辉映，其风格宁静、讲究对称美，不是炫耀自身的独立，而是融入整体空间里。就这些来看，大剧院的精神风貌与北京的古老建筑仍然是相统一的。据说，剧院大厅原本设计为蓝色，当被告知蓝色在中国表示忧郁、应该改为红色才能更好地融入中国时，安德鲁当即换用了红色，使现代元素兼顾民族审美情趣，辩证地实现了传统与现代、浪漫与现实的结合。

因此，在建筑修辞领域，城市的整体定位与布局、城市不同建筑物之间的协调与统一，是一切建筑修辞活动的出发点，是建筑修辞行为应该遵循的原则。

四　建筑修辞手段

建筑文化属于物态文化，但物态内含精神，不同的建筑形态所体现的

---

① "中国国家大剧院"，百度百科，引用日期：2013 年 10 月 5 日。

不仅是设计师的个人理念，更折射出一座城市、一个地区甚至是一个民族的审美理想，城市建筑尤其如此。我们将从布局、形状、装饰三个方面谈谈北京建筑惯常利用的几种修辞手段。

（一）空间布局

语言的喻化构成建筑，释读建筑产生语言。自然语言和建筑语言在结构方式上具有类同性，建筑或者说空间修辞原理在自然语言领域的运用产生独特的表意价值。以诗歌中的"提行"为例，美国诗人威廉斯曾经做过这样一个有趣的实验，他将一个普通的便条——"我吃了冰箱里的梅子，它们大概是你留着早餐吃的，原谅我，它们太可口了，那么甜，那么凉"进行提行后得到：

我吃了/冰箱里的/梅子/它们/大概是你/留着/早餐吃的/原谅我/它们太可口了/那么甜/那么凉

显然这是一首诗。

另外，以汉语修辞中的顶真、回环等修辞格为例：

（1）相鼠有皮，人而无仪。人而无仪，不死何为！——《诗经·鄘风·相鼠》

（2）马趁香微路远，纱笼月淡烟斜。渡波清澈映妍华，倒绿枝寒风挂。挂风寒枝绿倒，华妍映彻清波渡。斜烟淡月笼纱，远路微香趁马。——苏轼《西江月·咏梅》

以上两例同样可看做在空间布局层面追求一种蝉联往复之美，这样做使语气上连贯流畅、节奏上回环复沓，表意更加充分透彻。当下，我们已进入了一个读图时代，直观的建筑符号给人的视觉冲击感是强烈的。从形式上讲，空间布局对于语言修辞与建筑修辞而言，都是传递信息的重要手段。以北京为例，大到城市的整体布局，小到具体建筑物的结构，都有效地运用了空间修辞原理。

1. 北京城市整体布局

北京城市布局的总体特征即"两横一纵"："两横"即中华第一

街——长安街与朝阜路；"一纵"即贯穿城市南北的中轴线。中轴线由一些具体的建筑物构成，自南向北依次为：永定门城楼、前门箭楼、正阳门城楼、天安门、端门、午门、乾清宫、坤宁宫、景山门、鼓楼和钟楼等，北京城市建设即以中轴线为中心左右对称。可以看出，中轴线是北京城的生命线，它与皇权紧密结合，构成了北京城市的中枢和脊梁，折射出北京社会文化的重要特征。如今，城市历史与现代文化和谐地融为一体，散发出一股独特的北京味儿。

2. 宫殿建筑的杰出代表——故宫

故宫位于北京市中心，旧称紫禁城，于明代永乐十八年（1420）建成，是世界现存最大、最完整的木质结构古建筑群。故宫全部建筑由"前朝"与"内廷"两部分组成，四周有城墙围绕。城四角有角楼。四面各有一门，正南是午门，为故宫的正门。前文说过，南北纵跨整个城市的中轴线亦贯穿在紫禁城内，故宫三大殿、后三宫、御花园都位于这条中轴线上，并向两旁展开，南北取直，左右对称，规划严整，极为壮观。

以上两例可以看出，无论是北京城市的整体规划，还是故宫的设计建造，都十分注重对称结构的选用。原因可能有二，一是美学追求。对称结构所追求的实际上是一种均衡美，培根说过，"绝妙的美都显示出奇异的均衡关系"。[1] 均衡不仅是语言美的原则之一，也是建筑、音乐、舞蹈等其他艺术形式追求的目标之一。自西周始至今，北京拥有三千余年的建城历史、八百六十余年的建都史，现当代北京城的基本格局主要是在明清都城的基础上改建而成的，清代则完全继承了明代的城市布局。这期间，汉族偏重均衡的美学观对北京城市布局的形成无疑产生了重要的影响。我们认为，这种美学观的形成一方面与汉民族观照世界的方式有关。汉族人民自古就常怀着一种朴素的辩证思维去观察世界、思考问题，喜欢在人与自然、人与人的对立统一关系中去认识思维对象，这就是"天人合一"、"物我一体"的认识观。另一方面，这与中国人所尊奉的"中庸"思想也是并行不悖的，在美学上即体现为均衡美的原则。原因之二，轴线布局自身特点使然。中国自古以来就有一套理想的都城布局，即《周礼·考工记》中的"匠人营国"制度，如"王城居中"、"前朝后市"等。轴线是一种秩序的反映，轴线对其他要素具有核心凝聚力量、控制力量，在以皇

---

① 转引自王希杰《汉语修辞学》，商务印书馆 2004 年版，第 258 页。

家文化为代表的北京文化里，这种秩序、轴心作用是非常重要的。同时，王城位于轴线之上的核心区域，这样既有利于皇宫保卫防御，又符合帝王居天地之中的象征。

3. 浓缩京味儿文化的传统建筑——四合院

从微观层面来讲，北京蜚声海外的经典名居四合院的空间布局也是极其讲究的，院落的几出几进、院内房间的位置格局都可看做一种空间修辞行为。

北京建城历史悠久，但大规模的城市建设始于元代，北京地区的建筑风格也是在这一时期基本形成的。元世祖忽必烈"诏旧城居民之过京城老，以赀高（有钱人）及居职（在朝廷供职）者为先，乃定制以地八亩为一分"，这一政策使元朝统治者和大批贵族富商到北京建房，大规模兴建院落式住宅，极大地促进了四合院这一极具北京特色的民居建设。

四合院指的是一种由东西南北四面房子围合起来形成的内院式住宅，迄今发现最早的一座四合院应该是陕西岐山凤雏的西周建筑遗址，此遗址的平面图与四合院的建构布局完全一致。① 各种文献资料显示，这种建筑形式在我国应该已有两千多年的历史了。北京传统四合院的大规模建成始于元代，时间上并不算早。为什么四合院这种建筑形态独以老北京四合院为代表呢？我们认为，这可能主要与北京在我国历史上重要的城市地位以及北京四合院所反映出的独特京味儿文化有关。

首先，北京四合院的完善发展主要在明清两代，为了维护封建秩序，房屋建造的等级制度也很森严。如明代对各阶层人士的住所均进行了严格的规定，官员营造房屋不许歇山转角、重檐、重拱及绘藻井，庶民房舍不过三间五架，不许用斗拱、饰色彩等。因此，一般四合院都用青灰色砖瓦，色调朴素淡雅，与京城皇家建筑形成鲜明对照。至清代，俗语有云："东富西贵，东直门的宅子，西直门的府。"总体来讲，内城的宅院较大，尤其东北、西北一带，集中了北京城最好的四合院；外城的宅院较小；内外城根及外城的大部分地区，多为平民百姓的陋宅。以大门为例，地位高的人家，大门采用屋宇式（有门屋），地位低的人家采用墙垣式（无门屋）。因此，北京四合院的规模，是对不同社会等级的一个直观演绎，体现了封建宗法制度对住宅的影响：对外隔绝，形成一个封闭性的小天地；

---

① 王忠强：《四合院》，吉林文史出版社2010年版，第2页。

对内严格区别尊卑，构成小与大、内与外的几进庭院。①

其次，北京四合院与当时的宫殿、衙署、街区、坊巷和胡同等一起构成元代北京城的基本面貌，至明清逐渐完善，从平面布局到内部结构、细部装修都反映了北方住宅对尺度与空间的安排已达到比较高的水平。北京四合院布局上讲究中正对称，正南正北。"门设于中轴线上，常用'垂花门'形式，即四角檐柱不落地，悬与半空，如花下垂。里院由正房和两侧耳图垂花门房、东西厢房构成长方形庭院，是院主人一家生活起居的天地，正房由长辈居住，厢房由晚辈居住。"②而且主人还会在院中栽花种树，养鱼养鸟，这一方面体现出人与自然融洽相处的生活态度，另一方面也是对只有生活在皇城根儿下的老百姓才具有的那种闲适、悠然、淡定生活的真实写照。

正因为如此，我们认为，北京四合院规模多样，无论是贵族府第还是简单院落，从平面布局到内部结构，其空间修辞行为都集中体现着明清时代北京城的社会等级以及整个社会的封建秩序，同时也是北京特有的皇家文化和市民文化的一种综合反映。

4. 北京新建筑的代表之一——国家电力调度中心

均衡与变化是对立统一的，过分均衡则导致单调、乏味。在语言修辞中，均衡美与变化美是并行不悖的两个基本美学原则。康德认为："单调（诸感觉完全一模一样）最终使感觉松弛（对周围环境注意力的疲惫），而感官则被削弱。变化使感官更新。"③如语音修辞中，我们会通过音节的搭配、声韵的调整、平仄的选择等方法使表达富于节奏变化，充分发挥汉语的音乐潜质。建筑修辞领域同样如此。以北京新建筑之一——国家电力调度中心为例，作为长安街上的建筑，设计师意图充分展示中国传统建筑文化的特点，含蓄地体现其典雅、内敛的气质，与古都的城市环境相协调。"设计借用传统建筑的构筑力学概念，利用四大'芯筒'集中布置垂直交通、疏散系统和机电设备间，将大楼使用功能分解成四个相对独立的'区域建筑'，形成一个'内向'的四合院式中庭格局。"④并将独立的报告大厅置于中庭二三层之间部位，自然形成了东西两侧中庭，并贯通南北

①　参看王忠强《四合院》，吉林文史出版社 2010 年版。

②　程裕祯：《中国文化要略》，外语教学与研究出版社 2011 年版，第 267 页。

③　转引自王希杰《汉语修辞学》，商务印书馆 2004 年版，第 288 页。

④　《建筑创作》杂志社：《北京新建筑指南》，天津大学出版社 2008 年版，第 9 页。

大堂。这样围绕其布置垂直或水平的交通流线，强调由此形成的不同性质空间"院落"的轴线和节奏变化。整个建筑通过现代技术的运用，不仅使平面布局紧凑合理，还很好地营造出了一种错落有致的空间效果。

以上在建筑领域的几个修辞实例告诉我们，不论是偏爱对称结构、追求均衡美，还是努力营造空间节奏、追求变化美，犹如我们在汉语修辞中对音节的调整、词语的选择、句式的安排一样，最终是要通过符号的布局来完成一种意义的表达。建筑的整体布局是我们表达建筑审美理想、传播城市文化时不可忽视的一种手段。

（二） 建筑物形状

建筑物的外观，是建筑师呈献给我们的最为直接的审美对象，同时也是实现其设计、建筑理念，展示特定的视觉效果以及完成空间意义表达的主要手段。因此各种修辞方法在这里更容易被借用，是建筑修辞研究的核心内容。比如，国家大剧院的设计和建造，其形状或被解读为"巨蛋"或被解读为"水珠"，其间就运用了比喻的修辞手法，同时产生多种联想对象的可能性也构成了对建筑物多重喻意的理解，使其产生了类似于"双关"修辞格的语用效果。这样的例子不胜枚举，如北京西站的对称性结构、西直门嘉茂购物中心那三个半椭圆形建筑物的排比效果、央视大楼的"袋袋裤"形象等，都是值得我们深入研究的。

（三） 建筑装饰

主体建筑之外，建筑装饰也是建筑设计、建筑审美不容忽略的一部分。可以说，建筑物选用什么样的色彩，是否需要附属装饰物，这些装饰物的造型选取、数目以及与主体建筑的布局等，都对建筑信息的综合表达，尤其是突出主体建筑效果起到锦上添花的作用。从这个角度来讲，这些点睛之笔更能体现设计者的匠心独用。正如陈汝东（2011）指出，装饰能"更好地给形状和构件以表达形式，是修辞之上的修辞"。以建筑物色彩为例，故宫作为明清两代的皇宫，立柱、门窗、墙垣等处多用赤红色，屋顶多用黄琉璃瓦，檐枋多施青蓝碧绿等色，衬以石雕栏板及石阶之白玉色，整个色彩基调既显皇家高贵大气之象，又给人以庄严肃穆之感。这里选用红色、黄色，其修辞理据与国家大剧院最终选择红色大厅缘由一致，即利用了词语的文化附加义。汉语中有一部分词汇本身蕴含着视觉功能，如绿色食品、开门红、蓝领、马蹄莲、向阳花等，这些词语一方面为我们展现出强烈的视觉形象，另一方面也彰显出特定的文化内涵。如绿色食品中的"绿色"给人以放心、无公害之感；"开门红"中的"红"象征着"顺利、成功、吉祥"等含义。建筑装饰修辞就是利用建筑主体之外的诸如色彩、附属装饰等因素，来激发我们头脑中对于这些元素的固有经验，从而更加丰富建筑修辞行为传递出的文化信息。故宫各种内饰物中，如各大殿前的龙凤石雕等，既彰显宫殿主人身份之显赫，又寄喻着龙凤呈祥、天下太平之意。再如，坐落在紫禁城对角线中心的太和殿，作为外朝的中心之一，是故宫中最大的木结构建筑，其建筑语言要将皇帝的威严表达得淋漓尽致，因此在建筑四角上各有龙、凤、狮子、天马、海马、狻猊、押鱼、獬豸、斗牛、行什十只吉祥瑞兽，生动形象，栩栩如生。这虽为中国古建筑之特例，但可以说，这些软件对于整个建筑硬件审美理想的表达所起到的效果，是值得我们通过建筑修辞研究仔细玩味儿的。

五　建筑修辞方法

在很多建筑实例中，人类早就运用了一些语言修辞方法，比如我国古代城市建筑布局中的对偶修辞现象。"对偶所以成立，在形式方面实是普通美学上的所谓对称。"[1] 现代建筑在已经满足了实用功能的基础上，追求一种对城市、地域、民族多元文化的表达。因此，在现代建筑的设计、建造中对修辞方法的运用更加直接、频繁。

（一）比喻

比喻是一种较为常见的修辞方法，在汉语修辞中的使用频率较高。简言之，它主要是通过将我们不太熟悉的事物比作我们相对熟悉的事物，化抽象为具体，以此使表义更加形象，借以增强表达效果。这种方法在建筑修辞领域也是运用最为广泛的一种。

位于奥运村的国家体育场，作为 2008 年第 29 届奥林匹克运动会的主会场，以其独特的形象迎接来自世界各地的宾客，作为首都建筑话语体系中的一个重要元素成为北京城市建设的亮点之一，同时也是奥运会留给北

---

① 陈望道：《修辞学发凡》，复旦大学出版社 2012 年版，第 162 页。

京的宝贵遗产。国家体育场首先是一个建筑实体，具有举办各种大型体育赛事等公共活动的实用功能；同时它也是一个信息载体，具有传递奥运精神、塑造国家形象、传播中华文化等修辞功能。首先，就国家体育场的外观来看，很像一个巨大的"鸟巢"，当我们将其命名为"鸟巢"的时候，我们就是通过联想和想象在比喻。这种喻化的思维最初体现为设计师的审美理念，而后通过工人们的具体施工建造将其具体化。因此，国家体育场从设计到建造，以至最终呈现在我们面前的视觉形象，这一过程可以看做建筑领域内的一种比喻行为。通过这种比喻，传递出"绿色奥运"理念，也是对我们越来越重视的"人与自然和谐相处，发展不以破坏环境为代价"的城市建设思想的一种隐喻。陈汝东（2011）认为，在现实世界中没有如此宏大的"鸟巢"，这个"鸟巢"的设计和建造中运用了类似语言修辞中的夸张方法。①关于这一点，我们不是非常赞同。陈望道（2012）指出，"说话上张皇夸大过于客观的事实处，名叫夸张辞"。他进一步将夸张辞分为两类，一曰普通辞，如在数量和性状上的夸张，二曰超前夸张辞。我们认为，由于建筑语言毕竟不同于自然语言，受建筑材料以及建筑物功用的影响，建筑物本身都是夸大的。这样的例子很多，除了"鸟巢"，其余如国家体育馆的"折扇"、巴黎的凯旋门、悉尼歌剧院的"帆"，等等。相当一部分人造景观都远远超过实际事物，属于夸大夸张，给人以巨大的震撼力。可以说，绝大多数建筑都存在量上的夸张，这在建筑修辞中应是一个较为特殊的例子。因此我们认为，仅是形状规模上的量的夸大在建筑领域应看做常态而非夸张。建筑领域的夸张应界定为建筑物与周围环境以及建筑物自身不同部分之间在组合搭配上的一种打破常规、不成比例，位于北京798艺术区的部分建筑就属于这种情况。

再如国家游泳中心，我们俗称其为"水立方"，同样位于北京奥林匹克公园内，是2008年奥运会的标志性建筑物之一，与"鸟巢"相映成趣。"水立方"根据细胞排列形式和肥皂泡天然结构设计而成，创意十分奇特。其建造本身也运用了喻化思维，具有多重含义。

一方面，其与周围建筑——圆形"鸟巢"的布局特征是中国传统文化中"天圆地方"思想的具体体现。方形是中国古代城市建筑最基本的形态，它体现的是中国文化中以纲常伦理为代表的社会生活规则。中国人

---

① 陈汝东：《新兴修辞传播学理论》，北京大学出版社2011年版，第67页。

认为，没有规矩不成方圆，只有按照制定出来的规矩做事，才能获得整体的和谐统一。而这个"方盒子"在迎合中国传统文化观念的同时，又能很好地发挥国家游泳中心的多种功用，从而实现了传统文化与建筑功能的完美结合。另一方面，"仁者乐山，智者乐水"、"上善若水"等思想表明，在中国传统文化里，水是一种重要的自然元素，同时经过一个从不自觉到自觉的过程而成为人类视野中的审美对象。"水立方"正是借助了我们熟悉的山水文化观念，针对各个年龄层次的人，开发水可以提供的各种娱乐方式，希望它能激发人们的灵感和热情，丰富人们的生活，并为我们提供一个记忆的载体。就其外部造型而言，基于"泡沫"理论的设计灵感，设计师为"方盒子"包裹上了一层外衣，上面布满了酷似水分子结构的几何形状，表面覆盖的 ETFE 膜又赋予了建筑冰晶状的外貌，使其具有独特的视觉效果和感受，轮廓和外观变得柔和，水的神韵在建筑中得到了完美的体现，"水立方"的喻化思维得到了最为丰富的诠释。

以上是北京新建筑中成功运用比喻修辞方法的两个实例。如前文所述，建筑领域中的比喻、夸张与自然语言领域中的比喻、夸张相比，仅在于传递信息时所凭借的符号系统不同，在思维以及修辞功能层面并无二致。具体表现在，一方面，"鸟巢"这一建筑实体本身即是比喻修辞行为的产物，体育场是本体，客观世界中的"鸟巢"是喻体。另一方面，其视觉形象亦是新颖生动的，不仅增添了建筑的审美功能，而且撒播了自然生态保护的理念，产生了言外之意，扩大了建筑物所传递出的信息量。

（二）对偶

汉语修辞中，对偶指是两个字数相等或相近，结构相同或相似，意义相互关联的句子或词组对称地排列在一起的修辞方式，它的形成得益于汉语自身的语汇、句式特点，属于实践均衡美的修辞格之一。如北京西客站，从整体布局来看，其以北站房及正中的巨大孔洞为中心，东西两侧站房与其对称分布，一方面担当着中国规模最大的人口集散地和交通枢纽之功能；另一方面，整个建筑东西对称，又将一个复古式亭子添加于北站房之上，成功地体现了古都风貌。

此外，有时建筑设计中也很好地利用了对比的思维模式，不论是建筑物与周围环境的对比，还是建筑物内不同部分之间的对比，类似于对偶中的反对，通过对比相互映衬。例如，"SOHO 现代城由四栋主楼连接而成，

A 座高 126 米，B、C 座高 54 米，D 座高 98 米，在 B、C 座顶层有空中长廊与 A、D 座相连，以流动的曲面形成了一个约三层楼高的长廊，其优美的天际线与大楼立面的方正构图形成鲜明的对比，展示出紧张的工作与轻松的生活之反差，严谨性、高效性与休闲、浪漫生活韵律之间的对照，从而使现代城成为现代人各种行为方式共融的和谐场所，是人与建筑的共生"①。建筑立面通过应用正方这一广泛应用于中国古建筑和城市规划布局的形态，以平面的方形作为立面构图的基础，通过重复旋转和异化，使庞大的建筑群呈现出完整统一的风格。

如前文分析，汉民族热衷于对均衡美的探寻，因此，这一修辞方法在建筑领域也被大量使用。一般来讲，在城市整体布局以及建筑群建造时会比较多地采用对称的方法，其他单栋建筑运用对偶的例子也不少。

（三）排比

汉语修辞中，排比指的是成串地排用三个或三个以上结构相同或相似、意义相互关联、语气相对一致的语言单位来表达特定内容的修辞方式，这样可以有效地突出语势，增强语义表达的强度。在建筑领域，排比这种方法被普遍运用于群体建筑中，以使整个建筑群营造出一种更加厚重的气势。比如，西直门嘉茂购物中心由三个半椭圆形建筑物排列而成，由于三个椭圆形建筑风格一致，加之采用了透明玻璃墙面设计，整合出了"1 + 1 > 2"的效果，建筑整体规模宏大，视觉冲击感强。另外，现代居民小区建筑群，是运用排比手法最为典型的领域。其中有形状、结构相同的楼宇的排比，也有不同外观楼栋在高度上的排比，使整个小区达到一种整齐美，符合我们对居住环境简洁、有序的美学要求。

（四）顶针

汉语修辞中的顶针指的是，将前一句结尾部分的若干语言单位重现作为下一句的开头，使相邻的至少三个句子连环套和、上递下接的一种修辞方法。这一表达在结构上丝丝入扣、语气上连贯流畅、节奏上回环复沓、表意上联系紧密。这一修辞方法在建筑领域同样有所体现。

紧临"鸟巢"、"水立方"的盘古大观项目，由写字楼、国际公寓、

---

① 参看《建筑创作》杂志社：《北京新建筑指南》，天津大学出版社 2008 年版，第 13 页。

七星酒店和商业龙廊组成，总建筑面积 42 万平方米，是世界著名华人建筑大师李祖原的作品。本着打造"讲中国语言的世界级建筑"这一理念，设计师将华夏五千年龙图腾与中国传统文化精髓有效地融于一体，龙首为高 192 米的写字楼，龙身由三栋国际公寓、一栋七星酒店由南向北依次延伸近 700 米构成。顺序延伸的几栋建筑之间就运用了类似顶针的修辞手法，使整个建筑主体部分紧密蝉联，形如一条通体雪白的巨龙。当然，因作为龙身的几个建筑部分之间留有一定的空间，此建筑一度也曾受到人们的诟病。大家认为，既然将整个建筑喻做中华龙，那么龙身之间留有空隙，这在中华文化中并不是一种吉祥的喻意。这似乎真的是个问题，我们的观点是：仅就龙身处的顶针修辞行为而言，此建筑是成功的；但如果考虑到文化的因素，似乎真的有待商榷。这个实例恰恰印证了我们之前所言，修辞理论在建筑领域中的运用有时还显得比较生硬，作为不同的符号系统，在关注二者共性的同时，它们在表情达意时的个性特征也不容忽视。

（五）仿拟

仿拟在汉语中是一种较为常见的修辞手法，即在特定语境里，根据表达的特殊需要，直接或间接地模仿某一现成说法。在网络时代，其以网络媒体为平台，运用尤其广泛。而且就目前的使用情况来看，仿拟已经不仅是一种修辞方法，亦有演变为一种特殊的造词法、造句法之趋势。根据模仿单位的不同，可将仿拟具体分为：仿词、仿句、仿段、仿章等类型。如：

> 前不见轻舞，后不见飞扬，念天地之悠悠，独怆然而涕下。
> 街上本来有路，走的车多了，人多了，也便没了路。

看到这样的语句，我们总有一种似曾相识的感觉，所谓"旧瓶装新酒"说的正是这种语言现象。因为有我们熟知的"旧瓶"做铺垫，因此仿拟表义简洁凝练、新颖别致；同时让人觉得幽默诙谐，或讽刺，或赞美等，皆得心应手。

近年来，快速城镇化使中国的建筑规模在 2012 年达到 27 亿平方米，接近当年世界建筑规模总量的一半。因此有人说，在中国，建筑师面对的是一座座日夜"疯长"的城市。"疯长"的城市会"长"成什么样？建筑无疑最具辨识度。然而，在时下的公众舆论场中，这些标志背负的"恶名"却不小，不少标志性建筑纷纷成为网民吐槽的对象。

这里仿佛涉及建筑文化的趣味问题。在国内许多城市，都能找出类似白宫、凯旋门、罗马柱廊那样的新建筑，同时，模仿福、禄、寿形象的天子大酒店、模仿古钱币的方圆大厦等"象形建筑"也常常出现。无独有偶，近日有新闻报道，北京门头沟政府办公楼似克里姆林宫。一栋栋的山寨建筑频频问世，可以说运用的就是仿拟的修辞手法。这些山寨建筑均遭到广大网民无情吐槽。我们认为，"被山寨"的一般都是知名度较高或是喻意独特的"形象"，反而有助于让这些建筑在这个疯长的城市里脱颖而出，吸引大众眼球。同时，这样的建筑也能问世，幽自己一默，是否也从另一个角度说明了当下文化领域的开放、包容与兼收并蓄？这是否也是社会进步的一种表现？

综上所述，建筑领域内借用的修辞方法远不止这些，我们仅列举其中较为常见的几种，从一个全新的角度对北京建筑中的美学特质作一梳理，同时以此来说明汉语修辞与建筑修辞在理论层面存在对话的可能。

六　建筑风格演变与城市文化发展

早在 2004 年，《北京城市总体规划（2004—2020 年）》就明确指出，要将北京建设成全国的政治中心、文化中心，2050 年进入世界城市行列，即成为在经济、政治和文化层面直接影响全球事务的城市之一。在建设世界城市的过程中，什么才是城市生命力的源泉，我们认为，当首推文化。拥有 3000 多年绵长深厚的文化积淀，北京城融历史与现实、谨严与开放、传统与时尚为一体。我们在向世界介绍首都北京时，更要阐明的是独具特色的北京文化及其人文精神。外国人眼中的北京，也绝不仅是钢筋水泥浇筑而成的现代化的高楼大厦，能够触动他们灵魂的一定是那十足的东方古韵、地道的京味儿文化。比如由红墙、碧瓦、雕花、门墩等构成的建筑，作为一种空间文化，其随着城市发展的脚步又在时间的横轴上延伸。秩序井然的北京城、宏阔显赫的故宫、圣洁高傲的天坛、安宁幽静的四合院、冷峻高耸的摩天大楼……所有这些具体建筑形式，无不凝聚着深刻的历史因素以及整个时代的、民族的审美倾向。因此，我们对建筑的解读——有序、错落、简约、肃穆等，这种客观的视觉情绪来源于建筑的外在形式；而质朴、刚健、柔和、端庄等这些主观感受，其中往往包含着某些特定的文化因素，使建筑之美有可能突破单纯的形式美而得以深化。

各色建筑物代表着城市的不同风貌，我们可以透过建筑来审视北京特定历史时期内的发展价值取向、审美追求、开放交融以及社会文化。纵观北京各式建筑，大致可以将其分为如下几类。

（一）充满历史积淀的传统建筑

这方面的代表如故宫、天坛、颐和园等皇家建筑，以及老北京四合院这样的代表性建筑等，它们是老北京历史的浓缩，是北京文化的根儿。作为历史性建筑，是北京城市文明的符号载体，更是北京城市记忆的符号载体。我们应该好好珍惜和大力保护这些建筑，使其与周围的现代化都市环境协调发展。

（二）红色经典建筑

"红色建筑"如人民大会堂、中国国家博物馆、中国人民军事博物馆、王府井百货大楼等，是北京特殊时代的记忆。这些建筑由苏联专家主持设计，风格是：社会主义的内容，民族的形式，推崇"庄严、宏大、坚固"的原则。例如，北京展览馆这座建筑，采用左右中轴对称、中部高耸、两旁宽缓舒展的塔式结构，辅以巨大的立柱和连环拱门、高耸入云的尖塔和塔顶端的五角星，加之凝重的黄色调连同门前无比开阔的广场等，借助多种元素渲染出一种沉稳庄严、气势恢宏的氛围。

建筑形式、风格的演变，往往是人民物质文化生活和精神文化生活发展的历史见证。诸如人民大会堂、民族文化宫、全国农业展览馆等这些"红色建筑"多修建于新中国成立初，它们多采用简单的矩形火柴盒结构，说明那个时代的建筑是重实用功能的，这与新中国建立之初的经济发展水平、大家团结统一的思想以及人民相对简约的精神生活是相对应的。

（三）北京的新地标性建筑

这类建筑如鸟巢、水立方、国家大剧院、央视新大楼、人民日报社"土豪金"大楼，等等。进入21世纪，特别是2008年奥运会以来，众多全球知名建筑师云集北京，参与北京城市的建设规划。这些新的地标性建筑即外国设计师带给北京的新理念和异域特色，是中外建筑设计师合力北京城市发展的产物，是东西方文化交流的最好例证，也是建筑界对"包容、创新"的新北京精神的具体实践。与新中国成立初的"红色建筑"不同，当代北京新建筑形态万千，有的甚至洋味十足，说明作为建设中的世界城市，首都北京以开放的姿态和博大的胸襟，尊重差异、包容多样，在保持古都特色的同时也海纳百川，努力打造自己的国际范儿。同时，随着国家经济水平的发展、人民精神生活的丰富，当代北京文化形态也日益多样，其结果是新建筑不仅十分注重审美功能，而且审美视角也渐趋多元，使北京产生了巨大的凝聚力和吸引力。

因此，在统一的多民族国家形成和壮大的过程中，首都北京以雍容大度的精神境界融合着各个国家、各个地区、各个民族的文化，积淀了丰厚的文化根基，形成了北京发展的特殊优势和力量。新北京则像一座建筑博物馆，无论是传统建筑还是现代建筑，从实用到审美，都和谐统一地矗立在首都的蓝天下，传播着北京文化，彰显着世界城市的魅力。

七 语言与建筑领域修辞对话的认知基础

回顾我国修辞学的发展历程，我们发现，其研究对象多局限于自然语言符号系统，探寻以自然语言符号为媒介进行的各种交际活动的特征及规律，而自然语言符号内，也几乎只关注语音、语汇、语法等手段介入的修辞现象，较少关注语言的书写系统——文字的修辞特征及规律。20 世纪80 年代，学者曹石珠作为系统研究汉字修辞理论的第一人，出版专著《汉字修辞学》，将汉字的形貌特征引入汉语修辞的研究视野中，但并未引起学界的足够重视，相关的后续研究依然比较薄弱。近年来，面对十分活跃的语言生活，学者们纷纷就汉语修辞学的研究对象、范围、方法等展开了新的思考，意见并不统一。有学者认为修辞研究还应以语言符号为主要考察对象；有学者则认为当前形势下，我们应打破学科壁垒，将修辞的理论与视角应用于各种可能用到的喻化的"语言"中，比如音乐、摄影、建筑等。

我们认为，实际上，交际活动是一种外延相当丰富的修辞行为，其手段除语言符号之外，还涉及形式多样的非语言符号，如肢体语言、图像等。随着现代科技的发展、生活节奏的加快，图像以及其他视觉符号的传播在人们信息交流的过程中所占的比重越来越大。因此，把语言修辞研究的对象和范围扩展到视觉符号传播领域以及语言、文字、图像等的综合传播领域，具有修辞学发展的实践和学理的双重需要。一个建筑实体本身就是一个视觉符号，它同时由多个不同符号整合而成，向我们传递信息、表达情感，建筑设计、建造以及建筑物的形成都可看做特殊的修辞行为，如"建筑语言中的修辞目的就是为了使建筑语言能恰当地表现建筑师所要表达的内容，更好地实现要表达的效果"①，这和语言修辞的目的是一致的。研究建筑的修辞理念，是新兴修辞研究的一个重要内容。

　　语言修辞和建筑修辞之间为什么能够架起一座桥梁？换言之，语言与建筑领域修辞对话的基础是什么？我们认为，原型的修辞活动指的是言语修辞活动，非语言的修辞活动同样要求恰当地表达传播者意欲表达的内容，追求理想的表达效果，采取何种信息手段并不是问题的核心所在。因此，语言的修辞学和非语言的修辞学在表达目的方面是相同的，且有相似的规律可以遵循，这些规律其实质是人们的认知规律，是语言、文化、思维相互关联的结果。图示如下：

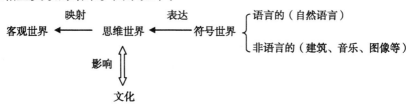

　　上图表明，语言修辞理论之所以能够应用在建筑领域，关键因素是"文化"。当我们面对自发的客观世界时，相似的文化背景决定了相似的思维模式，特定的思维模式表现为特定的文化形态，文化与思维之间相互影响。存在共性的思维模式导致我们无论选用语言的或是非语言的手段，对客观世界的表达均具有类似的结构方式。文化影响思维，思维规律体现在修辞领域即修辞认知规律。

　　以比喻为例。认知过程中，一个认知域可以投射到另一个认知域，这是人类基本的思维方式之一。投射基本分为三种类型：一种是相似性投射，前提是两个事物之间存在相似性；此外还包括"整体—部分"联想

①　虞朋、布正伟：《关于现代建筑语言中的修辞》，《世界建筑》2002 年第 12 期。

投射以及因果联想投射。认知语言学一般将相似性投射称为"隐喻"（metaphor），将后两种投射称为"转喻"（metonymy）。其中，隐喻正是比喻修辞格形成的机制。隐喻的认知方式不断挖掘事物间的相似性，提供看待和描述事物的新视角，同时不断为词语增添新的意义。正因为如此，前文论及汉语修辞和建筑修辞在理论上的互通即源于人们共同的思维方式，而这一思维方式受到审美主体文化背景的影响。认识过程中，相同的本体，类似的隐喻，语言材料也好，建筑材料也罢，我们均可以化抽象为具体，这就是为什么比喻在语言和建筑领域都是十分常见的修辞方法。

综上，修辞学、建筑学、美学这三个学科间有着割舍不断的联系。主要表现在：（1）语言符号与建筑符号都具有符号系统的基本特征。（2）都具有传递信息的功能。（3）修辞主体使用此两种符号都以追求特定的表达效果、实现某种美学价值为目的。不同的是，语言修辞行为大多具有双向互动性，受众可及时参与信息反馈；而建筑修辞的表达与理解大多处于分离状态，受众参与表达的几率较小。

无论是语言修辞还是建筑修辞，都有产生歧义的可能性。例如有人指出，现代化这把"双刃剑"一方面使北京的国际化程度不断提高，另一方面也使皇城的传统文化个性模糊不清。于是对于一些雷人建筑，有人认为是"四不像"，指出它们片面追求外形，忽视了城市地方特色与历史文化，忽视了与自然环境的协调，对其存在的合理性提出质疑。同时，也有人认为这是北京文化多样性与文化包容品质的反映，作为建设中的世界城市，理应具有这样的多彩面孔。我们认为，同一客观建筑之所以被解读出多种意义，原因在于建筑符号在传递信息的过程中所释放出的客观意义被不同的审美主体赋予了个性化的主观理解，仁者见仁，智者见智。

总而言之，基于修辞学的视角，我们通过对北京部分代表性建筑美学特征的梳理，得出结论：语言领域和建筑领域间存在对话的可行性，理论依据是受文化因素影响的人类认知模式在不同领域中具有互通性。我们的研究可以作为一个有益的尝试，以北京建筑为镜，从一个侧面考察了北京城市文化的发展演变规律，其所蕴含的具体文化特征则有待于我们进一步深入挖掘。语言修辞理论及其分析模式借鉴到建筑领域，一方面丰富了修辞理论的应用范围，另一方面也为建筑修辞行为提供了学理层面的指导，是学科交叉发展的成功尝试。但是，要想更好地解释建筑修辞现象背后的动因，还需寻找更为全面、深层的动因。

　　目前的研究，从学者队伍上来看，主要来自建筑界，这需要语言学者、修辞学者的广泛参与；同时，研究方法也有待完善，虞朋、布正伟（2000）认为，这方面存在着形式主义倾向，比如把建筑修辞简单地与语言修辞相对应，拆分出建筑语境、建筑词汇（梁、柱、门、窗、台阶等）、建筑文本、建筑风格（部件的搭配、组件的分布）等，这些都是不可取的。当然，作为新兴的研究领域，其自身的学科建设任重道远，还没有较为完善的理论支撑及统一的术语体系，希望能够借力于对语言符号修辞学，以及其他非语言符号修辞领域内各种修辞规律的全面系统描写。

参考文献

1. 保罗·阿兰·约翰逊：《建筑教育和修辞式设计实践》，许亦农译，《世界建筑》2009 年第 2 期。

2. 布正伟：《建筑语言结构的框架系统》，《新建筑》2000 年第 5 期。

3. 陈汝东：《新兴修辞传播学理论》，北京大学出版社 2011 年版。

4. 陈望道：《修辞学发凡》，复旦大学出版社 2012 年版。

5. 程裕祯：《中国文化要略》（第 3 版），外语教学与研究出版社 2011 年版。

6. 冯丙奇：《视觉修辞理论的开创——巴特与都兰德广告视觉修辞研究初探》，《北京理工大学学报》（社会科学版）2003 年第 6 期。

7. 胡易容：《符号修辞视域下的"图像化"再现——符像化的传统意蕴与现代演绎》，《福建师范大学学报》（哲学社会科学版）2013 年第 1 期。

8. 《建筑创作》杂志社：《北京新建筑指南》，天津大学出版社 2008 年版。

9. 金俊：《试论景观建筑创作中对文学修辞法的运用》，《华中建筑》2007 年第 2 期。

10. 毛兵：《中国传统建筑空间修辞研究》，西安建筑科技大学博士学位论文，2008 年。

11. 王力：《汉语语法纲要》，上海教育出版社 1982 年版。

12. 王希杰：《汉语修辞学》，商务印书馆 2004 年版。

13. 王忠强：《四合院》，吉林文史出版社 2010 年版。

14. 尹国均：《符号帝国》，重庆出版社 2008 年版。

15. 尹国均：《浦安迪的"中国叙事学"与中国古建的修辞法》，《时代建筑》1999 年第 4 期。

16. 虞朋、布正伟：《关于现代建筑语言中的修辞》，《世界建筑》2002 年第

12 期。

17. 张弓：《现代汉语修辞学》，河北教育出版社 1993 年版。

18. 张莉、张应鹏：《修辞·空间》，《室内设计与装修》2005 年第 9 期。

（刘光婷　北京第二外国语学院国际传播学院　北京　100024）

区域文化

北京西城区汽南社区文化建设研究

王世利

摘　要: 随着国力的提升, 中国已经越来越为世界所瞩目, 走出国门的国人和踏进国门的外国人越来越多, 中国越来越国际化了。北京作为中国的首都, 其定位就是国际大都市。如何建设好北京是个带有全局性的大问题, 首都建设好了对全国具有引领和示范作用。社区作为首都的一个个具体组成部分, 其发展的好坏也能反映首都的成就和问题。本文选取西城区的一个老社区——汽南社区, 来考察其社区文化建设, 主要从社区的环境、行为、制度、精神四方面的文化建设来试图见微知著, 探讨首都的文化建设问题。

关键词: 北京　国际化　社区文化　建设

引　言

什么是社区? 最早给社区下定义的是美国社会学家是罗伯特·帕克。他对社区的构想包括三个方面: (1) 一定地域有组织的人口; (2) 完全根植于它所占领的土地; (3) 个人生活在互相依赖的关系。[①] 在帕克以后, 很多学者都对社区的定义给出了自己的看法。希拉里较早地对社区定义作了一个回顾, 发现该词有 94 种不同的定义。[②] 希拉里分析的大量的社区定义包含团体、过程、社会系统、地理空间、共同的生活方式、共同结束目标的过程、当地的自给自足等很多方面。希拉里发现的 94 个定义中有 69 个包含三个共同要素: 共同的地区要素、共同纽带和社会交往。

---

① Park Robert, "Human Ecology", *American Journal of Sociology*, 1936.

② Hillery George, "Definitions of Community: Areas ofAgreement", Rural Sociology, 1955.

从这三个要素中，我们可以给予社区一个具有普遍性的定义，即：所谓社区，即居住在某个特定区域内的人，有共同的纽带，彼此间互相交往而发生影响。

随着中国城市化进程的加快，社区建设越来越成为社会学家关注的热点。城市人口规模大，密度高，异质性强，利益群体的多元导致了人口的多元，人口的多元形成了社会组织的多元，复杂的人群构成在先进通信方式的背景下使社交网络更加多元。城市的生活使人际关系变得疏离，人与人之间的关系日渐冷淡，在产业经济的高速带动下，人逐渐产生压力与精神焦虑，容易导致各种过激行为。经济竞争和劳动分工促使各种专门的社会群体和社会组织产生，人们以往依附的家庭、朋友、邻里关系开始弱化，传统的社会关系已不能提供城市人口足够的协调力和控制力。所以，城市人口容易感到孤独、焦虑，即使在当年以理性主义为前提而成立的各种社团组织或者社会管理组织（政府机构、公安机构等）的保护下，人们依旧会道德感淡化，责任感缺失，乃至会出现反社会行为。就在这个意义上，某些学者提出了所谓的"社区失落理论"。因此，社区文化建设的好坏直接影响到一个城市发展的健康与否。社区搞好了，生活在社区中的居民才能有安全感，才能和谐地相处，进而促进整个城市乃至于整个社会的和谐发展。中国有句古话，叫"安居乐业"。这句简单的话里面是有因果关系的，那就是"安居"是前提，有了这个前提，才有"乐业"这个结果，而安居的很重要的一点是公民生活的社区要和谐，要有大家公认的社区文化影响每一个居民。因此社区文化建设的重要性不言而喻。本文选取首都北京一个有代表性的老社区——汽南社区为观照点，研究一下社区文化建设对建设国际大都市的贡献，也期望能为国际都市背景下的社区文化建设提供一些借鉴。

一　汽南社区简介

汽南社区得名于汽车工业局，全称为汽车局河南社区。1953 年 2 月第一机械工业部六局在复兴大路以南，木樨地以东，京张铁路以西地域兴建办公楼和宿舍楼，形成住宅区。1954 年 3 月第一机械工业部六局更名为汽车工业局。1957 年 4 月永定河引水渠竣工，汽车局住宅区被引水渠分割为南北两个社区，河的南岸即为汽南社区，是木樨地域最早成形的小区。现在汽南社区隶属于西城区月坛居委会，它不单纯是汽车局宿舍区，而是合并了白云路居委会、商房家委会（商业部宿舍、西城区房管局宿舍家属委员会的简称）的一个较大规模的社区。地理位置上，汽南社区东临白云观，南至莲花池东路，西与公安大学比邻，北至昆玉河。辖区面积 0.107 平方公里。有 6 个自然院，29 幢居民楼，10 排平房。社区户籍户数 1825 户，户籍人口 5262 人。居民构成为：（1）白云路西里院内，隶属原机械部，现属国资委；（2）白云路七号院，隶属月坛房屋管理所；（3）莲花池东路乙 3 号楼、丙 3 号楼院，隶属商务部；（4）莲花池东路甲 3 院，隶属于荣海印刷厂；（5）莲花池东路甲 5 号院，隶属于北京市京安印刷厂；（6）莲花池东路甲 5 号院 1 号楼、6 号楼，隶属于京安印刷厂和公安部。

20 世纪 90 年代以来，汽南社区通过出色的工作赢得了国家、北京市以及西城区等各级各种荣誉 107 项，涉及基层党组织建设、思想政治工作、人民调解、计划生育、婚育新风、科普示范、军民共建、拥军优属、治保、敬老尊老、助残帮困、社区服务、全民健身运动、校外教育、安置帮教、综合治理等方方面面，成为北京市、西城区、月坛街道的样板社区。社区文化建设可以说是走在了全国的前列，其社区文化建设的很多方面值得全国社区文化建设借鉴。下面我们将从环境、行为、制度、精神等几方面来探讨汽南社区的文化建设。

二 汽南社区的环境文化建设

社区环境是社区文化的第一个层面。它是由社区成员共同创造、维护的自然环境与人文环境的结合，是社区精神物质化、对象化的具体体现。汽南社区的自然环境并不是太好，主要是这个社区北面、东面、南面三面靠路，并且东面的白云路和南面的莲花池东路还是市区的主干道，沿街的噪音比较大。为了缓解噪音对居民的影响，汽南社区在东面的白云路一侧辟出了一个街边公园，栽种上了各种花木，确保春夏秋三季都能有花卉可供欣赏，小公园里还立了介绍白云路历史的石碑，还有供居民和路人临时休憩的石凳。这样既缓解了路上的噪音对小区的影响，绿化了环境，又使居民有了休闲和娱乐身心的小主题公园，可以说是一举数得。针对汽南社区是个老小区的实际情况，为了给小区居民创造舒适的生活环境，使小区保持老而不旧的向上风貌，社区每年都组织社区干部、社区积极分子、志愿者做清理卫生死角、清理小广告、整理宣传栏、更换宣传画和拣拾白色垃圾、擦洗健身器材、统一灭蚊蝇、蟑螂等活动。这些义务劳动有效地维护了小区的环境，为社区居民提供优美生活环境的同时，也促进了社区居民更加爱护自己家园的意识。社区内部也积极进行绿化，走进社区，既有参天的大树也有绿色的草坪，还有爬墙虎等一些攀缘植物。春天走进社区，满眼的花草，夏天走进社区则是满眼的绿色，秋天走进社区则有"霜叶红于二月花"的各色植物叶子，冬天走进社区则可以看到玉树琼枝的景色。社区内外的绿化都是居委会募集居民义务劳动造就的。除了地面绿化外，社区还配合"践行北京精神，倡导低碳生活"的主题，引导居民进行"容器种菜"和"墙体栽花"活动。就是利用家中不用的容器种植一些时令蔬菜，以及把一些喜阴植物挂到墙上，靠底托的水汽蒸发来供给水分，然后通过植物的光合作用释放氧气。这些活动不但普及了科学种养蔬菜花草的知识，而且绿化了居民的居室，使居民家中做到四季如春，居室空气含氧量提高，对居民的身心健康起到了很好的作用。社区还自主研发并投入使用了"雨水存留灌溉系统"，利用社区资源，收集每次下雨的雨水，再通过仪器将收集来的雨水灌溉给花圃和树苗上，居民也可直接把水接走自行使用。从而有效地节约并利用了水资源。

和市内绝大部分老社区一样，汽南社区也面临社区狭小与汽车增长迅速的矛盾，为此，汽南社区也不得不牺牲部分绿地，利用一切空间划出车位供居民使用。但是他们充分保护了乔木，因地制宜地利用树间距来划定车位，尽量做到了绿化与社区居民的方便并行。对于路边的每个车位都有两个塑料圆锥隔离桶保护着车辆的前后部，处处表现出管理者的细心。

汽南社区虽小，但是休闲娱乐以及文化设施齐全，现有健身园一个、敬老院一所、面积50平方米的图书室一个、面积60平方米的市民学校一所、面积60平方米的知心家园一个。社区还有一所卫生服务站，建立于1997年1月，面积100平方米，现有主治医师3人、护师3人，该社区卫生站不但为本社区服务，还辐射到周边社区，为周围2604户、10365位居民提供医疗保健服务。另外，汽南社区还有服装修理店一个，理发室一个，奶站一个，空调维修服务站一个，蔬果售卖点三个，居家养老服务站一个，还建立了4处自行车存车棚。社区是北京市以及西城区扶残助困先进单位，是全国较早为残疾人提供帮扶的社区之一。由于社区建立比较早，很多老旧楼房没有方便残疾人的无障碍设施，为此社区对每个楼门都进行了改造，增加了方便轮椅出入的坡道以及在楼门前都加装了扶手，以方便残疾人及老年人出入，体现了社区关怀、尊重生命，以人为本的社区理念。另外小区内部每座楼前都设立了宣传栏，宣传党的各种政策，宣传小区的各种理念，发布各种便民信息等，小区的出入口处也设立了电子显示屏，发布便民消息，如提供天气播报服务，以及提醒居民车辆限行尾号信息等，让社区居民时时处处感觉到家的温暖，增强了作为小区一员的认同感。

三 汽南社区的行为文化建设

行为文化也称为活动文化，是社区成员在交往、娱乐、生活、学习、经营等过程中产生的活动文化。汽南社区在行为文化建设方面做了很多工作，紧紧围绕国家以及国际上公认的文化日活动，提前规划，精心实施，社区文化活动红红火火，深得社区百姓的欢迎和积极配合。具体来说，每年年初，社区都会配合北京市"爱国卫生月活动"，精心组织宣传，配合北京市每年的不同主题，把市里的爱国卫生月的活动主题告知居民，并切实进行具体的落实。近年来，社区借助爱国卫生月的宣传活动，将"节能减排 环保出行"、"履行烟草控制框架公约"、"北京市绿化条例"、"树木绿地认建认养"、"健康技能手册"、"预防艾滋病常识"以及"西城区居家养老服务指南"、"消费维权知识手册"、"人文月坛"、"汽南心语"等宣传画册报刊置于展台上，进行宣传及发放活动。2012 年还免费向居民发放分类垃圾桶 1500 多个，发放垃圾袋 22 万余个，向居民宣传讲解垃圾分类知识，提高了居民的环保理念，也使居民自觉地用行动配合政府将垃圾进行分类的倡导，把垃圾分类工作落到了实处。每年的 3 月 1 日是国际"民防日"①，这一天，社区都会推广民防宣传教育工作，提高居民公共安全意识和紧急避险意识。他们以宣传板的形式向广大社区居民开展民防意识宣传活动，倡导"关注民防 平安生活"的理念，以加强社

---

① "民防"是民事防护的简称，是指政府动员和组织群众采取防空袭、抗灾救灾措施，实施救援行动，防范与减轻灾害危害的活动。它包括战争空袭的防护，自然灾害的防护和民间人为灾害的防护。

区居民的公共安全意识。每年的 3 月 3 日全国爱耳日，社区会积极开展以"健康环境 聆听和谐"为主题的宣传活动，提醒社区居民关注耳病，爱护听力。每年"三八妇女节"的活动更是丰富多彩，如 2012 年"三八"节的活动是组织了"妇女法律、健康知识问答"活动，社区居委会把社区妇女邀请到社区市民活动中心，设计了一些知识性、趣味性、实用性都很强的问答题，如"国家保障妇女享有与男子平等的哪些权利"、"夫妻在处理夫妻共同财产上的权利是否平等"、"妇女更年期的年龄范围是什么"、"哪些情况的妇女应该定期做乳腺癌检查"，等等。这些问题都采取有奖竞答的形式，中间穿插一些歌舞娱乐活动，活动现场热闹、火爆，一片欢声笑语。使社区妇女在欢乐中获得了奖品，更增长了知识。这样的活动每年都搞，深得社区妇女的喜欢和支持，每年的活动都座无虚席。举行完"三八"节活动，马上就到了清明节，每年清明节前夕，社区都会出一些宣传栏及宣传标语，倡导"文明祭扫 平安清明"的新理念，引导社区居民文明祭扫，减少火灾隐患，保护生态环境。同时向社区居民倡导健康文明的丧葬观念，把祭拜先人的传统习俗和善良愿望用更加环保、自然的方式进行表达，同时注意出行安全。为首都的山更绿、水更清、天更蓝作出应有的贡献，过一个文明、平安、健康、祥和的清明节。

随着生活水平的提高，人们越来越注重健康，于是近年来每年春暖花开的季节，汽南社区都会组织社区居民开展健步行走活动，为广大爱好徒步健身的社区居民打造出一个和谐的交流平台，通过活动推动社区老年人体育健身活动的开展，提高了老年人的健身意识，丰富了他们的社区生活，促进了他们的身心健康，同时向社会倡导科学健身的理念，激发了广大居民自觉参与体育健身的热情。每次组织健步走活动，所有参加者都获得奖券一张，兑换小礼品一份。奖品是次要的，但是通过引导，使"走出健康，走出快乐"的理念深得人心，现在只要组织这类活动，就有越来越多的居民参加进来。每年 5 月上旬"母亲节"和"国际家庭日"到来之际，汽南社区都会结合本社区实际向社区居民进行"感恩母亲，关爱家庭"的宣传。如利用张贴板报的形式，以"五月康乃馨，孝心献母亲；国际家庭日，让爱驻我家"为主题来纪念"5·13"的母亲节和"5·15"的国际家庭日，借此来弘扬中华民族传统美德。通过宣传活动的开展，使得感恩母亲、尊重母亲、关注家庭、热爱家庭成为社区居民的共识。通过宣传，也让广大女性朋友了解到作为一母亲的荣耀与伟大的意义所在。5月20日是全国助残日，每到这时，社区领导都会带领相关人员上门入户，给每户生活困难的残疾人家庭送去慰问金，把党和政府的温暖送到残疾人家中。每到一户人家，社区工作人员都详细询问他们的生活近况和服务需求，嘱咐其家属要好好照顾，有需要及时与社区工作人员联系，同时鼓励他们树立信心，消除自卑心理，自强自立，从而提升自身生活品质。持续不间断的扶残助残活动不但给了残疾人好好生活的勇气，而且还让他们和健全人一样感觉有尊严，同时也极大地安慰了残疾人家属，使他们一步步加深了对社区的认同感和依赖感。

坚持不懈的助残活动也在社区中形成了人人关心残疾人事业，关注残疾人的良好风尚，汽南社区呼吁全体居民都能伸出友爱之手关爱残疾群体，也希望残疾人能克服自身心理及生理上的困难，走出家庭，参与社会活动，从而引导全体居民建立"残健共融"的社会理念。每年的5月31日是世界无烟日，每到这个时候，为了提高社区居民对吸烟危害的认识，减少烟草对健康的危害，打造一个健康无烟的生活环境，社区都会开展"远离烟草，珍爱生命"的禁烟宣传活动，倡导居民们通过自己的行动去抵制香烟带来的危害。为创建健康、安全、优美和谐的居住环境起到了积极的作用。每年的"六一"儿童节的主角是孩子们，这时，社区会组织孩子们在课余时间做些力所能及的工作，比如组织孩子们做一些社区卫生清理工作，用实际行动引导孩子们形成爱社区、爱家园、环保节约的人文理念。社区还经常把为社区做好事的孩子评为社区小雷锋，从精神上鼓励他们从小热爱自己的家园。社区还为家庭条件不好而又品学兼优的学生提供一年一次的"希望之星（1+1）奖学金"，从物质上鼓励孩子用努力去改变现状，取得了良好的社会效果。2012年，社区在"六一"期间组织孩子们搞绘画展，孩子们都踊跃参加，用自己的想象力和小手描绘了自己对未来、对生活的理解和渴望。通过活动增加了社区小朋友们之间的友谊，也得到了家长们的好评。社区还利用社区学校的场地，充分发挥社区资源的优势，在暑假为孩子们安排丰富多彩的活动，如不定期聘请西城区青少年科技馆的工作人员来社区给小朋友作科普讲座，不定期放映一些适合少年儿童看的影片，以培养孩子们爱党、爱国、爱科学、爱社会主义的美好情操。社区还安排市民学校压花班、编织班的居民分别担任老师，手把手教孩子们做压花画和串珠葫芦，以锻炼孩子们的动手能力。

2012年以来，社区联系北京联合大学应用文理学院，利用暑假，由联大文理学院的学生志愿者发起在汽南建立英语角，帮助社区的孩子以及老人练习英语口语。社区还在"八一"建军节这一天组织孩子到共建的驻首都博物馆武警支队"观军礼"，包括：观看武警官兵队列、军礼拳表演，参观士兵寝室，学叠军被。尽管队列和军礼拳的表演是每年共建的必备项目，但每次观看，战士们嘹亮的口号、整齐划一的步伐，还是令孩子们精神振奋。在参观士兵寝室的时候，孩子们完全被武警叔叔的"方块被子"折服，在战士的指导下，孩子们还学起了叠"豆腐块"。战士们还带孩子们来到支队"荣誉室"，听战士讲"八一"建军节的由来和部队的荣誉，并带孩子们走进首都博物馆，欣赏"老北京胡同展"，去了解老北京的胡同文化。孩子们走进军营，与武警战士近距离接触，感受军事化的管理，使孩子们的纪律意识受到潜移默化的影响，对他们的成长非常有好处。这些活动减轻了家长的负担，让孩子们的假期过得充实而又有收获，同时又对孩子的成长起到了潜移默化的作用，一举数得。汽南社区除了为本社区的孩子提供一些锻炼的机会，还为附近学校的学生提供一些社会实践，充当志愿者的机会。比如社区附近的宣武第一职业中学的学生就经常来社区当志愿者，为社区清理一些非法小广告等力所能及的工作，不但清洁了社区环境，而且锻炼了孩子们住在西城、美化西城的爱家观念，也培养了他们做个文明公民的意识。除了为孩子们创造交流和成长的良好环境，社区还为老人们提供了各种交流和服务，让他们在精神充实的环境中安度晚年。汽南社区每年6月都组织一次"汽南杯"老年人棋牌赛，到2013年已经是第五届了。比赛按照个人兴趣自由组合，有的两人对弈中国象棋，有的三人玩转"跳棋"，有的四人研究"升级"，还有的六人组团"敲三家儿"，玩得不亦乐乎，赛得和谐快乐。比赛秉承"求知、关爱、和谐、健康"的宗旨，虽然每年的棋牌种类变化不大，但居民的参与热情丝毫不减。有的落败了，回家勤学苦练，争取来年"报仇"。比赛过程中，社区工作人员为大家准备了矿泉水，再播放一些令人愉悦的音乐，让大家放松心情。老街坊、老邻居们身处如此轻松的比赛环境中，欢笑声不断，比赛的结果倒显得不那么重要了。除了棋牌赛外，社区还有一年一度的"居民艺术展"。参赛者多是离退休居民，参展的所有作品均是该社区居民的原创。他们以饱满的热情积极投身于社区实践活动，以良好的作品向各界展现当代基层百姓的精神风貌。在众多作品中，既有体现生活、生产、劳动的写实作品，也有展现祖国大好河山、风光和民俗民风的浪漫主义作品。既有书法、绘画的高超技艺展示，也有废物利用，变废为宝的神奇创举，一幅幅、一件件，栩栩如生，引人入胜。体现了社区居民对幸福生活的感受和对更加美好未来的憧憬。为了促进社区内形成老有所养、老有所依、老有所为、老有所学、老有所乐的精神文明氛围，为了使社区老年人拥有健康的体魄，社区每年都不定期地请各类健康方面的专家给老年人开设健康课，从如何洗掉蔬菜水果上残留的农药，尽量减少残留农药的摄入量，如何过滤水中的碱垢等日常生活保健，到如何预防流感，如何做好雾霾天的防护，以及一些常见老年病的预防、治疗等知识，给老年人更健康的生活提供了知识上的支撑。社区还请一些律师进社区，为老年人提供家庭财产纠纷等法律维权方面知识的普及，使老年人越活越有底气。考虑到老年人行动不方便，社区服务人员还经常登门入户，一是嘘寒问暖，二是把国家给老年人的一些惠民物品亲自送到老年人的家中，受到了社区老年人的充分肯定。每年的重阳节，社区都把70岁以上的老党员约到一起，搞"重阳汇"，老党员们在一起一边分享印有"福"、"寿"、"康"、"泰"四个字的大蛋糕，一边谈天说地，有时还唱一些老红歌，娱乐了身心的同时，也体会着基层党组织的温暖。社区也想通过这样的活动表示对为祖国奉献了青春的老党员们的尊敬。

首都的9月秋高气爽，又恰逢中秋和国庆，每年的这个时候，也是汽南社区举办秋季运动会的时间，一段社区太极表演队的表演也就拉开了社区运动会的序幕，跳绳、套圈、射飞镖、拍篮球、夹乒乓球、转呼啦圈这些都是社区运动会的传统项目，社区居民因地制宜，在不太宽敞的社区内，认认真真而又津津有味地进行着自己喜欢的运动比赛，使"要想身体好，运动不能少"的理念深入人心。忙忙碌碌一年到头，春节前夕，社区居民盼望的新春联欢会如期举行，虽然社区条件有限，但是居民们热情高涨，联欢会上，唱歌、跳舞、书法、绘画、压花、布艺……一样都不能少，笑话、抽奖、拉歌、互动，男女老少其乐融融。一年的忙碌都在这其乐融融的自娱自乐中得到了消解，也为一年的忙碌画上了圆满的句号。

以上这些活动反映出汽南社区老有所养，老有所乐；少有所教，蒸蒸日上；残有所管，共享盛世的社区风尚，以及社区从管理人员到社区居民奋发向上的精神面貌。在这种人人为我、我为人人的大环境下，社区的人际关系才得以和谐。这些活动如社区之"手"，动态地勾勒出社区精神、社区理想等。现在，社区的管理者依旧在千方百计地为居民着想，为社区居民过上更好更方便的日子而努力着，比如，为了更方便居民，尤其是年纪较大的居民买菜的方便，社区多方协调，把蔬菜车、肉奶蛋车请进社区，每周一到两次，极大地方便了百姓的生活。

四　汽南社区的制度文化建设

　　汽南社区作为一级地方组织，成立于 2001 年，是在合并了汽南社区和白云路社区后形成的，隶属于西城区人民政府月坛街道办事处。社区每三年一换届，现在社区党委为第 7 届，社区居委会为第 7 届，有居民小组36 个，居民代表 76 名。1999 年之前，汽南社区基本延续了传统模式。居委会由主任、副主任和委员组成，除此之外无其他机构。经过多年的社区建设实践，由过去简单的居委会模式发展成现在的"以党组织为核心的两会一站"的社区机构组织框架。即：以社区党组织为核心，以居民代表大会为依托；以社区居委会为常设议事机构，以社区（工作）服务站为执行机构的组织构架。社区居委会由居民代表大会选举产生，平时社区居委会行使居民代表大会的权力，社区居委会负责招聘社区服务站工作人员，社区服务站按照街道办事处的部署做好社区各项工作。除此之外，经过多年工作实践，汽南社区还建立了六个群众组织，以辅助社区的工作，分别是：社区党建协会，成立于 2000 年 2 月，主要工作目标是协调、联系驻社区的各单位党组织，在社区各项工作中自觉发挥共产党员的模范作用，这个群众组织体现了社区党委注重整合社区资源，共驻共建，资源共享，大事共商，实事共办，优势互补，形成社区建设的合力，实现党建工作的全覆盖的思路；社区建设协会，成立于 2004 年 8 月，在西城区民政局正式登记注册，为非营利性社会团体组织，并在协会之下登记注册了具有法人资格的民办非企实体——无围墙敬老院；社区计划生育协会，成立于 1991 年，历时七届，主要联系、协调社区管辖的育龄妇女及外来人口中育龄妇女计划生育工作，使上级的计生政策及时在社区内得到宣传和落实；社区残疾人协会，成立于 2004 年，主要联系协调辖区内的残疾人员，关心他们的生活状况，了解他们的需求，随时将他们的情况反映给社区居委会；社区老龄协会，成立于 2005 年，主要联系、协调辖区内 65 岁以上老年人，在老年人中开展锻炼、保健、文体娱乐等有益于老年人身心健康的活动；社区工会，是街道工会向社区延伸的一种有效形式，是街道工会在社区的基层组织；社区妇联，成立于 1997 年，成为联系和服务社区妇女的中坚力量。此外，社区有 4 个群众文体活动团体，分别是：秧歌舞蹈队、健身队、合唱队、时装表演队，成员 96 人。

"没有规矩，不成方圆"，作为汽南社区主心骨的社区党委，为了推进社区居委会的建设，先后制定了《社区成员代表大会制度》、《社区居委会会议制度》等 22 项制度，使社区的管理提高到科学有序、章法明确的水平。作为基层党组织，汽南社区党委充分发挥社区党建协会的作用，建立了"汽南社区在职党员卡片"和名册，按照每个党员的专长和意愿，成立了治安巡逻、绿化维护、法律咨询、科普讲座、卫生保健、家庭教育、心理咨询等 11 个"党员志愿者服务队"。要求党员志愿者注意塑造自身形象，特别是在邻里关系、廉洁自律、创建文明、美化社区等方面做出表率。要求党员做到"四个一"：每月向居民区党支部反映一份信息，为社区做一件好事，每人有一份社区义务工作，做一名合格的首都文明市民。对于那些评上"社区好党员"的同志，颁发"社区好党员"荣誉证书，并向所在单位党组织发喜报进行表扬和鼓励。在落实西城区委《关于进一步加强社区党建的意见》精神时，社区党委充分发挥辖区党员的作用，发出了"一个党员一面旗，服务奉献在社区"的倡议。在社区党委的倡议下，有近 500 名离退休和在职党员主动承担起治安值班任务，平均每月每人轮流参加一次值班巡逻。不论寒冬酷暑，风雨无阻。为了社区的安全，在社区内开展邻里互助，每层 3—7 户为一个小组，互相关照，发现异常情况及时报告居委会，使社区居民有了安全感。汽南社区党委能够在复杂的社会环境和多元化矛盾情况下，树立大局意识和良好的工作形象，用品德凝聚人，凡是要求别人做的，自己先做到，遇事注重以人格服人，维护社区整体利益。党委成员坚持上为国分忧、下为民解难，立下"要么不干，要干就干好"的决心。横下一条心，组织好群众，建设好家园。例如，他们针对社区无邮箱这个现实，几位居委会主任充当义务邮递员。每天两次开箱取信，每日少则十几封、多则上百封把信送往三里河邮局，一年 365 天风雨无阻，从不间断，坚持十多年，共为居民送信 15 万多封。小事情往往能反映大情怀，正是这一件件小事，赢得了社区居民的心，凝聚了社区的精神。汽南社区党委发扬自力更生、艰苦奋斗的精神，克服重重困难，想群众所想，急群众所急，排群众所难。汽南社区 1992 年就提出"民思我想，民困我帮，民需我办，民求我应"的工作宗旨，多年来，社区一直在平时工作中一丝不苟地践行这个工作宗旨，把着眼点放在居民需要上，把落脚点放在为民办事上。多年来，帮助居民解决在小区内吃早点难，双职工孩子放学后无人照看问题，为群众解决了很多日常生活中的实际困难。先后建立起社区小卖部、便民餐馆、电脑室、健身房，还引进了绿色蔬菜销售点等。形成了具有汽南特色的"六、六、三、十一"模式，即六个服务体系（文化生活、邮政服务、生活服务、信息服务、医疗卫生服务、法律服务体系）；六种服务方式（无偿、低偿、缴利、上门、设点和集中服务）；三种服务对象（特殊群体、广大居民群众、辖区各单位）；十一大服务系列（居民生活、社会保障、助残优抚、婚姻殡葬、敬老助老、医疗保健、民事调解、家政服务、信息中介、文化娱乐、劳动就业等），几乎涵盖居民日常生活的方方面面。这一服务体系推动了和谐社区的纵深发展。汽南社区党委十几年如一日的勤奋工作结出了累累硕果，他们的工作得到了上级的褒奖，先后被中共中央组织部和北京市委命名为"全国先进基层党组织"和"北京市先进基层党组织"。

有了完善的制度和执政理念，社区在各项涉及国计民生的大事上都做得深入民心。计划生育是国家的一项基本国策，汽南社区的计生工作做得相当出色。一方面做好管理工作，另一方面做好服务工作。社区在楼道文化宣传栏张贴并宣传《北京市人口与计划生育条例》。2004年开始，进行一年一次摸孕情工作，对30—45岁的育龄妇女进行重点宣传计生政策，并建立育龄妇女卡片，对社区内的外来人口采取开座谈会的形式，进行有关计划生育方面政策、法规有奖问答，宣传计生科普知识。在摸孕情的同时，对下岗、无业、婚嫁、外来人口发放避孕药具，对新生儿、产妇发放儿童毛毯、育儿知识手册、产后保健知识手册、知情选择知识手册等。社区计生协会每年5月还组织庆"六一"亲子活动，请老党员、离休干部为社区团员讲革命精神，讲八荣八耻。带社区的孩子参观像"延安精神永放光芒"这样的红色展览等。每年10月通过挂横幅、办黑板报的形式进行男性健康宣传，还与附近的复兴医院泌尿科、中华预防医学会慢性病防治与控制分会合作，免费为社区55岁以上男性进行前列腺增生筛查，以促进家庭和睦。由于工作出色，市、区妇联妇儿办2004年5月授予社区"知心家园"称号并揭牌。2005年4月，汽南社区被北京市列为人口和计划生育工作示范社区。

为了社区居民的健康，社区经常请各类专家为社区各类居民安排健康讲座，并形成一项制度，如：2005 年为青少年安排的"青少年心理健康"讲座；2006 年为妇女组织的"妇女健康卫生知识"讲座，为流动育龄妇女安排的"生殖健康知识"讲座，为老年人安排得"防治骨关节病"的健康讲座；2007 年为社区居民组织的"牙病防治"和"前列腺病的防治"的讲座，"结核病的防治"的讲座，"怎样防治肿瘤"健康讲座，"慢性躯体疾病伴发的抑郁与焦虑"的讲座，"褥疮的防治"的卫生讲座，"如何降血脂"的健康讲座，"饮食与健康"的讲座；2008 年为老年人组织的"老年性眼病防治"的讲座，"心血管病的护理与急救"的讲座，"中老年妇女健康知识"讲座，"骨关节病的防治"讲座，"胆固醇疾病的预防"讲座，"关爱女性健康、预防两癌（乳腺癌、宫颈癌）"的报告，"口腔健康"讲座并免费做口腔检查，"股骨头骨无菌性坏死"讲座，"脑梗死的防治"讲座以及对 60 岁以上老年人认知功能筛选活动。这些讲座向居民普及了健康知识，提高了居民的健康意识，为居民生活得更好提供了精神上和现实的支持。

通过以上的制度建设，社区形成了"核心在支部，共建为基础，真心换民心，互助为居民"的工作思路。在健全社区自治组织建设中，社区培育中介组织，让群众建立了两园（温馨家园和知心家园）、四个中心（社区服务中心、家政服务中心、邮政服务中心、文化活动中心），把过去由社区党组织、居委会统揽的事务，交由中介组织管理，推进了社区民主自治的发展。居民也以社区党组织和居委会为依托，自我管理、自我教育、自我服务，形成社区工作井井有条，人民安居乐业，为首都建设国际化大都市贡献了自己的一分力量。

五　汽南社区的精神文化建设

精神文化是社区文化的核心，包括社区精神、社区道德、价值观念、社区理想、行为准则等，这往往需要多年的培育才能形成。汽南社区作为一个老小区，经过历届居委会的不懈努力，形成了该社区丰富的精神文化。

社区精神文化的体现之一是尊老爱幼。针对社会人口老龄化程度加剧，社会上的养老机构存在诸多不尽如人意的问题：要么收费高，要么条件差，要么路途远；城市家庭形式的变化趋向老年独居的现象。在这种大背景下，汽南社区提出建立"无围墙敬老院"的构想，这个思路得到了月坛街道工委的重视和支持，2004 年 8 月，由市、区、街道三方投资近百万元，在汽南社区内建成一座建筑面积近千平方米，集住养、日托、送餐、健身、娱乐为一体的"居家养老中心站"。社区还为 42 名特殊户家里安装了"救助铃"和卫生间扶手，医生按时巡诊。通过多年工作实践，汽南社区逐步摸索出一套居家养老的管理经验：一是个性化助老服务；二是系列化助老服务；三是智能化助老服务；四是形式多样的助老联谊服务。这些工作解除了老年人养老的后顾之忧。此外，根据社区老年人的不同兴趣与爱好，社区开办了老年大学，设书法、绘画、电脑、编织、压花、舞蹈、音乐、健美操、英语、心理健康讲座、时事政治论坛等十几个学科，每天开设 4 个课时活动，参加老年大学的学员约有 190 人，极大地满足了老年人多元化精神生活需求，社区成为老年人文化生活的乐园。社区还为 80 岁以上老人过生日，举办金婚、银婚和本命年夫妇婚庆活动，多年来，为 181 对中老年伴侣举办了婚庆庆典，为 80 岁以上老人过生日200 余人次。经过多年的努力，社区形成了"今天的老年人，就是明天的我"的尊老理念，服务人员及其社区居民老吾老以及人之老，使社区老人们享受着亲情，感受到党的温暖和关怀，体验到"以人为本，服务无限"的温暖，从内心深处热爱着社区。这也激发了他们为社区建设发挥余热的信念，在维护社区卫生与安全、辅助教育下一代方面发挥了重要的作用。少年儿童的教育大部分在家庭、在学校，但社区的大文化环境也会对少年儿童的教育起到潜移默化的作用，在这一块社区也下了很大功夫，社区会在居民家宝宝满月的时候赠送"宝宝服"或"宝宝毯"。针对特困家庭，社区积极为这些家庭中品学兼优的学生申请"希望之星（1 + 1）奖学金"。假期期间，针对家长工作忙、无暇照顾孩子的现实，社区组织了丰富多彩的活动文化营，开展乒乓球、羽毛球、摄影、征文比赛、电影放映、英语口语培训班、与首博驻军联谊、让孩子帮助社区做宣传海报、举办绘画比赛等活动，让孩子们在各种活动中受到教育，促进他们健康成长。社区还针对孩子们学习生活中遇到的问题，派专人为孩子们提供心理辅导，帮他们释疑解惑。另外，社区还为附近大中小学及技术学校的学生提供校外社区实践基地，利用学校教育设施与师资力量开展社区文化教育活动，并组建了汽南"小记者站"，编印了《汽南社区新起点小报》，配合第三十三中学建起 5247（我爱社区谐音）小分队。还先后与联合大学、公安大学的大学生开展了居民奥运外语学习班、迎奥运外语300句及举办法律咨询服务，市建工学院学生利用假日来社区组织青少年夏令营活动，协助居委会整理档案；白云路小学、青龙桥小学还协助开展了绿色环保教育，如再生纸生产、无土栽培及清除白色垃圾等活动，在社区掀起了绿色环保活动，近百名小学生参加了活动。通过青少年开展社区各项文化教育活动，不仅有效地促进了青少年健康向上，积极奋进，活泼快乐地成长，而且小手带大手，推进了社区文化的发展。居委会也请社区的老党员为同学们讲革命战争年代的故事，增强他们热爱现在美好生活的意识，艰苦奋斗的意识。社区经过多年的工作，形成了幼吾幼以及人之幼的爱幼理念。

社区的精神文化体现之二是扶残助困。残障人士以及特困群体是社会的弱者，让他们无忧无虑地生活，本身就体现了社会较高的文明程度以及我们社会主义国家制度的优越性。汽南社区的残疾人工作做得早而且很扎实，社区帮助弱智居民学电脑，让他们接触人，做力所能及的事儿，教他们练习写字，活动脑子。社区每年都走访慰问特困老人和残疾人，送去慰问金和慰问品。根据残疾人的身体条件，为他们提供一些工作岗位，专门辟出三间平房当残疾人活动场所，配备图书、电脑供残疾人阅读、上网。为了方便社区内肢残居民和老人的出行，社区在每个楼门都铺设了方便轮椅上下的坡道或者是扶手。社区还经常组织残疾人搞迎新春联欢会、棋牌比赛等活动。有时，社区残疾人协会还组织残疾人外出活动，如去世界花卉大观园参观花卉展、去天安门登城楼体会登高望远等。社区扶残助困的举动赢得了残疾人的好评，多年来，没有一个残疾人流浪到社会。汽南社区优异的残疾人工作，也得到了国家、市、区的肯定，多次被北京市、西城区评为扶残助困先进单位。早在2001年，时任中国残联主席的邓朴方就为汽南社区题写了"温馨家园"，汽南社区的扶残助残经验也被推广到了全国。

汽南社区为了丰富群众业余生活，成立了秧歌舞蹈队、健身队、合唱队、时装表演队、少年文艺宣传队等，还成立了压花班、编织班等。机构的健全为社区开展各种活动提供了组织保证，近年来，社区的文化艺术团体经常参加市、区、街道等各级组织的活动、比赛，为社区赢得了荣誉，也为社区创出了知名度。

社区精神文化体现之三是丰富的文体娱乐活动。文体娱乐活动可以活跃社区气氛，使社区时时充满活力，也可以凝聚社区力量，缓解平时工作生活压力。为了适应开展社区文化多元化的需求，1995 年 8 月经过居委会多方协调，经市规化委批准，在总后建设四公司无偿支援下，利用辖区空闲场地建起一座 260 平方米的文化活动站，为开展社区文化活动解决了无场所的困难。汽南社区以社区文化活动站为平台，广泛动员组织居民参与各种文化娱乐活动，每年结合"三八"、"五一"、"七一"、"十一"元旦和春节六个节庆日，开展丰富多彩的文化娱乐活动，春秋两季举办家庭趣味运动会。还成立了秧歌舞蹈队、健身队、合唱队、时装表演队、少年文艺宣传队等，多年来参加各种文娱活动的居民群众累计 3 万余人次。社区每年都组织社区运动会或趣味运动会，因地制宜地设置投篮、托球、投包、拍球、踢毽、套圈、乒乓球、象棋、跳棋、扑克、麻将、太极操、拍球、双人背球、托球、投包、投飞镖、钓鱼等运动项目。作为社区成员组成部分的残疾人也没有被排除在运动之外，社区经常为他们组织残疾人棋牌比赛，让他们也体会到竞技带来的乐趣。此外，社区还经常和周围的社区进行一些联谊比赛，还组队参加各个层次的比赛，如：2007 年 4 月组织 6 名居民代表社区，到白云观参加五社区乒乓球比赛，获第一名。组织 12 人的代表队，参加首届"SOTX—索德士"杯北京社区羽毛球友谊赛。2007 年 5 月社市民学校 12 人带着编织和压花作品，参加"欢乐家庭巧手同迎奥运"街道月末大舞台主题活动。2007 年 6 月组织健身队、模特队 40 人参加街道组织的老年人健身表演赛，获三等奖。9 月组织 14 人参加月坛街道举办的第一届社区专职工作者运动会。2008 年 11 月太极操队 20 人参加月坛街道办事处组织的太极操表演赛。组织两队 4 人参加月坛社区建协举办的第三届"姚记扑克"杯北京大赛。2009 年 10—12 月该社区居民周玉兰受邀担任月坛社区教育学校举办的西城区小学劳动技能"十一五"继续教育压花技能培训班指导教师。这些成绩和荣誉反过来又进一步促进了社区文体活动的发展以及居民的活动热情。为了使社区体育运动发展得更好，社区还与一些企业合作，拉一些赞助做奖品，同时也宣传这些企业的产品，给体育运动更增添了竞技的乐趣。2000 年 6 月，共青团北京市委授予汽南社区"社区青少年文体活动示范点"铜牌。

除了以上的各种活动，社区为了培育和增强社区荣誉感，还每年开展评选"文明幸福五好家庭"和"尊老敬老光荣户"活动。共有 497 户被评为"文明幸福五好家庭"。汽南社区还于 2012 年 5 月联合汽南建设协会及相关赞助单位共同主办汽南社区首届"魅力老人"评选活动。该活动以弘扬尊老、敬老、爱老为主旨，活动以邻里互助、热心社区公共教育、积极担任社区志愿服务等项为条件，采取由居民推荐名单，社区及社会团体组织担任评选的形式，因此在社区内产生了广泛的群众参与效应，评选结果为居民所认同。本届共评选出 30 位魅力老人，当选老人的先进事迹及风采在社区这个大舞台得到了完美展示，促进了社区内文化养老的优良风尚。温馨的社区风气也使居民心情愉悦地发展自己的文化爱好，而这又进一步推动了社区的文化建设。多年来，社区涌现出一批丰富社区文化的先进典型，如原机械工业部离休干部张惠民，几十年如一日地做读书剪报活动，积累的剪报达到 250 余册，内容广泛，大凡国内外所发生的重大事件，如香港、澳门回归祖国，北京 2008 年申奥成功，以及抗美援朝、科索沃战争、美英入侵伊拉克等，在剪报中均设有专辑。在文体方面，如世乒赛、世界杯足球赛、奥运会、亚运会、世界大学生运动会等，均设有专题和详细的有关报道，图文并茂、蔚为壮观；并利用剪报、图片制成展板，配合社区党组织居委会在社区举办"万众一心"抗击"非典"，及"众志成城，支援四川汶山抗震救灾"等展览，极大地鼓舞了社区居民群众的斗志。另外还辟有人物传记、祖国新貌，旅游天地、美术欣赏、卫生保健、书法篆刻等专题。曾荣获中共中央、国务院、中央军委颁发的抗日战争胜利 60 周年纪念章；2008 年被北京市西城区教委、妇联评为"创建学习型家庭活动"优秀志愿者称号；被《国机集团报》誉为"思想永不退休"的老党员荣誉称号。其剪报事迹，也在北京市报刊、电视台多次报道、播放。还有的居民选择写字画画，以古稀之年刻苦练习，传承祖国文化，以娱乐晚年与激励他人。退休高级统计学家董庆惠老人，自幼酷爱石头。参加工作后，曾利用在国内去各地旅游的机会寻找石头，然后用他的巧手将石头刻制成栩栩如生的乌龟、鱼、青蛙和龙等各种中国传统智慧的艺术品——砚台，他如今已创造刻制了近 70 块砚台，每块都题有砚名，中央电视台、北京电视台都专门拍摄了专题片，多次在全市、全国播放。退休妇产科医生周玉兰选择了学习"压花"艺术，撷取大自然中四季常见的花草，经过处理加工，依其天然形态、色泽和纹脉，通过构思与设计，粘贴成画，成为一种新的艺术，她以孜孜以求、百折不挠的学习精神，开拓出属于自己特有的艺术。2008 年她创作的"争艳"压花作品，荣获第四届中国礼品暨旅游纪念品设计大赛组委会铜奖，并收入《我的民间艺术世界——80 位女性的人生述说》一书。社区居民杜康民自幼酷爱"堆绫雕塑艺术",曾拜师泥人张从艺,经过几十年的刻苦钻研与创作,其作品在名人书画民间特色艺术大赛中荣获特级金奖,1996 年亚特兰大奥运会上,他直接参与制作的中国可口可乐艺术雕塑,在来自 50 个国家展品中获奥林匹克艺术优质奖,于 2005 年 10 月 18 日被美国前总统克林顿夫人希拉里永久收藏。目前,他专心致力于堆绫艺术的研究与制作,现为中国工艺美术学会会员、北京工艺美术协会会员、北京市玩具协会会员,被国家文化部中国企业文化促进会传统文化委员会评为"特级工艺师"。

发展文化事业,丰富居民的精神文化生活,是建设和谐社会的重要任务。精神文化同时也是评价一个社区文化品位和人文情怀的重要依据。汽南社区的精神文化建设之所以做得好,我们认为有以下几个方面的原因:一是社区党组织认识到位。发展社区文化,是落实"以人为本"科学发展观的重要内容,是建设和谐社会、满足社区群众精神文化的需要,也是当前社会主义精神文明建设和城市现代化建设的必然要求。为此,社区党委把工作的中心放到精神文化建设上,主要把工作重心放到对一老一小以及残疾特困居民的扶助上,因为他们是这个社会最需要帮助的人,他们生活得舒心了,不但给他们的家庭解决了负担,而且也是社会和谐的重要标志。这一点,汽南社区党委认得准、抓得实,这是社区做好一切工作的基本点。二是加大了投入力度,文化基础设施建设得好。社区党政协调各方力量,在社区内建成了无围墙敬老院、文化活动站、老年大学、温馨家园等基础设施,为社区群众开展各类大规模、高品位、经常性的文化活动提供了强有力的保障,也为社区文化的持续发展提供了物质的保证。三是坚持以人为本,大力开展居民群众喜闻乐见的文体活动。社区以开展多种形式的文化活动为抓手,丰富居民群众的文化生活,提高群众的政治素质和文化素养,构建参与面广,与社区生活紧密相连的经常化、制度化的基层文化活动体系。这不但凝聚了人心、促进了社区文化发展的内在活力,而且反过来也进一步使社区工作越来越趋于良性发展。在此基础上,社区文化向深层发展,不断上档次,推出精品,在宣传了社区的同时,也给社区居民提供了新的标杆榜样。这种螺旋式上升的社区文化建设是社区文化发展的一个方向,值得推广。

六　总结

社区文化建设虽然在 1992 年的党的十四大上就被提出，但是一直没得到应有的重视。十年后的 2002 年，党的十六大提出加强社会主义文化建设后，社区文化建设的意义才被重新认识，同年国务院发布了《关于进一步加强基层文化建设指导意见的通知》（国办发（2002）7 号），中央文明办、文化部等九部门也同时联合发出了《关于开展科教、文体、法律、卫生"四进社区"活动的通知》。此后，科学发展观与和谐社会相继提出，城市社区建设成了构建城市和谐社会的基础，加强城市社区建设已经成为我国改革发展和构建和谐社会面临的一项重要而紧迫的任务，文化建设作为社区建设的重要组成部分，也得到前所未有的重视，全国各城市社区逐渐掀起文化建设高潮。北京作为我国的首都，社区文化建设自然处在排头兵的地位，首都社区文化建设得好，可以给全国提供样板和借鉴，而首都社区的文化建设是以一个个具体社的文化建设为基础的。每个社区根据自己的自然人文特点，把本社区的文化建设做好，对首都整个的社区文化建设都是一个贡献。

汽南社区作为一个老社区，从上面的论述，我们知道其自然条件并不好，存在基础设施老化、社区规划不合理的问题。同时由于社区居民比较固定，多年来，居民老龄化也日趋严重，这些都为社区的发展增添了很多的障碍。但是汽南社区在社区文化建设中因地制宜，不断化劣势为优势，文化建设中亮点频现，为首都的社区文化建设贡献了自己的力量。这首先得益于历届社区党政领导的开拓进取，汽南社区从传统的简单的居委会模式发展成现在的"以党组织为核心的两会一站"的社区机构组织框架，再到建立了六个群众组织，以辅助社区的工作，体现了社区工作由保守向开放发展。刘小流认为：文化建设促进社区的治理和善治，实现社区制度创新。[①] 我们认为，社区制度创新，同样也可以促进社区的治理和善治。现在社区管理跟以前已大为不同，更多地应该是鼓励社区居民进行自治，社区党组织和居民委员会只起一个协调和服务功能就行了，这不但可以减轻政府的负担，而且可以逐渐增强社区居民的主人翁意识，使社区居民向

---

① 刘小流：《城市社区文化建设新思考》，《理论与实践》2008 年第 4 期。

真正意义上的公民转变。这也是建设北京作为国际大都市的一个重要的方面，北京作为国际大都市的一个重要条件是居民的国际意识，这种意识通过社区的培育是最理想的，因为社区是居民赖以生存的地方，可以对居民产生潜移默化的影响。所以社区文化建设极其重要，有了开拓的社区管理者，社区文化建设才能真正搞好，也才能使首都的国际化大都市建设落到实处。其次，汽南社区的文化建设注重了一个"人"字。随着人口流动的越来越自由，城市社区中人员的构成越来越复杂，人与人的关系也变得越来越松弛，这对城市社会的再组织过程提出了严峻挑战。而且城市居民独立意识的增强、人与人相对传统社会而言不再紧密的关系以及现代化的生活方式，都有可能对城市居民的社区归属感或社区认同感造成破坏，而城市社区文化建设的兴起，正是对这种状况的有力回应。汽南社区的管理者认识到了这一点，所以社区的环境文化、行为文化、精神文化都是为了加强社区居民的认同感。当然，汽南社区的优势在于它是个老小区，居民相对固定，以大部分老居民影响一部分新居民相对比较容易一些。但是汽南社区也丝毫没有放松文化建设，而是适应社会的发展，逐渐更新小区的价值观念，让新居民不是被动地接受固有的价值观念，而是跟老居民共同创造并适应新的价值观念。这充分体现在社区组织的各种活动中，社区居民在唱歌、跳舞、下棋、体育比赛中加深了解，从为小区做的每一件小事中体会到当家做主的责任感，长此以往，逐步形成了社区共同的文化观念、行为规范、民俗习惯、价值观念、思维走向、生活方式等。社区党政作为管理与服务机构，用扶残助困、照顾一老一小的具体行动，一方面为社区居民起到了引领价值观念的作用，另一方面也赢得了民心，进而凝聚了民心。最后，汽南社区文化建设还具有开放的特点。汽南社区并不是关起门搞自己的文化建设，而是采取一种开放的态度，不断去辐射周围的小区，体现在跟周围的小区进行联谊、比赛，把本社区有专长的居民推广出去，让他们的影响力更大，用他们的优秀去影响更多的人。同时社区本身也在发挥着影响力，接受来自附近大中小学的学生来社区进行社会实践，这种开放的文化大情怀，对青少年本身就是一个很好的教育。对非本社区的青少年，汽南社区像对待本社区青少年一样看待，让他们做力所能及的事情，请社区老党员给他们讲革命故事，使他们接受各方面的锻炼。因为社区管理者认识到，社区文化建设的好坏不在一个社区，而在整个大环境，没有好的周围文化大环境，想要一枝独秀是不可能的，并且未来是现在的青少年的，对青少年的培育也就是对未来负责。

总之，我们认为，汽南社区的文化建设能够因地制宜且极具开放性，它在为首都建设国际大都市作出贡献的同时，其建设社区文化的经验也值得推广。

参考文献

1. 班保申、宫娜：《和谐社会构建中的社区文化建设》，《学术交流》2007 年第 4 期。

2. 常林：《面向国际化大都市的北京社区文化建设》，《中国特色社会主义研究》2003 年第 1 期。

3. 陈觅：《城市社区文化建设初探》，《中共杭州市委党校学报》2006 年第 5 期。

4. 李波、王丹、李林英、李红兵、田宝香：《北京社区文化建设的调查与分析》，《北京理工大学学报》（哲学社会科学版）2006 年第 2 期。

5. 龚贻洲：《论社区文化及其建设》，《华中师范大学学报》（哲学社会科学版）1997 年第 5 期。

6. 刘小流：《城市社区文化建设新思考》，《理论与实践》2008 年第 4 期。

7. 金鸣娟、贾红彩：《加强城市社区文化建设有关问题的探析》，《城市发展研究》2003 年第 3 期。

8. 马海燕：《城市社区文化建设的意义及对策研究》，《北京城市学院学报》2009 年第 6 期。

9. 孟固：《北京市社区文化建设中的问题与对策》，《城市问题》2004 年第 3 期。

10. 邵晓寅：《浅论社区文化建设》，《兰州学刊》2003 年第 1 期。

11. 王光：《对城市社区文化建设的冷思考》，《长春工业大学学报》（社会科学版）2008 年第 6 期。

12. 王平：《社区文化建设的多维度思考》，《毛泽东邓小平理论研究》2006 年第 7 期。

13. 文军、唐亚林：《变迁与创新：我国城市社区文化建设的历史考察与现实分析》，《求索》2001 年第 2 期。

14. 吴树新：《城市社区文化建设的实证研究》，《安徽工业大学学报》（哲学社会科学版）2010 年第 2 期。

15. 张卫、张春龙：《社区文化建设中居民参与的实证分析——以南京市鼓楼区为例》，《南京林业大学学报》（人文社会科学版）2004 年第 3 期。

16. 赵炳翔：《上海社区文化建设的新思考》，《上海师范大学学报》（哲学社会科学版）2006 年第 5 期。

17. 郑萍:《文化民生视野下的城市社区文化建设研究》,《城市发展研究》2011年第 11 期。

18. 周保垒、陈君:《关于城市社区文化建设的思考》,《合肥工业大学学报》(社会科学版) 2003 年第 1 期。

19. 周亚峰:《关于社区文化建设若干问题的研究》,《长春工业大学学报》(社会科学版) 2008 年第 3 期。

(王世利　北京第二外国语学院国际传播学院　北京　100024)

北京高校文化生态的群体认同与系统平衡研究

杨　渝　屈　娜　王政红

摘　要： 作为高校文化生态的重要组成部分，辅导员群体日益受到各方的重视。自 2004 年中央 16 号文件颁发以来，辅导员地位和待遇有了明显改善，但在高校文化生态的演变过程中，辅导员群体的认同感缺失成为一个不争的事实，这种缺失导致了高校文化生态的不平衡。究竟在怎样的环境下导致了高校辅导员群体认同的缺失，又有哪些因素影响着辅导员的群体认同感，我们可以通过建立怎样的机制逐步提升辅导员群体认同感并促进高校文化生态的平衡，本文结合二外辅导员群体认同的现状，从情感认同、组织认同、心理认同三个层面对促进高校文化生态平衡提出了政策性建议。

关键词： 文化生态　群体认同　辅导员　系统平衡

一　引言

（一）问题的提出

自 2004 年中央 16 号文件颁发以来，辅导员地位和待遇有了明显改善，高校辅导员工作得到普遍重视。配合 16 号文件，教育部《普通高等学校辅导员队伍建设规定》中明确了辅导员是学校教师队伍和管理队伍的重要组成部分，具有教师和干部的双重身份，是按照学校党委的部署开展大学生思想政治教育的一线骨干力量，是学校学生日常思想政治教育和管理工作的组织者、实施者和指导者，是大学生健康成长的指导者、引路人和知心朋友，是培养社会主义合格建设者和可靠接班人、维护高校稳定和社会稳定、保证高等教育事业持续健康发展的重要力量。

但在实际工作中，高校辅导员工作依然存在不同程度的被忽视、受排斥、不理解的现象。辅导员工作任务繁重、群体认同感缺失成为一个不争的事实。究竟在怎样的环境下导致了高校辅导员群体认同的缺失，又有哪些因素影响着辅导员的群体认同感，我们通过建立怎样的机制可以逐步提升辅导员群体认同感，从而进一步加强和改进大学生思想政治教育工作，本文结合北京第二外国语学院辅导员队伍群体认同的现状，对上述问题进行探讨。

（二）研究的重要意义

辅导员群体认同感的增强，存在以下方面的重要意义：

第一，有利于稳定辅导员队伍。当前辅导员队伍呈现不稳定性、流动性强的特点，这不仅增加了辅导员培养和使用的成本，而且增加了大学生思想政治教育工作的难度。通过加强辅导员群体认同感，能够将辅导员自身价值和工作联系在一起，使辅导员对自身职业存在肯定性评价，增强辅导员的认同感和归属感。

第二，有利于提高辅导员队伍的素质。只有增强了辅导员的群体认同感，才能使高校辅导员把辅导员当作职业来对待，从而转化为内在的愿望和自觉追求，对其所从事的工作进行系统学习和深入研究，从而使辅导员工作具有规律性，提高工作的效率和效果。

第三，有利于辅导员队伍专业化建设。著名教育家顾明远指出，社会职业有一条铁的规律，即只有专业化，才有社会地位，才能受到社会的尊重。辅导员是辅导员专业化建设的主体，只有这一主体认同了辅导员这一职业的价值、意义，才能把辅导员职业作为自己终身的选择和事业发展的舞台，才能形成职业发展的内在激励因素，才能有更多的人投身于这一行业，辅导员职业的建设才能变得可能。

第四，有利于促进广大学生健康成长。高校辅导员是开展大学生思想政治教育的骨干力量，是高校学生日常思想政治教育和管理工作的组织者、实施者和指导者。只有辅导员增强了群体认同感，才能潜心研究大学生思想政治教育的规律，提升处理问题的技能，熟悉和掌握科学的工作方法，在大学生思想政治教育、职业生涯规划、就业指导、心理辅导、日常服务等方面给予切实有效的指导，从而为大学生健康成长提供良好的保障。

(三) 研究现状

目前, 有很多学者对辅导员群体认同的概念、影响辅导员群体认同的因素以及对策作了很多研究。

在辅导员群体认同的概念方面: 目前, 学术界对辅导员群体认同这一概念尚未达成共识, 一般认为, 辅导员群体认同, 既指一种过程, 也指一种状态。"过程" 是指辅导员从自己的经历中逐渐发展、确认自己角色的过程; "状态" 是指辅导员当前对自己从事的职业的认同程度。较为全面的界定是黄菊、黄祥嘉给出的。他们认为, 辅导员群体认同是处于特定情境中的辅导员个体对自己所从事的职业的认同程度, 包括辅导员对职业的认知、职业情感、职业的期望、职业的意志、职业价值观、职业技能的感知等, 其中, 对辅导员职业价值的基本看法和基本评价是辅导员群体认同的核心问题。

在影响辅导员群体认同的因素方面: 不同的学者从不同的角度给出了影响辅导员群体认同的因素, 主要从社会、组织、个人等方面提出各自的观点。社会方面, 即社会环境、观念、政策对辅导员群体认同的影响。主要的观点有: 社会偏见导致辅导员的社会地位不高; 人们在思想观念上常常把辅导员作为一种岗位而不是一种职业; 国家政策对辅导员作为职业也没有得到具体的体现等。组织方面, 即从高校角度分析对辅导员群体认同的影响, 主要的观点是: 辅导员职业体系不健全; 辅导员角色和职责模糊; 辅导员在工资待遇、职称等方面缺乏公平; 辅导员工作职责杂, 缺乏科学的评价体系等。个人方面, 辅导员自身专业知识与技能缺乏, 力不从心, 工作效果得不到学生认可; 辅导员成就动机与实际效果相矛盾; 辅导员个人人格特征; 辅导员缺乏职业生涯发展指导, 发展方向迷茫等, 是造成辅导员群体认同缺乏的主要原因。另外, 韩春红根据马斯洛的需要层次理论, 认为主要是由于辅导员工作无法很好地满足其各层次的需要, 造成辅导员职业缺乏吸引力、群体认同感低。

综上, 我们可以看出, 影响辅导员群体认同感的因素是多方面的、综合性的, 不仅包括社会地位、组织体系、评价体系等, 还包括辅导员个人的成就与动机以及个人的基本需求是否满足, 等等。

在提高辅导员群体认同感的对策方面: 大体分为指向个体和指向组织

的干预。韩春红认为，除改善辅导员待遇，还应在促进辅导员工作程序化，摆脱事务性工作的拖累；加强辅导员工作支持系统的建设，走出孤军奋战的误区；发挥专业优势，在创造性工作中实现自我价值等方面提高辅导员群体认同感。张炳武认为提高辅导员群体认同感，关键是要通过加强对辅导员的教育和专业化培养、建立科学评价制度、做好辅导员职业生涯发展指导和营造职业发展氛围等措施，具体说，要在增强辅导员的职业自豪感、职业形象、职业成就感、职业发展的动力、职业归属感方面努力。邓凯文提出提高辅导员的群体认同感可从物质和精神两方面入手，物质上要切实提高辅导员的工作待遇和改善工作环境；精神上，辅导员自身要端正职业认识，学校领导要重视和支持辅导员工作的开展，专业课老师和学生也要尊重、理解辅导员的工作。

另外，黄菊、黄祥嘉认为辅导员群体认同这一问题的产生是由社会、学校和个人等层面复杂因素决定的，因而消解这一问题必须从这三方面着手：社会要建立关注大学生思想政治教育的社会机制，提高辅导员的社会认同；高校应建立有利于提高辅导员群体认同感的微观环境；辅导员应自觉强化对职业角色和职业价值的认同。上述解决办法为我们研究辅导员的群体认同提供了有益启示，从总体上把握了解决方向，但缺乏全面系统、有针对性的实证研究。

这些文章为研究辅导员群体认同提供了很好的思路和解决方法，但群体认同的缺失是心理学方面的一个课题，解决群体认同的缺失既需要从研究辅导员心理出发解决内部因素，也需要从管理者的管理观念和管理方式转变提供外部保障。从这个方面讲，以往的文章存在分析问题不深入、解决措施不得力等遗憾，不能全面、科学地解决辅导员群体认同的问题。本课题拟在继承以往文章研究的基础上，着力以相关知识为依托，以北京第二外国语学院为例，探索解决高校辅导员群体认同的新途径，从而提升辅导员职业的稳定性，增强辅导员的职业忠诚度和职业承诺，加强首都高校辅导员的队伍建设。

（四）研究方法与创新点

本次课题采用的研究方法有问卷调查法、数据分析法、文献研究法等。

本课题创新点在于：第一，借鉴系统论的相关要素，对辅导员群体工作的宏观环境和微观环境进行分析。第二，通过问卷回收，分析相关数据并得出影响辅导员群体认同的因素，进而提出相应的对策，以提高辅导员群体的群体认同感。

二　辅导员群体认同的理论基础

（一）群体认同的概念界定

目前，在群体认同的概念上，国内外并没有统一明确的定义，但基本认为，群体认同是一个心理学概念，是指个体对于所从事职业的肯定性评价。美国学者萨尔兹认为职业是人们为了获取经常性的收入而从事连续性的特殊活动，是社会分工体系中人们所获得的一种劳动角色，是最具体、最精细、最专门的社会分工。作为一种社会群体的表现形式，职业群体内部成员对职业的认同遵循社会认同的基本规律。Nix in（1996）指出，群体认同是用特定的工作条件来刻画一个职业团体特征的心理变量。Moore和 Hofman（1998）则从认同的内容出发，认为群体认同是个体在多大程度上认为自己的职业角色是重要的有吸引力的与其他角色是融洽的。另外，Ashforth、Mael（1992）等认为，在一个组织中个体具有复合的群体特征，个体认同的实体可能是工作单位、子单位、组织或是专业团体。对不同工作的认同、对专业团体的认同，可以认为是对某一专业领域或职业的认同。

当下，关于群体认同，人们更多地采用 Meyer 等提出的群体认同的三维模型，认为群体认同应包括情感认同、持续认同和规范认同三种成分。其中，情感认同指个体情感上对职业的依恋、认同和心理投入，从而形成维持某一职业的愿望；持续认同指个体知觉到自己离开某一职业而不得不承受的成本和代价从而不得不继续从事某一职业；规范认同指个体出于对职业忠诚的规范，或者从职业中获利，出于互惠原则而形成对职业的忠诚感。群体认同影响着离职率和工作业绩、自我效能感。这种观点对我国学者影响较大，被广泛用来研究教师的群体认同等。

（二）辅导员群体认同的内涵与外延

大学生辅导员是高等学校从事德育工作、开展大学生思想政治教育的骨干力量，是大学生健康成长的指引者和引路人。辅导员的群体认同感的高低直接影响着辅导员工作的状态与效果。就目前的研究来看，各研究者关于辅导员群体认同的概念也有不同的强调，并未形成统一认识。有关辅导员群体认同的研究是借鉴教师教育领域对群体认同所做的研究，建立在教师群体认同基础之上。

一般认为，辅导员群体认同，既指一种过程，也指一种状态。"过程"是指辅导员从自己的经历中逐渐发展、确认自己角色的过程；"状态"是指辅导员当前对自己从事的职业的认同程度。在这里，我们借鉴黄菊、黄祥嘉给出的定义，他们认为，辅导员群体认同是处于特定情境中的辅导员个体对自己所从事的职业的认同程度，包括辅导员对辅导员岗位的职业认知、职业情感、职业期望、职业意志、职业价值观、职业技能的感知等，其中，对辅导员职业价值的基本看法和基本评价是辅导员群体认同的核心问题。从层次上讲，可以分为情感认同、组织认同、心理认同。

三 辅导员的工作环境变迁

我国的辅导员队伍伴随着新中国高等教育事业的发展而不断发展，从新中国成立初期的产生到现在，辅导员已经历过半个多世纪的发展。50多年历程发展，辅导员的工作环境产生了翻天覆地的变化，从而对辅导员的职能、定位、队伍建设产生了巨大的影响，而政治、经济、社会、文化、个体等宏观和微观环境变迁是其中最为重要的因素。

（一）宏观环境的变迁

1. 国际局势的复杂化促进传统思想政治工作的新型化

辅导员是高等教育中具有中国特色的称呼，它的产生具有鲜明的意识形态色彩。早期辅导员等同于政治辅导员，辅导员工作是"进行革命的政治及思想教育，肃清封建的、买办的、法西斯主义的思想，树立正确的观点和方法，发扬为人民服务的思想"。[①] 应该说这样的工作定位符合当时时代背景，对于统一思想、凝聚力量、维护新中国政权的稳定起到了

---

① 中央人民政府法制委员会编：《中央人民政府法令汇编（1949—1950）》，法律出版社1982年版。

积极作用。在那样一个政治氛围浓厚的年代，辅导员的工作也能得到巨大重视和支持。然而随着国际政治局势的不断变革，国际局势日益复杂，国家与国家由激烈的冲突变成暗藏的争斗。冷战的结束使意识形态的斗争和军事斗争逐渐演变为经济、科技、人才、文化的较量，经济的全球化使国与国的联系日益密切。在倡导和平与发展成为世界主题的背景下，因意识形态应运而生的辅导员显得极其不合时宜，传统的思想政治工作逐渐转型。

2. 资源配置市场化促进了学生个人选择的多样化

中国在很长一段时间内实行计划经济，计划经济的最大特点为资源被少数人控制，在某种意义上，个人的命运掌握在控制资源的人手上。计划经济体制下的高校，大部分学生的命运掌握在辅导员手上，往往辅导员的决定就注定了学生的下半生。随着中国市场经济体制的确立，资源配置实现市场化，然而在市场经济自由竞争、优胜劣汰的规则下，原有人与人交往的旧有规范改变，经济行为中的互利和效益观念冲击着当代学生的思想，与以往更多关注集体、关注他人相比，当代学生更多地关注能给他们带来资源的市场，他们也从依靠辅导员带给他们的机遇转向依靠个人的努力获取命运的改变。

3. 高等教育大众化导致辅导员工作的艰巨化

高等教育的大众化是中国高等教育发展不可更改的趋势，但也对辅导员工作产生巨大冲击，具体表现为教育客体量和质的变化，从而使辅导员工作环境产生巨大变迁。据教育部有关统计资料显示，1949 年高校毕业生仅有 2.1 万人。1952 年教育部决定所有高校实行全国统一招生考试，当年共录取新生 6.6 万人。1998 年高校招生人数为 108 万人，随着 1999 年全国范围内的高校扩招，2010 年已录取 657 万人，高等教育实现了从精英教育向大众教育的历史性跨越，进入了一个高速发展时期。随着录取数量的急剧增长，是录取生源质量的下降，大学生在经历 80 年代的黄金时代、90 年代的白银时代后已经进入新世纪的铜铁时代，大学生正在经历天之骄子向平民化的转变，大学生也越来越多地出现就业困难、适应能力低下、心理问题严重等新情况。所以高等教育的大众化不仅使辅导员面临着巨大的工作量，同时也出现了新的工作职能，如职业生涯规划、心理辅导、发展辅导等。

4. 网络信息的时代化催生师生信息掌握的碎片化

网络已经成为当代大学生日常学习和生活的重要方式，根据中国互联网络信息中心（CNNIC）调查结果显示1700万在校大学生其中95％为网民，网络大大扩展了大学生交流空间，使沟通与交流突破传统地域、时间的界限。网络成为学生表达诉求、反映同学思想的重要平台，辅导员必须通过网络了解同学的思想和状态，这大大扩大了辅导员工作空间和工作时间，同时，网络的虚拟性使网络沟通缺乏真实的身份验证和相关法律、道德管制，在这种背景下很多毫无根据、任意揣测甚至是颠倒是非、不负责任的言论便会出现在网络，而网络的特点会将这些言论在最大范围内以最快速度传播，从而造成由精英控制的话语权被层层分解，导致信息碎片化，出现少数人绑架多数人的情形。以美国为首的西方敌对势力也凭借他们强大的信息资源，削弱我们的社会主义公共价值观与政治观，最终达到他们西化与分化我们的目的。一些辨别能力较差的同学在思想价值判断、道德选择标准上便受到网上言论的影响，从而影响大学生行为，给高校思想政治工作带来巨大的冲击。

（二）微观环境的变迁

1. 高校边缘化阶层，重视程度不高

虽然中央16号文等一系列文件明确规定了辅导员地位和政策保障，但受传统观念影响，高校管理者仍将教学科研、学科建设作为学校中心任务，德育教育被认为可有可无，辅导员工作得不到学校的支持。辅导员的核心工作为德育教育和发展指导，但现实状况是事务管理工作喧宾夺主，占据辅导员大量工作时间，辅导员无暇顾及其他工作，导致德育教育、发展辅导缺位。由于事务性工作对辅导员要求很低，而发展辅导和德育教育需要专门的系统知识，对辅导员要求较高，而且德育教育和发展辅导效果难以量化，没有明确的考核依据，很多专业课教师认为辅导员仅仅是从事学生日常管理的体力劳动者，辅导员从事了大量学生工作但得不到教师的认可。另一方面，《普通高等学校辅导员队伍建设规定》按照1∶200的比例配置辅导员，但由于扩招、编制等原因，这一文件很难得到彻底贯彻执行。以笔者为例，笔者担任大三、大四两个年级辅导员，同时兼任团总支书记，负责400多名学生的综合测评、奖学金、贫困资助、勤工助学、日常考勤、就业、宿舍管理、班级建设、党团建设、心理辅导、突发事件应急等，几乎对接学校所有职能部门，承担繁重的事务性工作。由于工作量大、事务繁杂、技术含量低，辅导员虽然被定为高校教师，但总感觉不

被认可。

　　2. 学生个体化倾向严重，辅导员工作难度加大

　　市场经济的发展使个体掌握资源的多少成为衡量成功的标志，在追求成功利益的驱使下，大学生成为纯粹的实用主义者，有用就干，无用不干，因此也必然走向虚无主义者，除了时尚和利益之外的一切都不可信，一切都不可靠，一切都可以放弃、抛弃，从而导致知识的实用化和精神的无操守。一切不能带来个人利益的东西都会被拒绝，一切精神上的追求与坚守都会消失，而在激烈的竞争环境中对个人物质利益追求一旦失败，由于无精神上的追求和坚守则会产生巨大的心理压力，由此产生当代大学生四大特征：政治信仰逐渐缺失、社会意识不断淡薄、功利倾向日益明显、心理问题日趋严重，大大增强了辅导员工作的难度。

（三）环境变迁语境下的辅导员群体认同缺失

　　1. 辅导员定位失衡导致的内心焦灼

　　定位失衡指由于日常辅导员工作的缺位与越位导致辅导员内心不平衡状态。辅导员工作包括德育教育、日常管理、学生发展三个方面，其中德育教育和学生发展是核心内容，日常管理仅限于对学生学习、生活、行为的规范，目的在于构建良好的学风和校风，这样的职能定位能充分发挥辅导员的智力优势和专业技术，达到人职匹配的平衡状态。但现实的状况是所有与学生有关的事务都由辅导员承担，辅导员承担了财务、后勤、校医院、宿管等不应该辅导员承担的大量事务性工作，导致工作越位，而对学生更重要、本是分内之事的德育和学生发展工作无暇顾及，出现工作的缺位，辅导员变成毫无技术含量的勤杂工，出现了辅导员的工作任何人都可以做的误解，造成严重的人职失衡，辅导员内心处于一种极度痛苦失衡状态。

　　2. 现实的矛盾直接导致辅导员的群体认同感缺失

　　现实的矛盾心理指辅导员的现实工作与内心感受存在巨大的矛盾和冲突，导致辅导员始终处在一种焦虑、失衡、困惑、迷茫中，从而丧失对职业的信心和忠诚度。这种矛盾主要表现在（1）高学历与低工种的冲突。目前北京所有高校引进辅导员的必备条件基本上是硕士研究生，其中不乏

清华、北大、人大等知名学府的硕士研究生，无论是知识储备还是研究能力都高人一筹，但现实状况是辅导员工作轻理论、重事务，辅导员陷入大大小小的事务性工作，辅导员工作变成毫无技术含量的勤杂工，辅导员工作变成任何人都可以胜任的工作，导致辅导员自尊意识的巨大挫败，辅导员对工作价值认可度极低。（2）高成本与低收入的冲突。以笔者所在单位为例，首都高校辅导员绝大多数为外地生源，且辅导员大多数处在成家立业阶段，在北京高房价大背景下，辅导员面临巨大的生活成本。而与此相比，辅导员收入不高，除去住房和交通的大量花销，月薪所剩无几，更不要说买房安家。（3）高付出与低认可的冲突。辅导员虽身处高校环境，但是面临极大的工作压力，虽然北京市规定按照 1∶200 比例配备辅导员，但实际状况却远远超出该比例。目前高校职能部门往往认为只要是和学生有关的事务都是辅导员的工作职责，辅导员超负荷工作状况比比皆是，加班加点是常事，手机 24 小时开机，甚至半夜都要解决学生宿舍问题。但辅导员工作往往无法得到学校的支持和理解，在职务晋升、职称评定、职业发展方面存在很大问题。辅导员工作付出和回报出现严重失衡，大大挫伤了辅导员工作的积极性和主动性，长此以往将严重影响辅导员对自身的群体认同感。

四　辅导员群体认同的调查结果与因素分析

（一）样本分析

此次调查以北京第二外国语学院全校辅导员（部分院系书记、全体副书记、辅导员）为调查主体，其中发放问卷 34 份，收回 33 份，有效问卷 31 份，问卷发放有效率 91.7%。

（二）关于问卷

整份问卷分为四部分，第一部分是有关辅导员个人属性的调查，包括性别、学历、所负责的学生数、婚姻状况、荣获奖项等；第二部分主要是辅导员工作的整体性感受，包含个体感觉以及对于所处氛围的感受，此部分共 22 个题目，每个题目按"程度强弱"分为五级；第三部分为影响群体认同的因素调查，主要调查学校、社会、激励等因素对于辅导员职业认同的影响，此部分共 38 个题目，每个题目按"是否存在"分为三级；第四部分侧重辅导员个体对于该群体认同的感受，包括选择辅导员职业的原因、工作的情感状态、重新选择职业的可能性情况以及离开岗位的留恋原因。

（三）调查结果

1. 学历对于辅导员群体认同的影响

辅导员最后学位的不同，对辅导员工作态度有影响。学士学位的辅导员对辅导员工作所表现出来的精神状态比较的平均，而硕士学位的辅导员经常会感觉工作比较累，这个特点是比较显著的。数据表明辅导员的最后学位越高，获得奖励和承担的课题级别就越高（见图 1 - 图 3）。

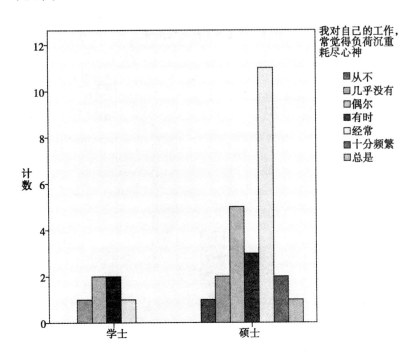

图 1　学位与心绪的关联

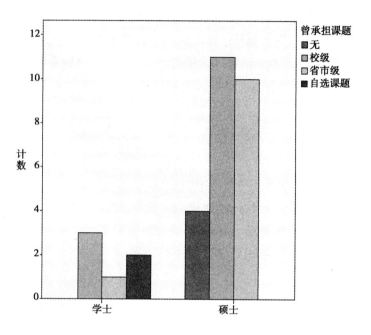

图 2　学位与课题层级关联

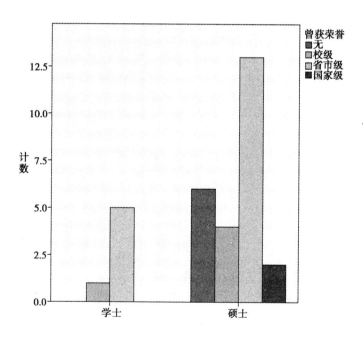

图 3　学位与所有大荣誉关联

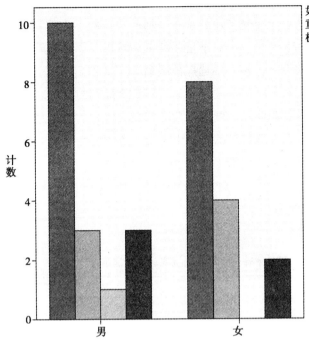

图4 学位、性别与职业取向关联

2. 辅导员对未来职业规划的态度

图4统计表显示：辅导员的总体职业规划比较倾向于能做专业教师。

3. 辅导员性别对于辅导员群体认同的影响

另据调查显示在辅导员选择职业的因素中，男女辅导员最大的区别是：男辅导员具有迫不得已的暂时选择的特点；而女辅导员没有这个特点。在面对辅导员的工作问题时，女辅导员的消极态度比较中立，男辅导员的态度各异。男辅导员在从事学生工作时，较少存在挫折感，而女辅导员这种现象比较突出。针对目前的工作状态，男辅导会有不满足感，而女辅导员却没有，整体感觉都很满意。每个辅导员在与学生交流工作的状态中都比较积极，处理学生工作是激励辅导员积极工作的根本。对于学校的激励机制，辅导员们的态度不尽一致，整体来说，女辅导员肯定激励机制的作用，但这却很难符合男辅导员的想法，激励机制即使肯定他们的工作成绩，也不能提高职业带来的工作积极性。

男女辅导员在面对工作中的继续深造问题时，男辅导员的态度比较积极，继续深造问题不是他们工作的压力，而女辅导员在这方面的工作压力还是存在的。

　　每个辅导员在与学生交流工作的状态中都比较积极，处理学生工作是激励辅导员积极工作的源泉。针对于目前的工作状态，男辅导员会有不满足感，而女辅导员却没有，整体感觉都很满意。

　　辅导员在面对工作和学生问题时，通过对男女性别的分析，所有样本的男辅导员对于辅导员职业的态度经常会有两极分化的状态，无论是积极态度还是消极态度，而女辅导员的态度中立的比较多。

　　4. 激励因素对于辅导员群体认同的影响

　　问卷的 L27、L28、L32 的题目意在调查激励因素对于群体认同的影响。在问及个人职务晋升是否常常困扰辅导员时，选择"否"的有 35.5%，意味着受到困扰的占到了 64.5%。

L27 个人职务晋升问题常常困扰我，使我提不起精神

		频率	百分比	有效百分比	累积百分比
有效	1	7	22.6	22.6	22.6
	2	13	41.9	41.9	64.5
	3	11	35.5	35.5	100.0
	合计	31	100.0	100.0	

　　选择"进修和接受继续教育的机会太少进而阻碍了对工作的感情"的辅导员占到 38.7%，不确定的占到 32.3%，而选择"否"的只有 29%。

L28 进修和接受继续教育的机会太少阻碍了我对工作的感情

		频率	百分比	有效百分比	累积百分比
有效	1	12	38.7	38.7	38.7
	2	10	32.3	32.3	71.0
	3	9	29.0	29.0	100.0
	合计	31	100.0	100.0	

　　在"公平的激励机制肯定了我的工作成绩，使我产生胜任感"选项中，选择"是"的占到 51.6%，选择"否"的只有 3.2%。

L32 公平的激励机制肯定了我的工作成绩，使我产生胜任感

		频率	百分比	有效百分比	累积百分比
有效	1	16	51.6	51.6	51.6
	2	14	45.2	45.2	96.8
	3	1	3.2	3.2	100.0
	合计	31	100.0	100.0	

5. 社会因素对于群体认同的影响

问卷 L5、L7、L14 的题目意在调查激励因素对于群体认同的影响。在"与自己周围的人相比，辅导员的社会认同感让我自豪"选项中，选择"否"的占到 45.2%，只有 16.1% 感觉到了自豪。这说明社会的认可度还很低，辅导员职业并没有引起社会的重视。

L5 与自己周围的人相比，辅导员的社会认同感让我感到自豪

		频率	百分比	有效百分比	累积百分比
有效	1	5	16.1	16.1	16.1
	2	12	38.7	38.7	54.8
	3	14	45.2	45.2	100.0
	合计	31	100.0	100.0	

在"社会的不合理期望耗尽了我的情感"的选项中，选择"否"的占到 38.7%，超过选"是"的比例 6.3 个百分点。而在"某些学生和家长的不理解不会影响我对工作的热爱"选项中，选择"是"的占到 54.8%，只有 25.8% 的辅导员认为受到了影响。

L7 社会对辅导员的不合理期望耗尽了我的情感

		频率	百分比	有效百分比	累积百分比
有效	1	10	32.3	32.3	32.3
	2	9	29.0	29.0	61.3
	3	12	38.7	38.7	100.0
	合计	31	100.0	100.0	

L14 某些学生或家长的不理解不会影响我对工作的热爱

		频率	百分比	有效百分比	累积百分比
有效	1	17	54.8	54.8	54.8
	2	6	19.4	19.4	74.2
	3	8	25.8	25.8	100.0
	合计	31	100.0	100.0	

　　尽管社会对于辅导员职业还存在很多的不理解和不认同,但是社会因素对于辅导员的影响在逐渐减少,更多的辅导员越来越自信,自身素质越来越高,更多的辅导员不会因为社会的不认可而影响工作。

　　6. 学校因素对于辅导员群体认同的影响

　　问卷 L3、L4、L13 的题目意在调查学校因素对于群体认同的影响。在"学校的事情太多,要说的话太多,我恨不得逃离学校"的选项中,选择"是"的占到 16.1%,选择"否"的占 61.3%。

L3 在学校要强调的事太多,要说的话太多,我恨不得逃离学校

		频率	百分比	有效百分比	累积百分比
有效	1	5	16.1	16.1	16.1
	2	7	22.6	22.6	38.7
	3	19	61.3	61.3	100.0
	合计	31	100.0	100.0	

　　在问及"学校各种形式主义的检查、活动实际弊大于利"时,54.8%的辅导员回答"是",选择"否"的只占到 3.2%。

L4 各种形式主义的检查、活动实际工作弊大于利

		频率	百分比	有效百分比	累积百分比
有效	1	17	54.8	54.8	54.8
	2	13	41.9	41.9	96.8
	3	1	3.2	3.2	100.0
	合计	31	100.0	100.0	

　　在"民主的决策和管理机制加强了我对学生的责任感"选项中,54.8%的辅导员选择"是",选择"否"的占 6.5%。学校因素对于辅导

员的群体认同有着非常重要的影响,学校的民主决策和管理以及在这种机制下采取的各种活动会直接影响辅导员的群体认同,绝大多数辅导员对于形式化的活动感到反感。

L13 民主的决策和管理机制加强了我对学生的责任感

		频率	百分比	有效百分比	累积百分比
有效	1	17	54.8	54.8	54.8
	2	10	32.3	32.3	87.1
	3	4	12.9	12.9	100.0
	合计	31	100.0	100.0	

7. 群体因素对于辅导员群体认同的影响

问卷 L9、L10、L31 的题目意在调查学校因素对于群体认同的影响。在"与老辅导员在一起时,我觉得有更多要学习"的选项中,选择"是"的占到 87.1% 。

L9 跟老辅导员在一起时,我觉得自己有很多东西要学习

		频率	百分比	有效百分比	累积百分比
有效	1	27	87.1	87.1	87.1
	2	4	12.9	12.9	100.0
	合计	31	100.0	100.0	

在"如果缺乏领导和同事的支持,使我怀疑自己工作的重要性"的选项中,25.8% 的辅导员选择了"否",只有 45.2% 选择了"是"。

L10 如果缺乏领导和同事的支持,使我怀疑自己工作的重要性

		频率	百分比	有效百分比	累积百分比
有效	1	14	45.2	45.2	45.2
	2	9	29.0	29.0	74.2
	3	8	25.8	25.8	100.0
	合计	31	100.0	100.0	

在"同事的工作情绪会经常蔓延到我的身上"选项中,选择"否"的占 48.4% ,只有 12.9% 的辅导员选择"是"。群体因素在辅导员的群体

认同中起着重要的作用，更多的辅导员都会向老辅导员学习，但是越来越多的辅导员在成长过程中逐步养成了自己的工作习惯和风格，不会太多受到其他辅导员的影响。

L31 同事的工作情绪经常蔓延到我身上

		频率	百分比	有效百分比	累积百分比
有效	1	4	12.9	12.9	12.9
	2	12	38.7	38.7	51.6
	3	15	48.4	48.4	100.0
	合计	31	100.0	100.0	

8. 学生因素对于辅导员群体认同的影响

问卷 L11、L15、L18 的题目意在调查学校因素对于群体认同的影响。在"学生的纪律问题并不影响我对他们的感情"时，29%的辅导员选择"否"，更多的辅导员认为不会影响或者影响很小。

L11 学生的纪律问题并不影响我对他们的感情

		频率	百分比	有效百分比	累积百分比
有效	1	15	48.4	48.4	48.4
	2	7	22.6	22.6	71.0
	3	9	29.0	29.0	100.0
	合计	31	100.0	100.0	

在"学生五花八门的问题常常使我焦头烂额"选项中，只有9.7%的辅导员选择"是"，38.7%的辅导员选择"否"，"不确定"的比例很大。

L15 学生五花八门的问题常常使我焦头烂额

		频率	百分比	有效百分比	累积百分比
有效	1	3	9.7	9.7	9.7
	2	16	51.6	51.6	61.3
	3	12	38.7	38.7	100.0
	合计	31	100.0	100.0	

在"对学生缺乏足够的影响力降低了我的职业成就感"选项中，

35.5%的辅导员选择"否"，25.8%选择"是"。

L22 对学生缺乏足够的影响力降低了我的职业成就感

		频率	百分比	有效百分比	累积百分比
有效	1	8	25.8	25.8	25.8
	2	12	38.7	38.7	64.5
	3	11	35.5	35.5	100.0
	合计	31	100.0	100.0	

这说明，作为辅导员的直接作用对象——学生，对辅导员群体认同的影响较大，随着辅导员本人工作年限的增加、处理问题能力的提升和个人魅力的增强，所谓"学生问题"不再常常左右辅导员的情绪，但是一旦学生问题出现之后，很多的辅导员心态都非常纠结，一方面是自信力的提升，另一方面是面临诸多学生问题，L15 中51.6%的"不确定"比例，说明了这一点。

9. 个人情感对于辅导员群体认同的影响

问卷的第四部分整体都是针对辅导员个人对于该职业的情感调查，调查显示：辅导员群体是非常热爱学生的，大部分辅导员认为自己是学生不可或缺的导师和朋友，在工作过程中，辅导员群体之间关系融洽，辅导员全力以赴的工作状态赢得了学生和老师的尊重和爱戴，因此也会经常感动他人。大多数的辅导员热爱这个职业，选择"比较留恋这份工作，轻易不会改变"的占到71%，19.4%的辅导员表示非常喜欢，会一直努力做下去。辅导员也有强烈的深造愿望，他们会首先考虑与辅导员相关的专业，其次是自己所学的专业。但是在"如果给你一次重现选择的机会"的回答中，选择"做专业教师"的占到58.1%，选择"继续做辅导员"的占到16.1%。这是一个需要我们重视的问题，这说明，辅导员的群体认同是缺失的，辅导员从事这份职业的情感是真实的，从内心是爱学生（64%的辅导员选择"与同学的感情"更让自己留恋这个岗位）、爱这份职业的，但是由于职业发展路径的问题，有些辅导员会选择其他道路，这需要我们要重视这支队伍的职业发展，让他们不要有后顾之忧。具体见表N1、N6、N7、N9、N11。

N1 - 当初您选择辅导员这一职业的原因

		频率	百分比	有效百分比	累积百分比
有效	1 学生工作	13	41.9	41.9	41.9
	2 校园生活	11	35.5	35.5	77.4
	3	5	16.1	16.1	93.5
	4	2	6.5	6.5	100.0
	合计	31	100.0	100.0	

N6 - 在从事辅导员工作期间，您是否经常被身边的同事、领导和学生所感动

		频率	百分比	有效百分比	累积百分比
有效	1	20	64.5	64.5	64.5
	2	10	32.3	32.3	96.8
	3	1	3.2	3.2	100.0
	合计	31	100.0	100.0	

N7 - 您目前工作时的情感状态

		频率	百分比	有效百分比	累积百分比
有效	1	6	19.4	19.4	19.4
	2	22	71.0	71.0	90.3
	3	3	9.7	9.7	100.0
	合计	31	100.0	100.0	

N9 - 如果现在有一个重新选择职业的机会，您的选择

		频率	百分比	有效百分比	累积百分比
有效	1	18	58.1	58.1	58.1
	2	7	22.6	22.6	80.6
	4	5	16.1	16.1	100.0
	合计	31	100.0	100.0	

N11 - 如果您选择离开辅导员工作岗位，什么最让您感到留恋

	频率	百分比	有效百分比	累积百分比
2	6	19.4	19.4	25.8
3	20	64.5	64.5	90.3

五　辅导员群体认同缺失的原因分析

（一）岗位职责不清晰，导致"缺位和越位"

作为辅导员，一般要坐班，上课少，时间安排相对灵活。但也正因为如此，当某个部门需要人手帮助的时候，首先想到的往往就是辅导员。随着我国市场经济的继续深化，社会对人才的需求越来越多，学校办学规模因此不断扩大，招生人数逐年增加，生源愈显复杂，学生中暴露出的各种各样的问题也越来越多，教务、宣传、后勤、保卫、宿管、党团等各个部门都不断向辅导员提出这样那样的要求，布置这样那样的任务。在这种背景下，辅导员往往疲于应付，很难做出体现本职特点的工作成效。调查中我们发现，我校（北京第二外国语学院）辅导员的"缺位和越位"现象明显。我校辅导员属于双重管理，即同时受学生处和各自所在院系管理，辅导员在完成规定工作外，还要完成各自院系交给的大量工作，此外，凡与学生相关的部门都会交给辅导员相应的工作。

（二）发展路径单一，缺乏激励和保障机制，导致后劲不足

大学生思想政治教育工作具有见效周期长、成果无形化的特点，辅导员工作的过程和成效难以量化，加上职责的不确定，导致工作考核缺乏必要的依据和标准；在激励机制方面，各高校根据有关文件的规定，对从事若干年工作的优秀辅导员套上一定行政级别，这在一定历史时期内起到了激励辅导员的作用。但是，这种办法一方面使高校的行政组织结构层次增加，管理难度加大，大家都往管理独木桥上挤，使本来就非常稀缺的行政职位资源变得更加紧张；另一方面使人觉得辅导员属于行政干部队伍而非专业化教师队伍，辅导员的角色定位更难以清晰，从而降低了辅导员对自身岗位的认同度。对于我校而言，近几年辅导员队伍建设发生了些许的变化，大部分辅导员走到领导、管理岗位，但是一线的辅导员较多，并且年龄相近，进一步走职务晋升的道路略显紧张。

（三）工作压力大，成果不明显，导致群体认同缺失

高校辅导员日常工作的内容涵盖学生思想政治教育、班级事务管理、

安全教育、党团建设、教育教学、助学帮扶、心理疾患疏导、催交学费、就业指导等方方面面。事实证明，辅导员要想做好大学生的思想政治教育和学生事务管理工作，就必须投入更多的时间和精力用于与学生沟通和交流，了解和掌握他们的思想政治、学习、生活、情感、心理动态等情况，而繁重的工作任务和强大的心理压力使许多辅导员深感疲惫，工作热情逐渐减退，大部分辅导员亦慢慢养成了"不求有功，但求无过"的工作心态，从而产生疲倦状态导致群体认同缺失。调查中，我们发现尽管在总体上我校达到了 1∶200 的师生配比，但是具体到院系情况大不一样，有的远远超过这个比例，与此同时，信息化时代学生个性鲜明，心理、情感、人际等问题的频发使辅导员工作压力很大。

（四）社会环境影响，导致辅导员工作难度增大

改革开放 30 年来，我国社会的经济成分、利益关系、组织形式、就业方式、分配方式和生活方式的多样化，使大学生成长和面对的社会大环境发生了巨大变化。大学生在身心素质、思想道德、经济社会压力、学习、就业与自我发展等方面面临着前所未有的问题，这极大地增加了辅导员工作的难度，需要他们能够发现、驾驭、解决这些问题，而这对辅导员个人素质提出了很高的要求。但目前的辅导员队伍从年龄构成、知识结构、学历层次、工作经验等方面往往难于应对这种挑战。从年龄层次上，我校的一线辅导员大多刚毕业 2—3 年，多则 4—5 年，工作经验处在积累期，还缺乏与解决实际问题相适应的知识架构和能力。

六　提升辅导员群体认同和高校文化生态平衡的可行性对策

从上面的分析调查中，我们可以看出，影响辅导员群体认同的因素有很多，其中社会、群体、高校、激励、学生、个人等因素对于高校辅导员的群体认同有较大影响。我们认为，想要提升辅导员的群体认同感，应从情感认同、组织认同、心理认同三个层面展开。

（一）由认知重建开始的情感认同——系统平衡基础

认知重建理论是由美国临床心理学家阿尔伯特·艾利斯于 20 世纪 60

年代创立的，该理论认为人有其固有本性，人的先天倾向中有积极的取向，也有消极的本性。换句话说，人有趋向于成长和自我实现这样的内在倾向，同时也具有非理性的不利于生存发展的生活态度倾向，而且艾利斯更强调后一种倾向，他认为正是这种非理性的生活态度，导致心理失调。① 也就是说，认知重建可以通过让人改变思考的方式而改变感觉的方式，从而改变心理失调的状态，达到内心统一平衡。

基于该理论，辅导员内心的失衡源于自己某些不合理的观念和看法，只有对这些不合理的观念进行重新评价、调整，辅导员才能逃出自我设置的枷锁，达到内心的平和②，这种重新认知包括对宏观环境的重新认知、对学生个体的重新认知。由认知重建开始的情感认同，实际上是解决辅导员对于该岗位工作环境和工作对象的认知问题。

1. 对所在环境的重新认知

正如前文所述，辅导员工作环境的宏观变迁是不可逆转的时代潮流，不是任何个体或组织可以更改的现实，某种意义上说宏观环境的变迁也正是时代进步的表现，如资源配置的市场化、高等教育的大众化、网络信息的时代化，这也正是经济全球化、市场经济和改革开放 30 年所取得的成果。所以辅导员应正确评价宏观环境的变迁，而网络信息时代虽然延伸了辅导员工作的时空和地域，但也为辅导员工作提供了新的工具和平台，大大提高了辅导员的工作效率。

2. 对学生个体的重新认知

虽然学生个体化倾向日益严重，但这并非"自我"的基因在作怪，而是生长的环境造就的个性特征。首先，这是市场经济在人性上的反映。在市场经济体制下，传统人情在逐渐淡化，人与人变成经济利益上的交往，财富的积累是衡量个人成功的重要标尺，在这种体制下，只有依靠自己、关注自己才能在社会上生存和发展。其次，高等教育的大众化一方面降低了生源质量，另一方面使学生面临巨大的竞争压力，升学、考试、就业，每一次人生重大选择都存在激烈竞争，只有依靠自己才能获得更大成功。再次，绝大多数当代学生都是独生子女，一直生活在爱的包围中，不

---

① http://zhidao.baidu.com/question/190748004.html。

② 杨多：《维护与促进教师心理健康的认知重建》，《西南民族大学学报》2008 年第 6 期。

懂得理解别人的爱，也不知道该如何去爱别人，他们当然不会关注超越个体意义的集体。最后，随着社会的进步和网络信息的传播，当代学生处在多元化价值社会，各种各样的思潮在影响着当代学生，使他们经历着前所未有的冲击。中国的传统社会是压制个体的社会，一直强调在集体利益面前要无条件牺牲个人利益，在多元化思潮尤其是民权意识的冲击下，个体意识逐渐被唤醒，更多人关注个体的权利是否得到保障和实现。身处时代前列的学生最容易受到这些思想的影响。因此，学生个体化的倾向是环境对学生一种必然的反射，辅导员应积极看待这种反映，也正是因为学生身上存在主流价值观的偏移才需要辅导员进行思想的引导，北京奥运会志愿者、建国六十年群众游行方队、汶川大地震等事件也折射出了 80 后、90 后身上的宝贵品质。

（二）　由人文关怀开始的组织认同——系统平衡的必备环节

组织认同是指组织成员在行为与观念诸多方面与其所加入的组织具有一致性，觉得自己在组织中既有理性的契约和责任感，也有非理性的归属和依赖感，以及在这种心理基础上表现出的对组织活动尽心尽力的行为结果。组织认同是以双赢为出发点，力求实现组织与组织内部成员关系的契合，使二者共同发展。要想实施提升辅导员的群体认同，各高校必须从辅导员成长需要出发，开展多样性的人文关怀。

1. 高校开展辅导员职业生涯规划，增强辅导员对组织的向心力

面对日益复杂的外部工作环境，高校应对辅导员开展系统的职业生涯规划，有步骤、有计划、分阶段地以培训进修、轮岗锻炼、工作加压等手段帮助辅导员进行自我提高，同时予以及时评价，使辅导员认识自我、修正自我，进而产生与学校同命运、共发展的内在动力与创新能力。目前高校辅导员平均年龄在 30 岁左右，这是一支充满活力、充满干劲、极富战斗力的队伍，通过开展辅导员的职业生涯规划，明确辅导员的发展目标和发展路径，通过组织的关怀使辅导员对职业由外在的需求变为内心的确认，从而大大增强对职业的认同感，克服环境变迁对辅导员的不利影响。

2. 高校从现代大学的视角审视辅导员工作，增强辅导员对组织的凝聚力

高校围绕着教学和科研开展工作，学校一直以教师为中心。在这种指

导思想下，学生工作不可能得到学校的重视，辅导员更多情况下被赋予了救火员的角色，只有等到出现严重的问题才想到辅导员，而问题一解决辅导员又回到原来的尴尬地位。

基于此，学校必须从建立现代大学的高度重新审视辅导员的工作。首先，从管理看，现代大学必定建立在分工明确、权责清晰、各司其职这一科学的管理体制上。其次，从理念看，一座现代化的大学一定是以学生为中心，如果将学生作为学校培养的产品看，产品的质量将最终决定高校在激烈的竞争中的地位。而学生的素质一方面包括专业课教师的智育培养，另一方面则来源于辅导员的德育培养。所以，高校应明确辅导员的职责，让辅导员回归本职工作，真正发挥辅导员育人作用，回归教师本色。另外，学校以学生为中心加强对辅导员工作的理解和重视，"师者，传道、授业、解惑也"，应该说辅导员在传道、解惑方面发挥着更多作用和价值，因此高校应从建立现代大学的理念出发把辅导员真正纳入组织内部，在让辅导员找到育人的尊严和价值的同时增强对组织的认同。

（三）由自我感知开始的心理认同——系统平衡的最高境界

1. 辅导员职业角色的自我感知与重新定位

随着社会和高等教育的发展，辅导员的角色定位已经由单纯的意识形态转变为思想政治教育、日常管理服务和学生发展。随着中央 16 号文件的出台，辅导员被明确确定为大学生的人生导师和知心朋友。这标志着辅导员既是超越单纯的知识传授而上升到价值观的引导和人生的规划及指导，即所谓的传道解惑。同时也要克服教师固有的威严和刻板进行主体间的平等交往，即所谓的忘年之交。而对于年轻的辅导员而言，知心朋友容易做到，但是人生导师则需要进行系统的理论学习和丰富的人生经验积累，所以辅导员和专业课教师一样属于经验积累型职业。辅导员成为学生知心朋友是成为其人生导师的必备条件，学生只有喜欢、认可辅导员才会接受辅导员对于其大学生活、职业生涯、世界观、人生观、价值观的建议，从而对其人生产生重大的影响。因为对往往以自己主观感受和直接体验的情感好恶来决定信息选择心理的学生来说，个体情感的好恶亲疏直接影响着每个人的认知接受、回避与排斥的程度。① 在平权化的大众时代，应对职业角色进行重新评价，辅导员应更多贴近学生生活，走进学生心里，成为学生真正的朋友。

2. 专业化、职业化是辅导员的内心期盼，是提升辅导员群体认同的根本途径

新时期，专业化、职业化是辅导员发展的根本方向，是辅导员的内心期盼，也是提升辅导员群体认同的根本途径。在实践过程中，应该在如下方面展开：

高校加强辅导员专业化、职业化建设，应该统一规划辅导员的专业化发展方向。学校在辅导员职业化、专业化的培养过程中，将高等教育、思想政治教育、心理健康教育和职业培训与指导等纳入招聘辅导员的整体考核范围。因此，学校在选留、培训、提高、专业化的发展等方面，要作宏观的考虑和细致的安排，做到学校辅导员队伍职业化、专业化的发展与辅导员个人专业化、职业化的发展紧密结合，在进口做专业方向的统一规划。

高校加强辅导员的专业化、职业化建设应与辅导员工作的专业化性质相联系。如果辅导员工作像"勤杂工"，工作没有头绪，没有深入性，没有可探究性，没有使个人向专业化方向发展的趋势，那么，辅导员中的"专业情结"仍没有解决，辅导员工作就可能只是一个"过渡"或"跳板"。所以，辅导员的专业化必须要与辅导员工作的专业化性质相结合。学校给院系聘任辅导员时，要根据院系学生工作不同的专业性质选聘不同专业方向的辅导员。而辅导员在院系所做的学生工作要更多地带有专业的性质，使他们发展成大学生健康成长的专业型、专家型的"指导者"和"引路人"。

高校加强辅导员专业化、职业化建设应该像重视专业教师一样重视辅导员的培养和使用。中央 16 号文件指出：辅导员"工作在大学生思想教育第一线，任务繁重，责任重大，学校要从政治上、工作上、生活上关心他们，在政策和待遇方面给予适当倾斜"。辅导员在高校的发展空间就是要成为专家，成为像业务学术骨干一样的专门人才。具体来讲，即通过纵

---

① 冯培：《提升人格魅力　增进组织认同　有效实现大学生主流文化的价值引领》，《北京教育》2011 年第 11 期。

向的晋升（如职位）和横向的补充（如待遇）来使辅导员的自我实现得到满足。一方面，辅导员承担着"传道、授业、解惑"的职责，作为高校教师身份，辅导员应享有和专业课教师同样的待遇，自然可以进行专业技术岗位职务的晋升，由助教向讲师、副教授晋升，考虑到辅导员工作的特殊性，学校只应对辅导员晋升的条件予以适当放宽，如辅导员职称编制走单独系列、对教学量以及科研比照专业课教师适度下调，而不应对编制加以限制。另一方面，由于现实的原因辅导员纵向的职务晋升确实存在问题，应通过横向的补充，如增加辅导员特殊津贴等增加辅导员收入，避免辅导员职业通路堵塞造成利益因素丧失，造成辅导员对高校认同的缺失，使每位辅导员都有为实现自我价值而工作的动力。

参考文献

1. 冯培：《提升人格魅力　增进组织认同　有效实现大学生主流文化的价值引领》，《北京教育》2011 年第 11 期。

2. 冯培：《中国高校学生事务管理模式创新》，中国人民大学出版社 2009 年版。

3.《关于加强高等学校辅导员班主任队伍建设的意见》，教社政〔2005〕2 号文件。

4. 韩春红：《增强新时期高校辅导员职业认同感的对策研究》，《洛阳大学学报》2007 年第 3 期。

5. 梁芹生：《教师职业倦怠心理之探析》，《教育评论》2003 年第 4 期。

6. 刘永兴、张敏：《关于教师职业倦怠的研究综述》，《社会心理科学》（增刊）2005 年第 1 期。

7. 刘军军：《高校辅导员职业倦怠研究必要性及现状分析》，《清远职业技术学院学报》2009 年第 4 期。

8. 黄菊、黄祥嘉：《试论高校辅导员的群体认同与专业化》，《教师教育》2008 年第 12 期。

9. 彭金富、周正撰：《高校辅导员群体认同问题探究》，《教育研究》2009 年第 5 期。

10. 王彦斌：《管理中的组织认同》，人民出版社 2004 年版。

11. 于承杰：《浅谈如何提升高校辅导员群体认同感》，《学理论》2010 年第 20 期。

12. 张炳武：《高校辅导员群体认同分析》，《合肥工业大学学报》（社会科学版）2008 年第 9 期。

13. 张杰：《高校辅导员职业指导能力的构成及其提升策略》，《重庆交通大学学报》2009 年第 1 期。

14. 张再兴：《高校辅导员队伍建设的理论与实践》，人民出版社 2010 年版。

15. 朱孔军：《大学生管理理论与方法》，人民出版社 2010 年版。

（杨渝　屈娜　王政红：北京第二外国语学院国际传播学院　北京 100024）

高校志愿文化及其价值研究

屈　娜

　　摘　要：本文通过对志愿文化研究现状的分析，结合本研究对志愿文化给出界定，通过分析发现，志愿文化具有主体的趋同性、载体的多样性、较强的引导性等特征，在志愿文化人与自我、人与人、人与物三个层面具有重大的价值，同时，结合目前高校的实际情况，给出推动志愿文化深入发展的路径。

　　关键词：高校志愿文化　价值

　　随着国际化进程的日益加剧，北京世界城市建设的加速，志愿活动逐渐增多，随之而形成的志愿文化也正在被越来越多的人重视和认同。随着北京奥运会的成功举办，北京园博会、北京国际电影节等重大会议的举办，越来越多的大学生加入到志愿者队伍中来，在首都高校形成了一股较为浓厚的志愿文化氛围。据统计，在申请成为北京奥运会、残奥会赛会志愿者的 11215 万报名者中，97.87% 的是 35 岁以下的青年，而最终成为赛会志愿者的 10 万人中，有 75% 以上的是首都高校的大学生。[①] 显然大学生成为志愿服务的主力军，高校志愿文化已经成为大学校园文化的重要组成部分，随着志愿活动的日渐丰富，志愿文化氛围也更加浓厚。志愿文化作为一种积极向上的社会主义文化大繁荣的组成部分，正吸引越来越多的城市市民参与到志愿行动中来，成为社会风尚的倡导者和践行者，把志愿文化培育成城市品牌已经逐渐成为越来越多城市的共识，在世界城市建设背景下的北京更是如此。

---

　　① 张晓红：《大型活动志愿文化的创建与传播策略》，《华南师范大学学报》（社会科学版）2010 年第 6 期。

一 志愿文化的研究现状

目前，关于高校志愿文化诸多学者从不同的角度予以论述。

有学者从德育的角度进行研究，对志愿文化对于大学生德育的德育功能进行阐释，文章认为志愿文化已经成为大学校园文化及大学生活的重要组成部分，而大学生由于其学识水平、心理特点、社会角色和生活环境的特殊性，在一定程度上使得其志愿服务的文化性特征更加显见，主要表现在以下几个方面：其一，作为文化群体有着强烈的认同感和归属感，志愿服务极大地迎合了他们参与社会公共生活的文化心理需要；其二，作为文化活动具有一定的代表性和延续性，大学生参与志愿服务的范围较为广泛；其三，作为文化组织具备较为完善的组织结构和运行机制，大学生在志愿服务的同时能够深入地接触到社会实际，唤醒了他们的道德情感，促使他们自觉地承担起社会责任。因此志愿文化从德育视角也有重要的价值和意义，即包括激发大学生德育的主体意识、实现大学生德育的社会功能、推动大学生德育的现实目标、优化大学生德育的环境机制。大学生志愿服务能够将社会的实际需求和大学生的实际相结合，在促进大学生全面发展及其社会化进程中发挥着不可替代的作用，势必成为高校德育工作不可或缺的必要手段。[①] 志愿服务能够将大学生所学专业知识和社会实践相结合，对促进大学生知行统一，在实践中锻炼，在实践中成才具有重要的价值和意义。

也有学者以文化哲学为切入点，认为在体现文化本质规定性的精神文化在现实生活中的存在形态可以分为自在的文化和自觉的文化两类。而志愿文化不能仅仅停留在自在的志愿文化层面，即个体对志愿服务的朴素的认识与情感及其构成的生活方式，具体可表现为对守望相助的本能感知和对快乐心情的真情体验等。而更应该停留在较高层面即自觉的志愿文化样式层面，本质上也强调一种主体意识的清醒和执着，是志愿主体对志愿文化功能的全面认识和对志愿文化发展规律的深刻把握，即对志愿文化为什么发展和怎样发展的深入思考。自觉的志愿文化主要以思想体系、理论意识的形式存在，是志愿文化的较高层次。同时，还对志愿文化如何从自在

[①] 余蓝：《大学生志愿文化及其德育功能》，《中国德育》2009 年第 7 期。

层面走向自觉层面提出了路径建议。① 这一研究，对志愿文化的理解、发展及广泛传播提出了更高的要求，试图从文化自觉层面，使人们进行志愿行动发自内心，并从志愿行为中获取快乐，是一种较高层面的人与社会和谐的境界。

王庆华在《志愿文化在大学生文化自觉构建中的价值探析》一文中，着重论述了志愿文化的人文内蕴、志愿文化的特点、志愿文化的发展趋势在对大学生文化自觉的影响，得出结论应引导大学生参加志愿服务，逐步了解志愿文化的特色和发展趋势，在发挥志愿文化传播、辐射、凝聚、教化及价值导向功能的同时，培养大学生文化自觉意识，提升大学生思想政治教育的时效性。②

也有学者从传播学的角度对大型活动志愿文化的创建与传播策略进行了探讨，认为大型活动志愿文化创建与传播，指的是在大型活动过程中，通过引入志愿者、开展志愿服务宣传、创设志愿文化品牌活动等方式，在全社会范围内，尤其是大型活动范围内弘扬志愿精神、传播志愿文化，促进志愿服务理念的深入人心。文章认为大型活动志愿文化创建与传播在动员和激励志愿者，保证大型活动顺利举办、展示市民文明素质，塑造良好的城市形象、弘扬传递志愿精神，形成社会文明新风尚等方面具有重要的价值，同时针对信息量大且呈密集型分布、创建与传播渠道的多样化、技术化、志愿文化传播受众的广泛性、志愿文化传播影响的深远性等特点，提出了大型活动志愿文化创建与传播的主要策略即大型活动志愿文化创建与传播的品牌策略、时尚路线、制度构建。③ 抓住大型活动的有利时机，对志愿文化进行全方位的构建与传播，其价值远远大于大型活动本身，更重要的是使得广大民众能够接受除了活动本身以外的志愿文化氛围，为社会掀起了一股新鲜的、积极向上的社会潮流，从而为推动社会文明前进、和谐发展注入了新的社会活力。

另外，在有关志愿服务的各项论坛中，把志愿文化培育成城市品牌成为当下的热点和时尚。如 2011 年 12 月举办的主题为"志愿文化与价值取

① 陶倩：《志愿文化：从自在走向自觉》，《思想政治教育》2012 年第 8 期。
② 王庆华：《志愿文化在大学生文化自觉构建中的价值探析》，《思想政治教育》2012 年第 3 期。
③ 张晓红：《大型活动志愿文化的创建与传播策略》，《华南师范大学学报》（社会科学版）2010 年第 6 期。

向”的“2011 上海志愿服务发展论坛”中，上海市委副书记、市文明委常务副主任殷一璀出席并指出，志愿服务是一项高尚的事业，是现代社会文明的重要标志。上海在城市现代化的进程中，孕育了浓郁的志愿文化，培育了志愿服务精神，形成了良好的志愿服务传统。经过世博洗礼，上海志愿服务理念更加深入人心，市民群众参与热情更加高涨，社会各方关心支持的氛围更加浓厚，志愿服务工作推进体系更加完善。志愿服务活动及其展现的志愿精神，已经汇聚成为城市的精、气、神，构成了体现国际文化大都市气质和魅力的思想道德基础。殷一璀同志强调，要进一步贯彻落实十七届六中全会精神，深入推进志愿服务事业发展，在重视加强志愿服务的组织领导机制、项目管理机制、队伍和激励保障机制建设的同时，必须更加注重社会主义核心价值体系的引领，更加注重市民的广泛参与，更加注重弘扬“奉献、友爱、互助、进步”的志愿精神，更加注重深化志愿服务活动的思想道德内涵，努力把志愿文化培育成为城市文化品牌，吸引更多的市民当好志愿者，让更多的志愿者成为良好社会风尚的倡导者，成为社会主义核心价值的传播者、践行者。只有这样，上海志愿服务才能获得持久的旺盛动力。① 充分发挥志愿文化蕴藏的巨大价值，吸引更多的人参与到志愿服务中来，在志愿服务中弘扬志愿文化，推动社会主义核心价值观的传播，把“志愿文化培育成城市品牌”已经成为越来越多城市的共识。

二 志愿文化的相关概念界定

(一) 志愿者的界定

“志愿者”的英文为“Volunteer”，来源于拉丁文“valo”或“velle”，意思是“希望、决心或渴望”。在西方发达国家中，“志愿者”是指不受个人利益的驱使和法律强制，基于某种道义、信念、良知、同情心和责任感，为促进社会进步而提供服务，贡献个人的时间、才能及精神，而从事社会公益事业的人或人群。2006 年我国颁发的《中国注册志愿者管理办法》中给“志愿者”下了明确的定义：志愿者（Volunteer，

---

① 项颖知：http://shzw.eastday.com/shzw/G/20111206/userobject1ai67169.html。

也称志愿人员、义工、志工）是指不以物质报酬为目的，利用自己的时间、技能等资源，自愿为社会和他人提供服务和帮助的人。在不同的地方志愿者有不同的称谓，例如，在我国香港称为"义工"，在我国台湾称为"志工"。①

国外志愿者发展具有较为悠久的历史，英国著名学者迈克·赫德森认为志愿服务可以追溯到古罗马时期或更早的宗教慈善性活动，而现代志愿服务起源于 19 世纪初。1994 年成立了全国性组织机构——中国青年志愿者协会，这标志着中国的青年志愿服务正式纳入官方的视野，成为推动社会发展的巨大力量。随后各大高校为积极响应团中央的号召，积极开展各项志愿服务活动，他们以其独特的文化知识、专业技能和充沛的精力、旺盛的体力、敏锐的头脑，逐渐活跃在社会志愿活动的方方面面，成为一个特殊的群体——大学生志愿者。

（二）高校志愿文化的内涵

1. 志愿文化的内涵

根据《简明社会科学词典》介绍，所谓文化，广义指人类在社会发展过程中所创造的物质财富和精神财富的总和。狭义指社会的意识形态以及与之相适应的制度和组织机构。志愿文化作为文化的一种存在形态，有关其内涵的研究，不同的学者给出了不同的意见。有学者认为"志愿文化"包含"志愿者"、"志愿服务"等元素，"自愿"、"奉献""有利于社会发展"是其核心内涵，是志愿者通过从事志愿服务而为社会营造的一种友爱、无私、乐于奉献的良好风气，具有传承、发扬、创新的作用。②也有学者认为，一方面志愿文化是在志愿服务过程中形成的文化，其中既包括作为主体的志愿者的文化，也包括作为实践方式的志愿服务文化，还包括社会对志愿者及其服务理念、行为规范、服务品质、志愿精神的理解和支持，从而形成整个社会已达成共识的文化；另一方面，又超越了仅仅把志愿文化等同于志愿精神的狭隘理解，将志愿文化置于整个文化的大视野中思考，作为社会文化的一部分。③

---

① 陈曦：《大学生志愿服务》，冶金工业出版社 2009 年版，第 3 页。

② 陈娓、付小园：《国际化背景下志愿文化与高校思想政治教育工作创新》，《南昌教育学院学报》2013 年第 6 期。

③ 李辉、孙雅艳：《志愿文化：高校德育的新载体》，《思想理论教育》2012 年第 3 期。

也有学者提出志愿服务文化的概念,即由志愿服务的性质决定的,在志愿服务的长期实践中形成的,根植于志愿者群体,具有鲜明的导向性和实践性,并以一切可以利用的资源特别是社会资源为载体的独特的文化,是社会主义先进文化的重要组成部分。① 还有学者认为,志愿文化一词涵盖但不局限于志愿者文化、志愿服务文化等相近概念,可以指志愿者作为社会特殊群体的文化,也可以指志愿服务作为一种社会行为的文化,还可以指一切与志愿者和志愿服务有关的历史文化、组织文化、制度文化、比较文化,等等。② 我国现代著名学者梁漱溟在《东西文化及其哲学》中提出,文化包括三个方面:(一)精神生活方面,如宗教、哲学、科学、艺术等。宗教、艺术是偏于情感的,哲学、科学是偏于理智的。(二)社会生活方面,我们对于周围的人——家族、朋友、社会、国家、世界——之间的生活方法都属于社会生活一方面,如社会组织,伦理习惯,政治制度及经济关系是。(三)物质生活方面,如饮食、起居种种享用,人类对于自然界求生存的各种是。③ 我们认为,这三个方面,虽然没能将文化的所有要素都包含进来,却比较概括地说明了文化的三个维度:人与物(自然)的关系,即物质生活方面;人与人(社会)的关系,即社会生活方面;人与心(自我)的关系,即精神生活方面。④

据梁漱溟先生对文化的阐释及以上论述,笔者将各种志愿现象进行抽象,将志愿文化同样概括为三个方面的内容:在精神生活方面,志愿文化是志愿者在志愿服务进行奉献的过程中达到了自我价值与自我实现,形成愉悦的心理体验;在社会生活方面,志愿文化是使得社会中有需求的人得到了无偿的帮助,从而形成了传递正能量的积极的向上的社会氛围;在物质生活方面,志愿文化指的是志愿者通过一系列行为促进人们关注人与自然的关系,从而达到人与自然的和谐。

2. 高校志愿文化的内涵

高校志愿文化的内涵同样可以从人与物(自然)的关系、人与人

---

① 田庚、杨依凡、刘旭霞:《我国新农村建设中社区志愿文化导向机制研究》,《中北大学学报》(社会科学版)2008 年第 4 期。

② 余蓝:《大学生志愿文化及其德育功能》,《中国德育》2009 年第 7 期。

③ 梁漱溟:《中国人:社会与人生——梁漱溟文选(上)》,中国文联出版公司 1996 年版,第 12 页。

④ 王路江:《冲突与融合——多元文化背景下的高校校园文化建设》,北京语言大学出版社2010 年版,第 9 页。

（社会）的关系、人与心（自我）的关系即物质、社会、精神生活三个层面进行论述。值得注意的是高校志愿文化的践行主体是高校大学生，他们的身心发展处在特定的阶段，他们具备一定的专业知识和技能，拥有较为丰富的课余时间和旺盛的精力从事志愿活动。在现代社会中，高校不仅具有人才培养、科学研究、社会服务的功能，还具有引领文化的功能。志愿文化作为高校校园文化的重要组成部分，正不断发挥其凝聚力、引领性等功能，对整个社会先进文化的发展起着一定的推动作用，同时，高校作为东西文化交流的前沿阵地，其志愿文化的发展有利于借鉴西方的志愿服务经验，推动中国志愿文化长足发展。

三　高校志愿者文化的特征

（一）主体的趋同性

大学生作为高校志愿文化的主体，具有类似的特征。在当今社会环境日益复杂的形势下，大学生处在特定的发展阶段，同时又面临生活方式、价值观念、道德选择等方面多种多样的选择和冲击。从发展心理学角度看，青年时期是大学生人生观形成的重要时期，大学生处在迅速走向成熟但未真正完全成熟的关键时期，这表现在大学生心理特点上积极面和消极面共存，自我意识存在显著的矛盾。

整体来看，大学生具有较高的文化知识水平，丰沛的精力，较多的课余时间，强烈的交往需要与求知欲，这些都促成大学生能够积极参与到各类志愿活动中去。"由共青团中央和中国青少年研究中心日前开展的一项调查显示，在许多新的思想道德教育载体中，最受大学生欢迎的是校园文化（48.4%）和青年志愿者行动（47.6%）。"[1] 此外，在湖南工程学院对"90后"大学生的相关调研中，得出如下结论，"90后"乐于助人，对爱心活动有很高的参与热情。有34%的大学生经常参加爱心活动，有45%的大学生偶尔参加，只有5%的从未参加过。[2] 这表明，绝大多数

---

[1]　冯英、张惠秋、白亮：《外国的志愿者》，中国社会出版社2008年版，第25页。
[2]　邓然、尹启华、邹唐喜、田泽霞：《"90后"大学生群体特征调研》，《湖南工程学院学报》2010年第3期。

"90 后"大学生都有参与志愿活动的经历，对志愿活动的关注程度普遍较高。

　　除此之外，大学生不仅关注自身的学习，更加注重对综合素质的培养，重视自身的全面发展，这也促进大学生能够积极参加各项志愿活动。我们还对"90 后"大学生所关注的大学期间应该掌握的主要技能进行了统计：认为要学好专业知识的占 30.52%，培养好处事和管理能力的占 24.91%，锻炼社会实践能力的占 20.25%，培养交际与口才能力的占 14.78%，其他占 9.54%。结果表明，随着社会竞争的日益激烈，"90 后"大学生已经不再单纯把学习成绩放在第一位了，开始注意自身综合素质的提高和社会实践能力的培养。成为复合型人才是"90 后"大学生所期待的目标。这种成才观念，能够促使"90 后"健康地成长成才，并更好地符合当今社会所需人才的标准。[①]

（二）载体的多样性

　　高校志愿活动精彩纷呈，志愿文化的载体多种多样，为满足大学生志愿服务的需求，先后组织大学生在扶贫开发、社区建设、环境保护、大型活动、海外服务、大型赛事、三下乡、走基层等不同的领域和形式开展志愿服务。由于中国特殊的国情和发展阶段，不同的时期志愿服务的志愿服务载体不同。在 20 世纪 80 年代初期，大学生的社会服务氛围活跃，北京、上海、辽宁等地的大学生纷纷走向街头，陆续开展了"人民送我上大学、我献知识为人民"的咨询服务活动，以及大规模的法律咨询、医疗服务、理发、修车等活动。在 80 年代中后期，"学雷锋、树新风"、"五讲四美三热爱"、"文明礼貌月"等活动蓬勃开展。大学生依托学雷锋小组、公益劳动、文明校园创建等工作项目，开展了丰富多彩的志愿服务活动。20 世纪 90 年代，青年志愿活动迅速在全国展开，志愿领域不断扩大，志愿者的队伍日益壮大。广大的大学生活跃在青年志愿服务的各个领域，数百万名的青年志愿者为北京亚运会、第四届世界妇女大会、第三届远南残疾人运动会、昆明世界园艺博览会和上海《财富》论坛年会等国际、国内大型活动提供了优质高效的志愿服务。大学生通过参与青年志愿

---

　　① 邓然、尹启华、邹唐喜、田泽霞：《"90 后"大学生群体特征调研》，《湖南工程学院学报》2010 年第 3 期。

者行动，服务了社会，锻炼了自我，树立了中国大学生的崭新形象。需要特别指出的是，进入 90 年代以来，高等院校学生志愿社团蓬勃发展，全国各地高校陆续建立起了大学生志愿服务团体，越来越多的大学生参加到志愿服务中来，成为青年志愿者的中坚力量。其中，具有一定社会影响力的高校志愿者组织有北京大学爱心社、清华大学大学生紫荆志愿者总队、中国人民大学青年志愿者协会、北京师范大学白鸽志愿者协会等。① 进入新世纪以来，志愿活动更加全面深入的发展。新世纪伊始，共青团中央将每年的"学雷锋日"（3 月 5 日）定为"中国青年志愿者服务日"。2003年共青团中央又推出"大学生志愿服务西部计划"。截至 2008 年底，累计已有超过 3.82 亿人次的青年在扶贫开发、社区建设、环境保护、大型活动、应急救援、海外服务等领域为社会提供了 78 亿小时的志愿服务，经过规范注册的志愿者 2946 万人。2008 年，是志愿服务发展的重要机遇期，高素质大学生志愿者队伍和高水平的志愿服务成为举办一届有特色、高水平奥运会的重要基础和保障。国际奥委会主席罗格说，"志愿者是奥林匹克运动的基础，如果没有志愿者的承担义务和敬业奉献，组织奥运会和各层次的比赛都是不可能的"。中央政治局委员、北京市市委书记、北京奥组委主席刘淇说："志愿者的微笑是北京最好的名片。"奥运会成了北京乃至全国推进志愿者工作的历史机遇，给志愿者事业留下了宝贵的文化遗产。② 2008 年以来，大学生志愿服务受到大学生广泛的关注和热情的参与，在 2009 年国庆六十周年群众游行、2010 年上海世界博览会、广州亚运会、2013 北京园博会、北京国际电影季，以及各类演唱会、足球比赛、语言服务、关爱服务、文化教育等大型活动中看到越来越多的志愿者的身影，大学生志愿活动的范围也越来越形式繁多、种类多样。

（三）较强的引导性

当前大学生志愿者活动没有或者较少存在一定的物质报酬，在纷繁多样的志愿活动中，没有法律制度的约束，更多的志愿者无私奉献的行为靠的就是志愿者内心的责任感和使命感，形成对志愿活动的认同感，从而引导广大青年志愿者更好地完成各项志愿活动。对大学生而言，志愿文化意

---

① 陈曦：《大学生志愿服务》，冶金工业出版社 2009 年版，第 25 页。

② 同上，第 25 页。

味着参与与奉献，只有大学生参与到志愿活动中，愿意牺牲自己的课余时间，利用自己所学或者自身行动无偿协助某项大型活动的顺利完成才是真正的志愿服务。志愿文化也意味着责任，一个合格的志愿者需要有爱心、热情、乐于助人的品格，这些都是志愿者有责任心的外在表现，列夫托尔斯泰曾说："一个人若没有热情，他将一事无成，而热情的基点正是责任心"，志愿活动激发了大学生的热情，同时激发了大学生的责任意识。志愿文化也意味着团队协作，志愿服务大多是依靠团队的力量来进行，因此有效的志愿服务意味着大学生能够加入志愿服务集体中来，对团队形成较强的认同感与归属感，与团队成员进行有效的协作，依靠团队的力量完成志愿服务工作，体验志愿服务乐趣。同时，志愿文化也引导大学生不仅要学习专业技能，如在 2008 年北京奥运会志愿者挑选时，中国人民大学胡波教授所言："在培训出具有志愿服务意识和概念的志愿者后，我们挑选奥运志愿者的标准就只有两个字——技能。"技能已经成为大学生志愿者与普通志愿者的主要区别之一，因此，志愿服务意味着大学生需要努力提高自身能力，如语言表达能力、计算机操作能力、英语能力、文字处理能力等，不同岗位不同类型的志愿活动对志愿者的要求不同，因此，高校志愿文化引导大学生不断提高自身技能以满足不同志愿服务的需要。

四　高校志愿文化的价值研究

上文从精神、社会、物质生活三个层面界定了志愿文化的内涵，恰恰体现了志愿文化在以下三个维度的价值，即志愿文化对于人与自我（精神生活层面）、人与人（社会生活层面）、人与物（物质生活层面）三个层面的价值。以大学生为主体的首都高校志愿文化在以上三个层面同样具有巨大的价值。

（一）志愿文化之于人与自我的价值

1. 有利于大学生身心发展

高校志愿文化的主体是大学生，而大学生正处在人生发展的青年时期，从发展心理学角度看，这一时期大学生的生理发展已经趋于成熟，思维逐渐达到成熟水平，与此同时，大学生的情绪情感体验强烈并具有一定的内隐性，他们较多的关注自我，因此，这一时期建立完善的自我概念和同一性是大学生面临的主要任务。所谓自我概念是个体对自我形象的认知，是一个人对自身的连续性和同一性的认知，而自我同一性是关于个体是谁、个体的价值和个体的理想是什么的一种稳定的意识。每个人在青年时期都在探索并建立稳定的自我同一感，即自我认同感。① 高校营造的浓厚的志愿文化氛围，使得志愿服务成为一种时尚，得到师生的广泛认同，在志愿服务过程中，大学生凭借饱满的热情、丰沛的精力和扎实的专业技能，能够完成各项志愿服务，大学生受到接受帮助的人的积极认可与尊重，也会得到同辈群体的认同与赞美，通过他人能够更好地了解自我，认识到自我，认识到自身的价值，加之青年人的想象力活跃，就会对未来生活充满信心，对未来生活抱有美好的向往，有利于大学生的身心健康。

根据吴鲁平教授所承担的"大学生志愿者状况调查"课题，对大学生志愿者状况进行了调研，该调查于 2007 年 12 月实施，采用 PPS 抽样，对北京市 11 所高校（包括清华、人大、北师大、中青院等）的大学生做了问卷抽样调查，共计发放调查问卷 2200 份，回收有效问卷 1981 份，有效回收率约为 90.0%。在 1981 份问卷中，有 54 位大学生认为自己在志愿服务过程中没有获得任何收获，占总人数的 2.7%，有 91.4% 的大学生认为参与志愿服务可以促进自我发展，有 79.4% 的大学生促进了个人成熟，还有 43% 的大学生从中获得了快乐和满足。②

从数据上也能看出，绝大多数志愿者也表示志愿服务给自身带来了收获，从中体验到快乐和满足。

2. 有利于大学生自我实现

据马斯洛需求层次论，人的需求分成生理需求（如：食物、水、空气、健康等）、安全需求（人身安全、生活稳定以及免遭痛苦、威胁或疾病等）、社交需求（对友谊、爱情以及隶属关系的需求）、尊重需求（成就、名声、地位和晋升机会等）和自我实现需求（自我实现，发挥潜能等）五类，前两类属于人类的较低需求，后三类属于人类的较高需求。当前大学生在生理需要和安全需求已经基本满足的情况下，自然会寻求更高级别的需求，如对同辈群体的归属的需求、与人交往的需求、获得别人

---

① 中国就业培训技术指导中心、中国心理卫生协会：《心理咨询师（基础知识)》，民族出版社 2012 年版，第 272—273 页。

② 牛茜：《大学生参与志愿服务的收获研究》，中国青年政治学院硕士学位论文。

尊重与认可、发挥自身潜力等，大学生在志愿奉献过程中，精神境界得以提升，个人的价值得以实现，充满了一种"送人玫瑰手有余香"的幸福感和成就感，在服务的过程中锻炼了自身的意志，得到了愉悦的情感体验，更好的接纳自我，从而形成自我积极肯定的心理倾向，实现了自身巨大的价值，思想上也得以升华，马斯洛需求层次中最高层自我实现的需求得到了满足。谭建光等人根据 2004 年对志愿者心态调查问卷的分析结果总结出志愿者的参与动机有："消磨空闲时间、自我宗教信仰、增加工作经验和社会经验、有助于以后找工作、结识更多朋友、获得成功感和满足感（以上属于利己性）；帮助有需要的人（属于利他性）；热心公益，做有益社会的事、是我的社会责任、倡导社会文明（属于社会责任）。"[1] 可见，在志愿服务的过程中，大学生实现了自我价值。

3. 有利于培养大学生责任意识

中共中央、国务院发出的《关于进一步加强和改进大学生思想政治教育的意见》强调指出，"要积极探索和建立社会实践与专业学习相结合、与服务社会相结合、与勤工助学相结合、与择业就业相结合、与创新创业相结合的管理体制。认真组织大学生参加军政训练、社会调查、生产劳动、志愿服务、公益活动、科技发明和勤工助学等实践活动，使大学生在社会实践活动中受教育、长才干、作贡献，增强社会责任感"[2]。这表明志愿服务在大学生责任意识的培养过程中具有重要的意义和作用，是新形势下思想政治教育的有效途径。"自觉的独立的道德责任意识是人在与社会各方面发生道德关系的实践中，自己为自己的言行，对自己、他人、社会造成的影响和结果主动承担的自律意识，是人的社会性、主观能动性、目的性方面，是最积极、最有创造力、最有进步意义的自新意识、自强意识。"[3] 因此，志愿服务活动有助于大学生在服务他人、社会中形成自觉的责任意识。在德育教育工作者的引导下，大学生德育生活的体验、感悟、接受、启迪等身与心的践行得到更有力的保障。大学生在这志愿者

① 谭建光、凌冲、朱莉玲：《现代都市志愿者心态分析》，《中国青年研究》2005 年第 1 期。

② 人民网：《中央、国务院发加强改进大学生思想政治教育的意见》，（www. people. com. cn）2004 年 10 月 14 日。

③ 杨文军、李彬、舒永安：《浅谈当代大学生的道德责任意识》，《教育与职业》2006 年第 11 期。

组织中更易于接受道德责任意识的教育。① 同时，在志愿服务过程中，志愿者将对自己的责任、对他人、对社会的责任融为一体，使奉献、友爱、互助、进步的志愿服务精神在大学生身上得以体现，并通过志愿服务进行广泛传播。

4. 有利于大学生综合素质的提高

志愿服务能提高文明礼仪意识、大学生交往能力与团队合作能力、加速社会化进程，提升适应社会的能力，促进大学生的全面发展。

首先，作为志愿者如果自身没有文明礼仪意识则很难有效地完成志愿服务，在志愿服务之前，高校志愿者大多会经过较为系统的志愿服务知识的培训，经培训后，大多数志愿者能够学会基本的礼貌礼仪及与人交往的常识，学会尊重别人的禁忌，体谅别人的需要。

同时，大学生在志愿服务过程中会与不同阶层、不同文化背景的人沟通，通过志愿服务活动，能够提升学生与人交往的能力，学会换位思考，学会体谅他人。志愿者不仅要和志愿服务对象进行有效的沟通也要和志愿服务组织成员进行沟通，保证任务的有效安排与落实，学会与不同民族、文化背景、个人性格，甚至不同国籍的成员进行友好相处，学会宽容与接纳别人，形成良好的人际关系，和团队成员共同成长与进步。

此外，大学生经历大学时代正不断走向成熟，逐步迈向社会，这要求大学生在大学期间完成社会化，以便大学毕业后能更好地发展。社会化是个人在社会实践中通过学习获得符合特定社会要求的知识、技能、习惯、价值观、态度、理想和行为模式，成为具有独立人格的社会成员并履行其社会职责的过程。联合国教科文组织副总干事 N. 鲍尔指出："学生除了要在学校学习一系列课程外，还要意识到，他们是社会的参与者。"大学生志愿者服务是以大学生为主体开展的公益性和志愿性的社会服务，是大学生利用业余时间志愿为社会、为他人提供服务与帮助的活动方式。②在志愿服务过程中，大学生能够更好地了解国情、社情、民意，能够增加与不同社会群体的人的交流，增强自身的主人翁意识。同时，在部分基层志愿服务，尤其是偏远山区的服务中，需要较强的毅力与恒心，需要有吃苦耐劳的精神。在各种志愿服务的过程中，砥砺了自身的品格，潜移默化的

① 黄金飞：《志愿服务对大学生责任意识形成的影响研究》，广州大学硕士学位论文 。
② 陈琨：《高校大学生志愿者行动的价值研究 》，《江苏科技信息》2010 年第 3 期。

对自身的价值去向、心理素质等方面产生影响，从而实现对人的精神、心灵、性格的塑造。

依然根据吴鲁平教授所承担的"大学生志愿者状况调查"课题进行的数据分析，从是否促进了自我发展来看，占总人数55.3%的大学生认为自己通过参与志愿服务"学到了新的知识"，47.9%的大学生"提高了组织能力"，58.8%的大学生"提高了实践能力"，65.7%的大学生"提高了人际交往能力"，还有28.1%的大学生认为参与志愿服务"有助于未来就业"，10.1%的大学生"寻找到打工机会"。① 志愿服务给大多数志愿者带来较为全面的提升。

（二）志愿文化之于人与人的价值

1. 有利于和谐社会建设

在当今的社会，市场经济飞速发展，市场是只"看不见的手"调节着供给和需求，以达到自愿的合理配置，但是市场也会出现失灵的时候，由于公共物品的不可分割性与非排他性，投资巨大且极易产生搭便车行为，靠利益驱动的市场配置无法解决这一问题，这必然需要政府进行干预。然而政府这只"看得见的手"也会存在一定的失灵行为，1974年，美国经济学家伯顿·韦斯布罗德（Burton A. Weisbrod）提出了"政府失灵"理论。他认为政府执行的社会政策明显带有"中位取向"，也就是说，作为公共权力的行使者，政府行为体现的是大多数群众的利益，而不能很好地满足甚至忽视社会中弱势群体及其他特殊群体的需要。例如对残疾人、低收入者的保护，等等。即使政府能够提供这些服务，也有效率和成本问题。政府机构作为公共权力组织，与专业的志愿组织相比，无疑具有运作成本高、容易导致浪费等劣势。因为政府行为往往伴随着行政权力的负面性，伴随着臃肿、不负责任和官僚化。② 面临市场失灵和政府失灵，志愿服务的兴起就产生了一定的必然性。志愿服务由于其非营利性以及慈善的特点，使得有需要的人、社会少部分人及弱势群体的需求能够得到有效的满足。

党的十六届六中全会通过的《中共中央关于构建社会主义和谐社会若

---

① 牛茜：《大学生参与志愿服务的收获研究》，中国青年政治学院硕士学位论文。
② 晋入勤：《论 NPO 产生与发展的理论基础》，《市场周刊》2005 年第 12 期。

干重大问题的决定》提出："以相互关爱、服务社会为主题，深入开展城乡社会志愿服务活动，建立与政府服务、市场服务相衔接的社会志愿服务体系。"志愿服务以困难群体为主要服务对象，针对他们的多样、特殊的实际需求，可以提供政府无法提供又无力从市场购买的服务，有利于促进社会保障体系的建设，有利于促进社会公平正义与和谐稳定。如，2002年以来，团中央分别联合有关部委启动实施"志愿者为老服务金晖行动"、"百万青年志愿者助残行动"、"法律援助志愿者服务计划"等专项行动，以老人、残疾人及社区困难群众的需求为导向，动员广大青年志愿者在社区经常性地为困难老人提供生活照料、健康护理、精神抚慰等服务，为残疾人提供出行、康复和技能培训等服务，为困难群众提供义务咨询、辩护等法律服务，等等。又如，团中央 2010 年启动实施"共青团关爱农民工子女志愿服务行动"，围绕帮助农民工子女健康成长，广泛开展学业辅导、亲情陪伴、感受城市、自护教育、爱心捐助等方面的志愿服务，目前已在全国 2786 个县市区旗实施，结对农民工子女较集中的学校3.2 万所，结对农民工子女 730 万人，建设"七彩小屋"等各类志愿服务阵地 1.7 万个，为农民工子女提供了切实有效的帮助，也让广大农民工感受到了党政和社会的关爱和温暖。①同时，当前社会处于转型期，社会分化加剧，贫富差距拉大，弱势群体成为社会的重要组成部分，志愿服务以其无偿、热心的帮助为社会困难群体解决了诸多问题，同时他们也感受到了社会的温暖和关爱，受到了志愿者的尊重，有效地缓解了他们与政府、社会之间的矛盾，促进了和谐社会的形成和发展。

2. 有利于德育目标的实现

大学生进行志愿服务是践行社会主义核心价值观的重要体现，是接触生活、接触实际的有效实现途径。社会主义核心价值体系虽然是一个博大精深的体系，但践行社会主义核心价值体系却要从一点一滴的事情做起。广泛开展志愿服务活动，不仅可以大力宣传马克思主义和中国特色社会主义共同理想，尤其可以有效地弘扬以爱国主义为核心的民族精神和以改革创新为核心的时代精神，把践行社会主义荣辱观落到实处。②

党的十八大报告要求要全面提高公民道德素质，大学生作为社会的栋

① 廖恳：《论志愿服务的社会功能及其形成》，《中国青年研究》2012 第 3 期。

② 卫建国：《理论·核心价值·志愿服务的当代价值》，《光明日报》2012 年 5 月 26 日。

梁和知识阶层，通过开展各项志愿服务，继承和发扬雷锋精神，不断提升自身的道德素质，推动社会志愿服务体系的建设。《2011 年世界志愿服务状况报告》就指出："志愿服务是人们参与社区和社会生活的一种途径。人们通过志愿服务可以获得归属感和融入感，觉得能够影响自己的生活方向。"大学生在志愿服务过程中能够与不同的人进行合作，学会尊重别人、平等互助，能够接触不同的社会阶层，和更多的社会群体和谐相处，更好地了解我国的社情民意，更深入的理解和体会"富强、民主、文明、和谐、爱国、敬业、诚信、友善"社会主义核心价值体系的要求，从而形成正确的人生观、世界观和价值观。

3. 促进了全球化发展

志愿文化作为一种被世界各国广泛认可的文化，在全球化发展中起着重要的推动作用。全球化进程在加速经济发展，加速各国融合的同时，也加速了贫富分化，加剧了南北矛盾、国家冲突，以无私奉献为前提的志愿服务活跃在世界大舞台上，他们在维护权益、扶贫济困、改善环境等方面起着重要的作用，尤其是高校志愿团体前往欠发达地区的援助，能够有效地缓解经济发展不平衡带来的敌对情绪，促进了当地的发展，有利于全球和平进程。

与此同时，全球志愿人员的流动，带动了全球文化的交流，促进了文化融合与文化创新。对西方国家而言，志愿文化有利于对西方国家对于自身文化进行重新审视与更新。近百年来，西方国家尤其是欧美国家凭借自身的经济优势，形式强势姿态，无视甚至排斥其他国家文化，伴随着发展中国家志愿服务的兴起，西方国家的志愿者抱着互相尊重与学习的态度，重新审视其他国家文化，从而反思西方文化中的不足与欠缺。对发达国家而言，全球志愿服务促进发展中国家的文化开放与创新。由于一些发展中国家比较封闭，难以接受外国的政治文化影响。然而，志愿团体以服务民众、服务社区为目标，容易获得发展中国家统治者的认可，进入该国境内并开展服务，在志愿服务过程中，志愿者体现的现代文化因素也受到该国民众甚至是领导人的关注，从而产生文化融合，促进发展中国家的文化走向开放和创新。对全球而言，志愿文化促进了全球文化的认同。全球志愿服务的融合，促进志愿者以积极的心态尊重、了解、学习和借鉴他国的文化，同时将各种文化的优秀因素进行融合，形成良好的全球文化。志愿团体、志愿人员促成的全球文化以志愿服务文化为基础，倡导全球公民之间的相互尊重、相互关心、相互帮助,组成和睦相处的世界大家庭。①志愿服务以及志愿文化加速了不同文化间的了解与融合,促进了全球文化和谐并存的良好局面。

(三) 志愿文化之于人与物的价值

1. 推动人与自然的和谐发展的理念深入人心

北京奥运会虽然已经过去五年,但是绿色北京的奥运理念得到了越来越多人的认可。随着环保理念日益深入人心,走可持续发展道路,人与自然和谐相处已经成为大家的共识。在人类生存环境不断恶化的今天,环保文化作为高校校园文化的重要组成部分,受到越来越多大学生的关注和支持,他们成立了全国性的环保组织,如中国高校环境保护协会、大学生世纪环保组织、青年志愿者协会、首都大学生环保协会等,组织一系列活动,将环保活动纳入公众的视野,唤起了人们对环境保护问题的重视。

如在 2007 年 4 月 1 日上午,由全国保护母亲河领导小组办公室、团北京市委等承办的"绿色长征·和谐先锋"——2007 首都大学生第十一届"绿桥"活动,在北京林业大学拉开帷幕。开幕式上中国青少年生态环保志愿者之家启动了试点推广全国青少年生态环保社团 Recycle 项目,与会领导为试点高校代表授牌。首都大学生作为生态文化的倡导者和传播者始终站在时代前沿,早在 1984 年首都第一个义务植树日,就走向街头开展绿色咨询活动。此项活动引起了社会的广泛关注,成为首都绿色环保节日和品牌活动。冯巩、腾格尔、王宏伟、瞿颖、罗中旭、印小天、姚晨、大山、沙宝亮、刘孜、吉新鹏、夏煊泽等文艺体育明星,在开幕式上被聘为第六届首都大学生"绿色形象大使"暨"绿色长征形象大使",这些知名人士的加入,充分发挥名人效应,引发社会对环保理念的普遍关注。时至今日,在 2013 年以"青春绿色长征路,志愿美丽中国梦"为主题的绿桥、绿色长征活动,不仅邀请林丹、祖海担任首都大学生"绿桥"暨全国青少年绿色长征活动"绿色志愿大使",而且通过发布了"智汇·深呼吸"大学生环保创新大赛主题 Logo、启动了"A4210 青少年勤俭低碳养成计划"全国推广微博平台;大学生环保社团与北京市社区青年汇

---

① 江汛清、廖恳:《与世界同行——全球化下的志愿服务》,浙江人民出版社 2005 年版,第 44 页。

结对并签署"绿色青春1+1"大学生环保社团与社区青年汇合作示范项目协议等活动,向社区宣传环保理念,将环保正能量带到社会的每一个角落,推动环保、绿色、可持续的理念深入人心。

2. 大学生实际志愿行动践行人与自然和谐发展的理念

在一项对于"90后"大学生"你愿意参加何种志愿服务"的调查中,调查数据显示:意愿为"参加环境保护"的比例最高,占29.3%。[①]可见大学生对环保类的志愿服务热情最高,而事实上,他们也以实际行动进行着环保志愿活动,如"保护母亲河"、首都大学生绿桥活动等,通过开展绿色系列文化活动、日常绿色志愿服务工作、垃圾分类回收等独特的品牌工作,身体力行志愿文化的和谐价值。当前高校环保社团已有近3000家,虽然名称不同,如青年志愿者协会、小动物保护协会、绿色协会,他们通过定期组织活动,开展一系列公益行动,进行各项实践活动。如一些环保社团借助专业知识,参与政府性甚至国际性的课题调查研究,成为不可或缺的力量。《中国应对气候变化的政策与行动——2010年度报告》、《环境组织年度报告》等背后都有高校环保社团的身影,这些报告为各级政府决策提供了有益的参考。充满活力的高校环保社团也曾为自己赢得许多荣誉。2001年,清华大学学生绿色协会荣膺由国家环保总局颁发的"地球奖";2008年,北京理工大学、北京林业大学等四校环保社团合作完成的通惠河水项目调查,曾获得第三届大学生环保创意设计大赛特别增设的"特别关注奖";2010年,北京林业大学"绿手指"环境保护协会凭借"地沟油"变"香肥皂"的创意,成功晋级"全国联想青年公益创业计划大赛"十强。[②] 大学志愿者身体力行践行环保理念,用实际行动及专业知识维护人与自然和谐发展,让环境保护行动成为一种传统,在大学生中广泛流传并带动更多的人参加环保将是志愿文化对人与自然和谐发展的重要贡献。

---

① 许帅:《"90后"大学生志愿服务参与现状调查分析》,《现代物业·现代经济》2012第11期。

② 孙秀艳、孙璐、刘念: http://news. xinhuanet. com/edu/2012 - 10/11/c_ 113330433. htm。

五　推动高校志愿文化深入发展

（一）提高志愿文化的社会认可度，为志愿文化发展提供良好的外部环境

1. 加强对志愿文化的普及力度

中国志愿服务不仅仅是在大学生层面得以推行，更要在全社会范围内得以推行，就像"公民服务好像一种制度，在 20 世纪世界的很多地方发展起来，并可能在 21 世纪得以扩展。的确，全球化趋势显现出对兵役服务的减少和对公民服务的增加。在 21 世纪末，公民服务可能会像今天的教育、就业和兵役一样平常和被普遍接受"①，使人们认识到志愿文化不仅仅是理想主义、高尚人士的选择，而应该成为普通民众生活的一部分，让跟多的普通民众了解志愿服务，了解志愿文化，参与志愿文化建设，不断推进志愿文化进社区、进寻常百姓家，让志愿精神成为现代公民文化、现代公民意识的重要组成部分。当志愿文化成为公益型伦理文化的重要内容时，整个社会对志愿文化的认可度就会上升，从而形成良好的志愿文化社会氛围，这一氛围对高校的志愿文化又会产生带动作用，从而促进二者良性发展。

2. 利用新兴媒体手段，宣传志愿文化

网络已经成为大学生生活中不可缺少的组成部分，因此应充分利用中国青年志愿者网（www. zgzyz. org. cn）、志愿北京（www. bv2008. cn/）等网站，宣传志愿服务的"心·手·和平"Logo，宣扬各种志愿服务的榜样，打造如"希望工程"、"春蕾计划"、"幸福工程"、"绿桥工程"知名品牌志愿活动，提高广大学子对志愿服务的认可度，一方面可以实现志愿服务信息与志愿服务需要的有效对接；另一方面，志愿者也可以在网上共同分享志愿服务感受和体验，相互鼓励，形成志愿者的网上精神家园。另外，通过网络招募、选拔志愿者可以有效节省各种资源，提高志愿服务的效率。

---

① ［美］密切尔·夏瑞敦：《公民服务：问题、展望和制度建设》，江汛清译，《志愿服务论坛》2003 年第 1 期。

3. 完善大学生志愿服务的各项保障机制

调查发现，90%的活动学校是不提供经费的，学校不设专项基金；政府、学校领导的讲话中除倡导开展志愿者行动外，也没有在资金支持方面做出相关的决定。① 虽然志愿活动强调付出、奉献，但是志愿活动的开展与维持需要资金的支持，志愿者的招募、选拔、培训需要一定的费用支出，因此，加强对志愿活动的经费保障是志愿活动顺利开展的必要条件。

此外，志愿者也需要一定的法律来保障他们在志愿服务过程中的权益。有调查显示 14.7%的志愿者在服务过程中受到过或大或小的伤害，包括精神和身体的伤害，所以保护志愿者在活动中不受侵害责任巨大，促进志愿者活动长足发展，首要的解决方式当属法律方式。正如有学者分析说："每一个 NGO，它的产生和发展都离不开一定的法律政策环境，就像树木的生长需要空气一样；同时包括社会公益心、互信度、慈善和利他精神等在内的社会资本，对于 NGO 的发展就像树木需要水的灌溉一样不可缺；建立在公开、透明基础上的评估、问责和社会监督，则像阳光一样滋润着 NGO 的生长；最后，作为整个非政府部门来说，它的产生、发展和完善，有赖于一个建立在市场经济、民主政治基础上发展起来的开放的公民社会，就像由无数树木构成整个森林建基于大地一样。"② 我国已颁布了首部关于青年志愿服务的地方性法规《广东省青年志愿服务条例》，它的实施对于全国志愿服务朝着法制化方向发展起到了示范和推动作用，志愿者活动的地方性法规不仅能保障社会公众参与志愿者活动的权利，而且可以保障志愿者在参与服务的过程中不受侵害，维护他们的合法权益。③截至 2011 年，全国有 18 个省（自治区、直辖市）和 7 个副省级城市颁布实施了志愿服务条例或办法。全国性志愿服务立法正在研究起草之中。志愿者招募注册、培训管理、激励保障机制将日渐完善。④

---

① 郑彩莲：《和谐社会视野中的高校志愿者行动新模式的探索与实践》，《高等农业教育》2006 年第 4 期。

② 沈杰：《志愿行动》，人民出版社 2009 年版，第 372 页。

③ 王伟伟：《论当代大学生志愿者活动的思想政治教育价值及其实现》，上海师范大学硕士学位论文。

④ 于呐洋：http://www.legaldaily.com.cn/index/content/2011 - 12/05/content_ 3164619. htm?node = 20908。

（二）营造良好的志愿服务氛围，充分发挥校园文化的引导性

1. 加大对志愿活动的支持力度

吴鲁平教授所承担的"大学生志愿者状况调查"课题，进行数据分析得出如下结论，通过别人介绍、通过社团和学校相关部门得知志愿服务信息的大学生志愿者比通过别的途径得知志愿服务信息的大学生志愿者更容易从中获得快乐体验。通过频数分析发现，绝大多数大学生是通过社团、学校相关部门以及别人介绍三种途径得知志愿服务的信息，占受访者总人数的百分比分别为35.5%、33.1%和12.8%，除此之外，有8.2%的大学生通过看海报得知，有7.0%的大学生通过网络得知，还有3.4%的大学生通过电视报纸得知。

通过学校相关部门得知对快乐体验和知晓途径进行卡方检验发现两者之间具有显著相关（$\chi2 = 23.541$，$P = 0.000$）。通过数据分析，发现：通过"别人介绍"和"社团"得知志愿服务信息的大学生中分别有52.3%和49.3%体验到快乐和满足，而通过"看海报"、"电视报纸"、"网络"和"学校相关部门"得知志愿服务信息的大学生中这一比例只有39.0%、39.7%、33.6%和40.0%。[1]由此可见，大学生依然重视高校环境，希望通过别人介绍、通过社团和学校相关部门得知志愿服务信息，希望得到同学、社团成员及学校相关部门的积极认可，因此高校应通过官方、半官方的形式大力支持相关志愿活动，不断提升大学生参加志愿活动的积极性。

2. 加大对志愿服务的激励措施

激励（motivation）就其词义上看指振作、鼓励、激发使之振奋之义，在组织行为学中的激励含义，主要指激发人的动机，使人有一股内在的动力，朝着所希望的目标前进的心理活动过程。简而言之，激励也可以说是调到人的积极性的过程。[2]对高校志愿者的激励可适当运用强化理论，所谓强化是指增强某种刺激与有机体之间的联系，人们往往会采取那些能导致其所希望的结果的行为，而尽可能避免那些导致其所不希望的结果的行为。高校可以采取正强化的措施来激励志愿行为，所谓正强化是指借助令人愉快的、得到报偿的手段、方式等的运用，来肯定某种行为，并鼓励该

---

① 牛茜：《大学生参与志愿服务的收获研究》，中国青年政治学院硕士学位论文。

② 单江林：《校园志愿服务教程》，北京科学出版社2009年版，第49页。

种行为重复出现，或希望某种所期待的行为能够出现。因此高校可以大力表彰各级各类优秀志愿者，奖励对志愿服务及志愿文化建设有突出贡献的学生，在同等条件下对上述学生在评奖、评优等方面予以重点考虑，向志愿者颁发奖励证书等，为广大青年学子树立良好的学习榜样。

（三）发扬志愿精神，提升大学生志愿文化发展的内部动力

1. 发扬中国古代的慈善文化精髓

我国古代思想当中包含着朴素的慈善观，志愿服务精神与我国古老的慈善观念有一脉相承的关系，它是传统慈善观念与现代社会参与、整合手段的融合。志愿服务包含了对弱者的同情与悲悯之心，它深刻体现了中华慈善文化的"仁爱"宏旨，是传统慈善文化的现代传承。"儒家学说主张'仁者爱人'，'老吾老，以及人之老，幼吾幼，以及人之幼'（《孟子·梁惠王上》）；'为仁由己，而由人乎哉'（《颜渊》）。意思是说，爱人、利人、助人全靠自己主动去做、积极参与，而不是坐等外界的召唤。另外'穷则独善其身，达则兼济天下'，也是儒家的重要理念，它告诉人们富而不忘本，不独自享受而是推己及人。"① 墨家学说也有"兼爱""非攻"的主张，大学生志愿者作为受过高等教育的社会群体，理应了解中国的志愿文化，继承传统文化中的精髓，提升自身的思想觉悟，把慈善精神运用到日常志愿服务中，在志愿活动中体会"奉献、友爱、互助、进步"的志愿精神与人文关怀，在志愿活动中体验对人的尊重，对社会的关注，加深与人民群众之间的情感，从而激发大学生的道义、良知、同情心与责任心，增强大学生志愿活动的自觉性。

2. 学习各国现代志愿理念

伴随着全球化进程，全球化的志愿服务也日益显现。全球化的志愿服务倡导的是相互尊重和相互借鉴，而不是相互排斥和相互取代。大学生志愿者应具备包容的心态，学会欣赏不同文化背景下的志愿服务，主动借鉴志愿服务相对发达的国家的服务理念和服务方式。例如，许多发展中国家志愿人员对于美国政府的一些主观、无端行为非常不满，但并不否认美国公共服务中值得学习的因素。美国学者乔治·弗雷德里克森指出："在美国，我们把公共服务中基本的道德责任界定为乐善好施的爱国主义：一种

---

① 北京志愿者协会：《走进志愿服务》，中国国际广播出版社 2006 年版，第 54 页。

对美国人民的无限的爱，以及对宪法和法律所赋予的基本权利必须受到保护的规则。"① 现代志愿服务的许多观念、措施就来源于美国。② 大学生志愿者在志愿服务过程中，应本着开放的心态来对待各国的志愿服务，不断开阔志愿服务视野，为大学生志愿服务与自我实现奠定坚实的基础。

　　3. 提升大学生志愿服务技能

　　高校大学生在志愿服务过程中，往往需要不同的知识和技能，如在全球志愿服务过程中，需要一定的外语水平，在其他志愿活动中需要一定的计算机技能，这些都对大学生提出了一定的技能要求，激发了大学生的学习兴趣。另外，大学生志愿者与普通志愿者的重要区别在于，大学生的专业技能，如何将大学生的专业知识和技能有效地运用于志愿服务是大学生面临的重要问题。大学生在志愿服务过程中不仅能完成志愿工作，而且结合专业提出有建设性的建议和意见，如上文所提到的北京理工大学、北京林业大学等四校环保社团合作完成的通惠河水项目调查，曾获得第三届大学生环保创意设计大赛特别增设的"特别关注奖"；2010 年，北京林业大学"绿手指"环境保护协会凭借"地沟油"变"香肥皂"的创意，成功晋级"全国联想青年公益创业计划大赛"十强等，这些都是大学生利用专业知识，有效进行志愿服务的成功典范，大学生在志愿服务的同时获得了社会及专业组织的肯定，能让大学生看到自身的才干和潜能，更充分的体验到被社会尊重和需要，更好地体验到自我价值的满足和快乐。

参考文献

　　1. 陈琨：《高校大学生志愿者行动的价值研究》，《江苏科技信息》2010 年第 3 期。

　　2. 陈娓、付小园：《国际化背景下志愿文化与高校思想政治教育工作创新》，《南昌教育学院学报》2013 年第 6 期。

　　3. 陈曦：《大学生志愿服务》，冶金工业出版社 2009 年版。

　　4. 邓然、尹启华、邹唐喜、田泽霞：《"90 后"大学生群体特征调研》，《湖南工程学院学报》2010 年第 3 期。

---

　　① ［美］乔治·弗雷德里克森：《公共行政的精神》，张成福等译，中国人民大学出版社 2003 年版，第 201 页。

　　② 单江林：《校园志愿服务教程》，科学出版社 2009 年版，第 49 页。

5. 冯英、张惠秋、白亮：《外国的志愿者》，中国社会出版社 2008 年版。

6. 黄金飞：《志愿服务对大学生责任意识形成的影响研究》，广州大学硕士学位论文。

7. 晋入勤：《论 NPO 产生与发展的理论基础》，《市场周刊》2005 年第 12 期。

8. 江汛清、廖恳：《与世界同行——全球下的志愿服务（序言）》，浙江人民出版社 2005 年版。

9. 况志华、叶浩生：《责任心理学》，上海教育出版社 2008 年版。

10. 李辉、孙雅艳：《志愿文化：高校德育的新载体》，《思想理论教育》2012 年第 3 期。

11. 廖恳：《论志愿服务的社会功能及其形成》，《中国青年研究》2012 第 3 期。

12. 梁漱溟：《中国人：社会与人生——梁漱溟文选（上）》，中国文联出版公司 1996 年版。

13. ［美］乔治·弗雷德里克森：《公共行政的精神》，张成福等译，中国人民大学出版社 2003 年版。

14. ［美］密切尔·夏瑞敦：《公民服务：问题、展望和制度建设》，江汛清译，《志愿服务论坛》2003 年第 1 期。

15. 牛茜：《大学生参与志愿服务的收获研究》，中国青年政治学院硕士学位论文。

16. 人民网：《中央、国务院发加强改进大学生思想政治教育的意见》，（www. people. com. cn）2004 年 10 月 14 日。

17. 沈杰：《志愿行动》，人民出版社 2009 年版。

18. 单江林：《校园志愿服务教程》，北京科学出版社 2009 年版。

19. 田庚、杨依凡、刘旭霞：《我国新农村建设中社区志愿文化导向机制研究》，《中北大学学报》（社会科学版）2008 年第 4 期。

20. 谭建光、凌冲、朱莉玲：《现代都市志愿者心态分析》，《中国青年研究》2005 年第 1 期。

21. 陶倩：《志愿文化：从自在走向自觉》，《思想政治教育》2012 年第 8 期。

10. 王路江：《冲突与融合——多元文化背景下的高校校园文化建设》，北京语言大学出版社 2010 年版。

22. 王庆华：《志愿文化在大学生文化自觉构建中的价值探析》，《思想政治教育》2012 年第 3 期。

23. 王伟伟：《论当代大学生志愿者活动的思想政治教育价值及其实现》，上海师范大学硕士学位论文。

24. 卫建国：《理论·核心价值·志愿服务的当代价值》，《光明日报》2012 年 5 月 26 日。

24. 许帅:《"90 后"大学生志愿服务参与现状调查分析》,《现代物业·现代经济》2012 第 11 期。

25. 余蓝:《大学生志愿文化及其德育功能》,《中国德育》2009 年第 7 期。

26. 杨文军、李彬、舒永安:《浅谈当代大学生的道德责任意识》,《教育与职业》2006 年第 11 期。

27. 郑彩莲:《和谐社会视野中的高校志愿者行动新模式的探索与实践》,《高等农业教育》2006 年第 4 期。

28. 张晓红:《大型活动志愿文化的创建与传播策略》,《华南师范大学学报》(社会科学版) 2010 年第 6 期。

(屈娜　北京第二外国语学院国际传播学院　北京　100024)